Online-Syntax

Peter Auer

Online-Syntax

Eine Einführung in die Analyse
gesprochener Sprache

 J.B. METZLER

Peter Auer
Germanistische Linguistik
Universität Freiburg
Freiburg im Breisgau, Deutschland

ISBN 978-3-662-68610-2   ISBN 978-3-662-68611-9 (eBook)
https://doi.org/10.1007/978-3-662-68611-9

Die Deutsche Nationalbibliothek verzeichnet diese Publikation in der Deutschen Nationalbibliografie; detaillierte bibliografische Daten sind im Internet über http://dnb.d-nb.de abrufbar.

© Der/die Herausgeber bzw. der/die Autor(en), exklusiv lizenziert an Springer-Verlag GmbH, DE, ein Teil von Springer Nature 2024

Das Werk einschließlich aller seiner Teile ist urheberrechtlich geschützt. Jede Verwertung, die nicht ausdrücklich vom Urheberrechtsgesetz zugelassen ist, bedarf der vorherigen Zustimmung des Verlags. Das gilt insbesondere für Vervielfältigungen, Bearbeitungen, Übersetzungen, Mikroverfilmungen und die Einspeicherung und Verarbeitung in elektronischen Systemen.
Die Wiedergabe von allgemein beschreibenden Bezeichnungen, Marken, Unternehmensnamen etc. in diesem Werk bedeutet nicht, dass diese frei durch jedermann benutzt werden dürfen. Die Berechtigung zur Benutzung unterliegt, auch ohne gesonderten Hinweis hierzu, den Regeln des Markenrechts. Die Rechte des jeweiligen Zeicheninhabers sind zu beachten.
Der Verlag, die Autoren und die Herausgeber gehen davon aus, dass die Angaben und Informationen in diesem Werk zum Zeitpunkt der Veröffentlichung vollständig und korrekt sind. Weder der Verlag noch die Autoren oder die Herausgeber übernehmen, ausdrücklich oder implizit, Gewähr für den Inhalt des Werkes, etwaige Fehler oder Äußerungen. Der Verlag bleibt im Hinblick auf geografische Zuordnungen und Gebietsbezeichnungen in veröffentlichten Karten und Institutionsadressen neutral.

Einbandabbildung: © calvindexter / Getty Images / iStock

J.B. Metzler ist ein Imprint der eingetragenen Gesellschaft Springer-Verlag GmbH, DE und ist ein Teil von Springer Nature.
Die Anschrift der Gesellschaft ist: Heidelberger Platz 3, 14197 Berlin, Germany

Wenn Sie dieses Produkt entsorgen, geben Sie das Papier bitte zum Recycling.

Jedes Erlebnisjetzt, sei es auch das der Einsatzphase eines neu auftretenden Erlebnisses, hat notwendig seinen Horizont des Vorhin. [...] Jedes Erlebnisjetzt hat aber auch seinen notwendigen Horizont des Nachher.

Edmund Husserl, Ideen zu einer reinen Phänomenologie und phänomenologischen Philosophie, Halle: Niemeyer [1913]. 2. Aufl. 1922, S. 164.

Vorbemerkung

Während dieses Buch geschrieben wird, toben in manchen Kreisen heftige Auseinandersetzungen darüber, was gendergerechtes Deutsch ist. Wie schreibt man aber einen Text, der zwar einerseits gendergerecht, aber andererseits auch leser/innenfreundlich (oder: leser- und leserinnenfreundlich? leser*innen-freundlich? leser:innenfreundlich?) ist und auf orthographische Akrobatik verzichtet? Dazu sind nach meiner Ansicht gender-inklusive (sog. generische) Formen notwendig. Neben ihrer Ökonomie haben sie den Vorteil, binäre Genderkonstruktionen zu vermeiden, ohne mit arbiträren Sonderzeichen innerhalb des Wortes arbeiten zu müssen. Die etablierten inklusiven Formen sind die maskulinen. Da sie in Kritik geraten sind, verwende ich in diesem Buch für nicht-referenzielle Personenbezeichnungen manchmal das Femininum als inklusive Form, manchmal das Maskulinum. Es wird also z. B. von *Sprechern* und *Rezipientinnen* die Rede sein, wenn jeweils Personen beliebigen Genders gemeint sind. Aus grammatischer Perspektive ist das zwar keine befriedigende Lösung, sie lässt sich aber in Zeiten normativer Unsicherheit rechtfertigen. Verweise auf reale Personen, die in den Transkripten als Gesprächsteilnehmer(-innen) miteinander reden oder über die geredet wird, folgen natürlich dem Geschlecht dieser Personen, das sich aus ihren Vornamen oder den verwendeten Anredeformen (*Herr Müller, Frau Meier*) ergab. (Genderunspezifische Vornamen kamen nicht vor.)

In diesem Buch werden (fast) ausschließlich Belege aus interaktional eingebetteter, spontaner Sprache verwendet, meist aus Gesprächen zwischen zwei oder drei Personen. In einigen Fällen sind die Gruppen auch größer. Neben Videoaufnahmen von Alltagsgesprächen stehen informelle Telefongespräche, oft mit Freunden oder Familienmitgliedern, aber auch einige therapeutische Gruppengespräche. Ich habe auch Daten aus einer Reality-TV-Sendung sowie aus Radio-Gesprächen mit bekannten Persönlichkeiten (deren Namen nicht verändert, sondern meist nur abgekürzt wurden) und aus einer quasi-therapeutischen Phone-In-Show verwendet. In den letzten beiden Fällen sind die Teilnehmerinnen (vermutlich) nicht miteinander bekannt. Einige Ausschnitte stammen aus soziolinguistischen Interviews. Die Daten wurden in den letzten 30 Jahren gesammelt. Sie wurden (soweit nicht anders vermerkt) von mir und Mitgliedern meines Lehrstuhls aufgenommen und transkribiert, teils im Rahmen von Forschungsprojekten. Zu viele Menschen waren an Aufnahme und Transkription über die Jahrzehnte hinweg beteiligt, als dass ich sie hier einzeln erwähnen könnte. Mein Dank gilt aber ihnen allen!

Ebenfalls danke ich Susanne Günthner, Susanne Uhmann sowie Anja Stukenbrock (und einem ihrer Master-Seminare an der Universität Heidelberg) für zahlreiche Hinweise und Verbesserungsvorschläge zu einzelnen Kapiteln. Bei der Vorbereitung des Manuskripts waren Carmen Siegmund und Maya Marx von unschätzbarer Hilfe.

Inhaltsverzeichnis

1	**Online-Syntax**	1
1.1	Online/offline – mündlich/schriftlich	1
1.2	Alternative Ansätze	8
	1.2.1 Konzeptionelle Mündlichkeit und Schriftlichkeit	9
	1.2.2 Situationsgebundenheit	12
1.3	Übungsaufgaben	17
	Literatur	18
2	**Syntaktische Projekte und Projektionen**	21
2.1	Probleme des Satzbegriffs	21
2.2	Syntaktische Projektionen und syntaktische Abschlusspunkte	25
	2.2.1 Projektionen	25
	2.2.2 Projektionen zwischen Intonationsphrasen	31
	2.2.3 Projektionen, Turn-Taking und Ko-Konstruktionen	33
2.3	Das syntaktische Projekt	35
2.4	Übungsaufgaben	42
	Literatur	43
3	**Der Beginn syntaktischer Projekte**	45
3.1	Eine Vielfalt von Anfängen	45
3.2	Projektanfänge, die in der nächsten Position die öffnende Verbklammer projizieren	50
	3.2.1 Pronominale Projektanfänge	51
	3.2.2 Adverbiale Projektanfänge (Adverbien der Gruppe 1)	53
3.3	Projektanfänge, die kein Vorfeld bilden können	60
3.4	Im Vorfeld oder auch nicht: Adverbien der Gruppe 3	64
	3.4.1 *(Und) zwar*	67
	3.4.2 *Also*	70
	3.4.3 *Weil, obwohl, wobei*	74
3.5	Projektbeginn mit der öffnenden Verbalklammer	77

	3.6	Volle definite Phrasen am Projektbeginn	81
		3.6.1 Volle definite Phrasen im Vorfeld	82
		3.6.2 Volle definite Phrasen im Vorvorfeld	88
	3.7	Zusammenfassung: Die Projektionsverhältnisse am Beginn eines selbständigen syntaktischen Projekts	96
	3.8	Übungsaufgaben	98
	Literatur		99
4	**Unterwegs im syntaktischen Projekt: Expansionen, Parenthesen, Retraktionen, Abbrüche und Konstruktionswechsel**		101
	4.1	Einfache Projektverläufe	101
	4.2	Fokus und Hintergrund, Topik und Kommentar	106
	4.3	Projektemergenz *apo koinu*	115
	4.4	Projektionsaufschübe: Interne Expansionen und Parenthesen	120
	4.5	Retraktionen	132
		4.5.1 Retraktionen im Projektverlauf (weder anfangs-, noch endaligniert)	140
		4.5.2 Anfangsalignierte Retraktionen	150
		4.5.3 Syntaktische Einschränkungen über Retraktionen	159
	4.6	Fragmente	164
		4.6.1 Fragmente bei Turn-Taking-Turbulenzen	165
		4.6.2 Fragmente bei Reparaturen	167
		4.6.3 Fragmente als Aposiopesen	169
		4.6.4 Mikroaposiopesen als Turn-Abschlussignale	172
	4.7	Übungsaufgaben	183
	Literatur		186
5	**Untergeordnete Projekte**		191
	5.1	Übergeordnetes und untergeordnetes Projekt beginnen zusammen	196
		5.1.1 *Wenn*-Projekte	197
		5.1.2 Gespaltene Projekte	203
	5.2	Das untergeordnete Projekt wird vom übergeordneten projiziert	208
		5.2.1 Existenz-Attribut-Projekte	208
		5.2.2 Nominale Hüllen in Kopulakonstruktionen	211
		5.2.3 Rektionsprojizierte Komplementprojekte	217
	5.3	Komplexe Projekte im Überblick	238
	5.4	Übungsaufgaben	240
	Literatur		243
6	**Das Ende von Projekten und wie sie erweitert werden können**		245
	6.1	Allgemeines zur externen Expansion von Projekten	245
	6.2	Lineare Expansionen: Fortsetzungen und Nachträge	248
		6.2.1 Phrasale lineare Expansionen	248
		6.2.2 Lineare Expansionen durch untergeordnete Projekte	259
		6.2.3 Janusköpfige lineare Expansionen	267

6.3	Sogenannte Rechtsversetzungen	270
6.4	Endalignierte Retraktionen	274
	6.4.1 Reparierende Retraktionen	275
	6.4.2 Turnstrukturierende Retraktionen	277
6.5	Erweiterung oder neues Projekt?	287
6.6	Expansion durch Verben des Sagens und Meinens	291
6.7	Links und rechts kann man nicht verwechseln – oder doch?	297
6.8	Übungsaufgaben	298
	Literatur	301

7 Parasitäre Projekte 303

7.1	Ellipsen, Analepsen, Strukturlatenzen	303
7.2	Strukturlatenzen in Frage/Antwort-Sequenzen	307
	7.2.1 Einfache w-Fragen	307
	7.2.2 Antworten auf Ja/Nein-Fragen	310
	7.2.3 Rück- und Nachfragen	312
	7.2.4 Folgefragen	314
7.3	Retraktionen mit Strukturlatenzen	316
7.4	*Nicht-, auch-* und *schon*-Analepsen	328
7.5	Analepsen und Retraktionen im Überblick	336
7.6	Übungsaufgaben	337
	Literatur	338

Register 341

Online-Syntax 1

1.1 Online/offline – mündlich/schriftlich

Dieses Buch will vor allem eine praktische Anleitung zur Analyse der Syntax des gesprochenen Deutsch sein, so wie sie in informellen Gesprächen für das sprachliche Handeln verwendet wird (*talk-in-interaction*). Es soll also die Leser und Leserinnen dazu befähigen, die syntaktischen Strukturen des mündlichen Deutsch in Aufnahmen und Transkripten spontaner Gespräche zu identifizieren und zu beschreiben. Andere typische Phänomene der gesprochenen Alltagssprache, etwa in der Lexik oder Phonetik, werden nicht behandelt.

Die mündliche Syntax unterscheidet sich in mancherlei Hinsicht von der schriftlichen. Da in der Grammatikforschung meist die letztere (explizit oder implizit) im Fokus steht, erfordert die Analyse der mündlichen Sprache einen anderen Blick auf die Syntax. Dieser Blick muss den Bedingungen Rechnung tragen, unter denen Sprache in der Interaktion verwendet wird, denn diese Bedingungen sind für die Erklärung der Unterschiede zwischen mündlicher und schriftlicher Sprache entscheidend. Das zentrale Argument wird in diesem Buch sein, dass die wichtigste Bedingung für die mündliche Sprachproduktion in der spontanen Interaktion die Synchronisierung des Bewusstseins von Sprecher und Rezipientin ist. Dies ist mit dem Begriff **Online-Syntax** gemeint. Diese Synchronisierung begründet und ermöglicht die spezifischen Strukturen der mündlichen Syntax. Anders gesagt: die Syntax der gesprochenen Sprache ist für ihren Gebrauch unter Bedingungen maximaler Synchronisierung zwischen Sprecher und Rezipientin optimiert.

Das Buch ist stark phänomenorientiert und versucht, die interaktionale Einbettung mündlicher Syntax anhand zahlreicher Gesprächsausschnitte deutlich zu machen. Es gliedert sich damit in das Forschungsprogramm der **Interaktionalen Linguistik** (vgl. Couper-Kuhlen und Selting 2018) ein und verweist zugleich auf deren theoretische Fundierung in der **ethnomethodologischen Konversationsanalyse**, zu

Ergänzende Information Die elektronische Version dieses Kapitels enthält Zusatzmaterial, auf das über folgenden Link zugegriffen werden kann https://doi.org/10.1007/978-3-662-68611-9_1.

der die „retro-/prospektive Orientierung der Sinngebung" (Garfinkel 1964) gehört. Die Ethnomethodologie geht ihrerseits auf die Phänomenologie Alfred Schütz' und Edmund Husserls zurück (vgl. das Motto am Beginn des Buchs). Dieser theoretische Hintergrund bleibt jedoch implizit und wird in diesem Buch – seinem Charakter einer praktischen Anleitung entsprechend – nicht systematisch entwickelt.

Das folgende Beispiel soll zeigen, worum es geht.

```
(1)(ET, Ve_Aar_Ju)
((Michael erzählt von einer Party. Er hat gerade erfahren, dass
seine Gesprächspartnerin Anita aus dem ‚Kaiserstuhl' kommt. Von
dort sind im 19. Jahrhundert Familien nach Paraguay ausgewandert,
zu denen heute wieder Kontakt besteht. Davon war vorher schon die
Rede.))
   01 MIC:    °hh GEStern war AUCH irgendein mädel aus_m (.) die
              vom KAIserstuhl kommt?
   02         (-) und DIE hat halt [leute in]
   03 ANI:                         [AUS wo. ]
   04         von WO.
   05         wie HEISST die.
   06 MIC:    °h <<manieriertes Ausatmen> ha> °h
   07 ANI:    <<ironisch>OH mein gott.>
   08         ((lacht))
   09 MIC:    die hat ganz viele SOMmersprossen:-=
   10         =und HEISST,
   11         WARte mal;
   12         jetz muss ich schaun dass ich sie nich durchnNANder
              bring?
   13         (1.0)
   14         sie heißt (1.1) MOna?
   15         (1.0)
   16         GLAUB [ich?]
   17 ANI:          [ja: ] des is schommal SCHLECHT.
   18 MIC:    ₁[<<ff> des is schommal SCHLECHT.>
   19 HAN:    ₁[<<hoch>he he>
   20 ANI:    ₂[ich KENN keine mona.
   21 MIC:    ₂[<<ff>ha ha> °hh
   22         ₃[per sE schommal SCHLECHT.
   23 ANI:    ₃[ha ha ha
   24 MIC:    °hh und DIE war halt in PAraguay.=
   25         =bei irgendwelchen: (.) bei familie HÜBner.
   26 ANI:    (--)<<ff, hoch>ha h[a ha>
   27 MIC:                       [hab ich erFAHren.
   28         ich [WEISS nicht ob du die jetzt AUCH:]
   29 HAN:        [(                               )]
```

1.1 Online/offline – mündlich/schriftlich

```
30 ANI:    [((leises Lachen))              ]
31 MIC:    [aber das is wohl aUch irgendwie sone][KAIserstühler:]
32 ANI:                                          [WITzig.       ]
33         ja,=kann schon SEIN.
```

Das Gespräch ist ein Ausschnitt aus einer Dreierinteraktion, die mittels Video- und Audiogeräten aufgezeichnet wurde. ‚Michael', ‚Anita' und ‚Hanna' (die allerdings in diesem Ausschnitt kaum beteiligt ist) haben – wie die Teilnehmer und Teilnehmerinnen an allen privaten Gesprächen, aus denen in diesem Buch zitiert wird – die Erlaubnis gegeben, dass Ausschnitte aus ihren Gesprächen in anonymisierter Form verwendet werden. Die Namen sind deshalb verändert.

Wenn wir im Alltag an einem Gespräch wie diesem beteiligt sind, haben wir keinerlei Problem uns zu verstehen. Das schließt die Syntax mit ein, auch wenn (oder weil) sie sich wesentlich von der Syntax unterscheidet, die wir vom Lesen und Schreiben kennen. Es ist allerdings alles andere als trivial, diese Syntax der alltäglichen Sprache analytisch zu erfassen.

Transkription. Es erscheint paradox, dass zu Beginn dieses Buchs erklärt werden muss, wie man die gesprochene Sprache in eine schriftliche Textform bringt, also transkribiert. Auch wenn die analytische Arbeit an interaktiv eingebetteter Sprache heute immer mehr anhand einer Mischung von Originaldaten (Ton- oder Video-Dokumente) und deren schriftlicher Fixierung erfolgt, sind solche Transkriptionen für die Darstellung der Analyseergebnisse und deren Publikation nach wie vor unerlässlich (vgl. Deppermann [1999] 2008). Obwohl jede Transkription bereits eine Interpretation des Materials ist, die bestimmte Aspekte ausblendet, soll sie doch die für das Untersuchungsziel notwendigen Merkmale der Originaldaten bewahren. Da das Untersuchungsziel der Online-Syntax die Erforschung der Zeitlichkeit als Bedingung der spezifischen Formen mündlicher Sprache ist, bedeutet das, dass neben den tatsächlich produzierten syntaktischen Strukturen auch deren Emergenz dokumentiert werden muss. An ihr sind oft nicht nur die Sprecher, sondern auch die Rezipientinnen direkt oder indirekt beteiligt, d. h. auch die Interaktion zwischen ihnen muss erfasst werden. Und schließlich: mündliche Sprache ist durch die Prosodie gegliedert, während diese in der Schrift keine oder nur eine untergeordnete Rolle spielt. Auch sie muss also aus der Transkription ersichtlich werden.

Um diesen Anforderungen gerecht zu werden, muss die Transkription über das hinausgehen, was die Orthographie zu erfassen erlaubt, die für die Schriftsprache optimiert wurde. Deshalb sind bestimmte zusätzliche Konventionen notwendig. In der deutschsprachigen Interaktionsanalyse hat sich das Transkriptionssystem GAT2 (*Gesprächsanalytisches Transkriptionssystem*, vgl. Selting et al. 2009) durchgesetzt. Eine Online-Einführung findet sich unter https://gat-to.uni-jena.de/. Das obige Transkript (und alle weiteren in diesem Buch) folgt diesen Konventionen.

Das Transkriptionssystem ist gut geeignet, das Gehörte aufs Papier zu bringen. Die schriftliche Fixierung mündlicher Strukturen hat aber auch einen Verfremdungseffekt. Wir sind nicht gewohnt, das, was tatsächlich gesagt wurde, in graphischer Umsetzung zu lesen; unsere an schriftsprachlichen Texten trainierten

Lesegewohnheiten laufen dabei nämlich ins Leere. Die im Alltag völlig unproblematische Form der gesprochenen Sprache erscheint jetzt ungeordnet, strukturlos oder sogar fehlerhaft. Die Systematik der mündlichen Sprache ist ohne Einübung in das Transkriptionssystem nicht ohne Weiteres ersichtlich.

Um sie zu verstehen, muss man also als erstes die **Transkriptionskonventionen** kennen. Viele graphische Zeichen haben in GAT2 Sonderfunktionen. In dem Transkript gibt es zum Beispiel eckige Klammern, die Überlappungen kennzeichnen. Andere Transkriptionskonventionen beziehen sich auf die prosodische Form:

- Wenn eine neue Intonationsphrase (IP) beginnt, wird (in der Regel) eine neue Transkriptzeile begonnen. Die IP davor kann vollständig oder ein Fragment sein.
- Satzzeichen haben, anders als in der schriftsprachlichen Interpunktion, keine syntaktische Bedeutung, sondern markieren die finale Intonationsbewegung am Ende der Intonationsphrase: Semikolon und Punkt stehen für (stark) sinkende Intonation, Komma und Fragezeichen für (stark) steigende, Bindestrich für gleichbleibende. Fragmente werden nicht durch ein Satzzeichen abgeschlossen, wenn die Äußerung (wie meist) keinen finalen Grenzton aufweist.
- Großbuchstaben auf einer Silbe stehen für die Akzentsilben in der Intonationsphrase. Sekundäre Akzente werden dadurch markiert, dass nur der silbentragende Vokal der Silbe großgeschrieben wird.
- Pausen innerhalb und zwischen den Äußerungen sind in Sekunden angegeben, wenn sie etwa 0,5 s Dauer übersteigen; kleinere Pausen von ca. 0,2 Sekunden werden durch (–), Mikropausen durch (.) markiert. Mikropausen an IP-Grenzen werden nicht markiert.
- Unmittelbare Anschlüsse zwischen Intonationsphrasen (Fehlen einer Mikropause) sind durch ein Gleichheitszeichen gekennzeichnet.
- An manchen Stellen sind außerdem Hinweise zur prosodischen Gestaltung der Passage dieser in spitzen Klammern vorangestellt (etwa: <ff> für sehr laut – fortissimo).
- Auch Einatmen (°h), Ausatmen (h°) und Lachen (ha, he, hihi etc.) sind im Transkript erfasst.

Weitere Details finden sich bei Selting et al. (2009) und der oben genannten Online-Einführung. Die Kenntnis der Transkriptionskonventionen erlaubt es, das ursprüngliche sprachliche Ereignis in gewissen Grenzen zu rekonstruieren und den Interaktionsverlauf auf der Handlungsebene zu verstehen. In dem Interaktionsausschnitt versucht Michael zum Beispiel eine kleine Geschichte von einem ‚Mädel' zu erzählen, das er am Tag zuvor getroffen hat. Sie kommt – wie seine primäre Adressatin, Anita – vom Kaiserstuhl (Z. 01) und hat in einer von Kaiserstühler Auswanderern gegründeten deutschen Kolonie in Paraguay eine Familie ‚Hübner' besucht (Z. 02, Z. 24–31). Diese Geschichte wird allerdings von Anita in Z. 03–05 unterbrochen, die herausfinden will, ob sie die Person, von der Michael spricht, kennt. Anita inszeniert diese Frage als höchst dringlich, wie die Unterbrechung zeigt (Z. 07–08). Die beste Möglichkeit festzustellen, ob man jemanden kennt, geht über den Namen der Person, nach dem Anita deshalb fragt. Michael erinnert sich allerdings nicht sofort.

Er weicht zuerst auf ein körperliches Merkmal der Person („viele Sommersprossen') aus (Z. 09), das ebenfalls zur Identifizierung dienen könnte, bevor ihm der Name dann doch einfällt (Z. 10–16), ohne dass er sich dessen sicher wäre. Dieser Name sagt Anita nun allerdings nichts (Z. 17–23). Nach dem gescheiterten Versuch, die gemeinsame Referenz auf ‚Mona' herzustellen, kann Michael die Geschichte weitererzählen.

Geschrieben und gesprochen. Leichter könnten wir einen Text lesen, der die Interaktion zwischen Michael und Mona so wiedergibt, wie das vielleicht in einem Roman geschehen würde:

> „Gestern", erzählt Michael, „war da auch ein Mädel, die vom Kaiserstuhl kommt". „Woher denn?", unterbricht ihn Anita in gespielter Begeisterung. „Wie heißt die? Oh mein Gott, vielleicht kenn ich sie?" Michael zögert: „Die hat ganz viele Sommersprossen. Warte mal, ich muss schauen, dass ich sie nicht durcheinanderbringe. Ich glaube, sie heißt Mona." „Das ist schon einmal schlecht", unterbricht ihn Anita lachend. „Ich kenne keine Mona." „Per se schon einmal schlecht", wiederholt Michael und erzählt weiter: „Ich habe erfahren, dass sie in Paraguay bei Familie Hübner war." „Witzig", lacht Anita. Und Michael: „Ich weiß nicht, ob du die kennst. Das ist wohl auch so eine Kaiserstühler Familie." „Ja, das kann schon sein", erwidert Anita.

Diese schriftliche Version unterscheidet sich in vielerlei Hinsicht vom Transkript. Die Sequenz der sprachlichen Handlungen von Michael und Anita ist jetzt ‚ordentlich', Überlappungen gibt es nicht. Sie sind in metasprachliche Beschreibungen im Erzähltext ausgelagert. Dieser enthält zugleich eine Reihe von Interpretationen, die zum Beispiel dem Lachen im Original entsprechen. Unvollständige Sätze (wie in Z. 28, 31) fehlen ebenfalls. Verschiedene Partikeln sind eliminiert (Z. 02 *halt*, Z. 12 *jetz*, Z. 17 *ja*), Vagheitsmarkierungen (Z. 01 *irgendein* > *ein*, Z. 31 *irgendwie sone* > *so eine*) sowie mündliche morphologische Formen (etwa: keine Markierung der 1. Person Singular durch Schwa, Z. 16, 20) vermieden. Scheinbar fehlende Argumente sind ergänzt (Z. 33: *das kann schon sein*). Vor allem aber sind viele syntaktische Strukturen den schriftsprachlichen Normen angepasst.

Der Text ist viel kürzer als das Transkript. Die Äußerungen von Michael und Anita sind kompakt. Jede davon scheint gut geplant und mit minimalem grammatischem Aufwand realisiert zu sein. Die Syntax entsteht nicht, sie ist schon da. Ganz offensichtlich ist das in Z. 01, wo der Sprecher in der Originalversion zunächst mit einer Äußerung beginnt (*irgendein Mädel aus dem*), von der wir erwarten, dass sie in einer bestimmten Weise weitergeführt wird (nämlich mit einer Ortsbezeichnung wie *Kaiserstuhl*); er verändert diese Struktur aber ‚unterwegs' und ersetzt das präpositionale Attribut durch einen Relativsatz (*die vom Kaiserstuhl kommt*). *Aus dem* wird retrospektiv getilgt; es gehört nicht zur schließlich entstandenen Satzstruktur. Im Prosatext kommt diese ‚Fehlleistung' nicht vor.

Auch in Z. 10–14 ‚passiert' in der Syntax der Alltagssprache etwas nicht Geplantes. Wir können (wie auch die Gesprächspartnerin) erwarten, dass nach *und HEISST* ein Name folgen wird. Tatsächlich schiebt Michael aber erst eine ‚Aufforderung' (*WArte mal*) ein, die eine Phase der Namensfindung einleitet. Dann folgt ein metakommunikativer Kommentar. Beides passt in der Schriftsprache nicht in das schon eröffnete syntaktische Schema. Erst anschließend wiederholt der Sprecher den Beginn der unterbrochenen Konstruktion mit einem nun nötigen, zusätzlichen Subjektspronomen *sie*, pausiert erneut, bevor er schließlich den gesuchten Namen *Mona* produziert und damit die syntaktische Struktur zum Abschluss bringt. In der schriftlichen Prosaversion ist diese zögerliche Emergenz der syntaktischen Struktur geglättet.

In Z. 14–16 des Transkripts ist die syntaktische Entwicklung dieser Äußerung immer noch nicht abgeschlossen. Ohne dass dafür eine syntaktische Notwendigkeit bestünde, schwächt Michael seine Aussage nach einer einsekündigen Pause mit einem nachgeschobenen *GLAUB ich?* ab. In der Prosaversion wird diese nachgeschobene Abschwächung zum vorausgestellten Matrixverb, in das sich der Aussagesatz einbettet. Schrittweise emergierende Strukturen sind in einem schriftlichen Text nicht vorgesehen. Hier wird dem Leser gleich zu Beginn der epistemische Rahmen vorgegeben, mit dem der Sprecher seine Aussage einleitet.

Ähnlich entwickelt sich die Syntax in Z. 24–27. Hier greift Michael eine syntaktische Struktur wieder auf, die bereits in Z. 02 des Transkripts beginnt, aber nicht abgeschlossen wurde, weil Michael von Anita unterbrochen wurde (*und DIE hat halt leute in*). Aber wieder wird die Äußerung nicht in einer kompakten syntaktischen Verpackung präsentiert, sondern entsteht allmählich: Schon nach *und DIE war halt in PAraguay* wäre die syntaktische Struktur abgeschlossen gewesen. Michael erweitert sie aber sofort durch die Freie Angabe *bei familie HÜBner*. Nachdem diese Erweiterung (wohl wegen der unerwartet präzisen Information) zu lautem Lachen von Anita führt (Z. 26), expandiert er die Äußerung erneut durch ein epistemisches Verb: *hab ich erfahren*. Auch hier ist die Prosaversion anders organisiert. Sie beginnt mit der Matrixsatzstruktur, statt sie nachzuschieben.

Online und offline. Aus diesen wenigen Beispielen lassen sich schon wesentliche Unterschiede zwischen mündlicher und schriftlicher Syntax erkennen: Die schriftliche Syntax ist kompakt, die mündliche erscheint im Transkript fragmentiert; die schriftliche Syntax ist vorausgeplant, die mündliche emergent: sie entwickelt sich in der Zeit. Der schriftliche Text ist ein Objekt, er hat keine Zeitstruktur, er ist *offline*; die mündliche Syntax entsteht in der Zeit: *online*.

Man könnte einwenden, dass ja auch schriftliche Texte eine Zeitstruktur haben, wenn man den Prozess des Schreibens oder Lesens im Blick hat. Sowohl das Schreiben als auch das Lesen erfolgen in der Zeit. Allerdings haben die Zeit des Schreibens und die des Lesens nichts miteinander zu tun. Beim Schreiben ist das Lesen verborgen, beim Lesen sieht man nur das Produkt und nicht den Prozess, der dazu geführt hat. Besser ist also eine andere Formulierung: das Sprechen bzw. Hören einerseits und das Schreiben bzw. Lesen andererseits haben eine *verschiedene* Zeitstruktur. In der Interaktion sind die Bewusstseinsströme der sprachlich Handelnden maximal **synchronisiert** (vgl. Schütz 1932 [1974: 137–150]). Produktion und Rezeption erfolgen annähernd (wenn auch nie exakt) zeitgleich. Wir verarbeiten während des Hörens eine entstehende Äußerung, lang bevor sie ihren Abschlusspunkt erreicht hat. Dafür wird das Sprachmaterial inkrementell (Schritt

1.1 Online/offline – mündlich/schriftlich

für Schritt) – wenn auch nur vorläufig und durchaus mit dem Risiko, dass später Revisionen notwendig sein können – analysiert. Im Offline-Modus der Schriftkommunikation gibt es keine solche Synchronisierung: Schreiben und Lesen sind zwar ebenfalls Prozesse mit einem zeitlichen Verlauf, aber diese Prozesse sind asynchron. Das ist schon daran zu erkennen, dass in der Regel die Zeit, die man für das Schreiben braucht, die des Lesens um ein Vielfaches übertrifft. Asynchron bedeutet in der schriftlichen Kommunikation: Der Text wurde zu einem bestimmten Zeitpunkt geschrieben und wird (in der Regel) zu einem anderen, davon unabhängigen Zeitpunkt gelesen. Die schriftliche Kommunikation ist also im geglückten Fall (wenn sich eine Leserin findet) „zerdehnte Kommunikation" (Ehlich 1983).

Die Synchronisierung zwischen Produktion und Rezeption ist das zentrale Merkmal der Zeitstruktur der gesprochenen, interaktiven Sprache. Der Produktionsprozess ist in einem gewissen Sinn öffentlich und beobachtbar. All die verschiedenen Anläufe, die jemand vielleicht braucht, um etwas zu formulieren, die Selbstreparaturen, Paraphrasen, Abbrüche und Neustarts, Ergänzungen und Erweiterungen, sind für die anderen Interaktionsteilnehmer offen zugänglich; sie können beim Formulieren zuhören. Sie hören aber nicht nur zu, sondern sie können die Emergenz der Äußerung auch durch Rückmeldungen verbaler oder visueller (etwa mimischer) Art beeinflussen, indem sie zum Beispiel Unverständnis oder Erstaunen bzw. Verständnis und Zustimmung deutlich machen. Aus der Synchronisierung der Bewusstseinsströme ergibt sich also auch die Möglichkeit der Interaktion in der Zeit. Kleist meinte Anfang des 19. Jahrhunderts sogar, dass eine solche ko-präsente, aktive Zuhörerschaft für die „allmähliche Verfertigung der Gedanken beim Sprechen" äußerst hilfreich sei (vgl. Auer 2014).

Auch das Schreiben ist natürlich oft mit Textrevisionen, mit Streichungen, Ergänzungen, Verbesserungen verbunden, und beim Lesen ist es manchmal hilfreich, Passagen zweimal zu lesen. Im Gegensatz zu den Bearbeitungsphänomenen in der gesprochenen Sprache finden diese Bearbeitungsprozesse aber unabhängig voneinander statt. Der Prozess des Schreibens bzw. später des Lesens geschieht im zweidimensionalen **Raum des Textes**, in einem durch die Dimensionen rechts/links und oben/unten definierten Koordinatensystem. Dieser Raum definiert das Medium, das Schreiben und Lesen trotz ihrer voneinander unabhängigen Zeitstruktur (jedes hat sein eigenes Vorher und Nachher) verbindet. Produktion und Rezeption bleiben aber in der Regel (wenn man nicht gerade jemandem über die Schulter schaut, der einem gerade eine Nachricht schickt) füreinander unzugänglich.

Flüchtigkeit. Ein weiterer Aspekt der spezifischen Zeitlichkeit mündlich-interaktiver Sprache lässt sich so formulieren: die mündliche Sprache ist flüchtig und **irreversibel**. Das Geschriebene ist hingegen objekthaft und persistent; es wird in einem „**Außenspeicher**" (Maas 2010) abgelegt, der die Produzenten um ein Vielfaches überdauern kann. Das Gesprochene lässt sich nicht zurückholen – was gesagt ist, das ist gesagt. Man kann sich bemühen, seine interaktiven und sozialen Auswirkungen zu begrenzen und nachträglich das Gemeinte zu revidieren, etwa Missverständnisse aufzuklären – die Performativität des Gesagten also wieder ‚einzufangen'. Dass das gelingt, ist aber keineswegs gewiss. Andererseits ist die Flüchtigkeit des Gesprochenen aber auch die Basis für das **Vergessen**. Kaum haben wir etwas gehört, erinnern wir seinen Wortlaut schon nicht mehr. Auch der Inhalt des Gehörten verändert sich in der Rückschau, bevor er völlig aus dem Gedächtnis verschwindet. In der Schriftkommunikation ist hingegen der entscheidende Punkt das Absenden der Nachricht: Alles, was vorher mit dem Text passiert, ist ausschließlich der Schreiberin zugänglich, aber was zählt, ist die ‚veröffentlichte' Schlussversion. Umgekehrt ist das Geschriebene in der Regel nicht flüchtig, sondern gegen den zeitlichen Verfall mehr oder weniger lang geschützt.

Die drei genannten Merkmale, die die Zeitstruktur der mündlichen von der schriftlichen Kommunikation unterscheiden, sind also:

- Synchronisierung der Bewusstseinsströme zwischen den Interaktionsteilnehmern
- Interaktive Zugänglichkeit des Produktionsprozesses während der Rezeption
- Irreversibilität, aber Flüchtigkeit

Diese Merkmale unterscheiden nicht nur die klassischen Schriftmedien von der mündlichen Kommunikation. Der Bereich des Schriftlichen hat sich durch die Entwicklung **elektronischer Medien** in der Gegenwart enorm ausgedehnt; nie wurde von so vielen Menschen so viel geschrieben. Trotzdem sind die drei Merkmale weiterhin gültig, selbst wenn die Unterschiede nicht mehr so groß sind wie früher. Auch in Chats bleiben trotz der nur noch minimalen Zerdehnung der Akt des Schreibens und der des Lesens zeitlich getrennt; bestenfalls werden wir darüber informiert, dass der Andere gerade etwas schreibt, ohne zu wissen, was es ist. Es kommt also zu keiner vollständigen Synchronisierung. Der Andere lässt sich nicht beim Schreiben oder Lesen beobachten. Und als Schreiber können wir das Geschriebene solang revidieren, bis der Text in die Hände einer Rezipientin gelangt ist. (Manche Dienste lassen es zu, eine Botschaft ‚zurückzurufen'; das ist wie der Versuch, einen schon eingeworfenen Brief vom Briefträger abzufangen – es funktioniert nur so lang, wie der Adressat nicht schneller ist.)

Die Quintessenz ist also: aus der Perspektive der Online-Syntax entstehen syntaktische Strukturen in der Interaktion und damit in der Zeit. In der Betonung dieser **Emergenz** unterscheidet sich der in diesem Buch verfolgte Ansatz von vielen früheren Arbeiten zur Syntax des gesprochenen Deutsch (angefangen mit Hermann Wunderlichs bahnbrechender Arbeit von 1894, vgl. Auer 2023). Dies erfordert teilweise ein radikales Umdenken und neue Darstellungsverfahren und Begriffe.

1.2 Alternative Ansätze

Produkt vs. Prozess. Der größte Teil der Forschung zur gesprochenen Sprache verwendet Transkripte nicht als Hilfsmittel zur Rekonstruktion der zeitlichen Emergenz syntaktischer Projekte, sondern als **Produkte**, also so wie schriftliche Texte. Es wird dann für bestimmte Phänomene ermittelt, ob sich ihre **Vorkommenshäu-**

1.2 Alternative Ansätze

figkeit in Datensätzen gesprochener und geschriebener Sprache in signifikanter Weise unterscheidet. Von der durchschnittlichen Satzlänge über die Frequenz bestimmter Wortarten oder Wortverbindungen (*chunks*) bis zur Häufigkeit von Satzbaumustern, Konstruktionen oder Stellungsvarianten lassen sich auf diese Weise viele Unterschiede ermitteln: Die gesprochene Sprache hat kürzere Sätze, weniger tiefe Einbettungen, bestimmte Elemente werden eher ins Nachfeld gesetzt als andere, konditionale Nebensätze werden eher nach- als vorgestellt, Nominalphrasen sind weniger oft durch Attribute erweitert, und so fort. Bei diesem Vorgehen ist entscheidend, wie die verglichenen Corpora zusammengestellt sind. Familiäre Alltagsgespräche beim gemeinsamen Essen mit Zeitungstexten aus der *FAZ* zu vergleichen, führt zu anderen quantitativen Ergebnissen als der Vergleich von Vorstellungsgesprächen mit Wissenschaftstexten oder der Vergleich von Talkshows mit der Boulevardpresse. Erfolgversprechend sind hier komplexe statistische Modellierungen, die diese gattungsbedingte Variation mit einbeziehen und ihren Effekt abzuschätzen erlauben.

Die Online-Syntax geht anders vor. Sie betrachtet die **Transkripte** lediglich **als Protokoll** und Rekonstruktionsgrundlage **der in der Zeit ablaufenden Prozesse**. Das bedeutet, dass es unsinnig wäre, vom Gesamttext einer interaktiven Episode auszugehen; vielmehr wird das Gespräch so, wie es sich in der Erfahrung der Gesprächsteilnehmer entwickelt, analysiert. Während die Perspektive der Online-Syntax also die der Gesprächsteilnehmerinnen ist, analysiert die Korpuslinguistik ihre Daten quasi ‚von oben' aus der Vogelperspektive, aus der ja erst das fertige, entzeitlichte Gespräch fassbar wird.

1.2.1 Konzeptionelle Mündlichkeit und Schriftlichkeit

Der Vergleich von mündlichen und schriftlichen Texten setzt voraus, dass Mündlichkeit und Schriftlichkeit definiert werden. Aber ist es überhaupt plausibel, eine klare Grenze zwischen Mündlichkeit und Schriftlichkeit zu postulieren? Mit der Entwicklung neuer Medien hat sich die geschriebene Sprache immer weiter in Bereiche der Alltagskommunikation hinein ausgedehnt, die früher der mündlichen Kommunikation vorbehalten waren. Elektronische Schriftprodukte von heute stehen in mancherlei Hinsicht dem Mündlichen näher als der traditionellen Welt der Schrift, wie sie bis ins späte 20. Jahrhundert hinein galt. Die eingetippten oder diktierten Kurznachrichten und -kommentare, die in den sogenannten sozialen Medien und über Messenger-Dienste massenhaft verschickt werden, sind zwar geschrieben, sie sind aber weder formal noch funktional mit den traditionellen Formen schriftlicher Kommunikation vergleichbar. Das gilt unabhängig davon, ob man für den Vergleich gedruckte Bücher oder hand- oder maschinenschriftliche Briefe wählt, die zwei miteinander ‚korrespondierende' Individuen verschicken. Überdies lassen sich heute Texte problemlos unter Verwendung automatischer Spracherkennungsprogramme **vom Phonischen in das Graphische übertragen** oder umgekehrt durch *text-to-speech*-Apps vorlesen. In diesen Fällen ist die Realisierung im graphischen oder phonischen Medium offenbar zweitrangig.

Medium vs. Konzept. Es ist deshalb verführerisch, die Grenze zwischen Mündlichkeit und Schriftlichkeit anders (oder gar nicht) zu ziehen und dem Unterschied zwischen Laut- oder Buchstabenkommunikation keine große Bedeutung mehr zuzubilligen. Ist es nicht plausibler, Alltagsgespräche und zum Beispiel Chatkommunikation auf der einen Seite und wissenschaftliche Vorträge und Zeitungsartikel auf der anderen zusammen zu gruppieren? Die ersten beiden sind informell, spontan, meist wenig an den Normen der Standardsprache orientiert, die letzten beiden sind formell, geplant und sicherlich nah an den Normen der Standardsprache – die dazu quer verlaufende Frage des ‚Mediums' (phonisch oder graphisch) scheint zweitrangig zu sein.

Solche Überlegungen haben schon in den 1980er Jahren, also vor der elektronischen Revolution in der Kommunikation, Sprachwissenschaftler dazu veranlasst, zwischen dem **Medium** des (im Wortsinn) Gesprochenen und Geschriebenen und der **Idee** von Schriftlichkeit und Mündlichkeit zu unterscheiden. Einem Vorschlag Sölls ([1974] 1985, 17–25) folgend, haben die beiden Romanisten Peter Koch und Wulf Oesterreicher diese Unterscheidung zwischen **medialer** und **konzeptioneller Schriftlichkeit/Mündlichkeit** in einflussreichen Publikationen ausgearbeitet (erstmals Koch und Oesterreicher 1985). Der mediale Unterschied zwischen Schreiben und Sprechen (Lesen und Hören) ist dichotomisch: man kann nur entweder das eine oder das andere tun. Der (für sie wesentlich wichtigere) konzeptionelle Unterschied ist hingegen kontinuierlich, d. h. man kann mehr oder weniger der Idee („Konzeption") von mündlicher oder schriftlicher Kommunikation folgen. Etwas paradox könnte man formulieren: man kann auch schreibend mündlich und sprechend schriftlich kommunizieren.

Nähe- und Distanzsprache. Um allerdings mit einem solchen Modell arbeiten zu können, braucht man vom Medium unabhängige Kriterien für konzeptionelle Schriftlichkeit und Mündlichkeit – andernfalls wäre kein sinnvoller Vergleich möglich. Koch und Oesterreicher (1985) schlagen vor, die konzeptionell mündliche Sprache als Sprache der **Nähe** und die konzeptionell schriftliche Sprache als Sprache der **Distanz** zu bestimmen. Nähe und Distanz werden ihrerseits aus dem Zusammenspiel einer Vielzahl von Merkmalen („mehrdimensional") definiert: Dialogizität (damit ist das selbstorganisierte Turn-Taking innerhalb des Gesprächs gemeint), Kooperation (Sprecher und Hörer sind „direkt miteinander verzahnt", es findet permanent Rückkopplung zwischen ihnen statt), *face-to-face*-Interaktion (im Sinne physischer Nähe, aber auch gemeinsamen Hintergrundwissens), Spontaneität, Affektivität/Expressivität, Vertrautheit, „starkes Beteiligtsein", freie Themenentwicklung und keine Öffentlichkeit. Der entgegengesetzte Pol der maximalen konzeptionellen Schriftlichkeit ist entsprechend durch Monologizität, Fremdheit der Interaktionspartner, raumzeitliche Trennung, Themenfixierung, Öffentlichkeit, *detachment*, Situationsentbindung und Objektivität gekennzeichnet, zu denen noch das Merkmal der Reflektiertheit hinzukommt. Zudem wird die Mündlichkeit mit nicht-standardisierten Sprachen/Sprechweisen und die Schriftlichkeit mit Standardsprachen/Standardsprachlichkeit assoziiert.

1.2 Alternative Ansätze

Durch die radikale Trennung der Nähesprache vom Medium der phonischen Realisierung und der Distanzsprache vom Medium der graphischen Realisierung wollen Koch und Oesterreicher die beiden Erscheinungsformen von Sprache „ihrer medialen Komponenten entkleide[n]" (Koch und Oesterreicher 2007: 350; Koch und Oesterreicher 1994: 588). Das Modell ist also eigentlich ein Modell von Kommunikationsformen oder sprachlich-kommunikativen Gattungen. Der Bezug zum Gesprochenen und Geschriebenen (zum Medium) wird lediglich durch die terminologische Gleichsetzung von Nähesprache mit konzeptioneller Mündlichkeit und Distanzsprache mit konzeptioneller Schriftlichkeit hergestellt; tatsächlich haben Nähe- und Distanzsprache mit Sprechen/Schreiben bzw. Lesen/Hören nichts mehr zu tun (Fehrmann und Linz 2009: 124).

Kritik des Nähe-Begriffs. Es ist aber fraglich, ob die Begriffe Nähe und Distanz tatsächlich die ‚Idee' von Schriftlichkeit bzw. Mündlichkeit erfassen. Der Begriff der Nähe kann wörtlich verstanden werden; er lässt dann an die raum-zeitliche, situative Einbettung der *face-to-face*-Interaktion denken. Dieser wörtliche Nähebegriff lässt sich allerdings nur durch recht unkontrollierte, metaphorische Erweiterungen auch auf Merkmale der konzeptionellen Mündlichkeit wie Emotionalität oder (mangelnde) Reflektiertheit anwenden. Dazu kommt, dass die räumliche Nähe bzw. Distanz zwischen den Gesprächsteilnehmern seit der Erfindung des Telefons kein entscheidendes Merkmal von Mündlichkeit mehr ist. Koch und Oesterreicher selbst verstehen Nähe und Distanz in erster Linie als Charakterisierung der sozialen Beziehung: ein Gespräch zwischen Liebenden ist für sie nähesprachlicher als eines zwischen Ärztin und Patientin.

Vor allem aber ist Skepsis angebracht, ob die mit Nähesprache assoziierten Merkmale tatsächlich benötigt werden, um die Strukturen der gesprochenen Syntax zu *erklären*. Aufgrund der Vielzahl von Merkmalen, die der konzeptionellen Mündlichkeit (Nähesprache) zugeordnet sind, ist das Modell zu schwach, um konkrete Vorhersagen dazu machen zu können, welche davon auf welche strukturellen Eigenschaften der gesprochenen Sprache erklärend bezogen werden können. Wenn wir zum Beispiel herausfinden, dass in der mündlichen Syntax öfter als in der schriftlichen sogenannte Rechtsversetzungen vorkommen, wie etwa

das hab ich schon MAL gehört das argumEnt,

dann fragt es sich, ob dafür wirklich Merkmale der Situation wie Affektivität/Expressivität, Vertrautheit, starkes Beteiligtsein, freie Themenentwicklung oder keine Öffentlichkeit als Erklärung dienen können; zudem bleibt es unklar, *welches* dieser Situationsmerkmale dafür verantwortlich ist, dass der Sprecher nicht stattdessen

das argument hab ich schon MAL gehört

sagt.

Die starke metaphorische Ausweitung der zunächst räumlichen Begriffe Nähe und Distanz führt zur Gleichsetzung von Distanzsprachlichkeit mit Standardsprachlichkeit und Nähesprachlichkeit mit Nicht-Standardsprachlichkeit. Diese Engführung ist aber nicht gerechtfertigt. Zwar ist es richtig, dass Dialekte in Deutschland fast immer gesprochene Varietäten sind; entsprechend weisen sie auch viele syntaktische Merkmale auf, die gesprochensprachlich sind. Aber auch die Standardsprache wird heute sehr oft mündlich verwendet. Sie ist nicht mehr nur, wie vielleicht noch bis ins frühe 20. Jahrhundert, oralisierte Schriftsprache. Dialekt (und andere Nicht-Standardvarietäten) sind also zwar mit konzeptioneller und medialer Mündlichkeit verbunden, Standard aber nicht (mehr) zwingend mit konzeptioneller und medialer Schriftlichkeit (vgl. Feilke 2016).

Für die Online-Syntax ist die wichtigste der von Koch und Oesterreicher aufgeführten Situationsbedingungen von Mündlichkeit die spezifische Zeitstruktur der gesprochenen, interaktiv eingebetteten Sprache und die daraus resultierende enge Synchronisierung von Sprechenden und Hörenden. Diese Bestimmung der gesprochenen Sprache ist einerseits präziser als die Charakterisierung konzeptioneller Mündlichkeit als Nähesprache, andererseits ist sie aber auch unvereinbar mit der strikten Trennung zwischen Medium und Konzept, denn es ist ja gerade das Medium des Sprechens/Hörens, dem wir für die Zeitstruktur der mündlichen Sprache und die daraus folgenden strukturellen Merkmale das größte Erklärungspotential zusprechen. Die Online-Syntax knüpft unmittelbar an die kognitiven und körperlichen Prozesse der mündlichen Interaktion an und benötigt den Rekurs auf eine ‚Idee' oder ein ‚Konzept' von Mündlichkeit/Schriftlichkeit hinter dem tatsächlichen Sprechen und Hören nicht.

1.2.2 Situationsgebundenheit

Ein anderer alternativer Ansatz besagt, dass sich die wesentlichen Merkmale der gesprochenen Sprache aus ihrer **Situationsgebundenheit** erklären, der die **Situationsentbindung** der geschriebenen Sprache gegenübersteht. (Proto-)typischerweise ist gesprochene Sprache in der *face-to-face*-Interaktion zuhause. Sie profitiert davon, dass die physischen Parameter der Situation (Zeit, Ort, Dinge, Personen) die Formulierungsarbeit entlasten, weil auf sie **deiktisch** verwiesen werden kann; sie können als sinnlich zugänglich vorausgesetzt werden.

Situationsgebundenes sprachliches Handeln ist immer multimodal. Neben den Parametern der Situation können die Teilnehmer auch Mimik, Körperhaltung, Gesten und andere Ressourcen einsetzen, um die Ressource ‚Sprache' (im engen Sinn) zu entlasten. Besonders deutlich wird diese Entlastung in Fällen, in denen das Verbale lediglich unterstützend zu dominant nicht-sprachlichen Handlungen hinzutritt, also empraktisch (Bühler 1934) eingebunden ist (vgl. z. B. Mondada 2014; Deppermann 2020). Schlicht gesagt: wenn man zusammen ein Fahrrad repariert, braucht man (vor allem, wenn man das nicht zum ersten Mal macht) weniger Sprache, als wenn man jemandem schriftlich erklären will, wie man ein Fahrrad repariert.

1.2 Alternative Ansätze

Orate vs. literate Sprache. Situationsgebundenheit ist deshalb das Merkmal, das Maas (2010) in seinen Forschungen zur **oraten (vs. literaten) Sprache** in den Vordergrund stellt. Von Koch und Oesterreicher übernimmt er deren Unterscheidung zwischen medialer und konzeptioneller Mündlichkeit/Schriftlichkeit: Die konzeptionell schriftliche Sprache heißt bei ihm literat, die mündliche orat.

Sprachausbau. Sein Ansatz ist teleologisch: die literate Sprachverwendung zeichnet sich durch den **Ausbau** oraler Strukturen aus. Sie ‚sitzt' sozusagen auf schon bestehenden oraten Fertigkeiten ‚auf'. Gesellschaften insgesamt können sich darin unterscheiden, in welchem Umfang sie ihren Sprachbenutzerinnen literate Ressourcen zusätzlich zu den (immer nötigen und vorhandenen) oraten Ressourcen zur Verfügung stellen. Sprecher wiederum unterscheiden sich danach, wie gut sie von diesen Ressourcen Gebrauch zu machen verstehen. Entsprechend kann sowohl die Sprache einer Gesellschaft als auch die Sprache eines Individuums mehr oder weniger ausgebaut und infolgedessen mehr oder weniger literat sein. Ausgebaute Strukturen sind nach Maas in unserer Kultur grundsätzlich mit dem Erwerb der Schrift verbunden; daher der Begriff literat (>*lit(t)era*).

Die *face-to-face*-Situation ist zweifelsohne die primäre Umgebung für Sprache. In ihr lernen Kinder Sprache in engster Bindung an ihre Bezugspersonen. In der mindestens 100.000-jährigen Geschichte der sprachbegabten Menschheit haben bis ins späte 19. Jahrhundert die allermeisten Menschen nie (vor der Erfindung der Schrift) bzw. nur in sehr peripheren Situationen (nach der Erfindung der Schrift) mit literaten Techniken zu tun gehabt. Sie konnten ihr Leben ohne weiteres mit oraten Mitteln bewältigen. Als allerdings aus bestimmten sozialen, politischen und wirtschaftlichen Gründen in manchen Kulturen Aufzeichnungsverfahren (schriftliche Texte als „externe Speicher") entwickelt wurden, konnte nicht jede Art von mündlicher Sprache in das neue Medium übertragen und dort aufbewahrt werden. Die Sprache musste auf die Bedürfnisse des neuen Mediums hin optimiert werden; vor allem musste sie dazu ihre Situationsgebundenheit verlieren. Meistens war das Aufgeschriebene ja in den frühen Schriftkulturen nicht für eine bestimmte Adressatin gedacht, die der Schreiber kannte, sondern für eine unbestimmte und unbekannte Gruppe, die den Text in einer anderen Situation lesen würde als der, in der er geschrieben wurde, und die nicht über dasselbe Hintergrundwissen (*common ground*) verfügen würde wie der Schreiber. Die Sprache, die für die Schriftlichkeit geeignet war, musste also ohne Rückgriff auf gemeinsames Wissen verständlich sein, d. h. in ihr mussten nicht nur indexikalische Leerstellen (etwa Deiktika) aufgelöst, sondern auch Hintergrundwissen explizit gemacht werden. Dazu musste sie die passenden Strukturen bereitstellen.

Darstellung vs. Kommunikation. Die literate Sprache ist in Maas' Theorie das Ergebnis dieser Optimierung, also der Loslösung von und Überwindung der „kommunikativen" Ausrichtung der oraten Sprache in der *face-to-face*-Interaktion. Ihre Strukturen sind ihm zufolge aus dieser Überwindung zu erklären. Maas knüpft den Übergang von der oraten zur literaten Sprachverwendung also an den Wechsel von einer „kommunikativen" zu einer „darstellenden" (i. S. v. Bühler 1934) Sprachpraxis, so dass sich das folgende Schema ergibt:

	mündlich	schriftlich
kommunikativ		orat
darstellend		literat

Die beiden Spalten beziehen sich auf das Medium, die beiden Zeilen auf die funktionalen Anforderungen an die Sprache. „Darstellend" meint „situationsunabhängig", d. h. auf den sprachlichen Ausdruck komplexer Sachverhalte hin optimiert, „kommunikativ" heißt situationsgebunden. Orat und literat kann Sprache nach Maas sowohl im mündlichen als auch im schriftlichen Medium sein, denn das Medium ist nur prototypisch mit orater und literater Sprache verbunden. Nicht-(proto-)typische Beispiele für „orate schriftliche" („skribale") Praktiken sind bei Maas etwa Chats, Notizzettel, SMS; nicht-typische Beispiele für „literate mündliche" Praktiken sind wie bei Koch und Oesterreicher Vorlesungen oder Predigten.

Dezentrierung und Satzförmigkeit. Um über das situationsgebundene Sprechen hinauszugehen, muss die literate Sprache andere grammatische Strukturen „zuschalten". Die Sprache wird **dezentriert**: Sie muss auf die Rezeption durch einen generalisierten Anderen und in den unterschiedlichsten Situationen hin abgestimmt sein. Literat zu formulieren bedeutet deshalb, größeren sprachstrukturellen Aufwand zu betreiben. In Maas' Theorie wird der **Satz** überhaupt erst in dieser Form der Sprachverwendung zu einer relevanten Einheit. Die Orientierung an standardisierten und normierten syntaktischen Konstruktionen mit Ausrichtung an der Verbvalenz und die Erwartung, dass solche Konstruktionen vollständig realisiert sein müssen, ist für ihn die Grundlage der Literalität. Orate Sprache funktioniert dagegen nach pragmatischen Prinzipien und braucht weniger Syntax (vgl. Givón 1979). Für die Leserin hat die literate Sprachpraxis Vorteile: Sie kann (angemessene literate Sozialisation vorausgesetzt) in sehr viel kürzerer Zeit mehr Information verarbeiten, als dies in der mündlichen Sprache möglich wäre.

Die Situationseinbindung von orater Sprache erklärt die Verwendung bestimmter Strukturen (deiktische Ausdrücke, situativ elliptische Ausdrücke, vgl. Deppermann und Gubina 2021). Kann sie aber die Synchronisierung zwischen den Gesprächsteilnehmern ersetzen?

Situationsgebunden heißt nicht mündlich. Die Antwort hängt davon ab, ob man glaubt, dass orate Sprache notwendigerweise situationsgebunden sein muss, also annimmt, dass die mündliche Sprache als solche nicht in der Lage ist, aus dem Situationskontext gelöst zu werden. Offensichtlich geht die situationsgebundene Sprache phylo- und ontogenetisch der situationsentbundenen Sprache voraus. Die voll entwickelte (mündliche) Erwachsenensprache leistet aber beides: Deiktische Einbindung in die Situation genauso wie Verschiebung aus dem Hier-und-Jetzt. Wir können (mündliche) Sprache eng an unser körperliches Handeln und die sinnlich zugängliche Welt koppeln; aber genauso gut können wir hypothetische und imaginierte Szenarien entwickeln, vergangene Ereignisse erzählen oder über allgemeine Zusammenhänge räsonieren, die nicht in die Sprechsituation eingebunden sind. Und das tun wir sehr oft: Geschichten zu erzählen, abstrakt zu argumentieren, Phantasien für Andere verständlich zu entwickeln – das sind Fähigkeiten, die zwar für Kinder selbst in der Grundschule noch nicht selbstverständlich sind. Aber für die erwachsenen Mitglieder einer Gesellschaft sind sie Teil des Alltags; auch in schriftlosen Kulturen sind sie in der Lage, situationsentbunden zu sprechen. Die sprachlichen Praktiken, die sie dafür benötigen, sind zwar die Voraussetzung für Schriftlichkeit, aber sie gehören zur Mündlichkeit. In der typischen *face-to-face*-Situation mit einem kopräsenten Gesprächspartner können wir – anders als beim typischen Schreiben/Lesen – zwar immer auf situationsgebundene sprachliche Ausdrucksmittel zurückgreifen, aber wir haben genauso die Möglichkeit, das Sprechen aus dem Hier-und-Jetzt in die Vergangenheit (Erzählungen) oder Zukunft zu verschieben oder in anderer Weise über Sachverhalte zu reden, die keinen Bezug zur Sprechsituation haben. Diese Möglichkeit dem „konzeptionell Mündlichen" absprechen zu wollen, würde seine Funktionen in unangemessener Weise reduzieren. Zwar ist die situationsgebundene Sprache als eine besondere und in gewisser Weise primäre Form der Mündlichkeit zu verstehen; daraus folgt aber nicht, dass situationsentbundenes Sprechen *nicht* (konzeptionell) mündlich wäre. Eine Alltagsgeschichte zu erzählen ist, anders als einen (vorbereiteten) Vortrag zu halten, Teil unserer alltäglichen mündlichen Kompetenzen. Die Verhältnisse lassen sich also besser so schematisieren:

	situationsgebunden	situationsentbunden
synchron		mündlich
asynchron		schriftlich

Die mündliche Sprache setzt immer Synchronisierung zwischen Sprecher und Rezipientin voraus; sie kann aber situationsgebunden oder situationsentbunden sein. In der schriftlichen Kommunikation gibt es keine Synchronisierung; sie ist typischerweise (wenn auch nicht immer) situationsentbunden.

Grenzfälle. Trotz dieser Abstufungen und Differenzierungen innerhalb der Mündlichkeit bleibt die zeitliche Synchronisierung die zentrale Produktionsbedingung gesprochener Sprache. Gesprochene Sprache ist keine Idee, sondern eine **körperliche Form des Handelns**. Ihre Zeitlichkeit ist an das Medium des Körpers gebunden und daher nicht von ihm zu lösen. Das heißt auch, dass der Unterschied zwischen gesprochener und geschriebener Sprache annähernd dichotomisch ist: entweder es liegt „Synchronisierung der Bewusstseinsströme" vor oder das ist nicht der Fall. Entsprechend ist auch die **Simulation von Mündlichkeit**, sei es im informellen Schreibstil elektronischer Nachrichten, sei es im sorgfältig komponierten, Mündlichkeit selektiv kopierenden Schreibstil vieler Autoren und Autorinnen der Gegenwartsliteratur oder in Zeitungskommentaren, immer eben nur Simulation. Bei genauerem Hinschauen unterscheiden sich solche Schriftprodukte auch strukturell deutlich von der mündlichen Sprache in der *face-to-face*-Situation oder in synchronisierten elektronischen Medien (wie Telefon oder Videokonferenz).

Ganz fallen Mündlichkeit und die Frage der Synchronisierung aber nicht zusammen: Wenn Tonkonserven verschickt oder ausgetauscht werden (wie z. B. sog. Sprachnachrichten bei *WhatsApp*) haben wir es natürlich mit keiner Synchronisierung zwischen Produktions- und Rezeptionsprozess zu tun. Dennoch lässt sich kaum bestreiten, dass diese Form der zerdehnten Kommunikation mündlich ist.

Ein weiterer Grenzfall ist mündliche, aber nicht spontan produzierte Sprache (also vorbereitetes, ‚geskriptetes' oder sogar auswendig gelerntes Sprechen, etwa bei einem Vortrag). Auch beim **Vorlesen oder ‚Aufführen'** memorisierter Texte sollen die Hörerinnen ihr Bewusstsein mit dem des Sprechers synchronisieren. Ob sie das tun oder in ihren Gedanken ganz woanders sind, ist auch für den Vortragenden nur schwer festzustellen. Die Partizipationsmöglichkeiten der einzelnen Zuhörerinnen bzw. Zuschauer sind so eingeschränkt, dass kein Dialog stattfindet. Auch der Sprecher kann die Zuhörerinnen mehr oder weniger zu vergessen suchen und ganz ‚bei sich' bleiben. Völlig wird es ihm allerdings nicht gelingen, das Publikum auszublenden und dessen mögliche Reaktionen zu ignorieren. Ein Vortrag, der ohne Bezug zum Publikum gehalten wird und vielleicht ‚wie gedruckt' klingt, ist kein guter Vortrag, weil er den Möglichkeiten der Sprachverarbeitung im lautlichen Medium widerspricht und deshalb nicht gut prozessierbar ist.

Ehlich (1983) diskutiert in einem bekannten Aufsatz zur Mündlichkeit/Schriftlichkeit einen weiteren Grenzfall, nämlich den des **Boten**, der eine mündliche Nachricht überbringt. Er ähnelt dem Fall der elektronisch verschickten Sprachaufnahmen. Die Kommunikationssituation zwischen dem Verfasser und der Rezipientin der Botschaft ist „zerdehnt" und daher ist zwischen ihnen keine Synchronisierung möglich. Allerdings impliziert das Botenbeispiel zwei Teil-Interaktionen, nämlich die des Boten mit dem Auftraggeber sowie die des Boten mit der Empfängerin. Im Gegensatz zur elektronischen Übermittlung mündlicher Botschaften erfordern beide die Synchronisierung der Bewusstseinsströme der Interaktionsteilnehmer. Bei der Übergabe der Botschaft wird der Auftraggeber vielleicht überprüfen, ob der Bote die Botschaft auch richtig verstanden hat oder ihm bestimmte Formulierungen einschärfen; bei der Übergabe an die Empfängerin wird der Bote sich vielleicht versprechen, weil er durch ihre Mimik irritiert ist, er hat vielleicht einen Teil der Botschaft im Wortlaut vergessen und muss improvisieren, die Rezipientin muss nachfragen etc. All dies erfordert soziale Interaktion. Ehlich hat aber Recht, dass über ein menschliches Medium (den Boten) vermittelte Botschaften ein Vorläufer der Entwicklung von Schrift gewesen sein könnten. Die durch den Boten vermittelte Botschaft impliziert eine situative Lösung des Textes von seinem Autor (dem Verfasser der Botschaft), die die Voraussetzung von Schriftlichkeit ist.

1.3 Übungsaufgaben

1) Machen Sie sich anhand des folgenden Transkriptausschnitts die konversationsanalytischen Transkriptionskonventionen klar. Was bedeuten die Sonderzeichen, die Großbuchstaben und die Satzzeichen? Wie wird das Turn-Taking transkribiert? (Wenn Sie zu mehreren sind, versuchen Sie, den Ablauf des Gesprächsausschnitts nachzuspielen, indem Sie den Text mit verteilten Rollen sprechen. Achten Sie auf die zahlreichen Phasen von Simultansprechen!) Wie wird die Prosodie (Tonhöhenverlauf, Betonungen, Lautstärke, Stimmqualität) notiert? Gibt es Details der lautlichen und interaktiven Realisierung, die von der Transkription nicht (eindeutig) erfasst sind?

```
(ET 22.06.16)
01 RIT: <<p>ich will n_↓EIS.>
02 MIR: (--) ^eis?
03 RIT: (.) <<pp>ich hätt jetz gern> <<ppp>n_EIS;> (--)
04 MIR: <<flüstert>mit so SCHOkosoße;> (--)
05 RIT: <<lachend, p>hehe? °h>=
06      =<<pp>n_ZUCkersüsses [EIS.       ]
07 MIR:                     [`SCHLAG]sahne? oder-
08      <<lachend, f> ehe [hehe[he ]]>
09 LAR:                   <<lachend, f>[eheh[e  ]]>
10 RIT:                              <<p>[woa]>
11      [so_n    spaGHET]tieis wo des ä:::
12 MIR: [<<lachend>SCHOko;>]
13 RIT: wo die SAHne so geFRORN is innen drin.
14      [<<p>KENNT ihr des?>]
15 MIR: [hm ich bin nIch    ] so_n [spaGHETtieisfan;=]
16 LAR:                            [´ah:: `NE.       ]
17      =[des mag ich NICH so; ]
18 MIR: =[weil_s aus vaNILleeis] is;=
19 RIT: =<<flüsternd>wa[s::>
20 LAR:                [des is mir zu VIEL;=
21 RIT: =<<flüsternd, pp>wie komisch seid IHR denn;>
```

2) Wie ist der Interaktionsablauf in Intonationsphrasen gegliedert? Entsprechen die Intonationsphrasen den konventionellen Sätzen?

3) Wenn Sie die Szene in einem Prosatext dialogisch darstellen wollten, wie würden Sie vorgehen? Welche Unterschiede ergeben sich zwischen der Verschriftlichung des Transkripts und der Darstellung eines Dialogs in der (geschriebenen) Literatur?

Literatur

Auer, Peter. 2014. „L'idée vient en parlant". Kleists Entwurf zur dialogischen Emergenz von Sprache und Denken. In *Heinrich von Kleist. Zum 200. Todesjahr eines rebellischen Klassikers*, Hrsg. Werner Frick, 63–86. Freiburg: Rombach.

Auer, Peter. 2023. Der innere Kern muss erschlossen werden, dem die äusseren Erscheinungen entkeimen. Umgangssprache bei Wunderlich und Spitzer. In *100 Jahre 'Italienische Umgangssprache'. Leo Spitzer im Gespräch*, Hrsg. Elwys de Stefani und Anja Stukenbrock, 33–56. Heidelberg: Winter.

Bühler, Karl. 1934. *Sprachtheorie. Die Darstellungsfunktion der Sprache*. Jena: Fischer.

Couper-Kuhlen, Elizabeth, und Margret Selting. 2018. *Interactional Linguistics. Studying Language in Interaction*. Cambridge: Cambridge University Press.

Deppermann, Arnulf. 2008 [1999]. *Gespräche analysieren. Eine Einführung in konversationsanalytische Methoden*. Opladen: Leske + Budrich.

Deppermann, Arnulf. 2020. Lean syntax: how argument structure is adapted to its interactive, material, and temporal ecology. *Linguistische Berichte* 263: 255–293.

Deppermann, Arnulf, und Gubina, Alexandra. 2021. When the body belies the words: embodied agency with *darf/kann ich?* (‚may/can I') in German. *Frontiers in Communication* 6, Artikel 661800.

Ehlich, Konrad. 1983. Text und sprachliches Handeln. Die Entstehung von Texten aus dem Bedürfnis der Überlieferung. In *Schrift und Gedächtnis. Beiträge zur Archäologie der literarischen Kommunikation*, Hrsg. A. und J. Assmann und Chr. Hardmeier, 24–42. München: Fink.

Fehrmann, Gisela, und Erika Linz. 2009. Eine Medientheorie ohne Medien? Zur Unterscheidung von konzeptioneller und medialer Mündlichkeit und Schriftlichkeit. In *Philosophie der Schrift*, Hrsg. Elisabeth Birk und Jan G. Schneider, 123–144. Tübingen: Max Niemeyer.

Feilke, Helmuth. 2016. Nähe, Distanz und literale Kompetenz. Versuch einer erklärenden Rezeptionsgeschichte. In *Zur Karriere von ‚Nähe und Distanz'. Rezeption und Diskussion des Koch-Oesterreicher-Modells*, Hrsg. Helmuth Feilke und Mathilde Hennig, 113–153. Berlin: de Gruyter.

Garfinkel, Harold. 1964. Studies of the routine grounds of everyday activities. *Social Problems* 11(3): 225–250.

Givón, Talmy. 1979. From discourse to syntax. Grammar as a processing strategy. In *Discourse and Syntax*, Hrsg. Talmy Givon (*Syntax and Semantics* 12), 81–112. New York: Academic Press.

Koch, Peter, und Wulf Oesterreicher. 1985. Sprache der Nähe – Sprache der Distanz. Mündlichkeit und Schriftlichkeit im Spannungsfeld von Sprachtheorie und Sprachgeschichte. *Romanistisches Jahrbuch* 36: 15–43.

Koch, Peter, und Wulf Oesterreicher. 1994. Schriftlichkeit und Sprache. In *Schrift und Schriftlichkeit. Ein interdisziplinäres Handbuch internationaler Forschung*, Hrsg. Hartmut Günther et al., 587–604. Berlin: de Gruyter.

Koch, Peter, und Wulf Oesterreicher. 2007. Schriftlichkeit und kommunikative Distanz. *Zeitschrift für Germanistische Linguistik* 35(3): 346–375.

Maas, Utz. 2010. Literat und orat. Grundbegriffe der Analyse geschriebener und gesprochener Sprache. *Grazer Linguistische Studien* 73: 21–150.

Mondada, Lorenza. 2014. Pointing, talk, and the bodies. Reference and joint attention as embodied interactional achievements. In *From Gesture in Conversation to Visible Action as Utterance. Essays in Honor of Adam Kendon*, Hrsg. Mandana Seyfeddinipur und Marianne Gullberg, 95–124. Amsterdam: John Benjamins.

Schütz, Alfred. 1932. *Der sinnhafte Aufbau der sozialen Welt. Eine Einleitung in die verstehende Soziologie*. Wien: Springer. [Zitiert nach der Ausgabe von 1974, Frankfurt a.M.: Suhrkamp.]

Literatur

Selting, Margret et al. 2009. Gesprächsanalytisches Transkriptionssystem 2 (GAT 2). *Gesprächsforschung. Online-Zeitschrift zur verbalen Interaktion* 10: 353–402. http://www.gespraechsforschung-online.de/fileadmin/dateien/heft2009/px-gat2.pdf.

Söll, Ludwig. 1985 [1974]. *Gesprochenes und geschriebenes Französisch*. Berlin: Erich Schmidt.

Wunderlich, Hermann. 1894. *Unsere Umgangsprache in der Eigenart ihrer Satzfügung*. Weimar: Felber.

Syntaktische Projekte und Projektionen

Die Begriffe der traditionellen Sprachwissenschaft sind nicht immer geeignet, die Struktur der gesprochenen Sprache optimal zu beschreiben. Manchmal bauen sie auf Abstraktionen auf, die sich gut auf die geschriebene Sprache anwenden lassen, aber eher hinderlich sind, wenn es um die gesprochene Sprache in ihrer zeitlichen Emergenz und in ihrer interaktiven Einbettung geht (Ford, Fox und Thompson 2013: 41). Einige dieser Begriffe müssen deshalb durch andere, dem Untersuchungsgegenstand angemessenere ersetzt werden. In diesem Buch werden deshalb an verschiedenen Stellen neue Begriffe eingeführt, die für die gesprochene Syntax geeigneter sind als die aus der üblichen Grammatik bekannten.

In diesem Kapitel werden zwei davon vorgestellt, die für die Online-Syntax grundlegend sind: der Begriff der **syntaktischen Projektion** und der des **syntaktischen Projekts.** Der Begriff der traditionellen Syntax, der auf diese Weise ersetzt wird, ist der des **Satzes**.

2.1 Probleme des Satzbegriffs

Der **Satz** ist ein Begriff aus dem Bereich der Schriftlichkeit. Er ist das Ergebnis der Reflexion der Sprachbenutzerinnen (und der Grammatiker) über ihr Sprechen und dessen Transformation in das Schreiben, insbesondere der Idee, dass in einem Satz eine Aussage (Proposition) formuliert wird, und dass er dazu Argumente und ein Prädikat enthalten muss. Natürlich ist das auch in der geschriebenen Sprache ein Ideal, das längst nicht immer erreicht wird. Für die geschriebene Sprache ist es aber durchaus sinnvoll, Minimalanforderungen an Satzwertigkeit zu stellen.

Die Vorstellung, dass ein Gespräch sich wie ein geschriebener Text in Sätze gliedern (segmentieren) ließe, ist hingegen grundsätzlich irreführend. Probleme bei der Analyse von mündlichen Äußerungen als Sätzen sind nicht schwer zu finden.

Ergänzende Information Die elektronische Version dieses Kapitels enthält Zusatzmaterial, auf das über folgenden Link zugegriffen werden kann https://doi.org/10.1007/978-3-662-68611-9_2.

Gesprächswörter. Zunächst kommen in der gesprochenen Sprache viele Äußerungen vor, die nicht den obigen Anforderungen an Satzwertigkeit genügen, weil sie einfach nur aus einem einzigen Wort bestehen, das überdies kein Verb ist. Die Prädikat/Argument-Struktur fehlt also. Solche **Gesprächswörter**, wie man sie manchmal nennt, bilden allein sprachliche Handlungen; sie sind also abgeschlossen. Beispiele sind etwa responsive Äußerungen wie *ja, genau*, die Zustimmungen ausdrücken können, oder formelhafte Ausdrücke wie *tschüss* oder *sorry?*.

Das Problem lässt sich beseitigen, wenn man Sätze anders definiert. Zum Beispiel könnte man sagen, dass jede Äußerung ein Satz ist, die formal abgeschlossen ist. Dafür ließe sich als Kriterium angeben, dass sie einen Redebeitrag und damit eine sprachliche Handlung bilden kann. Dann wären auch die genannten Gesprächswörter Sätze, auch wenn der Begriff Syntax im wörtlichen Sinn nicht auf sie zutrifft (> griech. *syn-taxis* ‚Zusammenstellen'), weil sie keine interne Struktur haben.

Analepsen. Auch mit einer solchen Definition würden wir allerdings analytisch nicht sehr viel gewinnen, denn sie verrät nichts darüber, *warum* eine Äußerung abgeschlossen bzw. selbständig ist. Dass sie keine befriedigende Lösung sein kann, zeigt der Vergleich der Gesprächswörter mit anderen Einwortäußerungen wie *zwei* oder *mir*, die in den folgenden Beispielen vorkommen. Auch sie können allein einen Redebeitrag bilden, müssten also in der neuen Definition als Sätze gelten. Sie haben allerdings durchaus eine Syntax, die sich im Kontext offenbart:

```
(1) (GüKa)
    01 RUD:    und wem geHÖRt das?
→   02 BIN:    ^mi:r,
    03 RUD:    ah;

(2) (BB)
    01 JOS:    wir ham auf jeden FALL zusammen drei fehler;
    02 BIA:    ^zwei;
    03 JOS:    <<f> ach ZWEI brauchen wa nur;>
```

Der Unterschied zu den Gesprächswörtern zeigt sich daran, dass *mir* bzw. *zwei* in anderen Kontexten keine vollständigen Äußerungen bilden können. Etwa kann man nicht mit *mir* auf die Frage *Wer trinkt noch einen Espresso?* antworten (sondern nur mit *ich*), und mit *zwei* nicht auf *wann kommt ihr an?* (sondern nur *um zwei*). Das liegt ganz offensichtlich daran, dass bei Gesprächswörtern die **Syntax der Vorgängeräußerung** egal ist, während sie in diesem Fall zur Einwortäußerung passen muss. Einwortäußerungen des zweiten Typs lassen sich nur prozessieren, wenn sie im Zusammenhang der Äußerung davor verstanden werden, an die sie sich ‚anlehnen'. In der gesprochenen Sprache ist das sehr häufig der Fall und nicht auf Einwortäußerungen beschränkt, wie die folgenden Beispiele zeigen:

2.1 Probleme des Satzbegriffs

```
(3)(BB)
   01 SYB:    du hatts nix VORher mit mir zu tun?=un? (-)
→  02 JOS:    und NACHher erst RECHT nicht; h (-) hehe

(4)(BB)
   01 BIA:    find ich ganz schön [VIEL.
→  02 JOS:                         [ich AUCH.
```

Die markierten Äußerungen leihen sich quasi einen Teil ihrer Struktur (*du hatts … mit mir zu tun* in Bsp. 3, *find… ganz schön* in Bsp. 4) von dieser Vorgängeräußerung aus, ohne dass diese Strukturteile (erneut) sprachlich realisiert werden müssten. Daraus ist einerseits zu folgern, dass die Selbständigkeit einer Äußerung (im Sinn ihrer Fähigkeit, einen Redebeitrag bzw. eine sprachliche Handlung zu bilden) nicht mit syntaktischer Autarkie verwechselt werden darf; andererseits, dass die syntaktische Wohlgeformtheit einer Äußerung sich in der gesprochenen Sprache oft nur im Kontext der Äußerungen beantworten lässt, die ihr vorausgehen. Die mündliche **Syntax** ist also **kontextabhängig**. Äußerungen, die sozusagen parasitär auf vorausgehenden anderen Äußerungen syntaktisch ‚aufsitzen' und nur in deren Kontext verstanden werden können, werden in Kap. 7 genauer behandelt.

Expansionen. Ein weiteres Problem des Satzbegriffs besteht darin, dass Äußerungen, die syntaktisch vollständig sind (und im schriftsprachlichen Sinn als Sätze gelten können), immer noch um Strukturelemente erweitert werden können, die selbst nicht den Status selbständiger Sätze haben. Vgl. etwa:

```
(5)(BB)
   01 VLA:    <<ff>ja:;>
   02         aber ich mir wird_s JETZT schon kalt;>>
→  03         wenn ich mich nicht beWEG;

(6)(GüKa)
   01 BIN:    also ich hab mich da bei der ANgemeldet;
→  02         für (.) übernächste WOChe.
```

Vlado erweitert den schon abgeschlossenen Satz *mir wird's JETZT schon kalt* in Ausschnitt (5) durch einen Konditionalsatz. Bine erweitert ihre syntaktisch abgeschlossene Äußerung *ich hab mich da bei der ANgemeldet* in Ausschnitt (6) durch die Freie Angabe (Z. 02) *für übernächste WOChe*. Beide Erweiterungen sind selbst nicht syntaktisch selbständig, also keine ‚Sätze'; sie bilden aber zusammen mit dem vorausgehenden Satz einen neuen, erweiterten Satz. Für die Segmentierung in Sätze stellen solche Fälle ein Problem dar, weil die „rechte Grenze" des Satzes unbestimmt ist (vgl. Auer 2010).

Theoretisch sind Sätze auf diese Weise unendlich erweiterbar. Diese Erweiterungsmöglichkeit entspricht in bemerkenswerter und nicht zufälliger Weise der Beobachtung der Konversationsanalyse, dass Redebeiträge (**Turns**) ebenfalls immer wieder durch neue Einheiten erweitert werden können. Der Zusammenhang ist deshalb nicht zufällig, weil die Syntax sich damit als ein Mittel der Turnkonstruktion erweist: So wie Turns um neue Turnkonstruktionskomponenten erweitert werden können, so lassen sich auch syntaktisch abgeschlossene Einheiten (‚Sätze') erweitern. Diese Erweiterbarkeit können die Sprecher für die Erweiterung von Turns nutzen. In der Konversationsanalyse wurde aus der Erweiterbarkeit von Turns der Schluss gezogen, dass der Redebeitrag als solcher keine besonders interessante (weil potentiell unbegrenzte) Einheit ist und das Hauptaugenmerk vielmehr darauf gerichtet werden muss, welche ‚Regeln' den Aufbau und die Erweiterung von Turns bestimmen (vgl. Auer 2010; Auer 1996; Birkner et al. 2020: 161–163, 199–210; Schegloff 1996). Analog dazu ist es bei der Erforschung der gesprochenen Sprache weniger wichtig, was ein Satz ist, sondern wie vollständige syntaktische Strukturen aufgebaut und erweitert werden können. Es geht also nicht um Einheiten, sondern um mögliche Abschlusspunkte. Expansionen sind das Thema von Kap. 6.

Projektabbrüche. Für den schriftsprachlich orientierten Satzbegriff sind auch unvollständige und abgebrochene Äußerungsbestandteile ein Problem, wie sie in der gesprochenen Sprache in großer Anzahl vorkommen. In den folgenden Beispielen haben der Sprecher bzw. die Sprecherin Schwierigkeiten, ihren Redebeitrag in einem Anlauf zu formulieren:

```
(7) (GüKa)
   01 RUD:    äh:m:;
   02         und dann warn die nä ne nächste sitzung
              war AUCH schon klar,
   03 PIA:    mHM,


(8) (GüKa)
   01 PIA:    deswegen hab ich mir ne: (.) sprEchstunde bei der frau
              WEStermann in dem akademischen AUSlandsamt jetz
              (1.5) ähm: (.)
   02         also ich hab mich da bei der ANgemeldet;
   03         für (.) übernächste WOChe.
```

Der erste Formulierungsversuch scheitert jeweils; im ersten Beispiel passt in *und dann warn die nä ne nächste sitzung* das finite Verb im Plural (*waren*) nicht zum darauffolgenden Subjekt im Singular (*die nächste sitzung*), so dass der Sprecher die mit dem Subjekt numeruskongruente Form (*war*) anschließend einfügen muss; es entsteht eine Äußerung mit zwei finiten Verben. Die Hörerin muss ihren Anfang (*dann waren*) retrospektiv eliminieren, um zu einer syntaktisch wohlgeformten Struktur zu kommen. Der entstehende ‚Satz' ist nun *die nächste Sitzung war auch schon klar;* die Wörter davor bleiben übrig.

Im zweiten Beispiel führt die begonnene Konstruktion mit dem Hilfsverb *hab* und dem Objekt *ne sprechstunde bei frau WEStermann in dem akademischen AUSlandsamt jetz* ins Leere; offenbar findet die Sprecherin kein Vollverb (Partizip), das an dieser Stelle passt (das schließlich gewählte Verb *anmelden* würde eine Präpositionalphrase fordern). Pia beginnt deshalb von vorn. Auch hier bleiben Wörter stehen, die nicht in die schließlich gewählte Konstruktion gehören (zu solchen Fragmenten siehe Abschn. 4.6). Die letztendlich überflüssigen Bestandteile dieser Äußerungen waren zunächst Teil der emergenten Konstruktion und müssen bei der Analyse berücksichtigt werden. Bei einer Segmentierung in vollständige Sätze fallen sie hingegen aus dem Raster.

2.2 Syntaktische Projektionen und syntaktische Abschlusspunkte

Dass die gesprochene Sprache nur schwer in Sätze zerlegt werden kann, bedeutet natürlich nicht, dass sie keine Syntax (oder gar: keine Grammatik) hat. Auch in der gesprochenen Sprache werden die meisten Redebeiträge durch ihre Grammatik zusammengehalten.

Ein wichtiger Test für einen syntaktischen Abschlusspunkt ist, ob an dieser Stelle das Rederecht wechseln könnte. Man kann die Syntax als ein konventionalisiertes Verfahren auffassen, um Redebeiträge formal abzuschließen, oder umgekehrt aus der Perspektive der Rezipientin: um ihren weiteren Verlauf und ihren Abschluss in der Zeit vorherzusagen. Allerdings ist syntaktische Abgeschlossenheit nur ein notwendiges, kein hinreichendes Kriterium für die Abgeschlossenheit von Redebeiträgen. Für eine mögliche Turnübernahme sind überdies inhaltliche (semantisch-pragmatische) Abgeschlossenheit und eine passende prosodische Verpackung notwendig (vgl. Birkner et al. 2020: 117-131).

Eine der Zeitstruktur der gesprochenen Sprache angemessene Herangehensweise ist, nicht nach Sätzen zu suchen, sondern nach **syntaktischen Abschlusspunkten**. Diese Verschiebung des analytischen Fokus weg von den Einheiten und hin zu den Prozessen entspricht der Verschiebung von einer korpusbasierten Analyse zur Online-Analyse, die die Emergenz von syntaktischen Einheiten in der Zeit erfasst.

2.2.1 Projektionen

Formbezogene Erwartungen über den weiteren Verlauf einer Äußerung werden im Folgenden **syntaktische Projektionen** genannt. Dieser Projektionsbegriff ist natürlich nicht mit dem der Generativen Syntax identisch, der sich auf das ‚Weitergeben' von Informationen zwischen verschiedenen hierarchischen Ebenen, also quasi in der Vertikalen, bezieht. Er entspricht vielmehr dem Projektionsbegriff der Konversationsanalyse, den Streeck (1995: 87, Übersetzung P.A.) so beschreibt: Projektionen „präfigurieren den nächsten Augenblick, und erlauben es dadurch den Teilnehmern, den gemeinsamen Interaktionsverlauf auszuhandeln, bis ein Kommunikationsproblem kollaborativ gelöst ist".

Grundlagen der Projektion. Syntaktische Projektionen beruhen auf erfahrungsbasiertem Wissen darüber, welche Typen von Sprachelementen auf andere folgen. Die intensivste Phase des Lebens, in der solche Erfahrungen gesammelt werden, ist die des Erstspracherwerbs, aber wir hören im Verlauf unseres Lebens natürlich nicht auf, Sprache zu verarbeiten und dabei neue Erfahrungen zu sammeln.

In einem sehr elementaren Sinn basiert das sprachliche Wissen auf Erfahrungen mit **Übergangswahrscheinlichkeiten** von einem Wort (oder einer Wortfolge) zum (zur) nächsten: Auf *mit Kind und* folgt *Kegel*, auf *guten Abend meine Damen und* folgt *Herren*, auf *darf ich Ihnen noch einmal die Speisekarte* vermutlich *bringen*. Oft sind solche Erfahrungen nur probabilistisch: Auf *ich gratuliere zum* folgt oft *Geburtstag, Jubiläum, Examen* o. ä., obwohl auch *gelungenen Rehragout* nicht unmöglich wäre (nur unwahrscheinlicher). Die Wahrscheinlichkeiten sind situationsabhängig; in einem Spezialitätenrestaurant für Wildgerichte ist vielleicht der Übergang zum *Rehragout* gar nicht so unwahrscheinlich und steuert damit die Erwartung der Menschen, die in dieser Situation miteinander kommunizieren.

Übergangswahrscheinlichkeiten zwischen konkreten Wörtern spielen vor allem im frühen Erstspracherwerb eine wichtige Rolle; sie sind allerdings nicht das, was man eigentlich unter Syntax versteht. Syntax kommt erst ins Spiel, wenn das durch Erfahrung gelernte Projektionswissen abstrakterer Natur ist. Das ist dann der Fall, wenn aus Einzelwörtern formale Strukturen generalisiert werden; etwa, dass auf einen Artikel sehr oft ein Nomen (seltener auch ein Adjektiv, eine Partizipialkonstruktion o. ä.) folgt, oder auf eine Präposition sehr oft eine Nominalphrase. Solche **Konstruktionsschemata (Muster)** sind die wichtigste Grundlage syntaktischer Projektionen.

Projektionen können durch die tatsächliche Entwicklung erfüllt (die Projektion also **eingelöst**) oder enttäuscht werden.

Nutzen der Projektion. Projektionen erleichtern die Prozessierung der verbleibenden Äußerungsteile. Die Folgestruktur liegt bei starken Projektionen schon fest und das Konstruktionsschema muss quasi nur noch mit Wörtern gefüllt werden. Projektionen haben daher einen zeitlichen Charakter. Am Beginn einer neuen syntaktischen Einheit sind oft noch kaum formbezogene Projektionen möglich oder die Projektionen sind nur schwach. Im Lauf der Emergenz eines Projekts verringert sich der Spielraum in der Regel erheblich, bevor gegen Ende die letzten Folgestrukturen maximal präfiguriert sind und das Ende des Projekts leicht projizierbar ist.

Ein Beispiel. Betrachten wir eine einfache, syntaktisch abgeschlossene Äußerung wie

(9) ich finde patrick kluivert sollte NOCH mehr geld verdienen.

Die Äußerung leitet in ihrem originalen Kontext ein neues Gesprächsthema ein und steht ganz zu Beginn einer Diskussion über Sportlergehälter. Sie kann also syntaktisch nicht auf vorausgehenden Äußerungen aufbauen. Die ersten beiden Wörter (*ich finde*) könnten ein Rahmungselement epistemischer Art sein: *Ich finde* würde

2.2 Syntaktische Projektionen und syntaktische Abschlusspunkte

dann die Meinung, die nun geäußert wird, abschwächen. Nach einer solchen epistemischen Einleitungsformel wären die verschiedensten Weiterführungen möglich, d. h. ihre **projizierende Kraft** ist gering. Eine Möglichkeit wäre, dass ein ‚Komplementsatz' folgt:

ich finde → dass...

Aber auch ein nicht-eingebetteter, sog. ‚abhängiger Hauptsatz' wäre möglich:

ich finde → Hauptsatz

(Hier und im Folgenden markieren nach rechts gerichtete Pfeile, dass vom vor dem Pfeil stehenden Äußerungsteil eine Projektion ausgeht, also das Projekt noch nicht abgeschlossen ist.)
Alternative, formal mögliche Fortsetzungen, die nach *ich finde* ebenfalls ‚im Spiel' sind, sind:

ich finde → *es sehr SINNvoll, wenn...*
patrick kluivert KLASse.
meinen OHRring nicht mehr.

Im letzten Fall würde sich die Einleitung mit *ich finde* als nicht-epistemisch herausstellen. Die Alternativen sind nicht gleich wahrscheinlich, und natürlich spielen neben der grammatischen Erfahrung auch kontextuelle, außersyntaktische Parameter eine Rolle. Zum Beispiel kann die mündliche Gattung der Diskussion die epistemische Weiterführung wahrscheinlicher machen. Unterm Strich ist es für die Rezipientinnen aber schwierig, schon an dieser Stelle eine Vorhersage über die Syntax dieser emergierenden Äußerung zu machen.
Diese Möglichkeiten schränken sich ein, nachdem in der nächsten syntaktischen Position der Eigenname *patrick kluivert* (es handelt sich um einen niederländischen Fußballspieler) produziert worden ist:

ich finde patrick kluivert →

Nun ist die Interpretation des Verbs *finden* im Sinne des Resultats von ‚suchen', also mit einem Objekt in der Rolle des Themas, sehr viel unwahrscheinlicher geworden. Die Interpretation von *finden* als ein Verb des Meinens hat sich bestätigt. Auch die Möglichkeit eines folgenden abhängigen Komplementsatzes (*ich finde, dass...*) ist bereits ausgeschieden. Es ist allerdings weiter möglich, den Eigennamen als Beginn eines eingebetteten Hauptsatzes zu interpretieren. Auch eine Konstruktion des Verbums sentiendi mit einem prädikativen Adjektiv (*ich finde patrick kluivert* → *KLASse*) ist weiter möglich. Entsprechend kann die NP *patrick kluivert* entweder als Subjekt oder als Objekt verstanden werden; beides ist in diesem Fall möglich, weil keine Kasusmarkierung erkennbar ist. (Hätte die Sprecherin *ich find den patrick kluivert...* gesagt, wäre nur noch diese zweite Möglichkeit im Spiel geblieben.)

Diese Projektionsambivalenz verschwindet, nachdem die Sprecherin das nächste Wort geäußert hat:

Ich finde patrick kluivert sollte... →

Nun bleibt nur noch die Variante übrig, *patrick kluivert sollte...* als Beginn eines ‚abhängigen Hauptsatzes' zu verstehen. In diesem ist der Eigenname Subjekt in der präverbalen (Vorfeld-)Position und *sollte* ist Finitum in der öffnenden Klammerposition.

Durch die Klammerstruktur kommt eine neue syntaktische Projektion ins Spiel; *sollte* als Modalverb projiziert in der Regel ein Vollverb im Infinitiv. Dieses Vollverb muss aber nicht unmittelbar in der nächsten Position folgen. Vielmehr wird der weitere Verlauf in dem Sinn präfiguriert, dass die Äußerung (wahrscheinlich) mit einem Vollverb zum Abschluss gebracht werden wird (**Distanz-** oder **Fernprojektion**). Welche syntaktische Struktur unmittelbar (**adjazent**) auf das Subjekt folgen wird, ist unter anderem von der Wahl des Vollverbs abhängig, das ja noch nicht produziert worden ist. Es sind deshalb in der nächsten Position im emergierenden Projekt noch zahlreiche Alternativen offen:

ich finde patrick kluivert sollte → *geWINnen*
den poKAL gewinnen
nach MÜNchen gehen
besser beZAHLT werden
weniger GELD verdienen
etc.

Die faktisch folgende Fokuspartikel *NOCH* reduziert das Spektrum der erwartbaren Fortsetzungen weiter, indem sie in der nächsten syntaktischen Position ein Adjektiv/Adverb im Komparativ (*ich finde patrick kluivert sollte NOCH besser spielen*) oder das Adverb *mehr* erwartbar macht, dem dann entweder ein Verb (*noch mehr abnehmen*) folgen müsste, das das Projekt abschließen könnte, oder ein abstraktes bzw. Massennomen (*noch mehr lust am TOreschießen, noch mehr reSPEKT, noch mehr GELD...*). Durch die faktische Weiterführung mit *geld* wird diese letzte Version gewählt. Damit ist das Objekt zum noch fehlenden Verb klar (*NOCH mehr geld*).

An diesem Punkt ist die Wahl des Vollverbs nun schon sehr stark auf Verben mit direktem Objekt eingeschränkt, die in einer hohen Kollokationsbeziehung zu *Geld* stehen (d. h. oft mit *Geld* zusammen auftreten). So bleiben nur noch wenige Möglichkeiten (neben *verdienen* auch *bekommen, machen, ausgeben* etc.). Allerdings muss das nicht-finite Verb auch an dieser Stelle noch nicht sofort folgen, sondern es wären noch weitere **interne Expansionen** möglich (wie etwa *PK sollte noch mehr geld mit FUSSball* → *verdienen, PK sollte noch mehr geld in DEUTSCHland* → *verdienen* etc.). Solche inneren Expansionen (entsprechend den ‚Freien Angaben' in der Grammatik) lösen die bisherige Projektion weder ein, noch verändern sie die Projektionsmöglichkeiten.

2.2 Syntaktische Projektionen und syntaktische Abschlusspunkte

Syntaktische Projektionen können also mehr oder weniger stark sein. Projektionen können durch die tatsächlich produzierten nächsten Strukturen **eingelöst** werden und sind dann nicht mehr **im Spiel**. Im Lauf der emergenten syntaktischen Struktur werden die Projektionen in der Regel stärker, auch wenn diese Zunahme der Projektionsstärke meist nicht linear ist. Wenn alle Projektionen eingelöst sind, ist ein **möglicher syntaktischer Abschlusspunkt** erreicht.

Sprachstruktur und Projektionen. Syntaktische Projektionen sind sprachabhängig. Viele Merkmale der Grammatik einer Sprache spielen hier eine Rolle. Einige seien hier genannt:

- Stehen die **Köpfe** von Phrasen am Anfang oder am Ende? Sogenannte Rechtsköpfigkeit ermöglicht bessere Projektionen, denn aus einem Attribut (wenn es als solches erkennbar ist) lässt sich projizieren, dass der Kopf folgen wird; in vielen Sprachen ist das umgekehrt nicht möglich. So lässt sich aus der Position eines deutschen Adjektivs ein folgendes Nomen (mit großer Wahrscheinlichkeit, aber nicht unbedingt in Adjazenzposition) projizieren; umgekehrt ist es nicht möglich, aus einem nominalen Kopf ein nachfolgendes Präpositionalattribut vorherzusagen etc.
- Steht das **regierende Element** vor oder nach dem regierten? Präpositionen regieren zum Beispiel im Deutschen Nominalphrasen. Aus dem Vorkommen einer Präposition lässt sich also die Erwartung ableiten, dass (adjazent oder nicht) ein Nomen folgen wird; umgekehrt ist das nicht so leicht möglich, denn ein Nomen projiziert keine Postposition.
- Wird die Rektion am regierenden Element oder regierten Element morphologisch markiert (*head- vs. dependent-marking*) oder an beiden? Es ist offensichtlich, dass sich die Projektionsmöglichkeiten verbessern, wenn das regierende Element zuerst kommt (seine Argumente sind dann projizierbar); aber auch morphologisch markierte regierte Elemente (etwa die Argumente eines Verbs im Deutschen, die durch Kasus markiert sind) verbessern die Vorhersagemöglichkeiten, selbst wenn das regierende Element (das Verb) erst am Ende steht.
- Ist die **Wortstellung** flexibel oder rigide? Sprachen mit rigider Satzgliedstellung bieten auch ohne flexionsmorphologische Markierung mehr Möglichkeiten der Projektion als solche mit flexibler Satzgliedstellung.
- **Diskontinuierliche** Konstituenten (wie in der deutschen Verbal- und Nominalklammer) erlauben Final-Projektion (in der Gesamtäußerung oder in der Phrase) und sind gerade deshalb, weil sie einen langen Projektionsbogen aufbauen, probate Mittel, um syntaktische Projekte zusammenzuhalten.

Konstruktionen ohne finites Verb
Nicht nur die schriftsprachliche Syntax des Deutschen, sondern auch die der mündlichen Sprache ist stark um das **Verb** organisiert. Dies wird sich in den nächsten Kapiteln dieses Buchs zeigen. Dennoch sind abgeschlossene und selbständige Projekte ohne (finites) Verb möglich. Das Problem der sog. **Ellipsen (Analepsen)** wird in Kap. 7 genauer besprochen. Aber auch verblose Konstruktionen, die nicht sinnvollerweise als Analepsen oder (Situations-)Ellipsen analysiert werden können, spielen im gesprochenen Deutsch eine wichtige Rolle (vgl. Fries 1987).

Ein Beispiel sind verblose Konstruktionen, die vor allem als Gestaltungsmittel in Erzählungen vorkommen und dort der „Verdichtung" (Günthner 2006) dienen; vgl. Z. 08 im folgenden Ausschnitt:

```
(DOM, Flucht)
   01 CHR:   und auf EIN mAl kommt ein Auto,
   02        in die straße REIN?
   03        in die DORFstraße-
   04 DOM:   mHM,
   05 CHR:   macht LICHT aus-=
   06        WENdet,
   07        KENNwort=
→  08        und dann (.) KINDer und ICH in KOFferraum;=
   09        =und das (-) dann ging_s LOS.
```

In der Äußerung in Z. 08, die sicherlich ein vollständiges Projekt bildet, fehlt das finite Verb; die sonst zusammen mit dem Verb zu realisierenden Argumente sind aber vorhanden, nämlich die Handelnden – die Erzählerin und ihre Kinder – sowie eine Richtungsangabe, *in den Kofferraum*. Auch die Einwortäußerung in Z. 07 kann man vielleicht auf diese Weise analysieren.

Verblose Konstruktionen kommen auch sehr häufig in affiliativen responsiven Äußerungen (die Übereinstimmung signalisieren) vor, wie die folgenden beiden Transkriptausschnitte belegen:

```
(THE, Sta)
   01 THE:   und du BIST ja wirklich (.) EIne die man (-)
             sofOrt in_s HERZ [schließt.
   02 STA:                    [ach;
→  03        (.) wie <<lachend>SCHÖN. h>
```

```
(ZK1)
((über die Vorteile von elektronischen Lesegeräten und
Büchern))
   01 PIA:   also ICH find BUCH hat einfach irgendwie nochmal
             [MEHR charme;
```

2.2 Syntaktische Projektionen und syntaktische Abschlusspunkte   31

```
      02   ALD:   [<<f>ja naTÜRlich;>
      03   LIS:   [<<p>ja find ich AUCH;
      04          VIEL [MEHR;>
→     05   ALD:        [<<p>SCHÖN dass ALle so ticken;>
```

Im ersten Beispiel wird eine Exklamativkonstruktion mit den Bestandteilen *wie* und evaluierendes Adjektiv verwendet. Im zweiten Ausschnitt wird das Adjektiv *schön* ebenfalls in einer bewertenden Äußerung verwendet, die ohne Verb auskommt (Z. 05), aber es handelt sich um kein Exklamativ. *Schön* wird in diesem Fall durch einen Komplementsatz erweitert. Dass dies möglich ist, zeigt, dass es auch als Einzelwort eine Syntax hat und kein Gesprächswort ist. Das gilt zum Beispiel nicht für *natürlich* im selben Ausschnitt (ZK1), das ein reines Gesprächswort ist.

2.2.2 Projektionen zwischen Intonationsphrasen

Die produktive und rezeptive Verarbeitung von syntaktischen Projekten in der gesprochenen Sprache erfolgt nicht nur von Wort zu Wort oder von Phrase zu Phrase, sondern zusätzlich auf der Ebene von größeren Sequenzen von Wörtern oder Phrasen, die prosodisch zusammengehalten werden. Chafe (1979) nennt sie *idea units*. Die Prosodie fasst also semantisch Zusammengehöriges in **Intonationsphrasen** (IPs) zusammen. Intonationsphrasen entsprechen zwar oft selbständigen syntaktischen Projekten oder untergeordneten syntaktischen Projekten („Nebensätzen"), sie müssen jedoch keineswegs mit ihnen deckungsgleich sein.

Intonationsphrasen werden durch eine Tonhöhenbewegung begrenzt (**Grenzton**); sie müssen außerdem mindestens eine prosodisch hervorgehobene Silbe enthalten, die den **Fokusakzent** realisiert (vgl. dazu Abschn. 4.2). Das Zusammenspiel von Prosodie und Syntax ist vor allem bei der Analyse untergeordneter Projekte sehr wichtig (vgl. Kap. 5), denn dort kann die Prosodie die syntaktische Gliederung entweder herausstellen oder verdecken.

Projektionen von einer IP zur nächsten werden genutzt, um komplexere Projekte aufzubauen. Dies lässt sich am folgenden Beispiel zeigen:

```
(10)(THE, Tez)
((über die Filmrolle der Interviewten als Aschenputtel))
   01 TEZ:   un das LUStige is;=
   02        =dass ich IMmer noch,
   03        obwohl das jetz ja auch schon wieder n paar
              jahre HER is;=
   04        =ich werd immer noch (.) SU:per viel auf_a straße
              tatsächlich auf Aschenputtel ANgesprochen,
```

```
05          weil der natürlich auch ähm (-) JEdes mal WEIHnachten
            jEdes JAHR, °hh
06          wiederHOLT wird noch un NÖCher
            des[weg?en? äh-
07 THE:         [ja,
08 TEZ:     ich glaub VIEle leute kennen mich tatsächlich in
            erster linie als ASChenputtel;=
```

Eine (abgeschlossene) Intonationsphrase (IP) lässt sich im Transkript daran erkennen, dass sie eine Zeile ausfüllt und mit einem Satzzeichen endet. Der Ausschnitt macht deutlich, dass IPs oft ‚Sätzen' oder ‚Nebensätzen' entsprechen, dass es aber auch Fälle gibt, in denen die syntaktische und die prosodische Gliederung nicht kongruent sind. So ist zum Beispiel die IP in Z. 05 syntaktisch gesehen kein abgeschlossenes (untergeordnetes) Projekt, denn nach *JAHR* liegt zwar ausnahmsweise eine IP-Grenze, das untergeordnete *weil*-Projekt benötigt aber noch ein finites Verb, das erst in der folgenden IP in Z. 06 produziert wird. Umgekehrt wird *deswegen äh-* (Z. 06, mit Glottalisierung – *creaky voice* – auf der letzten Silbe) zusammen mit *wiederHOLT wird noch un NÖCher* in eine IP zusammengefasst, obwohl es syntaktisch nicht zu diesem Syntagma gehört. Dennoch wird die Rezipientin zunächst davon ausgehen, dass prosodische und syntaktische Gliederung einander entsprechen, denn dies ist der häufigste Fall.

Das Projekt beginnt in Z. 01–06 mit der Intonationsphrase

un das LUStige is;= →

Unter der Annahme der Kongruenz von Prosodie und Syntax ist die beste Prozessierungshypothese, dass es sich dabei um das erste Element einer ‚Spaltsatzkonstruktion' (s. Abschn. 5.1.2) handelt, die eine Weiterführung mit einem Komplementprojekt projiziert. (Die unwahrscheinlichere Annahme ist, dass die Äußerung mit einer Nominalphrase vervollständigt wird, etwa → *meine Schwester*, die als neue Intonationsphrase produziert wird.)

Die Sprecherin scheint diese Annahme zu bestätigen, denn sie beginnt ein *dass*-Komplement:

dass ich IMmer noch, →

Sie führt die Syntax dieses *dass*-Komplements allerdings nicht zu Ende, obwohl eine IP-Grenze erreicht ist. Die faktische Fortsetzung passt nicht zur Projektion:

obwohl das jetz ja auch schon wieder n paar jahre HER is;= →

Diese IP (im syntaktischen Format eines konzessiven, untergeordneten Projekts) lässt sich als ein Einschub (**Parenthese**) verstehen, der das begonnene syntaktische Konstruktionsmuster aus der IP vorher (*dass ich IMmer noch*) nur unterbricht; es könnte aber auch sein, dass das ursprüngliche syntaktische Projekt ganz aufgegeben worden ist. Die nun folgende IP

2.2 Syntaktische Projektionen und syntaktische Abschlusspunkte 33

ich werd immer noch (.) SU:per viel auf_a straße- tatsächlich auf Aschenputtel ANgesprochen,

bestätigt die zweite Alternative: Diese IP ist nicht die Einlösung der Projektion aus Z. 01, die in Z. 02 begonnen und dann abgebrochen wurde. Vielmehr geht die Sprecherin syntaktisch gesehen in die Position nach der ersten IP (also nach *un das LUStige is-*) zurück und wählt nun statt des *dass*-Komplements ein anderes, ebenfalls an dieser Stelle schon projiziertes Konstruktionsmuster, nämlich das eines ‚abhängigen Hauptsatzes' (also eines Komplements mit Verb-Zweitstellung). Retrospektiv ergibt sich damit die Gesamtstruktur:

un das LUStige is-=ich werd immer noch (.) SU:per viel auf_a straße tatsächlich auf Aschenputtel ANgesprochen,

Der letzte Teil der komplexen syntaktischen Struktur in den Z. 01–06 (mit *deswegen* am Ende von Z. 06 beginnt ein neues syntaktisches Projekt) ist ein nachgestelltes *weil*-Projekt: *weil der natÜrlich auch ähm (-) JEdes mal WEIHnachten jEdes JAHR, °hh wiederHOLT wird noch un NÖCher.* Er ist ebenfalls als eigene IP ‚verpackt', wird jedoch nicht von der davor liegenden Äußerung projiziert. Die Sprecherin produziert ihn als Erweiterung eines potentiell schon abgeschlossenen syntaktischen Projekts.

2.2.3 Projektionen, Turn-Taking und Ko-Konstruktionen

Es wurde bereits darauf hingewiesen, dass syntaktische Projektionen eine wichtige Rolle für den Sprecherwechsel spielen. Sie ermöglichen es den Rezipientinnen, das Ende des Turns vorherzusagen. An möglichen Turn-Übergabepunkten bekommt diejenige den Turn, die am frühesten startet – jedenfalls, wenn der Sprecher keine anderen Vorkehrungen getroffen hat (vgl. Birkner et al. 2020: 106–164). Im Schnitt dauert der Übergang von einem Redebeitrag zum nächsten etwa 200 Millisekunden, oft geht es noch schneller. Wenn die Rezipientin nicht schon während der laufenden Äußerung anfangen würde, sie nicht nur inhaltlich, sondern auch strukturell zu verarbeiten, ihr Ende vorherzusagen und ihren Folgebeitrag zu planen, wäre es nicht möglich, innerhalb dieser kurzen Zeitspanne den nächsten Beitrag zu starten.

Projektionen ermöglichen es der Rezipientin aber auch, in die laufende Produktion des Sprechers einzugreifen. Ein in diesem Zusammenhang sehr wichtiges Phänomen sind **Ko-Konstruktionen**, also Fortführungen der begonnenen, aber noch nicht abgeschlossenen Äußerungen des Sprechers durch die Rezipientin. In einer Ko-Konstruktion wird ein syntaktisches Projekt von beiden Gesprächsteilnehmern zusammen produziert (vgl. z. B. Brenning 2015; Lerner 2004). Ko-Konstruktionen sind empirische Evidenz dafür, dass die Rezipientinnen die Äußerung des Sprechers von Anfang an verarbeiten und Vorhersagen über ihren weiteren Verlauf machen; denn nur selten scheitern ko-konstruierte Weiterführungen aus syntaktischen Gründen. Die ko-konstruierende Rezipientin führt vielmehr die Syntax des Sprechers entsprechend den von diesem aufgebauten Projektionsmöglichkeiten problemlos fort und meist auch zu Ende.

Hier ein Beispiel für eine solche Ko-Konstruktion:

```
(11)(ET 4a)
  ((über den hohen NC in der Psychologie.))
  01 REN:   wenn du über_s NACHrückverfahren ähm
  02        (0.7)
  03        also wenn man DA mal die schnitte anguckt-=
  04        =dann: sind die jetzt auch nicht mehr SO: krass-=
  05        =also dann kannst du SCHON,
  06        (0.3)
→ 07 MON:   [<<f>mit eins] ACHT noch was kriegen;>
  08 REN:   [DANN-        ]
  09 HAN:   ACHso;
  10 MON:   °h ja-
  11 REN:   ((lacht 7.4 Sek.))
```

Renate argumentiert in Z. 01–06, dass der hohe Numerus Clausus für das Psychologiestudium sich dadurch relativiert, dass man im Nachrückverfahren auch mit einem nicht ganz so guten Notendurchschnitt angenommen wird. Die Formulierung beginnt mit einem abgebrochenen, untergeordneten Konditionalprojekt (*wenn du über_s NACHrückverfahren* →). In Z. 03 verwendet sie erneut das syntaktische Muster eines *wenn*-Projekts, das diesmal zu Ende geführt wird (*wenn man DA mal die schnitte anguckt*).

Ein *wenn*-Projekt (die sog. **Protasis**) projiziert eine **Apodosis**, nämlich einen übergeordneten ‚Hauptsatz', der in Z. 04 auch realisiert wird (→ *dann sind die jetzt auch nicht mehr SO: krass*). Dadurch wird die Projektion eingelöst und die Äußerung ist syntaktisch abgeschlossen. Die Sprecherin geht jedoch in Z. 05 erneut an den Beginn der Apodosis zurück (*dann kannst du schon* →). Diese neue Apodosis wird nicht gleich zu Ende gebracht. Die Sprecherin stockt (Pause von 0,3 Sek.). Verschiedene Fortsetzungen sind projizierbar (→ *reinkommen*, → *einen Platz kriegen* o. ä.). Strukturell gesehen fehlt noch die schließende Klammer mit einem Verb im Infinitiv. Mona, die Rezipientin, nutzt dieses Stocken in der Formulierung, um in Z. 09 ihre eigene Version einer Fortsetzung zu liefern: → *mit eins ACHT noch was kriegen*. Sie führt damit Renates Projekt in einer Weise zu Ende, die inhaltlich von dieser vermutlich nicht geplant war, denn sie ironisiert Renates Relativierung des NC: Für Mona ist auch 1,8 noch ein schwer erreichbarer Notendurchschnitt. Formal ist aber diese Ko-Konstruktion völlig von Renates Projektionen abgedeckt; sie schließt sich nahtlos an deren Äußerungsbeginn an und führt sie zu Ende. Mona muss also schon vor dem Ende von Renates Äußerung deren Ende projiziert haben, um an der richtigen Stelle eine passende Weiterführung zu wählen (vgl. zur weiteren Diskussion Birkner et al. 2020: 139–142).

> **Zusammenfassung: Eigenschaften von syntaktischen Projektionen**
> Die Eigenschaften von syntaktischen Projektionen lassen sich wie folgt zusammenfassen (vgl. Auer 2005):
>
> (a) Projektionen sind unterschiedlich stark. Sie erlauben es, den weiteren Verlauf einer Äußerung mit unterschiedlicher Wahrscheinlichkeit vorherzusagen.
> (b) Oft konkurrieren mehrere Projektionen, die entsprechend ihrer Wahrscheinlichkeit hierarchisch geordnet sein können.
> (c) Projektionen beruhen auf (relativ) abstraktem sprachlichen Wissen, das über die Übergangswahrscheinlichkeiten zwischen Einzelwörtern hinausgeht und syntaktische Konstruktionsschemata betrifft.
> (d) Projektionen können adjazent (auf die nächste Position) bezogen sein oder es erlauben, den Endpunkt einer Konstruktion vorherzusagen.
> (e) Adjazenzprojektionen können direkt eingelöst werden oder ihre Einlösung kann verschoben werden. Dafür stehen Parenthesen und interne Erweiterungen des emergenten Projekts zur Verfügung.
> (f) Wenn alle Projektionen eingelöst sind, ist eine Äußerung syntaktisch abgeschlossen. Sie kann dann über diesen Abschlusspunkt hinaus durch syntaktisch passende Weiterführungen oder Bearbeitungen extern erweitert werden.

2.3 Das syntaktische Projekt

Nach diesen Überlegungen zum Begriff der syntaktischen Projektion ist es nun möglich, das **syntaktische Projekt** zu definieren. Ein syntaktisches Projekt beginnt mit dem ersten projizierenden Äußerungselement und endet mit der letzten Äußerungskomponente, die auf vorher schon geäußerten syntaktischen Strukturen aufbaut, ohne selbst ein neues Projekt zu sein. Ein Projekt kann dementsprechend einschließen:

- projizierende (projektionsaufbauende) Elemente
- projektionseinlösende Elemente
- Elemente, die zugleich Projektionen einlösen und andere aufbauen
- (interne) Expansionen und Parenthesen, die vor dem letzten projektionseinlösenden Element produziert werden
- (externe) Expansionen über den syntaktischen Abschluss hinaus
- Folgeäußerungen, die auf dem schon vollständigen Projekt aufbauen, ohne selbst Projekte zu sein (vgl. zum letzten Punkt Kindt 1994: 41–42).

Zum syntaktischen Projekt gehört also informell gesprochen alles, was syntaktisch zusammengehört, weil es entweder auf eine noch folgende (projizierte) Struktur angewiesen ist oder auf eine schon produzierte Struktur zurückgreift und nicht selbst ein Projekt bildet. Alle genannten Strukturen werden in den folgenden Kapiteln ausführlich besprochen.

> **Markierung von Projektenden in den Transkripten**
> Faktische (nicht: mögliche!) Projektenden werden von jetzt ab in den Transkripten im gesamten Buch durch eine durchbrochene Linie gekennzeichnet. Zu beachten ist, dass Einwortäußerungen ohne interne Syntax – Gesprächswörter – keine Projekte sind. Dazu gehören auch Rezeptionssignale wie *mHM*. In den folgenden Kapiteln wird das faktische Projektende in der Regel vor einem solchen Gesprächswort notiert, denn es liegt ja davor. Bei Überlappungen erfolgt die Markierung (aus graphischen Gründen) manchmal erst nach den Gesprächswörtern. Bei Simultansprechphasen und im Projektverlauf eingeschobenen Äußerungen einer anderen Sprecherin ist es manchmal nötig, das Projektende des Hauptsprechers erst nach einem solchen eingeschobenen und selbst bereits abgeschlossenen Projekt zu markieren.

Zwei Beispiele. Im schon bekannten Beispiel (10), hier wiederholt als Ausschnitt (12), stellt sich das so dar (Gesprächswörter fett gedruckt):

```
(12)(THE, Tez)
  01 TEZ:    un das LUStige is;=
  02         =dass ich IMmer noch,
  03         obwohl das jetz ja auch schon wiederh n paar jahre
             HER is;=
  04         =ich werd immer noch (.) SU:per viel auf_a straße
             tatsächlich auf Aschenputtel ANgesprochen,
  05         weil der natürlich auch ähm (-) JEdes mal WEIHnachten
             jEdes JAHR, °hh
  06         wiederHOLT wird noch un NÖCher
 - - - - - - - - - - -
             des[weg?en? äh-
  07 THE:       [ja,
  08 AYL:    ich glaub VIEle leute kennen mich tatsächlich in
             erster linie als ASChenputtel;=
```

In Z. 01 und 02 werden Projektionen aufgebaut (und teils eingelöst). Z. 01 projiziert ein Argument, das in Z. 02 in Form eines untergeordneten Komplementprojekts begonnen wird. (Ein **untergeordnetes Projekt** ist in ein übergeordnetes Projekt integriert und enthält selbst ein finites Verb; vgl. dazu Kap. 5.) Z. 03 ist eine Parenthese, die ebenfalls das Konstruktionsformat eines untergeordneten Projekts aufweist und selbst wieder in projektionsaufbauende und -einlösende Elemente analysiert werden kann. Z. 04 löst die Projektion aus Z. 01 ein. Das in Z. 02 begonnene untergeordnete

2.3 Das syntaktische Projekt

Projekt wird dabei aufgegriffen, aber syntaktisch verändert: es zeigt nun die Syntax eines selbständigen Projekts. Das untergeordnete *weil*-Projekt in Z. 05–06 expandiert das Projekt über den Abschlusspunkt am Ende von Z. 04 hinaus und erreicht nach dem finiten Verb (*wird*) in Z. 06 erneut einen möglichen Abschlusspunkt. Dieses *weil*-Projekt wird seinerseits erneut durch *noch und nöcher* expandiert. Das sich anschließende *deswegen* (Ende von Z. 06) ist zwar intonatorisch noch in die bisherige Äußerung integriert, syntaktisch aber bereits der Anfang eines neuen Projekts, das in Z. 08 weitergeht (vgl. dazu Abschn. 3.4).

Im Beispiel (11), hier erneut abgedruckt als Ausschnitt (13), ergibt die Analyse folgende syntaktische Projekte:

```
(13)(ET  4a)
  01 REN:    wenn du über_s NACHrückverfahren ähm
  02         (0.7)
  03         also wenn man DA mal die schnitte anguckt-=
  04         =dann sind die jetzt auch nicht mehr SO: krass-=
  -----------
  05         =also dann kannst du SCHON,
  06         (0.3)
  07 MON:    [mit eins] ACHT noch was kriegen;
  08 REN:    [DANN-    ]
  09 HAN:    ACHso;
  10 MON:    °h ja-
  11 REN:    ((lacht 7.4 Sek.))
```

Zu Beginn steht ein abgebrochenes untergeordnetes Projekt. Die Sprecherin verlässt es jedoch nicht ganz, sondern geht zur Konjunktion (*wenn*) zurück (Z. 03) und formuliert das Projekt von diesem Ausgangspunkt aus neu. Die Projektion, die von dem untergeordneten Projekt ausgeht, ist, dass nun die Apodosis folgt. Das geschieht tatsächlich in Form des in Z. 04 realisierten *dann*-Projekts, der die Projektion einlöst. In Z. 05 kopiert die Sprecherin zwar das syntaktische Muster aus Z. 04, aber die Syntax dieser Kopie ist nicht von dieser ersten Variante abhängig. Es beginnt deshalb in Z. 05 ein neues Projekt. Mona löst die noch offenen Projektionen am Ende von Z. 05 durch ihre Äußerung in Z. 07 ein. Renate setzt gleichzeitig zu einer neuen Version ihres *dann*-Satzes an (Z. 08), bricht jedoch aufgrund der überlappend einsetzenden Ko-Konstruktion ab.

Projektstruktur und soziale Stile
Länge, Umfang und interne Struktur von Projekten sind geeignet, soziale und individuelle Sprecherstile zu differenzieren. Dazu lassen sich die folgenden beiden Ausschnitte vergleichen. Im ersten Fall handelt es sich um eine Sprecherin mit eher einfachem Bildungshintergrund, die eine Geschichte erzählt. Die Geschichte ist zwar nicht unkompliziert, die Sprecherin erzählt sie aber

in relativ kurzen und wenig komplexen syntaktischen Projekten. Im zweiten Fall haben wir es mit einem hochgebildeten Sprecher zu tun, der eine offene Frage des Interviewers mit einem sehr komplexen, ebenfalls narrativen Redebeitrag beantwortet. Auf den ersten Blick wirkt der Beitrag syntaktisch gesehen chaotisch. Die syntaktischen Projekte sind lang und durch viele Abbrüche, Neuformulierungen etc. gekennzeichnet. Wollte man die gesprochene Sprache an der geschriebenen messen, würde dieser Sprecher schlecht abschneiden. Wenn man die mündliche Sprache aber ernst nimmt und ihre spezifischen Strukturen kennt, erweist er sich als rhetorisch raffinierter Erzähler.

Die beiden Ausschnitte werden jeweils kurz innerhalb des Transkripts kommentiert. Gesprächswörter sind wieder fett gedruckt.

```
(DOM, Flucht)
   01 CHR:    °hh dAnn kam dieser kurier nach ner woche WIEder,
   02         und sagte mir am sechsundzwanzigsten deZEMber,
   03 DOM:    m,
   04 CHR:    wo ich(.) HIN sollte,
------------?
   05         ((schluckt))
   06         u:ndʰ (.) da würde en AUto kommen,=
```

> Die Äußerung in Z. 02 baut auf der in Z. 01 auf und ‚leiht' sich das Subjekt daraus. Der erste mögliche Abschlusspunkt des Projekts liegt bereits am Ende von Z. 01; ein erneuter möglicher Abschlusspunkt ist mit dem Ende von Z. 04 erreicht. Der dritte und faktische Abschlusspunkt liegt am Ende von Z. 06. Zur Analyse der Redeanführung im Konjunktiv s. S. 221–223.

```
------------
   07         =und n KENNwort hatt ich-
------------
   08         °hh[hhh°
   09 DOM:       [da [soll
   10 CHR:           [ja.
   11 DOM:    da solltest du mit den kIndern HINkommen;=
   12 CHR:    =mit den kindern HIN.=
```

> Z. 12 ist eine verspätete Ko-Konstruktion und löst Projektionen aus Z. 09/11 ein, die von *da solltest du* → ausgehen. Mögliche syntaktische Abschlusspunkte liegen am Ende von Z. 11 und erneut am Ende von Z. 12. In Z. 11 geht der Sprecher zum Projektbeginn in Z. 09 zurück und formuliert das Projekt erneut. Dies ist durch die Turn-Taking-Probleme bedingt.

```
------------
```

2.3 Das syntaktische Projekt

```
13 DOM:    =das war ja deine beDINgung;
-----------
14 CHR:    (.) das war (.)
15         ja.
16         geNAU.
17 DOM:    mhm oKAY,
18 CHR:    so;=
```

> In Z. 14 beginnt ein neues Projekt, das parallel zu dem in Z. 13 aufgebaut zu sein scheint und dieses vielleicht wiederholen will, aber sofort abgebrochen wird. Es bleibt als Fragment stehen. Der Rest sind Gesprächswörter.

```
19         =jedenfalls bin ich auch daHIN,
-----------
20         ((schluckt))
21         und das AUto kam NICHT.
-----------
22 DOM:    (-) 'mm.
23         (0.5)
24 CHR:    u:ndʰ dann bin ich mit m TAxi wieder nach
           HAUse jefahrn,
-----------
25 DOM:    war dieser: trEffpunkt irgendwo in ostberLIN.
-----------
26 CHR:    der war in: (-) BRANdenburg.
27 DOM:    in BRANdenburg.
```

> Die Projekte in Z. 19-27 sind jeweils sehr kurz. Obwohl eine Antwort auf die Äußerung in Z. 25, ist Z. 26 nicht analeptisch, d. h. die Syntax baut nicht auf dem syntaktischen Projekt in Z. 25 auf. Hingegen bettet sich die Äußerung in Z. 27 in die Syntax der Vorgängeräußerung in Z. 26 ein und ist deshalb Teil des vorher potentiell schon abgeschlossenen Projekts.

```
-----------
28         oKEY,
29 CHR:    °hhh so.=
30         =undʰ zwei tage später kam WIEder dieser
           kurier;=
------------?
31         =ich wäre nicht DA jewesen,=
-----------
32         =undʰ ik sache NEIN,
33         ich WAR da,= ((etc.))
```

> Die letzten beiden Projekte enthalten indirekte bzw. direkte Rede. In Z. 31 ist die Redewiedergabe erneut durch den Konjunktiv markiert (vgl. S. 221–223). In Z. 32/33 ist die direkte Rede vom Verb *sagen* in Z. 32 projiziert.

```
(The, Sel)
  01 SEL:    ich bin dann nach DUBlin gegangen,=
 ------------
  02         =ich [hatte ein sti:PENdium:,=
  03 THE:         [mHM,
  04 SEL:    =und bin:=ähh ans TRInity college gegangen-=
  05         =und hab dann (.) im trInity college AUCH,
  06         (--) eigentlich theAter gemacht statt zu:
             s:tudieren.
 ------------
```

> Einfache Koordinationsanalepsen, bei denen jeweils das Subjektspronomen (*ich*) aus Z. 02 weitergeführt wird.

```
  07         °hhh und das war ganz ANders.
  08         weil es natürlich diese auseiNANdersetzung
             die wir hier in dEUtschland HATten?=
  09         =zwischen den achtundsEchzigern und ihren VÄtern?
```

> Das Projekt beginnt mit einer einfachen Konstruktion in Z. 07, die aber sofort durch ein untergeordnetes Kausalprojekt erweitert wird. Dieses wird noch vor seinem Abschluss durch ein Relativprojekt (Ende von Z. 08) und noch einmal durch die Präpositionalphrase in Z. 09 expandiert. Sowohl das Relativprojekt als auch diese Präpositionalphrase sind Attribute zu *diese Auseinandersetzung*. Die Projektion, die in Z. 08 durch *weil es natürlich diese auseiNANdersetzung* → aufgebaut wurde, ist noch nicht eingelöst.

```
  10         °h die WIRKlich etwas hatte von einem: (.) ^JA::;=
  11         =was_se was sehr GRAU:sames;
```

> Z. 10 geht syntaktisch zurück in die Position zu Beginn des Relativprojekts in Z. 08, wird aber innerhalb der entstehenden NP nach *einem* abgebrochen und in Z. 11 repariert (*etwas* wird durch *was sehr GRAUsames* ersetzt). Die PP *von einem* → bleibt Fragment.

```
  12         also die (.) die VÄter (-) waren schon in VIElen
             familien und für VIElen achtundsechziger-
  13         °hh für vIele achtundSECHziger;=
```

2.3 Das syntaktische Projekt

```
14        =DIE: (.) HASS:figurn. (1.0)
15        mm, (.) also DIE: GEGner.
16        DAS muss man wirklich SAgen: äh eine VAterlose
          geSELLschaft ist da herAngewachsen;=
17        =bei VIElen.=
```

> Das Projekt aus Z. 08 ist immer noch nicht eingelöst. Projiziert ist etwa
> → *nicht gab*. Stattdessen beginnt der Sprecher eine Parenthese, die mehrere Teile umfasst, die jeweils in sich syntaktisch abgeschlossen sind. Der erste Teil (Z. 12–14) enthält eine Korrektur (*vielen > viele*, Z. 13) und eine Reformulierung (Z. 15). Der zweite Teil (Z. 16) besteht aus *DAS muss man wirklich SAgen*, der dritte aus *eine VAterlose GeSELLschaft ist da herAngewachsen*. Er wird durch einen Nachtrag in Z. 17 retrospektiv elaboriert.

```
18 THE:   =mm,
19 SEL:   °hh ((schluckt)) das GAB es eben in äh:: mm:: äh::
          Irland überHAUPT nicht;=
20        =in den ANgelsächsischen LÄndern,=
```

> Z. 19 löst die noch offene Projektion aus Z. 08 endlich ein. Sie ist also über einen langen Projektionsraum hinweg nicht vergessen worden. Der gesamte Äußerungsteil Z. 08–17 wird vom Pronomen *das* wiederaufgenommen. Am Ende von Z. 19 ist ein möglicher syntaktischer Abschlusspunkt erreicht. Z. 20 expandiert über diesen Punkt hinaus und führt zu einem weiteren möglichen Abschlusspunkt.

```
21        =weil: äh: es einfach die NAZIzeit bei denen
          nicht
          [gegeben hat,
22 THE:   [m,
23 SEL:   und weil man plötzlich SELber als DEUTscher
          merkte-
24        dass man (.) TEIL: (-) äh des
          natioNALsozialismus
          <<lachend> [ist-
25 THE:              [((leises ausatmendes Lachen))
26 SEL:   =und äh auch noch so WAHRgenommen wird>;
27 THE:   ja; [h° h°
28 SEL:       [und äh: auch bisschen AUFpassen muss was
          man SAGT.
```

> Das Projekt wird in Z. 21 durch einen weiteren Kausalsatz expandiert. Z. 23 geht erneut in die Position des *weil*-Projekts in Z. 21 zurück. Das Verb *merken* erfordert ein Argument, das in Z. 24–26 in komplexer Form geliefert wird: nämlich in der Form einer Dreierliste. Damit ist das Projekt faktisch abgeschlossen.

Der zweite Ausschnitt zeigt: mündliche Sprache ist nicht notwendigerweise ‚einfache' Sprache. Die Länge und die interne Komplexität von syntaktischen Projekten können erheblich variieren. Aber auch umfangreiche und komplexe Projekte, wie sie im zweiten Beispiel vorkommen, sind keineswegs ‚schriftsprachlich'. Typisch mündliche Syntaxstrukturen kommen in großer Anzahl auch in der Sprachproduktion gebildeter Sprecher vor, die sich gerade deshalb, weil sie rhetorisch geschickt und im (öffentlichen) Sprechen geübt sind, nicht der schriftsprachlichen Syntax bedienen, sondern von den Ressourcen der mündlichen Syntax Gebrauch machen. Elaborierte mündliche Sprache bedeutet (heute) also keineswegs, ‚wie gedruckt' zu sprechen.

2.4 Übungsaufgaben

1) Identifizieren Sie in dem folgenden Transkript
   a) alle faktischen Projektenden
   b) alle möglichen Projektenden!

Beachte: Aufgrund der zahlreichen Phasen von Simultansprechen ist es nicht möglich, die Projektenden durch einfache horizontale Linien zu kennzeichnen.

2) Identifizieren Sie in dem Transkript die faktischen und möglichen Turn-Enden (*possible turn completion points*)! Wie verhalten sich Turn- und Projektenden zueinander? (Hinweis: Potentielle Turn-Enden setzen einen syntaktischen, pragmatischen und prosodischen Abschluss voraus.)

```
(ET 22.06.16 )
01 RIT:    <<p>ich will n_↓EIS.>
02 MIR:    (--) ^eis?
03 RIT:    (.) <<pp>ich hätt jetz gern> <<ppp>n_EIS;> (--)
04 MIR:    <<flüstert>mit so SCHOkosoße;> (-)
05 RIT:    <<lachend, p>hehe? °h>=
06         =<<pp>n_ZUCkersüsses [EIS.   ]
07 MIR:                        ['SCHLAG]sahne? oder-
08         <<lachend, f> ehe [hehe[he ]]>
```

```
09 LAR:           <<lachend, f>[eheh[e  ]]>
10 RIT:                        <<p>[woa]>
11              [so_n      spaGHET]tieis wo des ä:::
12 MIR:         [<<lachend>SCHOko;>]
13 RIT:         wo die SAHne so geFRORN ist innen drin.
14              [<<p>KENNT ihr des?>]
15 MIR:         [hm ich bin nIch   ] so_n [spaGHETtieisfan;=]
16 LAR:                             [´ah::  `NE.        ]
17              =[des mag ich NICH so; ]
18 MIR:         =[weil_s aus vaNILleeis] is;=
19 RIT:         =<<flüsternd>wa[s::>
20 LAR:                        [des is mir zu VIEL;=
21 RIT:         =<<flüsternd, pp>wie komisch seid IHR denn;>
```

3) Identifizieren Sie in dem folgenden Ausschnitt alle Gesprächswörter, die möglichen und die faktischen Projektenden!

```
(BB)
((Viola und Sybille sprechen über eine Freundin namens Bianca.))
  01 VIO:   [boa; die is so STARK.        ]
  02 SYB:   [weißte wie oft die nach HAUse] wollte;
  03 VIO:   ja [KLAR;]
  04 SYB:      [also-] (-)
  05        wenn ICH nicht gekomm,
  06        das hat sie mir selber geSACHT;
  07        wenn ich nich geKOMmen wär?=
  08        =die war
  09        °h und JOsef hat
  10 VIO:   [die is SU:per stark.       ]
  11 SYB:   [un JOsef hat das gesacht;]
  12        °h JOsef hat gesacht öh:;
  13        bevor ich geKOMM wär bianca total am boden gewesen.
  14        <<p>und die WOChe hat die viel geMACHT.>=
  15        =JETZT is sie wieder rischtisch °h (-) FRECH und
           [AUFmüpfig; ]
  16 VIO:   [die is SEHR] auch STARK ey;
```

Literatur

Auer, Peter. 1996. On the prosody and syntax of turn-continuations. In *Prosody in Conversation*, Hrsg. Elizabeth Couper-Kuhlen, und Margret Selting, 57–100. Cambridge: University Press.

Auer, Peter. 2005. Projection in interaction and projection in grammar. *Text* 25(1), 7–36.

Auer, Peter. 2010. Zum Segmentierungsproblem in der Gesprochenen Sprache. *InLiSt – Interaction and Linguistic Structures* 49: 1–19. http://www.inlist.uni-bayreuth.de/issues/49/InLiSt49.pdf

Birkner, Karin, Peter Auer, Angelika Bauer, und Helga Kotthoff. 2020. *Einführung in die Konversationsanalyse*. Berlin: de Gruyter.

Brenning, Jana. 2015. *Syntaktische Ko-Konstruktionen im gesprochenen Deutsch*. Heidelberg: Winter.

Chafe, Wallace L. 1979. The flow of thought and the flow of language. In *Discourse and Syntax*, Hrsg. Talmy Givón, 159–181. New York: Academic Press.

Ford, Cecilia, Barbara Fox, und Sandra A. Thompson. 2013. Units and/or action trajectories? The language of grammatical categories and the language of action. In *Units of Talk – Units of Action*, Hrsg. Beatrice Szczepek Reed, und Geoffrey Raymond, 13–51. Amsterdam: John Benjamins.

Fries, Norbert. 1987. Zu einer Randgrammatik des Deutschen. In *Satzmodus zwischen Grammatik und Pragmatik*, Hrsg. Jörg Maibauer, 75–95. Tübingen: Niemeyer.

Günthner, Susanne. 2006. Grammatische Analysen der kommunikativen Praxis – „Dichte Konstruktionen" in der Interaktion. In: *Grammatik und Interaktion – Untersuchungen zum Zusammenhang von grammatischen Strukturen und Gesprächsprozessen*, Hrsg. Arnulf Deppermann, Reinhard Fiehler, und Thomas Spranz-Fogasy, 95–122. Radolfzell: Verlag für Gesprächsforschung. http://www.verlag-gespraechsforschung.de.

Kindt, Walther. 1994. Satzbegriff und gesprochene Sprache. *Lingua* 94(1): 25–48.

Lerner, Gene. 2004. Collaborative turn sequences. In *Conversation Analysis. Studies from the First Generation*, Hrsg. Gene Lerner, 238–276. Amsterdam: Benjamins.

Schegloff, Emanuel A. 1996. Turn organization. One intersection of grammar and interaction. In *Interaction and Grammar*, Hrsg. Elinor Ochs, Emanuel A. Schegloff, und Sandra A. Thompson, 52–133. Cambridge: Cambridge University Press.

Streeck, Jürgen.1995. On projection. In *Social Intelligence and Interaction*, Hrsg. Esther Goody, 87–110. Cambridge: Cambridge University Press.

3 Der Beginn syntaktischer Projekte

3.1 Eine Vielfalt von Anfängen

Der erste Schritt bei der Online-Analyse der mündlichen Syntax besteht naturgemäß darin, den Beginn neuer syntaktischer Projekte zu identifizieren. Ein neues Projekt kann beginnen, wenn keine Projektionen mehr eingelöst werden müssen, die noch zum vorherigen Projekt gehören, und wenn keine retrospektiven Bearbeitungen oder Erweiterungen des schon abgeschlossenen Projekts bzw. strukturelle Bezugnahmen darauf mehr erfolgen sollen. Es kann sein, dass dann ein anderer Gesprächsteilnehmer den Turn übernimmt; dann fällt der Beginn des neuen syntaktischen Projekts mit dem Beginn des neuen Redebeitrags zusammen. Aber neue Projekte können natürlich auch innerhalb eines Turns starten.

Wie beginnt der Sprecher nun ein neues Projekt? Welcher Anfang gewählt wird, ist stark von semantischen und pragmatischen Faktoren abhängig. Obwohl definitionsgemäß alle Projektanfänge von den vorausgegangenen Äußerungen syntaktisch unabhängig sind, spielen vor allem drei Faktoren eine Rolle:

- die Frage, wie stark das neue Projekt semantisch mit dem vorherigen kohärent sein soll,
- die Frage, ob das neue Projekt einen neuen Redebeitrag beginnt und
- die Frage, ob der Sprecher den Inhalt der neueren Äußerung in einen bestimmten epistemischen, evaluativen, pragmatischen oder inhaltlichen Rahmen stellen möchte.

Die folgenden Beispiele demonstrieren die formale Vielfalt solcher Anfänge (die Liste ist nicht vollständig, sondern repräsentiert nur die besonders häufigen Typen). Das Element, das das neue Projekt beginnt, ist unterstrichen. Der eigentliche Beginn des Projekts kann am Turn-Beginn durch Gesprächswörter aufgeschoben werden,

---

Ergänzende Information Die elektronische Version dieses Kapitels enthält Zusatzmaterial, auf das über folgenden Link zugegriffen werden kann https://doi.org/10.1007/978-3-662-68611-9_3.

also Wörter, die keine Syntax haben und dadurch gekennzeichnet sind, dass sie auch allein einen Redebeitrag bilden könnten (wie etwa *genau, ja, naja*).

```
(1)(DOM, Flucht)
  01 DOM:   öh aber WIE konnte ER dich da nochmal FRAgen;
  -----------
  02        er hatte doch EINreiseverbot;

(2)(DOM, Flucht)
  01 CHR:   die dUrften RÜber;=ja,
  -----------
  02 DOM:   die durften RÜber;=
  03 CHR:   =immer bis nachts um ZWÖLF,=
  -----------
  04        =denn mussten se wieder zuRÜCK,

(3)(THE, Len)
  01 THE:   was HEISST das du bist nIcht immer [EHRlich.
  -----------
  02 LEN:                                      [ja wer ist
            schon immer <<Lachstimme> EHRlich.>>

(4)(DOM, Flucht)
  01 CHR:   er hatte,
  02        hatte n kuRIER jeschickt.
  03 DOM:   ah:;
            äh=ein kuRIER;
  04 CHR:   ein kuRIER.
  -----------
  05 DOM:   (.) und DER hat geSAGT- ((etc.))

(5)(DOM, Flucht)
  01 CHR:   die sollten ja vorher SCHLAFmittel kriegen-=
  -----------
  02        =hab ich aber nich jeMACHT,

(6)(DOM, Geister)
((Katarina behauptet, Geister zu sehen, die Gegenstände durch die
Luft fliegen lassen; ihr Vater hatte ihr zufolge dieselbe
Begabung.))
  01 KAT:   DAS könnte natürlich AUCH (sein);=
  02        =wenn man sowas <<lachend>WEItervererben [kann;>
  03 DOM:                                            [vielLEICHT;
  -----------
```

3.1 Eine Vielfalt von Anfängen

```
 04           allerdings wenn die GEgenstände durch die luft
              fliegen:,=
 05           =dA wird_s dann schon KRItisch.
```

(7)(DOM, Flucht)
```
 01 CHR:      =es hatte jeREgnet,=
 -----------
 02           =die ganzen SAChen hingen noch am Ofen,
```

(8)(THE, Sel)
```
 01 SEL:      auch DAS ist glaub ich etwas das äh es in VIElen(.)
              faMIlien (.) GIBT.
 -----------
 02 THE:      °hh auf dem KLINgelschild,
 03           stand (.) ja auch lange ZEIT,
 04           das ist diese geSCHICHte,
 05           eben NICHT (.) der NAme von golo mAnn? ((etc.))
```

(9)(THE, Sel)
((über Katja Mann))
```
 01 SEL:      und als er TOT is,
 02           ähm DA geht es darum das WERK und das ERbe zu
              bewahren-=
 03           =und im GRUNde genommen an dem dEnkmal thomas MANN
              zu arbeiten;
 -----------
 04           dass da aber noch ANdere menschen in der familie
              sind;
 05           andere KINder;=
 06           =die ja ein EIgenes leben haben;=
 07           =das äh: °h (-) kann sie nicht so SEhen;
```

(10) (Telefongespräch)
```
 01 StB:      du hattest son BREITbandschnupfen;
 02 StA:      ja ja (.) so [ab ende aPRIL.
 -----------
 03 StB:                   [hm KLASse;
 -----------
 04 StA:      wobei ich hab FESTgestellt dass es nicht ZWINgend die
              pOllen sind=die mich dahinraffen-
 05           sondern eher s_oZON;
```

(11)(GüKa)
```
 01 ELL:      oh wir sind EH (.) n DREiergespann;=
 -----------
```

```
02            =der KLAUS kommt nämlich mit.
03            (1.5)
04            am mittwoch.
-----------
05            (1.0)
06 MAR:       ich glaub die [boten uns jetzt BEIde aus.
07 ELL:                     [<<p> mhm,>
-----------
08 RUD:       ich glaub me(h)in(h)e FREUN(h)din sp(h)annt mir mein
              FREUN(h)des(h)kreis aus;

(12)(Jugendzentrum)
01 BTR:       die mädels wollten RAUchen-=
-----------
02            =da ham_wa) gesagt oKAY.
-----------
03 VER:       hm:; (-)
04            das DING is eigentlich 'DÜRfen wir sie nicht rauchen
              lassen; ((etc.))
```

Wenn man diese Anfänge mit den Mitteln der Grammatik nach Wortart oder Phrasentyp oder auch nach syntaktischer Funktion analysiert, ergibt sich ein ziemlich buntes Bild.

- In (1) fängt das Projekt mit einem Pronomen in Subjektsfunktion an (*er*),
- in (2) mit einem Adverb (*denn > dann*) als Freier Angabe und
- in (3) mit einem Fragewort in Subjektsfunktion (*wer*), auf die jeweils die öffnende Verbklammer (also das finite Verb) folgt.
- In (4) steht am Projektbeginn eine Konjunktion (*und*), der ein Pronomen folgt (genauso gut könnte hier auch das Adverb *denn* aus (2) oder das Fragewort *wer* aus (3) folgen).
- In (5) beginnt das Projekt jedoch gleich mit einem finiten Verb (*hab*).
- In Beispiel (6) steht zu Beginn das Adverb (*allerdings*), dem unmittelbar ein untergeordnetes Projekt folgt.
- In (7) und (8) stehen am Projektbeginn Phrasen (eine Subjekt-NP, *die ganzen Sachen* und eine PP, *auf dem Klingelschild*).
- Beispiel (9) beginnt mit einem Komplementprojekt.
- In (10) beginnt das Projekt mit einem Relativpronomen (?) in adverbialer Funktion (*wobei*), das allerdings nicht zu einem Relativprojekt ausgebaut wird (etwa: *wobei ich festgestellt habe*), sondern zu einem selbständigen Projekt wird.
- In (11) werden beide Projektanfänge in Z. 06 und 08 mit *ich glaub* eingeleitet; eine Analysemöglichkeit ist, dass das Verb *glauben* jeweils ein abhängiges Projekt projiziert, das aber im Format eines unabhängigen Projekts formuliert wird.
- Schließlich steht am Beginn des neuen Projekts in (12) eine Formel, die wie ein Kopulasatz ohne Prädikativ aussieht (*das Ding is*).

3.1 Eine Vielfalt von Anfängen

Eine solche Analyse nach der Wortart oder dem Phrasentyp des projekteröffnenden Elements verspricht keinen Erkenntnisgewinn. Aus der Perspektive der Online-Syntax ist eine andere Frage viel wichtiger, nämlich: Welche Projektionen gehen von den jeweiligen Anfängen aus? Diese Frage wird in diesem Kapitel beantwortet. Initiale Strukturen wie in (9) oder (11), (12), in denen ‚satzwertige' Strukturen am Anfang stehen, werden allerdings erst in Kap. 5 behandelt.

Um die Projektionsverhältnisse am Projektanfang analysieren zu können, ist die Unterscheidung verschiedener topologischer Felder notwendig, wie sie auch für die Analyse der geschriebenen Sprache üblicherweise verwendet wird (vgl. etwa Pittner und Bermann, 2021). Dabei wird die folgende Struktur zugrunde gelegt (vgl. Ausschnitt (48) unten):

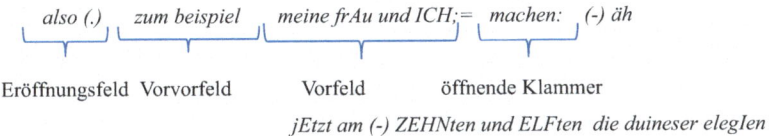

Die Projektionsbedingungen am Projektanfang werden anhand dieser Felderstruktur im Folgenden nach und nach erläutert.

> **Das Feldermodell**
> Die Bedeutung der Felder für die deutsche Syntax ist besonders in Bezug auf Vorfeld, Mittelfeld und Nachfeld unumstritten und ein zentraler Teil der grammatischen Beschreibung der gesprochenen wie der geschriebenen Sprache (‚**topologisches Satzmodell**'). Die Felder werden durch die sog. linke und rechte Verbalklammer (in diesem Buch öffnende und schließende Verbalklammer genannt, um schriftsprachliche Voreingenommenheiten zu vermeiden) definiert. Im ‚Hauptsatz' bildet das finite Verb die linke (öffnende) Verbalklammer, die nicht-finiten Teile des Verbs die rechte (schließende) Verbalklammer. Wie sich die Satzglieder auf die Felder verteilen und wie die Klammer im ‚Nebensatz' definiert wird, wird in allen einschlägigen Einführungen erläutert, auf die ich hier verweise (vgl. z. B. Pittner und Bermann 2021: 87–104). Gesprochene und geschriebene Sprache unterscheiden sich dabei nicht.
>
> Weniger einig ist sich die germanistische Linguistik über die Anzahl und Definition weiterer Felder vor dem Vorfeld und nach dem Nachfeld. Der in diesem Buch gewählte Ansatz legt die Frage der Projektion zugrunde. Daraus ergibt sich, dass nach dem Nachfeld (das nicht als Pendant des Vorfelds gesehen werden darf, siehe Abschn. 6.7) keine weitere topologische Position mehr notwendig ist. Details dazu finden sich in Kap. 6. Am Beginn eines syntaktischen Projekts sind hingegen weitere Differenzierungen notwendig. Das **Vorfeld** ist dadurch gerechtfertigt, dass es bestimmte Wörter/Wortarten

gibt, die am Beginn eines Projekts das finite Verb in der Folgeposition projizieren (siehe Abschn. 3.2). Die meisten topologischen Analysen postulieren außerdem ein „Anschlussfeld" oder eine „Anschlussposition", hier neutraler als **Eröffnungsfeld** bezeichnet. Aus der Perspektive der Online-Syntax ist dieses Feld dadurch gerechtfertigt, dass eine Gruppe von Wörtern und Syntagmen nur am absoluten Projektanfang stehen kann und überdies kein finites Verb in der Folgeposition zulässt (siehe dazu Abschn. 3.3). Vorfeld und Eröffnungsfeld enthalten (von seltenen Ausnahmen abgesehen) nur eine Konstituente. Das **Vorvorfeld** erfasst in der hier gewählten Terminologie alle übrigen Elemente wie zum Beispiel Nominalphrasen, denen kongruente Pronomina (im Vorfeld) folgen und Elemente im Eröffnungsfeld (zum Beispiel sog. Konjunktionen) vorausgehen können. In manchen Analysen werden weitere Differenzierungen vorgenommen; etwa wird in der DUDEN-Grammatik (Wöllstein (Hrsg.) 2022: 74–75) zwischen Vorvorfeld und linkem Außenfeld differenziert. In anderen Analysen wird wiederum nur eine weitere topologische Position vor dem Vorfeld postuliert, die aber vielfach besetzt werden kann; so das „linke Außenfeld" der IDS-Grammatik (Zifonun et al. 1997: 1580), das fünf interne Positionen aufweist. Zu beachten ist, dass Ausdrücke, die nicht projizieren, in der Online-Syntax nicht zum Projekt gehören, sondern davor stehen. Das betrifft zum Beispiel Interjektionen (*ach!*), Gesprächswörter (*ja*) und sog. Vokative (vorangestellte Anredeformen), die auch allein stehen können, also keine Folgestruktur projizieren. Ihnen wird in der IDS-Grammatik eine eigene Position innerhalb des „linken Außenfelds" zugebilligt.

3.2 Projektanfänge, die in der nächsten Position die öffnende Verbklammer projizieren

Wenn ein syntaktisches Projekt mit bestimmten Wörtern oder Phrasen beginnt, dann lässt sich mit hoher Wahrscheinlichkeit vorhersagen, dass ein finites Verb in der nächsten Position stehen wird. Der Projektbeginn bildet das **Vorfeld** des emergierenden Projekts. Die relativ starke Projektion auf die folgende strukturelle Position ergibt sich daraus, dass – von wenigen Ausnahmen abgesehen – nur eine Phrase im Vorfeld stehen kann. Einheiten, die nur oder typischerweise im Vorfeld stehen, können deshalb in dieser Position nicht miteinander kombiniert werden.

Alle in diesem Unterkapitel besprochenen Projektanfänge werden anhand von Beispielen erläutert, in denen das Projekt mit dem Vorfeld beginnt. Dieselben Strukturen kommen auch in nicht-initialer Stellung vor, also nach einem Projektanfang mit dem Eröffnungs- oder Vorvorfeld (siehe das Schema oben).

Projektanfänge, die die öffnende Verbklammer projizieren, sind meist sehr kurz; sie bilden deshalb keine eigene Intonationsphrase, sondern sind in die entstehende Intonationsphrase integriert.

3.2.1 Pronominale Projektanfänge

Anaphorische und anadeiktische Pronomen. Der häufigste Fall sind anaphorische und anadeiktische Pronomen. (Der Terminus ‚anaphorisch' wird im Folgenden für die Pronomen *er, sie* und ihre Flexionsformen verwendet, der Terminus ‚anadeiktisch' für die Pronomen *der, die, das* und ihre Flexionsformen.) Sie stellen thematische Kontinuität zwischen der/den vorherigen Äußerungen und dem neuen Projekt her. Im folgenden Ausschnitt bezieht sich zum Beispiel *er* auf dieselbe Person, auf die der Sprecher auch in der vorherigen Frage mit *er* referiert hat:

```
(13)(DOM, Flucht)
   01 DOM:   öh aber WIE konnte ER dich da nochmal FRAgen;
   -----------
   02        er hatte doch EINreiseverbot;
```

In Ausschnitt (14) bezieht sich *die* auf die Vertreter der *roten ZELlen*, von denen unmittelbar davor die Rede war:

```
(14)(THE, Sel)
((Gesprächsthema sind die 1960er Jahre.))
   01 SEL:   denn unsre semiNAre,
   02        unsre literaTURseminare,
   03        wurden DAmals äh von den roten ZELlen,
   04        ähm Unsanft unterBROChen,
   -----------
   05        die marschierten einfach REIN, ((etc.))
```

Im Ausschnitt (15) bezieht sich das Pronomen *das* auf das *agitPROP theater*, das der Sprecher im Vorgängerprojekt neu ins Gespräch eingeführt hat:

```
(15)(THE, Sel)
   01 SEL:   bin nach MÜNchen gekommen;=
   02        =und habe ein:: in einem agitPROP theater mitgebra (.)
             mitgeARbeitet,
   -----------
   03        °h das: hieß das theater in der MARKTlücke, ((etc.))
```

In diesen drei Beispielen beginnt das neue syntaktische Projekt jeweils innerhalb eines Redebeitrags. Aber auch nach einem Sprecherwechsel sind pronominalen Rückbindungen an den Vorgängerturn häufig, vgl.:

```
(16)(DOM, Flucht)
   01 DOM:   war diese:r TREFFpunkt irgendwo in ostberLIN.
   -----------
   02 CHR:   (.) der war in (0.5) BRANdenburg.
```

(17) (DOM, Flucht)
```
  01 DOM:   eh äh es gab in der de de ER türkische eh eh MENschen?
  -----------
  02 CHR:   die dUrften RÜber;=ja,
```

Am Beginn eines responsiven Redebeitrags stehen vor dem neuen Projekt oft Antwortpartikeln, die zu den Gesprächswörtern gehören und deshalb definitionsgemäß nicht zum neuen Projekt zählen; etwa im folgenden Ausschnitt *ja*:

(18) (Calling Home)
```
  01 BEA:   es ist FURCHbar wenn man keine ZEIT hat;=ne,
  02        für besuch.
  -----------
→ 03 ANT:   ja::;
→ 04        ja;
  05        des find ich AUCH nich schön;
```

Wie das letzte Beispiel zeigt, ist das Pronomen nicht notwendigerweise auf eine Nominalphrase in der Vorgängeräußerung bezogen, sondern kann auch die gesamte Äußerung (die ihrerseits aus mehreren Elementen oder Propositionen bestehen kann) in ihrem Skopus haben.

Pronomen der 1./2. Person. Neben den anaphorischen/anadeiktischen stehen auch viele Pronomen der 1./2. Person in der Position vor der Klammer, die auf die Rollen der Gesprächsteilnehmerinnen (Sprecher, Adressatin) verweisen oder im Fall der Pluralpronomina ihre Träger zumindest einschließen. Sie haben mit den anaphorischen und anadeiktischen Pronomen gemeinsam, dass sie referenziell unproblematisch sind. Mit ihnen zu referieren, stellt für die Sprecher kein Risiko dar. Sie können davon ausgehen, dass ihre Adressatinnen die Referenz des Pronomens ohne Schwierigkeiten ermitteln können:

(19) (DOM, Flucht)
```
  01 CHR:   und der frachte woHIN,
  02        oder woHER;
  -----------
  03        ik WEIß et heut nich mehr,
```

(20) (DOM, Flucht)
```
  01 DOM:   bist du NACH der wende wieder in deine Alte HEImath
            äh viertl: gezogen od[er-
  -----------
  02 CHR:                        [nee.=
  03 DOM:   =nee.
  04        du [bist    ] in westberLIN geblieben dann;
  05 CHR:      [NEE nee.]
```

(21) (DOM, Flucht)
```
01 DOM:   CHRIsta chrIsta.
-----------
02        bist du mit diesem: türkischen mann dann (.) rIchtig
          zuSAMMgekommen?
-----------
03 CHR:   ja, wir warn NEUNundzwanzig jAhre zusAmm, ((etc.))
```

3.2.2 Adverbiale Projektanfänge (Adverbien der Gruppe 1)

Auch eine Gruppe von Adverbien projiziert, wenn sie ein Projekt einleiten, mit großer Sicherheit das öffnende Klammerelement in der Folgeposition; dadurch unterscheiden sie sich von anderen Adverbien (siehe unten). Sie werden hier **Adverbien der Gruppe 1** genannt. Semantisch und pragmatisch können sie verschiedene Funktionen übernehmen.

Da **und** *dann***.** Sehr häufig finden sich in der Position vor der Klammer einfache temporale/lokale Adverbien, die (wie die anaphorischen und anadeiktischen Pronomen) inhaltliche Kohärenz zu(r) vorausgehenden Äußerung(en) herstellen. Insbesondere *dann* leitet oft einen nächsten Erzählschritt ein, wird also temporal verwendet:

(22) (DOM, Flucht)
```
01 CHR:   der hat NUR zu mir jesacht unterSCHREIbe?
02        (-) sonst bringen die die KINder wieder zurück;
-----------
03 DOM:   <<flüstert>ach du JE oh je.>
04        [du?]
05 CHR:   [so.]=
06        =dann hab ick unterSCHRIEben?
```

Das Adverb *dann* kann aber auch eine Inferenz einleiten (‚in diesem Fall', ‚also'). Der Sprecher signalisiert, dass er eine Schlussfolgerung aus dem vorher (meist im Turn des anderen Teilnehmers) Gesagten zieht (vgl. Deppermann und Helmer 2013):

(23) (THE, Sel)
```
01 THE:   die JUgend war ne einigermassen GLÜCKliche bei ihnen.
-----------
02        Oder?
-----------
03        kAnn man so SAgen.=
-----------
04        =[oder TÄUSCH ich mich;
```

```
05  SEL:      [nein?
06  THE:  OH es [war KEIne.]
07  SEL:            [nein?    ]
------------
08  THE:  Okee;
09        dann [lieg ich ja RICHtig daneben.
10  SEL:       [nein, ((etc.))
```

THE meint zu wissen, dass die Jugend seines Gesprächspartners ‚einigermaßen glücklich' gewesen sei. Dieser widerspricht in Z. 05 und 07 sehr kategorisch, woraus THE schließt, dass er ‚richtig daneben' lag (Z. 09). Dieser Schluss wird durch initiales *dann* markiert.

Noch häufiger ist das Adverb *da* als Vorfeldbesetzer am Projektanfang. Es ist semantisch-pragmatisch am Projektbeginn sehr flexibel. In rückverweisender Funktion wird es teils in seiner lokalen Grundbedeutung gebraucht:

```
(24)(DOM, Flucht)
01  CHR:  °hh bin ich WIEder HIN,
02        ((schluckt))
03        U:ND^h (0.5) bin dann statt LINKS,
04        RECHTS (-) in die straße rEin,
------------
05        (.) da war aber WALD, ((etc.))
```

Da referiert hier auf den unmittelbar vorher beschriebenen Raum, nämlich die rechts abbiegende Straße.

Oft sind die ‚Räume', auf die *da* verweist, aber eher Umstände oder Situationen als physische Räume. Im folgenden Ausschnitt verweist *da* in Z. 11 zum Beispiel auf bestimmte Lebensumstände in der Kindheit des Sprechers, die vorher geschildert worden sind:

```
(25)(THE, Sel)
01  SEL:  um mich heRUM haben ALle muSIK gemacht,
02        und äh: vor allem meine ELtern;=
03        =mein VAter vor allem,=
04        =un [meine brüder AUCH,
05  THE:      [m:,
------------
06  SEL:  mm einer is: äh celLIST geworden;=
------------
07        =einer (.) hat GEIge (-) studiert;
------------
08        [so is: also SCHON:=
09  THE:  [mHM,
```

3.2 Projektanfänge, die in der nächsten Position die öffnende Verbklammer projizieren 55

```
10 SEL:    =und^h (.) der Andere hat AUCH selber al(so) sehr
           <<acc> viel muSIK gemacht;>=
-----------
11         =also es w: JEder war mit SICH beschäftigt;=
-----------
12         =ja,
13         da musste mich niemand äh äh=ZWINgen (.) irgendetwas
           zu TUN;
```

Das Beispiel kommt aus einer Gesprächsphase, die kurz vor Ausschnitt (23) liegt. Der Interviewer hat seinen Gesprächspartner vorher gefragt, ob er in seiner Jugend gern Instrumente übte oder dazu gezwungen wurde. In seiner Antwort beschreibt der Sprecher das musikalische Umfeld seiner Familie, in dem kein Zwang nötig war. Der Raum, auf den *da* in Z. 13 verweist, ist nicht konkret, sondern eher im Sinn der sozialen und familiären Situation zu verstehen.

Aus dieser nur noch im metaphorischen Sinn räumlichen Bedeutung kann durch kontextuelle Inferenz eine konsekutive Bedeutung (wie in Ausschnitt (23) bei *dann*) entstehen: ‚in dieser Situation' > ‚als Folge dieser Situation', ‚wenn das so ist, dann...'. Sie steht in den folgenden Beispielen (26) und (27) im Vordergrund:

```
(26)(THE, Len)
((Frank hat gerade angekündigt, dass er zur Kirschblüte nach
Japan fliegt.))
01 LEN:    und HIER ist ECHT in baden BAden komPLETT Alles VOLL;
02         mit BLUmen;=
03         =und äh und äh (.) BLÜten schon.=
-----------
04         =das ist Echt TRAUMhaft.
05 FRA:    ein TRAUM;
-----------
06         da brAucht man gAr nicht bis jApan zu REIsen.

(27)(THE, RaK)
01 THE:    °h wenn die bii bii SII:, (.)
02         die so WICHtig war,
03         °h irgendeinen SONG wie damals FRANkie goes to
           HOLLYwood;
04         reLAX,
05         [äh auf den INdex stellte,
06 RaK:    [mm,
07 THE:    [°h und es DURfte offiziell nicht gespielt werden,
08 RaK:    [mm,
09 THE:    war das schon mal (.) die garanTIE dafür,
10         dass es nummer EINS wird.
11 RaK:    [ja,]
```

```
12 THE:     [äh] da FREUT man sich ja im prinzip so als KÜNSTler.
```

Im ersten Beispiel schwärmt die Sprecherin in Z. 01–05 vom Frühling in Baden-Baden; ihr Gesprächspartner leitet daraus den Schluss ab, dass ‚da' (‚unter diesen Umständen') keine Reise zur Kirschblüte nach Japan mehr notwendig ist. Im zweiten Beispiel behauptet THE in dem Konditionalgefüge in Z. 01–10 einen kausalen Zusammenhang zwischen der Zensur von Songs durch die BBC und deren Erfolg (‚Nummer 1'). Die folgende Turn-Komponente greift auf diesen kausalen Zusammenhang zwischen Zensur und Erfolg mittels *da* zurück, um die Konsequenz daraus für die Künstler zu ziehen: In einem solchen Fall ‚freuen sie sich über die Zensur'.

Auch eine temporale Verwendung lässt sich nachweisen, die wohl ebenfalls aus der metaphorisch-lokalen hervorgegangen ist (‚in dieser Situation' > ‚damals'):

```
(28)(THE, RaK)
   01 THE:     °h welche würden sie als die SCHWIErigste phase
               bezeichnen;
   02          °h war das so diese eh ANfangsphase dann,
   03          als sie so (.) SCHWUlencomics [gemalt haben],
   04 RaK:                                   [GEnau;         ]
   05          [GEnau;]
   06 THE:     [und sie] waren ja ganz alLEIne im prinzip;=
   07          =und [da weht(e) ] ja noch n Anderer WIND;=ne?
   08 RaK:          [DA war ich,]
   09          ja:::, da wehte-
   10 THE:     da galten ja schwule noch als KRANK teilweise;=
   11 RaK:     =RICHtig;
   12          da da WÄHLte n=
   13          =da WEHte n anderer wind,
   14          aber es war ((etc.))
```

Der Interviewer und sein Interviewpartner stellen in den ersten Zeilen des Ausschnitts gemeinsam einen temporalen Bezug auf die ‚Anfangsphase' von dessen Karriere als Comic-Zeichner her. In den Z. 07–13 beziehen sich die Sprecher auf diesen Zeitraum. Der Bezug wird jedes Mal durch *da* am Beginn des Projekts hergestellt.

Deutlich seltener sind **deiktisch-demonstrative Verwendungen** projektinitialer Adverbien, also solche, die sich auf die Sprechsituation beziehen. Im folgenden Beispiel ist Lisa (in der ikonischen Darstellung im Transkript durch ein Fünfeck mit

3.2 Projektanfänge, die in der nächsten Position die öffnende Verbklammer projizieren 57

dem Buchstaben L gekennzeichnet) bei einer Wanderung im Wald stehen geblieben (Z. 01) und hat sich den Bäumen zugewandt, die rechts vom Weg ins Tal hinein stehen (Pfeil = Blickrichtung) (Z. 02). Ihre Freundin Emma schaut in Z. 01–02 zunächst auf Lisa, um ihren Blick verfolgen zu können, geht dann etwas auf sie zu und blickt ebenfalls ins Tal. Diese für beide sichtbare gemeinsame körperliche Ausrichtung reicht aus, um einen gemeinsamen Wahrnehmungsfokus annehmen zu können. Aufbauend auf dieser Annahme kommentiert Emma das (vermutlich) von beiden Gesehene mit *da geht's ganz schön runter, ne?* (Z. 14). *Da* ist hier deiktisch. Es bezieht sich auf das gemeinsam Wahrgenommene, das dadurch zum Gesprächsthema wird.

(29) (VP1516; Dank an Barbara Laner)

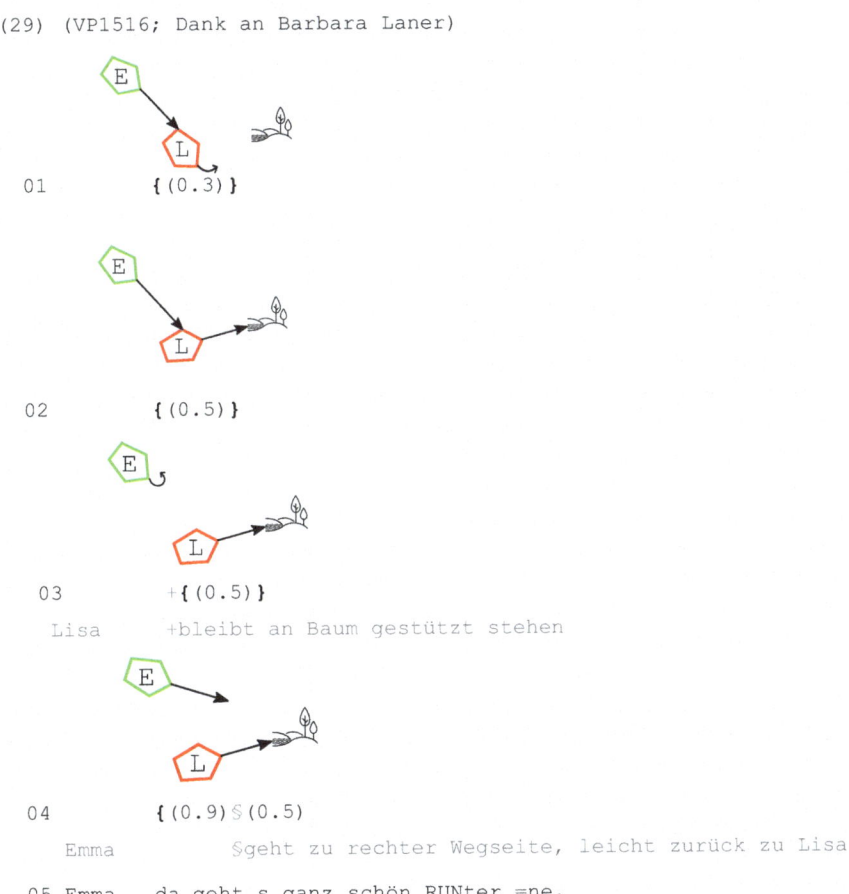

```
01          {(0.3)}



02          {(0.5)}



03         +{(0.5)}
   Lisa    +bleibt an Baum gestützt stehen



04          {(0.9)§(0.5)
   Emma            §geht zu rechter Wegseite, leicht zurück zu Lisa
05 Emma     da geht_s ganz schön RUNter.=ne,
```

Konjunktionaladverbien. Zur Gruppe 1 der Adverbien gehören auch einige sog. Konjunktionaladverbien (die zur großen Gruppe der Konnektoren gehören) wie *damit, dafür, dadurch, seitdem, sonst*:

```
(30)(THE, Len)
  01 THE:   du hast ne AUSzeit genommen;
  -----------
  02        sEItDEM bist du aber Aber?
  03        ACHTsam mit DIR;
```

Deswegen und *deshalb* kommen (inzwischen?) selten auch im Vorvorfeld vor (vgl. König 2012) und werden aus diesem Grund in Abschn. 3.3 besprochen. Insgesamt ist es mangels einschlägiger Untersuchungen zu ihrer Verwendung in der gesprochenen Sprache schwierig, die genauen Projektionsbedingungen für die Konjunktionaladverbien anzugeben. Sie scheinen einem sprachlichen Wandel unterworfen zu sein, der die strikte Festlegung auf das Vorfeld abschwächt.

Andere Adverbien der Gruppe 1. Es gibt noch einige andere Adverbien, die die folgende Verbalklammer projizieren. Zu nennen sind hier das modal(ana)deiktische Adverb *so* und das temporale Adverb *jetzt*.

So kann deiktisch verwendet werden und dann eine Geste begleiten – es ist dann betont (*SO macht man das!*) – oder es wird anadeiktisch verwendet und verweist auf die letzte(n) Äußerung(en) zurück. Im Ausschnitt (31) kommt es in der Formel *so ist das* vor, die Themenabschlüsse markiert; es ist also anadeiktisch:

```
(31) (Calling Home 4552)
  01 ALF:   na JA.
  02 BRI:   na JA.
  03        so IS es halt. °hh
  -----------
  04 ALF:   so ISses.
```

Im folgenden Ausschnitt (32) wird *jetzt* deiktisch verwendet, es bezieht sich aber nicht auf die aktuelle Sprechsituation, sondern ist eine „Deixis am Phantasma" (Bühler 1934): Es verweist auf einen Zeitpunkt im Hier-und-Jetzt einer vergangenen Erzählwelt. Die Rezipientin wird eingeladen, sich in diesen Zeitpunkt hineinzuversetzen und von dort aus ihre Geschichte weiterzuerzählen:

```
(32)(DOM, Flucht)
  01 DOM:   und du hast denen gesagt seid mal schön STILL?=
  -----------
  02        =und wir: [fahrn jetzt] daHIN;
  -----------
  03 CHR:            [ja;         ]
  04 DOM:            [so.]
```

3.2 Projektanfänge, die in der nächsten Position die öffnende Verbklammer projizieren   59

```
05 CHR:    [undʰ][(je?)]
06 DOM:        [jetz ] jetz sEid jetzt sEid ihr in dem
               KOFferraum.
-----------
07 CHR:    jetzt sind wir in dem KOFferraum,=
-----------
08         =und der sachte mir NUR,((etc.))
```

Die meisten lokalen und temporalen Adverbien können allerdings durch ein resumptives Element wiederaufgenommen werden (in der Regel durch *da*, vgl. unten, Abschn. 3.6.2). Sie projizieren also das nachfolgende finite Verb nicht zuverlässig, weil noch eine andere Projektion im Spiel ist als die der öffnenden Verbalklammer. Deshalb gehören sie nicht zur Gruppe 1.

Zur Gruppe 1 gehören hingegen **epistemische und evaluative** Einstellungs- oder ‚Satz'-Adverbien (*stance expressions*), zum Beispiel *wahrscheinlich, vermutlich, vielleicht, bedauerlicherweise, glücklicherweise, leider*. Sie dienen nicht der Kohärenzherstellung zur Vorgängeräußerung, sondern rahmen die folgende Äußerung, indem der Sprecher deren epistemischen Status klarmacht (ist die Information sicher oder nur vermutet?) oder vorab schon kommuniziert, wie er zu ihrem Inhalt steht. Ein Beispiel:

```
(33)(DOM, Prostituiertenfreund)
   01 DOM:    was MÖCHtest_du_denn von ehr;
   02         von IHR;
   03         (1.1)
   04 UDO:    hh° ja; des_is (.) schwer zu SAgen;=
(-----------)
   05         =also vielleicht (.) ne beZIEhunk; hh°;
   06         wenn das MÖGlich wär;=
-----------
   07         =aber ich (0.5) bin mir nich SICher,
   08         ob das bei einer (.) professionellen prostituIERten
              oder HUre (wohl) KLAPPT; ne?=
-----------
   09 DOM:    =ich bIn auch gar nich sIcher ob? ob du das
              überhaupt !WILLST!;
-----------
   10         (-)
   11         vielleicht willst du einfach nUr noch mehr beSITZ
              von dieser frau ergreifen;
   12         [und MACHT;]
-----------
   13 UDO:    [ja,      ] ich hab deinen kollegen auch eben geSAGT;
   14         also ((etc.))
```

Nachdem Udo auf DOMs Frage hin seinen Wunsch geäußert hat, mit einer Prostituierten, die er kennen gelernt hat, eine ‚Beziehung' aufzubauen, konfrontiert ihn dieser mit der quasi-therapeutischen Deutung, dass er dadurch die Frau noch mehr ‚in Besitz' nehmen wolle. Die Deutung schreibt Udo eine Intention zu, von der DOM nur indirekt wissen kann: denn Absichten sind etwas, zu dem diejenigen, die sie haben, privilegierten Zugang haben. Diese epistemische Unsicherheit wird durch *vielleicht* als Einleitung des Projekts in Z. 11 (sowie natürlich auch durch die davor liegende Turn-Konstruktionskomponente in Z. 09) markiert.

3.3 Projektanfänge, die kein Vorfeld bilden können

In diesem Abschnitt werden Projektanfänge behandelt, die – im Gegensatz zu den im Abschn. 3.2 behandelten – gerade nicht in der Position vor der öffnenden Klammer stehen können. Ihr Platz ist am Beginn des Projekts im Eröffnungsfeld. Ihre Projektionskraft ist sehr schwach; sie legen den weiteren Verlauf des Projekts nicht fest und kündigen lediglich ein Projekt an.

Der Operator *und*. Ein typischer Vertreter dieser Gruppe ist *und* (vgl. Couper-Kuhlen und Selting 2018: 429–436):

```
(34)(DOM, Flucht)
  01 CHR:    er hatte,
  02         hatte n kuRIER jeschickt.
  03 DOM:    ah:;
             äh_ein kuRIER;
  04 CHR:    ein kuRIER.
  -----------
  05 DOM:    (.) und DER hat geSAGT- ((etc.))

(35)(DOM, Flucht)
  01 CHR:    und kurze zeit später ging der KOFferraum auf,
  -----------
  02         (.) und ich dachte jetzt. ham se mich erWISCHT.

(36)(DOM, Flucht)
  01 CHR:    ick bin mit meiner freundin vonner arbeit TANzen
             jegangen;
  -----------
  02         und da hab ick ihn KENNjelernt.

(37)(DOM, Flucht)
  01 CHR:    und das auto KAM nicht.
  -----------
  02         (0.6)
```

3.3 Projektanfänge, die kein Vorfeld bilden können

```
03 DOM:    hm.
04         (0.4)
05 CHR:    U:ND dann bin ich mit dem taxi wieder nach HAUse
           jefahrn,
```

Und-Anfänge sind innerhalb eines Redebeitrags viel häufiger als zu Beginn. Aber auch hier kommen sie vor, nämlich dann, wenn der neue Sprecher eine inhaltliche Fortsetzung des Beitrags der letzten Sprecherin vorschlägt oder elizitieren möchte. Auch dafür einige Beispiele:

```
(38)(DOM, Vergewaltigung)
  01 JUL:   =dann ist es eben WIEder passiert.(2.0)
-----------
  02 DOM:   und DANN?
-----------
  03        was war DA:NA:CH dann?

(39)(THE, Len)
  01 LEN:   und hab geSAG;=
  02        =so;=
  03        =jetzt EImal ganz kUrz auf PAUse drücken-=
  04        =und von VORne anfangen;=
-----------
  05        =und dAs hab_ich dann auch geMACHT,=
-----------
  06        =und des hat mir SEHR sEhr GUT getan.
-----------
  07 THE:   und ihr hAttet das ALbum? (-) fast FERtig im prinZIP?
-----------
  08        un? dann hAst du_s mEhr oder wEniger wieder
            EINgestampft? ((etc.))

(40)(DOM, Flucht)
((über die Kinder der Sprecherin))
  01 CHR:   die sollten ja vorher SCHLAFmittel kriegen-=
-----------
  02        =hab ich aber nich jeMACHT,
-----------
→ 03 DOM:   und du hast denen gesagt seid mal schön STILL, ((etc.))
```

Die Position vor dem Vorfeld, in der z. B. *und* steht, nennen wir das **Eröffnungsfeld** und unterscheiden es vom Vorfeld wie auch vom Vorvorfeld, von dessen Besetzung später noch die Rede sein wird. Wörter im Eröffnungsfeld müssen immer am absoluten Anfang eines Projekts stehen, d. h. ihnen kann kein Element mehr vorausgehen, das zum emergierenden syntaktischen Projekt gehört. Das Eröffnungsfeld kann (wie das Vorfeld) nur einmal besetzt werden.

Operatoren vs. Konjunktionen. Grammatiken behandeln *und* gewöhnlich als **Konjunktion**, denn es verbindet ('konjungiert') in der Schriftsprache oft Phrasen, (Neben-)Sätze oder auch Wörter bzw. Stämme (vgl. *Peter und Paul, niet- und nagelfest*) desselben formalen Typs. Im folgenden Beispiel werden etwa die beiden Präpositionsphrasen *im Internet* und *im Radio* verbunden. Es entsteht eine neue syntaktische Einheit, nämlich ein Konjunkt, das in diesem Beispiel insgesamt eine lokale Angabe bildet:

```
(41)(THE, Len)
  01 FRA:    du: ich verFOLge dAs äh:: <<lachend>im INternet
             und im RAdio,>
```

Es ist aber offensichtlich, dass es sich bei *und* im Eröffnungsfeld nicht um eine solche Konjunktion handeln kann, denn hier wird syntaktisch gesehen nichts Gleichwertiges verbunden, sondern etwas Neues eingeleitet. In den Beispielen (34)–(40) könnte man argumentieren, dass *und* stattdessen einen nächsten Erzählschritt mit dem letzten verbindet, also zwar nicht syntaktisch, aber semantisch-pragmatisch Gleichwertiges anschließt. Selbst diese Interpretation ist aber in Beispielen wie den folgenden beiden nicht möglich:

```
(42)(THE, Sel)
  01 SEL:    ich hab meine (.) °hh auf der EInen seite
             agitPROPtheater gemacht-=
  02         =und auf der ANdern seite SCHÖN meine semiNARarbeiten
             zu Ende geschrieben.=
  ------------
→ 03         =<<p> und> ((schluckt)) dAs warn meine SIEBziger;=

(43)(THE, Sel)
  01 SEL:    =und hab dann (.) im trinity college AUCH (0.5)
             eigentlich theAter gemacht;
  02         statt (.) zu (.) stuDIERN.
  ------------
→ 03         °hhh und das war ganz ANders;
```

In Z. 03 des Ausschnitts (42) beginnt der Sprecher mit *und* gerade keinen ‚gleichwertigen' Erzählschritt, sondern eine Äußerung, die die Erzählung von ‚seinen 70er Jahren' abschließt. Im Ausschnitt (43) geht der Erzähler von der Handlungswiedergabe in den evaluierenden Teil seiner Narration über (München wird mit Dublin verglichen). Auch hier wird nichts Gleichwertiges ‚konjungiert'.

Die Funktion des projekteinleitenden *und* ist lediglich, die folgende Äußerung als Fortsetzung entweder des eigenen Redebeitrags oder des Redebeitrags eines

3.3 Projektanfänge, die kein Vorfeld bilden können

Anderen darzustellen. Signalisiert wird einerseits, dass die vorausgegangene Turn-Konstruktionseinheit abgeschlossen ist und der Sprecher jetzt nicht mehr damit beschäftigt sein wird, sie in irgendeiner Weise zu bearbeiten, etwa sie zu erläutern oder zu revidieren. Andererseits wird durch die Ankündigung einer Fortführung klargemacht, dass das neue syntaktische Projekt für die Rezipientin keine unerwartete Abweichung von der bisherigen inhaltlichen Entwicklung des Turns oder der Sequenz enthalten wird. Statt von einer Konjunktion zu sprechen, ist es deshalb besser, dieses *und* als **Operator** zu verstehen (vgl. Barden et al. 2001). Operatoren sind Verstehenshinweise für die Prozessierung des beginnenden Projekts.

Oder **als Operator.** Auch *oder* kann in der Funktion eines Operators im Eröffnungsfeld verwendet werden (vgl. Kasten S. 64). Wenn es am Beginn eines neuen Redebeitrags steht, leitet es weniger semantische Alternativen als Nicht-Übereinstimmung ein. Innerhalb des Turns wird *oder* oft verwendet, um semantische Reparaturen einzuleiten (vgl. Kasten S. 137–139).

Adverbien der Gruppe 2. Es gibt neben *und* und *oder* noch einige andere Wörter, die, wenn sie ein Projekt einleiten, ausschließlich im Eröffnungsfeld stehen können, dieselben Projektionseigenschaften haben und in der Funktion von Operatoren Verstehenshinweise geben. Dazu zählen *aber* (vgl. Schlobinski 1992), *außer*, *denn* sowie einige andere Adverbien wie *nämlich*, hier Adverbien der Gruppe 2 genannt:

```
(44)(Gleichgewicht 4) ((radio phone-in/ THR=Therapeut))
  01 THR:     °hh sie haben ganz früh geLE:RNT,
  02          °h von sich e? sElber: bissel ABzusehn,
  03          °h (-) u:nd eh vielLEICHT sich um:: die MUTter oder::
              leute in der umgebung (-) stark zu kümmern:;
  -----------
  04          °hh und Aus diesem MUSter:: beziehn sie jetzt auch (-)
              ähm (-) ihren WERT;=
  -----------
→ 05          =nämlich des? MUSS unbedingt so sein;=
  -----------
  06          =man muss sich überwiegend um die anderen KÜMmern,
  -----------
  07          DANN: muss es GUTgehn;=

(45) (Gu_Ka 8)
((Lula ist eine Katze.))
  01 RIC:     das COOle bei lula is dass sie halt (-) NULL
              aggressIon hat.
  -----------
  02 RAN:     ja.
→ 03 RIC:     (-) außer sie is halt im SPIELmodus, ((etc.))
```

3.4 Im Vorfeld oder auch nicht: Adverbien der Gruppe 3

Bisher wurden Elemente am Projektanfang besprochen, die entweder nur im Vorfeld oder nur im Eröffnungsfeld stehen können. Manche eröffnende Elemente kommen aber in mehreren topologischen Positionen vor: einerseits im Vorfeld, andererseits im Eröffnungsfeld bzw. Vorvorfeld. (Eine der Positionen kann häufiger sein als die andere.) Entsprechend sind sie als Projektanfänge höchstens in einer probabilistischen Weise projizierend, denn es lässt sich weder klar erwarten, dass das finite Verb in der nächsten Position folgen wird, noch lässt sich das ausschließen.

Dazu gehören **Adverbien der Gruppe 3** wie *also, sicherlich, natürlich, allerdings, deswegen* (König 2012), *irgendwie* (vgl. Günthner und König 2015), *nur* (vgl. Imo 2012: 73–77), *außerdem* und *übrigens*. Wenn sie das Eröffnungs- oder Vorvorfeld besetzen, sind sie manchmal prosodisch selbständig und bilden eine eigene IP, manchmal sind sie in die entstehende Intonationsphrase integriert. Im Vorfeld sind sie meist in die IP integriert.

Terminologie: Operatoren

Operatoren sind metakommunikative sprachliche Ausdrücke, die die Interpretation sprachlicher Handlungen beeinflussen und steuern, ohne selbst die Handlungen auszuführen. Sie geben den Rezipientinnen also Hinweise darauf, wie Äußerungen der Sprecher als Handlungen gemeint sind. Sie können initial oder final stehen oder in ein Projekt eingebettet sein (z. B. im Rahmen von Retraktionen).

Oft werden Operatoren unter die Diskursmarker subsumiert. Die übliche Definition von Diskursmarkern beruht darauf, dass diese außerhalb des Satzes stehen. Wenn man Sätze als Projekte versteht, wie das hier vorgeschlagen wird, ist das allerdings nicht ganz richtig. Die in diesem Kapitel besprochenen initialen Operatoren stehen zwar außerhalb des Kernprojekts, aber sie sind minimal in das Projekt integriert; der Sprecher kann seinen Redebeitrag anschließend nicht einfach beenden, sondern muss das Projekt weiterführen. Operatoren sind also durchaus Teil der Syntax.

Vorfeld oder Vorvorfeld? Betrachten wir beispielhaft die Verwendung des Konjunktionaladverbs *deswegen* in den folgenden beiden Ausschnitten. Im ersten Ausschnitt steht *deswegen* im Vorfeld, d. h. das finite Verb folgt unmittelbar:

```
(46)(BB)
   01 FRA:    hast du denn geSCHWISter?
   -----------
   02 JOS:    BITte?
   03 FRA:    hast [du geSCHWISter-=
   04 JOS:         [ja,
   -----------
```

3.4 Im Vorfeld oder auch nicht: Adverbien der Gruppe 3

```
05  FRA:    =ja da [geht_s (schon) um den MACHTkampf;=
06  JOS:           [zwei
07  FRA:    =[wer die FERNbedienung hat.
08  JOS:     [zwei BRÜDER.
-----------
09  VIO:    <<lachend> (das [is so)>
10  FRA:                    [geNAU.=
-----------
11          =un deswegen gabs bei uns nur n FUSSball.
-----------
12          (0.5) der konnt nich viel.kaPUTT gehen;=weißte? (-)
```

Im zweiten Beispiel steht *deswegen* hingegen im Vorvorfeld, also vor dem Vorfeld, das vom Pronomen *ich* besetzt ist. (Da *deswegen* mit *und* am Projektanfang kombinierbar ist und in beiden Ausschnitten auch kombiniert wird, kann es nicht im Eröffnungsfeld stehen.)

```
(47)(ET 1-7)
01  MAN:    und der werner fEldmann is ja geSCHÄFTSführer vom:
            [institut also;
-----------
02  LAR:    [mHM-
03  MAN:    (0.5) dem unterstEht [ja glaub ich auch der ha ES und
04  LAR:                         [m-
            des ganze zeug;
-----------
05  MAN:    un:d=
06  LAR:    =JAja.
07  MAN:    ähm: (-) deswegen ich glaub nIch dass werner
            des überhaupt MAChen könnte-
```

In diesem Fall sind die beiden positionellen Varianten funktional äquivalent. Die Vorvorfeldposition ist wohl seltener als die Vorfeldvariante.

Auch manche adverbiale Phrasen sind in ihrem Projektionsverhalten ambig. In den folgenden beiden Ausschnitten stehen *zum Beispiel* und *ehrlich gesagt* im Vorvorfeld; ebenso könnten sie aber im Vorfeld stehen (*zum Beispiel machen meine Frau und ich jetzt…; ehrlich gesagt ham sie zum Album…*):

```
(48) (THE, Sel)
01  SEL:    °h das IS (.) das IS ja ein phänoMEN;
02          mit dem (.) geDÄCHTnis;=
-----------
03          =also (.) zum beispiel meine frAu und ICH;=
04          =machen: (-) äh jEtzt am (-) ZEHNten und ELFten
            die duineser elegIEN. ((etc.))
```

(49) (THE, Loo)
```
01 THE:    was hAm die jungs (-) geSAGT?
02         zum (.) WERKzeugkasten?
03         zum ALbum?
-----------
04 LOO:    ?m (.) EHRlich gesagt,
05         zum ALbum ham_sie noch GAR nichts gesagt;
```

Vorfeld oder Eröffnungsfeld? Auch *nur* ist positionell nicht auf ein Feld eingeschränkt, sondern lässt verschiedene Projektionen zu. Häufig steht *nur* als Operator im Eröffnungsfeld:

(50) (DOM, kranke Mutter)
```
01 VIO:    also sie war auch schon: in ZICH k=äh KLIniken;=
-----------
02         =hat sich halt auch helfen WOLlen?
-----------
03 DOM:    ja,
04 VIO:    nUr das proBLEM war halt;=
05         =in der LETZten klinik;=
06         =ma=hat man ihr halt ähm (-) NAhegelegt;=
07         =beziehungsweise man hat sie halt entMÜNdigt?
```

(51)(Hausrat 4, 4)
((Telefongespräch zwischen Kundin (KD) und
Versicherungsvertreter, VV])
```
01 KD:     da muss man jetzt natürlich professioNELL rangehen;
-----------
02         ich als privAtmann habe keine CHANCE mehr;
-----------
03 VV:     ja_ja;
04         nee_nee;
05         professioNELL KÖNnen wir da rAngehen,
-----------
06         DAzu sind wir lange genug am MARKT;
-----------
07         das ist also eigentlich KEIN (-) KEIN problem was man
           nicht lösen könnte;
-----------
08 KD:     mhm,
09 VV:     nur;
10         das ist mit nem finanziellen AUFwand verbunden;
```

In Ausschnitt (50) erhält das Wort *nur* zwar einen Akzent, bildet aber keine eigene Intonationsphrase; in Ausschnitt (51) ist es prosodisch selbständig (durch einen fallenden Grenzton abgesetzt).

Als Operator im Eröffnungsfeld indiziert *nur*, dass die folgende Turnkonstruktionseinheit eine Einschränkung oder ein Gegenargument gegen das vorher Gesagte enthalten wird. Es entsteht dadurch eine konzessive Struktur: obwohl das vorher Gesagte zutrifft, trifft auch zu, was nun gesagt werden wird. Dieses *nur* lässt sich mit derselben Funktion aber auch ins Vorfeld stellen: *nur war halt das Problem...* bzw. *nur ist das mit nem finanziellen Aufwand verbunden*.

In den nächsten beiden Abschnitten werden zwei Fälle von projektionsambigen Adverbien genauer betrachtet.

3.4.1 *(Und) zwar*

Wenn *zwar* allein (also ohne *und*) im Vor- oder Mittelfeld steht, folgt sehr oft ein *aber*: *Zwar* räumt eine bestimmte argumentative Position ein, der dann eine andere (oft die eigene) Meinung gegenübergestellt wird (vgl. Günthner 2016). Im folgenden Ausschnitt steht *zwar* im Mittelfeld. Der Sprecher argumentiert, dass jemand, der mit klassischer Musik aufgewachsen ist, durchaus verstehen kann, dass ‚Rock und Pop' das Lebensgefühl der eigenen Generation widerspiegeln, dass ihn diese Musik aber nicht stark berühren wird:

```
(52)(THE, Sel)
  01 SEL:   wissen=sie w äh wer m? wer klassische muSIK,
  02        wirklich mitʰ ALlen FAsern in seiner kindheit
            AUFgesogen hat;
  03        äh für den ist der Übergang zur ROCK und POPmusik
            nicht so ^LEICHT.
  -----------
  04 THE:   m,
  05 SEL:   °h man kann zwar WAHRnehmen dass das das LEbensgefü:hl
            (.) äh s der eigenen generaTION is,
  06        aber trotzdem KOMMT (.) diese Musik,
  07        und nicht SO schnell: im:- (1.0)
  08        ja, ich sag jetz mal ganz pathEtisch im HERZen (.) AN.
```

Die Vorfeldvariante (*zwar kann man wahrnehmen, dass...*; vgl. Zifonun et al. 1997: 2410) und die Vorvorfeldvariante (*zwar, man kann wahrnehmen...*) sind ebenfalls möglich, aber wenig belegt.

Zwar wird aber häufig mit dem Fortsetzungsoperator *und* kombiniert, der ja normalerweise das Eröffnungsfeld besetzt. Die Frage ist nun, ob *und zwar* am Projektbeginn als zwei Wörter analysiert werden sollte, von denen eines (*und*) im Eröffnungsfeld und das andere (*zwar*) im Vorfeld oder Vorvorfeld steht, oder ob es sinnvoller ist, die Verschmelzung zu einem Wort anzunehmen.

Wenn man lediglich die Projektionen betrachtet, spricht einiges dafür, von zwei Wörtern auszugehen. Das Projekt beginnt dieser Analyse folgend mit *und* im Eröffnungsfeld, *zwar* folgt im Vorfeld, wie Ausschnitt (53) oder im Vorvorfeld, wie in Ausschnitt (54).

```
(53) (BB)
   01 JOS:    ja.
   02         (-) isch äh wOllt (.) mal was zu diesem nEuen
              WIRbelwind sagen der hier in_s haus gekommen ist,
   03         (--) zur BIANca,
   -----------
→  04         °h un:d zwar äh hab ich so den EINdruck,=
   05         =dass der EIN oder ANdere, (--)
   06         äh hier in dem h
   07         <<schneller> EIN oder ANdere MITbewohner hier in dem
              hAus>,
   08         °h den huMOR nicht versteht-=
   09         =den wir hier so vom STApel lassen?

(54) (Calling Home 4225)
   01 ALF:    ja was is aus dem (--) is äh hat sich irgendwas geTAN
              mit dem [stiPENdium?
   -----------
   02 BRI:            [°h
   03         <<Lachstimme> ⌄ja:, da hAt sich was getAN,=
   04         =aber nich POsitiv,>
   -----------
   05 ALF:    ^oh.
→  06 BRI:    und zwar.
   07         nee des eh? da: also des hat °hhh des war SO,
   08         dass die äh die ham: äh ham halt zwölf stipendien
              haben sie verGEben, ((etc.))
```

Gegen diese Analyse spricht allerdings, dass *zwar* allein in der Vorvorfeldposition kaum belegt ist (*zwar ich hab den Eindruck...*). Dazu kommt, dass *und zwar* eine ganz andere Funktion hat als das alleinstehende *zwar*, nämlich eine ausführliche Darstellung (also einen langen Redebeitrag) einzuleiten (Günthner 2015), wie Ausschnitt (54) belegt. In der Regel wird nach *und zwar* das ausführlich erläutert, was unmittelbar vorher schon in Kurzform angekündigt wurde.

Die bessere Analyse scheint deshalb zu sein, *undzwar* als ein Wort zu betrachten, das entweder im Eröffnungs- oder im Vorfeld steht. So dient in Ausschnitt (53) *undzwar* im Vorfeld dazu, Jürgens Stellungnahme zu einem unmittelbar vorher in Z. 02 angekündigten Thema, nämlich ‚Bianca', einzuleiten. Im Ausschnitt (54) wird das neue Thema von Alf angesprochen, der sich nach Brigittes Erfolg bei der Bewerbung um ein Stipendium erkundigt. Brigitte kündigt in ihrer Antwort eine negative Nachricht an (03/04), deren ausführliche Darstellung in Z. 06 mit *undzwar* einge-

3.4 Im Vorfeld oder auch nicht: Adverbien der Gruppe 3

leitet wird. *Undzwar* steht diesmal im Eröffnungsfeld und wird sogar als eigene Intonationsphrase von der ausführlichen Erzählung abgesetzt, die nun folgt. In beiden Fällen stellt *undzwar* einen Rückbezug auf einen Teil einer vorhergegangenen Äußerung her, in der ein neues Thema eingeführt wurde. Zugleich ist *undzwar* aber auch vorwärtsgewandt, weil es syntaktisch und semantisch eine elaborierende Bearbeitung dieses Themas projiziert. Die konzessive Verwendung des alleinstehenden *zwar* spielt bei *undzwar* keine Rolle.

Auch diese Analyse ist allerdings nicht ganz unproblematisch, denn sie kann nicht erklären, warum *undzwar* im Vorfeld keine Projektanfänge zulässt, bei denen das Eröffnungsfeld besetzt ist; *undzwar* muss immer projektinitial sein. Diese Einschränkung suggeriert, dass *und* das Eröffnungsfeld besetzt. *Undzwar* ist anscheinend also noch nicht vollständig zu einem neuen Wort verschmolzen (univerbiert). Die neue Funktion, die *undzwar* im Vergleich zu *zwar* angenommen hat, ist vollständig etabliert, die Syntax weist aber noch Spuren der beiden Einzelwörter auf.

Interessanterweise hat sich *undzwar* noch weiterentwickelt. Es wird inzwischen auch zur Einleitung eines komplexen Redebeitrags verwendet, ohne dass dessen Thema schon vorher inhaltlich angekündigt worden wäre (Günthner 2015). Es hat dann keinen thematischen Bezugspunkt mehr, auf den es sich erläuternd oder spezifizierend beziehen könnte. So leitet *undzwar* in den folgenden beiden Ausschnitten unmittelbar nach Beginn des Gesprächs die (jeweils sehr umfangreiche) Darstellung des ‚Grunds des Anrufs' bei einer Phone-In-Show ein:

```
(55)(DOM, Callboy)
  01 DIM:    bei mir gehts um FOLgendes;
  -----------
→ 02         und zwar ich bin CALLboy, ((etc.))

(56)(DOM, Stricher)
  01 DOM:    °h äh du hast (.) zu dem THEma angerufen.
  02         (--)
  03 CHR:    ja.
  04         geNAU.=
  05 DOM:    =mHM,
  06         waRUM?
  -----------
→ 07 CHR:    (--)°h ähm: und zwar ich wollt einfach nur mal so
             meine geSCHICHte erzählen;=
  -----------
  08 DOM:    [ja,       ]
  09 CHR:    =[und ähm] °hh also es geht DArum, ((etc.))
```

In beiden Fällen steht *undzwar* in der Funktion eines Operators im Eröffnungsfeld. Wenn *undzwar* noch die Funktion hätte, eine Elaborierung einzuleiten (wie etwa in Ausschnitt (54)), könnte ein solches Projekt erst nach der Formulierung eines Themas beginnen, das elaboriert werden soll. Offensichtlich ist in dieser Weiterentwicklung die Funktion des Operators auf die Einleitung einer komplexen Darstellung (z. B. einer Erzählung) reduziert, während die elaborierende Komponente verloren gegangen ist.

3.4.2 *Also*

Sehr häufig ist am Beginn syntaktischer Projekte das Wort *also* zu finden (Alm 2007). *Also* kann ebenfalls in zwei Varianten auftreten: einmal als Adverb im Vorfeld, um eine Folge oder (besonders, wenn ein neuer Turn so eingeleitet wird) eine Inferenz aus dem vorher Gesagten anzukündigen (Deppermann und Helmer 2013); das andere Mal als Operator im Eröffnungsfeld. Die erste, semantisch-pragmatisch ‚reichere' Verwendung ist im Vergleich zur zweiten, semantisch-pragmatisch ‚blasseren' deutlich seltener.

Im folgenden Ausschnitt steht *also* in Z. 03 im Vorfeld und markiert eine Folgebeziehung: Aus der Tatsache, dass Johanna ‚das (ein Medikament) nicht bekommt', folgt, dass sie ‚es weglässt'.

```
(57)(DOM, Krankheit)
  01 JOH:    MIR bekOmmt das [nich,]
  -----------
  02 DOM:                    [ja,  ]
→ 03 JOH:    [°h also lass ich_s WEG;    ]
  04 DOM:    [wenn du den EINdruck hast-]
  05         ja,
  06         geNAU;
```

In den nächsten Beispielen ist diese Lesart allerdings nicht möglich. *Also* steht hier im Eröffnungsfeld:

```
(58)(THE, Sel)
  01 SEL:    meine sIEbziger waren: sehr WIdersprüchliche jAhre;=
  -----------
→ 02         =also ich bin achtensechzig (-) ZWANzig gewesen?
  03 THE:    jja, ((etc.))

(59)(ET 30-8-16)
  01 FEL:    °hh oder ich weiß nich ob ihr des °hh bekAnnte VIdeo
             da gesehen habt,
((...))
  09         wo so (.) kleine KINder;
  10         °h (-) äh: (-) mit (-) lEUten (--) ((schluckt))
             äh interaGIERT haben-=
  11         =die irgendwie ne technische apparatUr °hh
             [a:ls erSATZ hatten;]=
  -----------
```

3.4 Im Vorfeld oder auch nicht: Adverbien der Gruppe 3

```
    12 NIN:    [ah ja (.) DOCH,=des]
→   13 FEL:    =[also als(o) zum beispiel] (-) ähm: (-)
    14 NIN:    [hab ich geSEHN;=ja,          ]
    15 FEL:    einer hatte äh nen nen künstlichen A:RM- ((etc.))
```

Dass der Sprecher in Ausschnitt (58) im Jahr 1968 zwanzig Jahre alt war, kann sicherlich keine Folge der Tatsache sein, dass ‚seine 70er' ‚widersprüchlich' waren. Eher kündigt *also* eine längere Darstellung an, die diese Behauptung untermauern kann (in dieser Funktion nicht unähnlich dem vorher besprochenen *und zwar*). Ebenso wenig kann im Ausschnitt (59) die Tatsache, dass jemand einen ‚künstlichen Arm' hat, als Folge der Tatsache, dass Kinder mit Prothesen mit Erwachsenen interagieren, verstanden werden. Hier leitet *also* eine Begründung oder Detaillierung ein.

***Also* im Kontrast zu *und*.** Projektinitiales *also* ist so allgegenwärtig, dass es schwer ist, seine Funktion als Operator genau zu bestimmen. Zumindest im Innern des Redebeitrags lässt es sich vielleicht am besten im Kontrast zum oben besprochenen *und* beschreiben: Während *und* im Eröffnungsfeld einen weiteren Schritt in einem komplexen Redebeitrag einleitet und den davorliegenden als abgeschlossen und nicht mehr elaborierungs- oder reparaturbedürftig ‚abhakt', kündigt *also* an, dass das bisher Gesagte im Folgenden in irgendeiner Weise überarbeitet, erläutert oder repariert werden wird (vgl. Dittmar 2002: 106). Jenseits dieser sehr allgemeinen Beschreibung lassen sich die vielfältigen spezifischen Bedeutungen nur im Kontext der jeweiligen Handlungsabläufe analysieren. Im folgenden Ausschnitt kommt initiales *also* gleich dreimal vor:

```
(60) (THE, Len)
((über das neue Album der Sängerin))
   01 THE:    nÄchste wOche kommt_s RAUS?
((...))
   16 THE:    ONly lOVE EL;=
   17 LEN:    =[ONLY lOve EL.]
   -----------
   18 THE:    [ALso °hhhh    ] es GEHT (.) LEna wieder BESser.
   19         [↑Oder?
   20 LEN:    [<<lacht> h h h>
   -----------
   21 THE:    [ALso hm-
   22 LEN:    [°h es geht mIr herVORragend;
   -----------
   23 THE:    [also ich mEin] (.) du SINGST ja schließlich so sAchen;
   24 LEN:    [ja;          ]
   25 THE:    die: (-) auch dAvon HANdeln;
   26         [dass] es dIr NICHT so gut ging,
   27 LEN:    [ja;  ]
```

Das erste, turn-interne *also* (in Z. 18) kann man noch mit der **konsekutiven Bedeutung** in Verbindung bringen, weil es möglicherweise eine Inferenz einleitet: Der Sprecher schließt aus der Tatsache, dass das neue Album der interviewten Sängerin kurz vor dem Erscheinen ist, dass es ihr ‚wieder besser geht'. Diese Zuschreibung präsupponiert aufgrund des Komparativs, dass es ihr vorher schlecht(er) ging. Lena reagiert darauf mit Lachen statt Zustimmung und weist dann die Präsupposition indirekt zurück, indem sie THEs Zuschreibung ohne den Komparativ und ohne das Adverb *wieder* rephrasiert und überdies *besser* durch *hervorragend* ersetzt (Z. 22). Simultan dazu startet THE mit *also* einen Redebeitrag, den er allerdings aufgrund der Überlappung abbricht. Vermutlich wollte er bereits mit einer Rechtfertigung beginnen, die er dann in Z. 23 formuliert und ebenfalls mit *also* einleitet. *Also* steht im Eröffnungsfeld; es folgt das verbum sentiendi *ich mein* (vgl. dazu Abschn. 5.2.3.2) und dann erst der Kern des Projekts, in dem THE darauf verweist, dass die Songtexte seine Annahme belegen. Die oben erwähnte Funktion von *also*, Elaborierungen einzuleiten, spielt hier sicherlich eine Rolle; denn THE erläutert in Z. 23–26, warum er überhaupt behaupten konnte, dass es ‚Lena wieder besser geht'. Allerdings steht die Elaborierung in einem spezifischen Handlungskontext, nämlich dem der Zurückweisung einer Präsupposition und einer darauf folgenden Rechtfertigung der Präsupposition. Rechtfertigungen sind potentiell gesichtsbedrohende Handlungen, ebenso wie es potentiell gesichtsbedrohend sein kann, jemandem einen Gemütszustand zuzuschreiben, den dieser selbst nicht autorisiert hat. Der gesamte Verlauf des Gesprächs ist an dieser Stelle ein wenig prekär; denn wenn die Präsupposition nicht zutrifft und es Lena nicht nur jetzt, sondern auch schon immer ‚hervorragend' ging, sind die Songtexte auf ihrem Album nicht autobiographisch, sondern fiktional.

Diese Funktion von *also*, eine Bearbeitung einer potentiell **gesichtsbedrohenden Handlung** einzuleiten, wird auch durch den folgenden Ausschnitt (61) gestützt; hier sind die drei Teilnehmerinnen damit beschäftigt, berühmte Filme aufzuzählen. Aldo und Pia dominieren das Gespräch und sind gerade beim Thema ‚Tarantino-Filme' angelangt:

```
(61) (GüKa)
  01 PIA:    DJANgo?
  -----------
  02 ALD:    a:h ok.
  03 PIA:    den hast du NO=net gseh[n oder,
  04 ALD:                            [doch?
  05 PIA:    [(ah,)
  06 LIS:    [hab ich AU no ned gesehn;
  -----------
  07 PIA:    der ist GUT;
  -----------
  08         der ist ↑GUT;=
  -----------
  09 ALD:    =is GANZ GUT;=
  -----------
```

3.4 Im Vorfeld oder auch nicht: Adverbien der Gruppe 3

```
   10             =aber is nich der BESte [von ihm;
   11 LIS:                                 [ah,
   -----------
   12             (weiss) was gibt_s NOCH?
   13 ALD:        [pulp FICtion?
→ 14 LIS:        [also ich hab (-) [könig der LÖwen noch nich gesehn;
(------------)
   15 ALD:                          [ähm (.) ein paar RICHtig DURChe;=
   16             =from dUsk till DAWN zum beispiel-
```

Lisa versucht, die sequenzielle Position nach Pias Frage in Z. 12 (*was gibt_s NOCH?*) auszunützen, um zu Wort zu kommen. Sie beginnt ihre Antwort auf diese Frage mit *also*, während gleichzeitig auch Aldo eine Antwort startet, die von Lisas Beitrag aber vollständig überlappt wird (Z. 13, 14). In der Folge wird nur Aldos Beitrag aufgenommen, Pias Beitrag wird ignoriert. Dafür gibt es Gründe: Pia bringt einen Film ins Spiel, der nicht in die Kategorie ‚Tarantino-Filme' passt, sondern in die damit weitgehend inkompatible Gruppe der ‚Disney-Filme'. Sie teilt außerdem mit, dass sie diesen Film *nicht* gesehen hat. Vielleicht ist eine skalare Implikatur im Spiel: wenn jemand selbst den ‚König der Löwen' nicht gesehen hat (wohl, weil sie ihn zu belastend fand), dann wird er vermutlich auch keine Tarantino-Filme gesehen haben. Das wiederum passt zu ihrer Mitteilung in Z. 06, auch ‚Django (Unchained)' nicht gesehen zu haben.

Lisas *also* leitet also auch hier einen leicht problematischen, potentiell das eigene Gesicht bedrohenden Redebeitrag ein. Ihre Mitteilung, dass sie (selbst) einen Disney-Film wie ‚König der Löwen' noch nicht gesehen hat, macht diese Mitteilung zu einem Eingeständnis.

Ein weiterer Handlungstyp, der rekurrent mit *also* eingeleitet wird und potentiell gesichtsbedrohend ist, sind **Ablehnungen**. Im Ausschnitt (62) lehnt Bine ein Angebot Pias ab, mit ihr die Pizza zu teilen. Eine solche Ablehnung ist eine dispräferierte Handlung (vgl. Birkner et al. 2020: 249–256):

```
(62)(GüKa)
   01 PIA:   wer isst_n des stück PIZza noch?
   -----------
   02 BIN:   ess;
   -----------
   03 RUD:   du;
   -----------
   04 PIA:   =wer möcht des mit mir TEIlen;=
   -----------
   05 BIN:   =also ich bin SATT.
   -----------
   06 PIA:   du?
   -----------
   07 MAR:   ich BEISS mal;
```

Die Funktion von *also*, potentiell gesichtsbedrohende bzw. dispräferierte Handlungen einzuleiten, ist vermutlich auf Projekte beschränkt, die zugleich den Anfang eines Redebeitrags bilden und responsiv sind.

3.4.3 *Weil, obwohl, wobei*

Ambig in Bezug auf ihr Projektionsverhalten sind auch die projektinitialen Wörter *wobei*, *obwohl* und *weil*, die zwischen Subjunktion (Einleitung eines untergeordneten Projekts) und Operator (im Eröffnungsfeld eines selbständigen Projekts) schwanken. Mit der Verwendung als Operator kann die Funktionsverschiebung zu einer metakommunikativen oder epistemischen Lesart verbunden sein. Da *weil* und *obwohl* schon sehr viel diskutiert worden sind (vgl. unter vielen: Gaumann 1983; Günthner 1999; Günthner und Gohl 1999), werden im Folgenden einige Beispiele für *wobei* vorgestellt (dazu Günthner 2001; Freywald 2018: Kap. 5).

Wobei war ursprünglich Einleitungselement für weiterführende Relativsätze mit temporaler Semantik, die Gleichzeitigkeit ausdrücken (*ich habe Medizin studiert, wobei ich auch Latein gelernt habe* = ‚bei dieser Gelegenheit/während dieser Zeit'). In dieser Funktion kann *wobei* nicht im Eröffnungsfeld eines selbständigen Projekts stehen, sondern nur ein untergeordnetes Projekt einleiten. Diese Verwendung ist allerdings im gesprochenen Deutsch kaum zu finden. Viel gebräuchlicher ist die nicht-temporale Verwendung zur Einleitung einer Einschränkung und damit (partiellen) Revision des vorher vom Sprecher selbst oder der Gesprächspartnerin Gesagten, also die Verwendung von *wobei* in **metakommunikativer Funktion**. Dieses *wobei* kann sowohl als Subjunktion am Beginn eines untergeordneten Projekts als auch als Operator im Eröffnungsfeld verwendet werden.

Die folgenden Ausschnitte belegen die Verwendung als Einleitung für ein untergeordnetes Projekt (**Subjunktion**).

```
(63)(Friedhof 1) (Daten von Anh Nhi Dao)
((Helga und Suse gehen in einem alten, aufgelassenen Friedhof
spazieren.))
  01 HEL:   des find ich sieht vOll SCHÖN aus;
  02 SUS:   <<p> m:::::>
  03 HEL:   [<<p> wobei jetzt bestimmt alles wieder GRAU ist;>]
  ------------
  04 SUS:   [ich war noch gar nie so RICHtig  weit   da        ]DRIN;

(64)(ET, Zu Dritt 4a)
  01 HAN:   s_is echt SCHEIsse ohne fahrrad;
  02        [also ohne FAHRrad.
  03 NAN:   [jaʔ,
→ 04 ANN:   wobei jEtzt im wInter: es auch NERVT mi_m fahrrad;=
  ------------
```

3.4 Im Vorfeld oder auch nicht: Adverbien der Gruppe 3

```
05          =also i-=
06 HAN:     =ja=aber ich fahr grad die ganze zeit SCHWARZ;
```

Ein mit *wobei* eingeleitetes, untergeordnetes Projekt ist syntaktisch immer eine Erweiterung (Fortführung) eines potentiell schon abgeschlossenen Projekts (vgl. dazu Abschn. 6.2.2). Es kann also kein syntaktisches Projekt beginnen, sondern muss im Nachfeld stehen. Das gilt auch für Ausschnitt (64), obwohl hier das *wobei*-Projekt in Z. 04 einen neuen Redebeitrag einleitet. Annis Redebeitrag schließt sich syntaktisch an den Turn der vorausgehenden Sprecherin an. Sie widerspricht der Meinung ihrer Freundin Hanni (Z. 01), es sei im Winter ‚ohne Fahrrad echt scheiße' (**Ko-Konstruktion**). Eine solche Einschränkung der Gültigkeit des von der Gesprächspartnerin Gesagten hat interaktiv die Funktion einer Kritik. (Dass Z. 03 von der Gesprächspartnerin als Kritik an ihrer in Z. 01 geäußerten Meinung ‚ohne Fahrrad [sei] echt scheiße', aufgefasst wird, zeigt ihre Reaktion: In Z. 05–06 rechtfertigt sie ihre Meinung.) Die syntaktische Verpackung als syntaktische Fortsetzung (also in einem syntaktischen Format, in dem Sprecher normalerweise ihre eigene Aussage revidieren) schwächt die gesichtsbedrohende Handlung der Kritik etwas ab: Anni kooperiert mit Hanni zumindest auf der syntaktischen Ebene.

Im folgenden Beispiel wird *wobei* hingegen nicht als Subjunktion, sondern als **Operator** im Eröffnungsfeld verwendet:

```
(65)(ET Drei 1-7)
((Thema ist ein satanistischer Kinofilm.))
  01 LAR:     auf den TRICHter kam dass er_n sohn SAtans ist,
  02          KAM er?
  03          weil er seine MUTter umgebracht [hat oder?]
  04 RIT:                                     [mit einer] SCHEre;=
  05          =die er die ganze zeit BEI sich hat;=
  -----------
  06          =also die hat er ja (-) spÄter AUCH noch;
  -----------
  07          [mit dem TÖtet er auch andere kinder;
  -----------
  08 LAR:     [ja;
  09          °hh wobei die MUTter hat es verDIENT;=
  -----------
  10          =also die MUTter [war-]
  11 RIT:                      [ja- ]
  12          die war totAl verRÜCKT;
```

In Z. 09 leitet *wobei* ein neues syntaktisches Projekt (und zugleich einen neuen Redebeitrag) ein. Die Bedeutung ist, wie in (63) und (64), revidierend-einschränkend. Die Sprecherin nimmt die Inferenz zurück, dass aus der Tatsache, dass der Muttermörder böse (= ‚Sohn Satans') ist, folgt, dass seine Mutter gut ist.

Operatoren und Prolepsen

Neben *weil, obwohl* und *wobei* gibt es noch weitere Subjunktionen, die auch als Operator verwendet werden können, nämlich *während* und *wo(hin)gegen*. Sie sind allerdings im Eröffnungsfeld selten, wenn ihnen das Vorfeld unmittelbar folgt. Je weiter sie vom Vorfeld entfernt sind, umso häufiger wird die Verwendung als Operator. Ein wichtiger Faktor ist dabei die Prolepse (siehe Abschn. 3.6.2), also die Wiederaufnahme einer Nominalphrase im Vorvorfeld durch ein koreferentes Pronomen im Vorfeld. In Freywalds Studie (2018: 305–323) waren ca. 70 % der Belege von *während* und *wo(hin)gegen* im Eröffnungsfeld mit einer solchen Prolepse verbunden. Hier ein Beispiel:

```
(SSA)
((Interview im alemannischer Dialekt, EX sind die
Exploratoren; es geht um den Unterschied zwischen Fasnets-/
Scherbenküchlein und Hefeküchlein. Scherben sind im Fett
gebackene Teigstücke, die vor allem während der Fasnacht
gegessen werden.))
   01 GP1:    aber (.) FASnetkiechle oder SCHERbekiechle;
   02         des sind (.) die is wirklich SCHERbig gsi;=
   ------------
   03         =die sin ABbroche [wenn me so niibisse
              het;=wIsse sie?
   ------------
   04 EX1:                      [mHM,
   05 EX2:    mHM,
   06 GP1:    wogääge diese:: ähm:
   07 EX1:    mHM,
   08 GP1:    diese HÄFfakiechli;
   09         die ware jo: (.) ungfähr in dera HÖhe;=nid,
   ------------
   10         die sin NID abgebroche;
```

Trotzdem bleibt die Projektion ambig. Die ab Z. 06 entstehende Struktur *wogääge diese:: ähm diese HÄFfakiechli* ('wogegen diese Hefeküchlein') könnte sowohl als Nebensatz weitergeführt werden (dann wäre *wogegen* Subjunktion und eine Prolepse ausgeschlossen: *Wogegen diese Hefeküchlein ja ungefähr in dieser Höhe waren*), als auch als Hauptsatz (mit *wogegen* als Operator im Eröffnungsfeld, auf den die NP im Vorvorfeld und das Pronomen im Vorfeld folgen, bevor das finite Verb die öffnende Klammer bildet). Die Wahrscheinlichkeit spricht in diesem Fall für die zweite Variante, denn in kontrastiven Satzkonstruktionen wird die kontrastierte NP sehr häufig als Prolepse realisiert. *Wogegen* baut ebenfalls einen Kontrast auf. Prolepse und

> Funktion des Operators/der Subjunktion spielen sich also gegenseitig in die Hände. Dasselbe gilt für *während*, das ebenfalls der Kontrastierung dient.

3.5 Projektbeginn mit der öffnenden Verbalklammer

In den bisher besprochenen Projektanfängen diente das erste Element oft entweder der Kohärenz mit den Äußerungen davor oder gab der Rezipientin Hinweise darauf, wie die emergente Äußerung verstanden werden soll (Operatoren, Adverbien evaluativer oder epistemischer Art). Eine ganz andere Option für den Projektanfang besteht darin, gleich mit dem finiten Verb (also der öffnenden Verbalklammer) zu beginnen. Eröffnungs-, Vorvor- und Vorfeld bleiben unbesetzt.

Das Finitum am Projektbeginn ist oft ein Hilfsverb oder eine Kopula, manchmal auch ein Vollverb. Im letzten Fall sind die Projektionsmöglichkeiten stärker als im ersten, da das Verb seine Argumente projiziert. Aber auch bei einem Hilfsverb oder einer Kopula ergeben sich Projektionsmöglichkeiten, weil solche Verbspitzenstellungen nur in bestimmten sequenziellen Kontexten und mit bestimmten Funktionen möglich sind.

Verbspitzenstellungen sind natürlich auch Teil der Grammatik des geschriebenen Deutsch, wo sie Satzfragen, Exklamative, Imperative und sog. uneingeleitete Konditionalsätze markieren. Anders als bei den typisch mündlichen Verbspitzenstellungen, die in diesem Abschnitt besprochen werden, sind bei Fragen und Imperativen Elemente vor dem Finitum möglich, zum Beispiel besetzte Eröffnungs- bzw. Vorfelder (*aber schau doch!*, *dann tu's doch!*, *Und hilfst du mir denn?*, *Also fragst du ihn?*).

Eigentliche Verbspitzenstellung. Grammatisch betrachtet kann die mündliche Erststellung des finiten Verbs auf zwei verschiedene Weisen zustande kommen (vgl. Auer 1993). Im einen Fall werden alle vom Verb geforderten Argumente realisiert, allerdings erst später im Projekt (im Mittel- oder Nachfeld). Darüber hinaus steht auch keine andere Konstituente am Projektbeginn:

```
(66)(DOM, Flucht)
  01 CHR:   °h dann war die ZWEIT=der ZWEIte termin am
            neunundzwanzigsten (.) dezEmber,
  ------------
  02        (1.0) °hh bin ich wIeder HIN, ((etc.))

(67)(DOM, Flucht)
  01 CHR:   und DA hat man versucht,
  02        (-) mich zu erPRESsen,=
  ------------
  03        =ick sollte noch fÜnftausend (-) MARK zAhlen.
  ------------
```

```
04 DOM:   aber du HATtest doch gar nix.
-----------
05 CHR:   nö;
06        (-) musst ick sollt ick unterSCHREIben?
-----------
07 DOM:   WER wollte dich erpressen;
```

Solche Verbspitzenstellungen kommen v. a. in **Narrativen** vor und sind die Überreste einer sehr alten Satzgliedstellungsvariante in den germanischen Sprachen (Sandig 1973). Die grammatische Konstruktion mit dem Verb am Anfang rückt die Handlung in den Vordergrund und ist deshalb gut geeignet, die Geschichte voranzutreiben.

Uneigentliche Verbspitzenstellung. Im anderen, sehr viel häufigeren Fall wird ein Argument, das in der Schriftsprache im Vorfeld stehen würde, nicht realisiert (sogenanntes *topic drop*); der Referent dieses Arguments ist bereits bekannt und oft unmittelbar vorher Diskursthema gewesen. Der Nicht-Realisierung des Arguments entspricht also in der geschriebenen Sprache nicht die Vollform, sondern ein rückwärts weisendes Pronomen oder Adverb *da* (Ausschnitt (70)). Der Sprecher verzichtet im Fall der uneigentlichen Verbspitzenstellung auf die Indizierung des Topiks durch Anapher/Anadeixis.

```
(68)(THE, Len)
((Thema sind die Sternzeichen; Lena hat gerade davon gesprochen,
dass Venus für sie im letzten Jahr „in ner Retrograde" stand.))
  01 THE:   in wElchem HAUS?
-----------
  02 LEN:   <<lachend> e h > <<Lachstimme> kann ich> dir NICHT s
            [beANTworten.>
-----------
  03 THE:   [((prustendes La[chen))
  04 LEN:                   [hn hn
  05 THE:   hn hn hn hn
  06        <<ff, Lachstimme> nee;>
  07        aber des WEISST du aber;=Oder?>
-----------
  08 LEN:   nee,
  09        wEiß ich [NICHT.
-----------
  10 THE:            [°h mh a du weisst es NICHT.

(69)(DOM, Flucht)
  01 CHR:   also ˇHEUte,
  02        ^HEUte (.) sag ich mir,=
```

3.5 Projektbeginn mit der öffnenden Verbalklammer

```
     03           =die hAm bestimmt jemanden an der grenze jeHABT
                  mit dem se zuSAMM jeARbeitet haben?
     -----------
→ 04 DOM:         is nur so MÖGlich;

(70)(THE, Len)
((Thema: das hannoveranische Deutsch))
     01 THE:      <<affektiert> ihr be äh SPRECHT das (.)
                  [SAUberste;>
     02 LEN:      [<<affektiert> das SAUberste (.) DEUTSCH.>
     -----------
     03 THE:      ja,
     04           ich hab DA nämlich mal <<affektiert>geWOHNT;>
     -----------
     05           (-) und dA ham sie des nämlich IMmer gesagt;
     -----------
     06 LEN:      [ja, WIRKlich?
     07 THE:      [a a aber
     08           ja,=[in in   ]
     09 LEN:          [ist man] ansch(h)ein(h)nd sehr STOLZ drauf;
(------------)
     10 THE:      MELlendorf;

(71)(Friedhof 3) (Daten von Anh Nhi Dao)
     01 RAC:      ist dir mal Aufgefallen wieviele brIllenträger
                  in mediZIN sitzen?
     02           (0.6)
     03 DAN:      VIEle;
     -----------
     04           [aber-
     05 RAC:      [ham ALle zu viel geLEsen.
     -----------
     06 DAN:      ehehi
```

Das Topik kann sich statt aus dem vorherigen Gespräch auch aus der Situation ergeben:

```
(72) (Friedhof 3) (Daten von Anh Nhi Dao)
((Bei ihrem Gang durch einen alten Friedhof nähern sich die
Spaziergänger einer Gruppe aus einer Führung; beide
richten ihren Blick auf diese Gruppe. Mehrere Sekunden ohne
verbale Interaktion.))
     01 DAN:      kucken uns AUCH alle ein <<lächelnd> bisschen lustig
                  An;>
```

Das Topik, nämlich die Gruppe der entgegenkommenden Passanten, ist dadurch hergestellt, dass beide Spaziergänger die Gruppe aus der Führung anschauen und auch wahrnehmen, dass der Andere sie sieht. Damit ist die gemeinsame Aufmerksamkeit (*joint attention*) auf dieses Objekt – ohne Sprache – hergestellt und es ist möglich, über die Gruppe zu reden. Ein pronominaler Bezug (*die*) wäre ebenfalls möglich, ist aber überflüssig.

Verbinitiale Projekte des zweiten Typs liefern oft einen **Kommentar** oder eine **Bewertung** der vorausgegangenen Äußerung oder eines Gegenstands aus dem physischen Umfeld, der im Aufmerksamkeitsfokus der Gesprächsteilnehmer liegt. Sie sind also meist sequenziell responsiv. Äußerungen wie *weiß ich (nicht), mach ich, ist (geht) klar, geht schon* etc. sind deshalb häufig. Sie zeigen teils ein erhebliches Maß an Routinisierung.

Funktionale Überlappungen. Die Zweiteilung in narrative Projekte, denen kein Argument fehlt, und kommentierend-responsive Projekte, denen das Topik-Argument fehlt, ist allerdings nicht ganz so niet- und nagelfest, wie es zunächst erscheinen mag. Besonders wenn das nicht realisierte Argument ein Pronomen ist, das sich auf die Sprecherrollen bezieht (Pronomen der 1. und 2. Person), kommt auch der zweite Typ in narrativen Äußerungen vor:

```
(73)(DOM, Flucht)
  01 CHR:    da war aber WALD,=
  -----------
  02         =und da hab ich jedacht NEE;
  -----------
  03         hier KANN det nich sein.
  -----------
→ 04         °hhh bin wieder zuRÜCK?
  05         und^h SEhe,
  06         (.) anner (.) ÖH:- (--) TRANsitstraße,
  07         (.) poliZEI.
```

In diesem Fall hätte die Erzählerin auch ein initiales deiktisches Personalpronomen verwenden können, mit dem sie auf sich selbst als Protagonistin ihrer Geschichte verweist. Auch Nachstellung des Pronomens, also der oben beschriebene narrative Typ der Verbspitzenstellung, wäre natürlich möglich: *bin ich wieder zurück*. Offenbar ist der Unterschied zwischen den beiden strukturellen Typen verbinitialer Projekte hier funktional neutralisiert.

Verbspitzenstellungen sind keine Analepsen. Es muss betont werden, dass verbinitiale Projekte keine ‚Ellipsen' (**Analepsen**) sind. Bei Analepsen wird ein sprachliches Element nicht realisiert, weil es bereits in derselben syntaktischen Funktion im Vorgängerprojekt vorhanden war und in der neuen Struktur (latent) weitergilt. Solche Äußerungen sind grammatisch nicht selbständig, sondern von der Syntax dieser Vorgängeräußerung abhängig. Sie bilden daher kein neues Projekt

3.6 Volle definite Phrasen am Projektbeginn

(vgl. die ausführliche Diskussion in Kap. 7). Der Unterschied zeigt sich durch den Vergleich der in diesem Kapitel diskutierten Beispiele mit dem folgenden:

```
(74)(Friedhof 3)(Daten von Anh Nhi Dao)
  01 RAC:   und wir ham halt die ganze zeit n ge geSNÄCKT,
  02        hatten halt so ne KNABberbox,
((etc.))
```

Zunächst scheint es sich hier ebenfalls um ein Projekt mit Verbspitzenstellung zu handeln. Allerdings fehlt das Subjekt in Z. 02 nicht, sondern es wurde in Z. 01 eingeführt (*wir*) und gilt latent weiter; deshalb muss es nicht erneut artikuliert werden. Voraussetzung für eine solche Interpretation ist die strukturelle Ähnlichkeit der zweiten mit der Vorgängeräußerung. Sie erlaubt es, auf die erste Äußerung quasi-parasitär zurückzugreifen. Diese Analyse ist bei den verbinitialen Projekten nicht möglich.

3.6 Volle definite Phrasen am Projektbeginn

Im schriftlichen Deutsch ist man aufgrund der Schulgrammatik daran gewöhnt zu erwarten, dass ein Satz aus einem Subjekt und einem Prädikat besteht. Dieses Subjekt stellt man sich oft als volle Phrase (NP, kein Pronomen) am Satzanfang vor. Ihm folgt dann das Prädikat, beginnend mit dem Verb. In der mündlichen Sprache sind solche Strukturen zwar ebenfalls zu finden, sie sind jedoch weit weniger häufig als die in Abschn. 3.1 besprochenen pronominalen und adverbialen Anfänge. Der Grund ist, dass das neue Projekt oft semantisch und pragmatisch auf dem oder den vorausgegangenen Projekten aufbaut und die dort bereits verwendeten Referenten weiter Topiks sind. Wenn völlig neue Diskursreferenten eingeführt werden müssen, passiert das oft in der Fokusposition im Mittelfeld (siehe Abschn. 4.2) oder mit speziellen syntaktischen Topikalisierungskonstruktionen (vgl. Abschn. 5.1.2).

Wenn trotzdem ein Argument zu Beginn des emergierenden syntaktischen Projekts als volle, definite NP realisiert wird, kann das daran liegen, dass die referenzielle Kontinuität durch intervenierende Äußerungen unterbrochen wurde, so dass bereits vorerwähnte Referenten **neu aktiviert** werden müssen. Außerdem kann es notwendig werden, einen Diskursreferenten einzuführen, der zwar als zugänglich (*accessible*) für die Rezipientin gelten kann, aber im bisherigen Interaktionsverlauf noch nicht erwähnt worden ist. **Zugänglichkeit** kann auch aufgrund von allgemeinem Weltwissen gegeben sein (Ariel 1988).

Schließlich kann die Wahl einer vollen, definiten NP anstelle eines Pronomens oder einer uneigentlichen Verbspitzenstellung auch eine Praktik sein, mit der Sprecher die pragmatische Bedeutung ihrer Äußerung relativ zur Vorgängeräußerung der Gesprächspartnerin steuern, wie im Folgenden gezeigt wird (vgl. Fox 1987).

Volle Phrasen können direkt vor der öffnenden Klammer stehen (im Vorfeld) oder in der Position vor dem Vorfeld, nämlich dem Vorvorfeld. Eine eindeutige Projektion wird also durch eine projektinitiale Phrase nicht ermöglicht.

Im Folgenden werden vor allem Beispiele gegeben, in denen das Projekt direkt mit dem Vorfeld oder Vorvorfeld beginnt. Es ist aber natürlich möglich, dass zusätzlich das davorliegende Eröffnungsfeld besetzt wird.

3.6.1 Volle definite Phrasen im Vorfeld

Volle NPs im Vorfeld können (wie alle vollen NPs) sehr unterschiedlich komplex sein. Einfache NPs (minimal aus einem Nomen und gegebenenfalls einem Artikel bestehend) werden in der Regel nicht prosodisch vom folgenden Klammerelement abgesetzt; mit zunehmender Komplexität wird es wahrscheinlicher, dass die NP nicht in die Intonationsphrase integriert wird. Allerdings werden sehr komplexe NPs selten im Vorfeld realisiert, sondern stehen meist im Vorvorfeld.

Die folgenden Ausschnitte (75)–(77) sind danach geordnet, wie weit die letzte Erwähnung des Referenten im Gespräch zurückliegt.

Volle definite NP trotz Adjazenz. Im ersten Beispiel wäre die referenzielle Kontinuität auch bei Verwendung einer Anapher (*dazu*) gesichert gewesen, denn die Vorgänger-NP steht unmittelbar vorher. Dass die Sprecherin die referenzidentische NP aus dem letzten Redebeitrag des Gesprächspartners trotzdem wiederholt, gibt ihr einen markierten Status. Sie setzt sie dadurch von der Formulierung der Frage ab und markiert ihre relative Selbständigkeit. Man findet dieses Muster u. a. in responsiven Handlungen, die in irgendeiner Weise **dispräferiert** sind und die die Sequenz nicht beenden können, weil sie weitere Erklärungen benötigen:

```
(75)(THE, AnL)
((Thema ist das neue Solo-Album des Studiogasts AnL mit dem Titel
„Werkzeugkasten"; die NP die Jungs bezieht sich auf die Band der
Sängerin.))
   01 THE:   was hAm die jungs,
   02        (-) geSAGT?
   03        zum (.) WERKzeugkAsten?
   04        zum ALbum?
   -----------
   05 AnL:   ʔm (.) EHRlich gesagt,
   06        zum Album ham_sie noch GAR nichts gesagt; ((etc.))
```

Auf die Frage, was die Band-Mitglieder der Sängerin zu ihrem neuen Solo-Album gesagt haben, wäre eine Antwort wie *die fanden's gut* präferiert. Eine solche unproblematische Antwort kann die Befragte allerdings nicht geben, denn bisher fehlt eine Reaktion der Band. Das ist durchaus gesichtsbedrohend, worauf auch das metakommunikative *ehrlich gesagt* im Vorvorfeld hindeutet. Nach Z. 06 folgt ein längerer Gesprächsausschnitt, in dem es um die Beziehung der Sängerin zu ihrer Band geht.

3.6 Volle definite Phrasen am Projektbeginn

Volle NP zur Reaktivierung eines Topiks. In Ausschnitt (76) liegt die letzte Erwähnung des Referenten hingegen etwas weiter zurück; sie ist nicht in der direkten Vorgängeräußerung zu finden, sondern überspringt ein Projekt. Solche weiter zurückliegenden Bezüge stellen die Rezipientin vor größere Anforderungen: Sie muss ja noch in Erinnerung haben, was vor einiger Zeit gesagt wurde, um den Vorläufer zu finden.

```
(76)(DOM, Flucht)
  01 CHR:    und denn;
  02         war det schon den hAlbe stunde Über_m (.) termin,=
  -----------
  03         =und denn kam auch noch so ne RUSsenkolonne,
  04         von_ner Übung,
  05 DOM:    mHM,
  -----------
  06 CHR:    jEdenfalls hab ich jedacht jetzt is alles vorBEI.
  -----------
  07 DOM:    mHM,
→ 08 CHR:    die RUSsenkolonne war vorBEI,
  -----------
  09         und auf EImal ((etc.))
```

Die koreferente Vorgänger-NP, auf die sich *die Russenkolonne* in Z. 08 bezieht, steht in Z. 03. Zwischen der Erstverwendung und der Wiederaufnahme liegt ein anderes Projekt (Z. 06), in dem dieser Referent keine Rolle spielt. Trotzdem wäre ein anadeiktischer Rückverweis (*die war vorbei*) wohl kaum Gefahr gelaufen, nicht verstanden zu werden. Dass die Sprecherin die volle NP vorzieht, hat wohl auch damit zu tun, dass die Äußerung in Z. 08 der Beginn einer **neuen Episode** innerhalb der Erzählung ist, der auf diese Weise markiert wird.

Stärker unterbrochen ist die Referenzkette in dem folgenden Beispiel, in dem die projektinitiale NP *das Auto* in Z. 23 relativ weit vom Vorgänger entfernt ist.

```
(77)(DOM, Flucht)
  01 CHR:    °hh dann kam dieser kurIer nach ner woche WIEder,
  02         und sagte mir am sechsundzwanzigsten deZEMber,
  03 DOM:    mHM,
  04 CHR:    wo ich: HIN sollte?
  -----------
  05         ((schluckt))
  06         u:nd^h; (.)
  07         da würde n AUto kommen,=
  -----------
  08         =und nen KENNwort hatt ich-
  09         °hhh
  -----------
```

```
10  DOM:   [da SOLLt]
11  CHR:   [ja.     ]
12  DOM:   da solltest du mit den kindern HIN[kommen;
13  CHR:                                     [mit den kindern HIN.=
    -----------
14  DOM:   =das war ja deine beDINgung;
    -----------
15  CHR:   (.) das war
16         ja.
17         ge[NAU.
18  DOM:     [mHM,
19         oKAY,
20  CHR:   so;=
21         =jedenfalls bin ich auch daHIN,
22         ((schluckt))
    -----------
→ 23       und das Auto kam NICHT.
```

Christa führt ‚das Auto', das sie über die Grenze bringen soll, als Referenten erstmals in Z. 07 in die Erzählung ein, und zwar als Fokuskonstituente im Mittelfeld. Aufgrund einer Rückfrage, die zu einem klärenden Einschub führt (Z. 10–20), verzögert sich allerdings die Fortführung der Erzählung. Als Christa sie in Z. 23 wieder aufnimmt, liegt die Einführung des Referenten bereits ein ganzes Stück in der Vergangenheit. Aus diesem Grund kann die Sprecherin auf ihn nicht mehr anaphorisch (oder durch eine Verberst-Konstruktion) zurückgreifen, sondern muss eine volle NP verwenden. Mit dieser vollen NP wird der Referent erneut zum Topik (siehe Abschn. 4.2) gemacht, also **retopikalisiert**.

Definite Phrasen ohne Vorerwähnung des Referenten. Volle definite Phrasen im Vorfeld werden auch verwendet, wenn der Sprecher davon ausgehen kann, dass sich ihr Referent problemlos identifizieren lässt, obwohl er bisher nicht explizit erwähnt wurde. Das ist zum Beispiel der Fall, wenn vorher andere referenzielle Ausdrücke verwendet worden sind, an die der neue Referent durch eine **meronymische Beziehung** (Winston, Chaffin und Hermann 1987) gebunden ist, zum Beispiel als Teil zu einem Ganzen oder als Ganzes zu einem Teil. Da keine Referenzidentität vorliegt, ist keine pronominale Wiederaufnahme möglich.

Im folgenden Ausschnitt (78) weist zum Beispiel *das Cover* in Z. 03 auf das kurz vorher thematisierte ‚Buch Dschinn Dschinn' zurück. Das Nomen wird mit dem definiten Artikel eingeführt, der der Rezipientin signalisiert, dass es sich um zugängliche Information handelt. Das Cover des Buchs ist allerdings selbst nicht erwähnt worden. Die Verbindung beruht lediglich darauf, dass ein Cover Teil eines Buchs ist.

3.6 Volle definite Phrasen am Projektbeginn

```
(78)(THE, RaK)
  01 THE:   ich muss gerade noch an (.) an das buch (-)
            DSCHINN dschinn (.) denken,
-----------
  02 RaK:   m,
  03 THE:   das cover hat ja AUCH ein bisschen (.) provozIert
            damals?
```

Sehr ähnlich bezieht sich im nächsten Ausschnitt die definite NP *den Namen* in Z. 04 auf *Linett* in Z. 02 zurück. ‚Name' kann als übergeordneter Begriff zu ‚Linette' verstanden werden. Aus diesem Grund ist die Identifizierbarkeit des Referenten gesichert:

```
(79)(THE, Sta)
((Die Schauspielerin STA spricht von einer ihrer Rollen, in der
sie Linette heißt.))
  01 STA:   °hh und eine meiner besten frEUndinnen heißt ANnett
            zum beispiel;=
-----------
  02        =<<schneller>[und DArum find ich_s auch schön>
  03 THE:                [mHM,
     STA:   dass ich LInett heiße?
-----------
  04 STA:   °hh und den nAmen gibt_s WIRKlich,=
-----------
  05        =ich hab ihn in?? IRgendeinem roMAN auch mal gelesen,
```

Zu den Referenzen, die der Sprecher als unproblematisch unterstellen kann, gehören auch solche, die relativ zu einer bereits eingeführten Person (meist dem Sprecher) definiert sind, zum Beispiel aufgrund von **Familien- und Freundschaftsnetzwerken**. Familienangehörige, Lebenspartner und Freundinnen werden quasi wie Dinge betrachtet, die zu einem gehören und müssen nicht eigens eingeführt werden. So steht zum Beispiel im Ausschnitt (80) die NP *meine Mutter* am Beginn eines Projekts im Vorfeld, in Ausschnitt (81) die NP *meine Frau und ich*:

```
(80)(GüKa)
  01 PIA:   ich hab_s mir überLEGT ob ich mir die haare GRAU färbe,
-----------
  02 LIS:   so GRANny ding?
-----------
  03 PIA:   j[a,
  04 LIS:    [ja:,
  05 PIA:   und DANN hat aber meine frisöse gemeint dass das nicht
            gEht weil die HAAre dann viel zu kaputt sind,
-----------
→ 06 ALD:   meine MUTter meinte AUCH dass es nicht geht
            weil_s SCHEIße AUSsieht.
```

```
(81) (THE, Sel)
  01   SEL:   °h das IS (.) das IS ja ein phänoMEN;
  02          mit dem (.) geDÄCHTnis;=
  -----------
→ 03          =also (.) zum beispiel meine frAu und ICH;=
  04          =machen: (-) äh jEtzt am (-) ZEHNten und ELFten die
              duineser elegIEN. ((etc.))
```

Pias Mutter ist bisher im Gespräch nicht genannt worden, aber weil sie relativ zur Sprecherin beschrieben wird, gilt die Referentin als zugänglich. Dasselbe gilt für die vom Sprecher in Ausschnitt (81) verwendete Personenreferenz *meine Frau*. Aufgrund kultureller Erwartungen und Konventionen kann davon ausgegangen werden, dass es jeweils nur eine Mutter bzw. eine Frau gibt, auf die Sprecherin bzw. der Sprecher verweist, wenn der definite (possessive) Artikel verwendet wird. Es gehört allerdings zu den Besonderheiten von Verwandtschaftsbezeichnungen, dass sie auch dann mit dem possessiven Artikel eingeführt werden können, wenn es in der jeweiligen Verwandtschaftsbeziehung mehrere Menschen geben kann, auf die zum Beispiel ein Begriff wie *Tante* oder *Tochter* zutrifft. Von *meinem Sohn* zu sprechen, präsupponiert nicht, dass der Sprecher nur einen Sohn hat. Mit anderen Personenbezeichnungen ist das nicht möglich: wenn eine Lehrerin ohne Vorerwähnung von *meinem Schüler* redet, wäre das nur unter der Voraussetzung, dass sie nur einen Schüler unterrichtet, eine angemessene referenzielle Formulierung.

Allgemeines Weltwissen. Auch allgemeines Weltwissen kann ausreichen, um die Zugänglichkeit eines Referenten vorauszusetzen und ihn deshalb mit einer definiten NP einzuführen. Das Weltwissen kann in einem bestimmten Wissensrahmen (*frame*) organisiert sein, der vorher aufgerufen wird. Im folgenden Ausschnitt ist das die Stadt Berlin, von deren Angebot an grünen Erholungsflächen schon vorher die Rede war. Innerhalb dieses Rahmens geht die Sprecherin davon aus, dass ihr Rezipient den Referenten von *Tiergarten* problemlos erschließen kann:

```
(82) (THE, Sta)
  01   STA:   man kann hier NORden SÜden OSten WESten.
  -----------
  02          überALL: äh kommt gleich gAnz frische LUFT;=
  -----------
  03          =die_s auch ganz in ORDnung.
  04          sogar in der STADT;=
  -----------
  05          =im TIERgarten find ich_s auch immer ganz schön.
  -----------
  06          da fahr ich viel mit dem FAHRrad.
```

Fokussierte NPs: Topikalisierung und Kontrastierung. Wie Pronomen im Vorfeld, formulieren auch volle Phrasen das **Topik**, worüber später im syntaktischen

3.6 Volle definite Phrasen am Projektbeginn

Projekt etwas gesagt werden wird (der **Kommentar**). Erstaunlicherweise wird im Deutschen das Vorfeld allerdings auch – wenn auch seltener – genau umgekehrt dazu verwendet, um einen völlig neuen Diskursreferenten einzuführen, also zum Zweck der **Topikalisierung** (auch **Thematisierung** genannt, vgl. Zifonun et al. 1997: 516–518). Dafür erhält die NP einen Akzent (den Fokusakzent), der die Aufmerksamkeit der Rezipientin auf dieses Element lenkt. Die NP wird als indefinit gekennzeichnet. Das Topik im Vorfeld kann dann sogar die wichtigste Information (der einzige **Fokus**) im Satz sein (zur detaillierten Diskussion dieser Begriffe siehe Abschn. 4.2). Ein Beispiel:

```
(83)(DOM, Flucht)
  01 CHR:     u:nd ʰ; (.)
  02          da würde n AUto kommen,=
  -----------
  03          =und nen KENNwort hatt ich-
```

Nen KENNwort ist in diesem Fall eine völlig neue Information. Natürlich hätte die Sprecherin diese neue Information auch später im Projekt formulieren (*ich hatt nen KENNwort*) und so die gewohnte Abfolge ‚Bekanntes zuerst, Neues später' einhalten können. Im Vergleich dazu wird bei Voranstellung der Fokuskonstituente die Neueinführung des Referenten besonders betont; die Sprecherin präsentiert sie als relevant und dringlich. (Im Belegausschnitt hat man den Eindruck, dass ihr das ‚Kennwort' gerade in diesem Augenblick erst eingefallen ist.)

Noch ein zweiter Fall prosodisch fokussierter NPs im Vorfeld ist zu erwähnen, nämlich die **Kontrastierung**:

```
(84)(GüKa)
  01 ALD:     also=ich=werd (.) SCHON auch GUT graue HAAre kriegen-
  -----------
  02          <<dim> mein vater hat ORdentlich.>
  -----------
  03 PIA:     aber is doch COOL;
  -----------
  04 ALD:     jaa;=find ich AUCH voll okee;=
  -----------
  05 PIA:     =GRAU [find ich COOL;=
  -----------
  06 ALD:          [sieht nicht SCHLECHT aus;
  -----------
  07 PIA:     =aber ich wEiß net ob ich WEISS cool find;
```

In diesem Fall geht es nicht um eine (Re-)Topikalisierung (denn die ‚grauen Haare' wurden schon in Z. 01 eingeführt). Vielmehr baut Pia einen Gegensatz zwischen ‚grauen Haaren' und ‚weißen Haaren' bei älteren Männern auf. Zunächst greift sie in Z. 05 die ‚grauen Haare', die Aldo angesprochen hatte, auf und fokussiert sie durch Akzent und Vorfeldpositionierung; hier handelt es sich um eine Bewertungskonstruktion, die einen zweiten Fokus auf dem evaluativen Adjektiv *cool* erhält. Die Kombination von Stellung und prosodischer Hervorhebung lässt in einem Kontext, in dem kein neuer Referent eingeführt wird, auf eine Kontrastierung schließen. Und so kommt es auch: den positiv bewerteten ‚grauen Haaren' werden nun ‚weiße Haare' gegenübergestellt (Z. 07), die die Sprecherin weniger attraktiv findet.

Angaben im Vorfeld. Bisher wurden nur initiale NPs betrachtet, die im emergierenden Projekt zu Argumenten des Verbs werden. Natürlich können volle Phrasen aber auch in der Funktion von Freien Angaben im Vorfeld auftreten. Hier sind vor allem Präpositionalphrasen zu nennen, etwa im folgenden Ausschnitt eine temporal zu interpretierende PP:

```
(85) (THE, Sta)
((über Januar bis März als drehfreie Zeit beim Film))
  01 STA:    aber WENN man mal verreisen will sind das
             eigentlich total gute MOnate;
  -----------
  02         und so MACH ich das dann auch ganz gErne;=
  03         =also wenn_s HIER (.) grAu und KALT wird-
  04         [und hier jetzt (.) nicht so viel zu TUN gibt-
  05 THE:    [mHM,
  -----------
  06 STA:    in DIEsem winter wird_s n_bisschen SCHWIEriger;
  -----------
  07         da gibt_s hier VIEL Arbeit,
  -----------
  08         aber dann: ((etc.))
```

Die Zeitangabe baut auf dem System der Jahreszeiten auf, das ebenfalls aufgrund von Weltwissen als zugänglich vorausgesetzt werden kann.

3.6.2 Volle definite Phrasen im Vorvorfeld

Im gesprochenen Deutsch ist es keineswegs ausgemacht, dass eine volle Phrase direkt am Projektbeginn oder nach einem Element im Eröffnungsfeld unmittelbar von der Verbklammer gefolgt wird, also im Vorfeld steht. Vielmehr werden solche definiten NPs oft auch vor dem Vorfeld produziert, also im Vorvorfeld. Es entsteht dann eine **Prolepse (Voranstellung)** (Selting 1994; Scheutz 1997). Das Vorvorfeld kann auch noch andere Elemente enthalten, etwa Adverbien der Gruppe 3 (vgl. Abschn. 3.4).

Wenn einer Phrase am Projektanfang nicht gleich das finite Verb folgt, ist sie weniger stark in die Struktur des emergenten Projekts eingebunden; sie ist noch

3.6 Volle definite Phrasen am Projektbeginn

nicht Teil des Kernprojekts. Die Integration der Phrase in dieses Kernprojekt wird dann meistens dadurch gesichert, dass sie darin eine Art Platzhalter bekommt, nämlich ein auf die vorangestellte Phrase **zurückverweisendes (wiederaufnehmendes) Element** (Pronomen oder Adverb). Es gibt verschieden starke Bindungen zwischen der NP (oder PP) im Vorvorfeld und dem wiederaufnehmenden Element, die im Folgenden vorgestellt werden. Da sie ein Kontinuum bilden, werden hier innerhalb der Kategorie ‚Prolepse' keine weiteren terminologischen Unterscheidungen mehr vorgenommen.

‚Strenge' Prolepsen. Die stärkste Verfestigung des Prolepsenformats liegt dann vor, wenn die initiale NP im Vorvorfeld im Vorfeld durch ein mit ihr kasus- und numeruskongruentes Pronomen wiederaufgenommen wird. Bei PPs erfolgt die Wiederaufnahme meist mit *da* (bzw. mit *da* gebildeten Komposita, etwa *darüber*). Für diese Art der Prolepse ist der Begriff **Linksversetzung** oder **Herausstellung nach links** (*left dislocation*) gebräuchlich, aber für die gesprochene Sprache aufgrund der schriftsprachlichen Metaphorik ungeeignet.

Ausschnitt (86) zeigt einen Fall von Retopikalisierung (das wiederaufnehmende Element ist hier und in den folgenden Beispielen kursiv gedruckt, die Prolepse unterstrichen):

```
(86)(BB)
  01 SYB:    der josef is so (--) UNgeduldig; weißte?
------------
  02         ich kann ja da STUNden grübeln;
------------
  03         und wenn_s dann nicht GEHT,
  04         dann ma(ch-)
(------------)
  05         (--) aber JOsef,
  06         der hat zwar SPASS am machen.
------------
  07         aber der is UNgeduldig.
```

‚Josef' wird bereits in Z. 01 eingeführt; die Sprecherin schiebt dann eine Aussage über sich selbst ein, bevor sie auf den Referenten zurückkommt (Z. 05) und ihn erneut zum Gesprächsthema macht. Die NP *Josef* wird durch ein unmittelbar folgendes, anadeiktisches Pronomen (*der*) wiederaufgenommen. Das finite Verb (*hat*) folgt.

Im folgenden Ausschnitt ist die Prolepse eine Präpositionalphrase und das wiederaufnehmende Element ist *da*. Der Referent (‚Booklet') wird neu eingeführt, steht aber in einer meronymischen Beziehung zu ‚Album', wovon bereits die Rede war. Der Sprecher kann also davon ausgehen, dass auch dieses Topik zugänglich ist:

(87)(THE, AnL)
((Über das neue Album des Studiogasts; das ‚Booklet' dazu wurde bisher nicht erwähnt.))
```
01 THE:   weil denn ICH hab gedacht,
02        in dem BOOKlet zum beispiel da BIST du mit dem: mit
          dem HUND?
03 AnL:   mHM?
04 THE:   den du so auf (.) auf den SCHULtern trÄgst, ((etc.))
```

Sind Prolepsen Retraktionen?

Prolepsen werden in diesem Kapitel als Elemente im Vorvorfeld beschrieben, während das resumptive Element im Vorfeld steht. Es gibt eine alternative Analyse, die annimmt, dass sowohl die initiale Phrase als auch das resumptive Element im Vorfeld stehen und durch eine Retraktion miteinander verknüpft sind. (Retraktionen werden ausführlich in Abschn. 4.5 besprochen.) Diese Analyse wird von Stein (2003) verfolgt. Sie lässt sich anhand des folgenden Ausschnitts erläutern:

(THE, AnL)
((Die Rede ist von einem Cover-Foto.))
```
  01 AnL:   ich find_s n_MEga foto?
 -----------
  02        ich wollt_s ja auch unbedingt MAChen,
 -----------
  03        aber so diese: diese HEADline.=
  04        =dieses (.) AUFmacherfoto;=
  05        =das WAR für mich,
  06        äh des (.) das wollt ich gern ein bisschen
            künst (-) [KÜNSTlicher] haben.
  07 THE:             [mHM,        ]
```

Die NP *so diese: diese HEADline* in Z. 03 wird von der Sprecherin strukturell gesehen unmittelbar durch eine andere NP ersetzt (*dieses (.) AUFmacherfoto*), die die erste NP allerdings semantisch nicht löscht, sondern lediglich eine neue Formulierung ins Spiel bringt. Anschließend produziert die Sprecherin das Pronomen *das*, das mit der NP *dieses (.) AUFmacherfoto* (allerdings nicht mit der NP *so diese: diese HEADline*) in Numerus, Kasus und Genus kongruent ist. Die beiden vollen NPs wie auch das Pronomen können im selben syntaktischen Slot in der emergierenden Projektstruktur stehen; insbesondere sind sie alle drei gute Kandidaten dafür, die Subjektsposition in diesem Projekt auszufüllen. Aufgrund dieser syntaktischen Äquivalenz ist es möglich, sie als paradigmatische Substitute zu sehen:

3.6 Volle definite Phrasen am Projektbeginn

> | aber | so | diese: diese HEADline | |
> |---|---|---|---|
> | | | dieses (.) AUFmacherfoto | |
> | | | das | WAR für mich (...) |
>
> Retraktionen sind keineswegs auf Reparaturoperationen beschränkt, sondern sind zum Beispiel auch an Listenkonstruktionen beteiligt. Dass das wiederaufnehmende Element keine inhaltliche Reparatur ist, sondern lediglich die Verbindung zur vorausgehenden NP herstellt, ist also noch kein Argument gegen diese Analyse.
> Bei Prolepsen als Freien Themen (s. S. 95) ist diese Analyse natürlich nicht möglich.

Distanz zur Klammer. Die Prolepsen in (86) und (87) ließen sich problemlos in Vorfeld-NPs umformen. Aus den Daten ergibt sich aber ein klarer Zusammenhang zwischen der **Länge** der Äußerung, die produziert wird, ohne dass ein Übergang in die öffnende Klammer erfolgt, und der Wahl eines wiederaufnehmenden Pronomens. Das deutet darauf hin, dass Prolepsen vor allem dann verwendet werden, wenn das Topik einen höheren **Formulierungsaufwand** erfordert. Dieser kann in der Komplexität der NP bestehen, wie in Ausschnitt (88):

```
(88)(GüKa)
((über graugefärbte Haare))
→ 01 LIS:   die Exfreundin von nem KUMpel von mir; (1.0)
  02        die hat des AUCH son bisschen so GRANnymäßig gefärbt;=
```

Der Formulierungsaufwand kann sich aber auch daraus ergeben, dass eine Retraktion erfolgt, wie in Ausschnitt (89):

```
(89)(THE, AnL)
((Die Rede ist von einem Cover-Foto.))
  01 AnL:   ich find_s n_MEga foto?
  -----------
  02        ich wollt_s ja auch unbedingt MAChen,
  -----------
  03        aber so diese: diese HEADline.=
  04        =dieses (.) AUFmacherfoto;=
  05        =das WAR für mich,
  06        äh des (.) das wollt ich gern ein bisschen künst (-)
            [KÜNSTlicher] haben.
  07 THE:   [mHM,        ]
```

Die Sprecherin repariert die ursprünglich gewählte Formulierung *so diese: diese HEADline.* mittels einer Retraktion (Abschn. 4.5) an den Beginn der NP. In die Position der NP wird nun die neue NP *dieses (.) AUFmacherfoto* gesetzt.

Häufig wird die Distanz zwischen initialer NP und öffnender Klammer auch durch **parenthetische Einschübe** vergrößert:

```
(90)(THE, AnL)
  01 THE:    dAs (.) wär natürlich AUCH ein: (.) spektakulÄres °hh
             COverbild äh=gewOrden?
  -----------
  02         und die PLATtenfirma °h hätt ich gedacht die wollten
             beSTIMMT das bild mit dem WOLF.
```

Die Parenthese ist hier *hätt ich gedacht*.

So können recht umfangreiche Strukturen entstehen. Im folgenden Ausschnitt (91) wird zum Beispiel die initiale NP nicht nur durch einen Relativsatz erweitert, sondern der Sprecher schiebt auch noch einen parenthetischen *denn*-Satz ein, bevor er durch das wiederaufnehmende Pronomen *der* das klammeröffnende Verb in der Folgeposition ankündigt, die initiale NP zur Prolepse macht und das Kernprojekt beginnt:

```
(91)(THE, Sel)
  01 SEL:    undʰ äh er wOhnt immer mit jungen stuDENten zusammen;=
  02         =weil das haus ja GROSS ist;=
  -----------
  03         =un:dʰ der junge studEnt der ihm das ANschraubt;=
  04         =denn er hat natürlich auch zwei linke
             [HÄnde (.) der golo mann,
  05 THE:    [((lacht verhalten))
  06 SEL:    °h äh: der äh sagt waRUM schreibst äh äh warum äh sch
             darf ich hier nicht MEIN klingelschild auch gleich
             danEben schrauben,((etc.))
```

Dasselbe gilt für den nächsten Ausschnitt, in dem der Sprecher die NP *dieses sich ANnähern* durch die Präpositionalphrase *an eine SZEne* erweitert, deren NP wiederum durch zwei Relativsätze expandiert wird (*die mir vorher ganz FREMD war* und *die ich SELber nur aus vorurteilen kAnnte*). Danach erleichtert es der Sprecher seinem Rezipienten durch das Pronomen *das*, den Beginn des Kernprojekts zu identifizieren:

```
(92)(THE, RaK)
  01 RaK:    °h aber n paar wochen SPÄter,=
  02         =war ich dann in dortmund SELBST auf der
             travestiebühne,=
  03         =und hab einfach SPASS gehabt;
  -----------
```

3.6 Volle definite Phrasen am Projektbeginn

```
04            °h also das: (--) dieses sich ANnähern an (.) an an
              eine SZEne,=
05            =die mir vorher ganz FREMD war;=
06            =die ich SELber nur aus vorurteilen [kAnnte,]
07   THE:                                        [ja.    ]
08   RaK:     [°h ] das ging doch (.) ZIEMlich schnell,
09   THE:     [ja-]
```

Wenn man in Begriffen der Zeitlichkeit des emergierenden Projekts denkt, ist bei solchen komplexen Vorvorfeldern nicht davon auszugehen, dass der Sprecher von Anfang an eine Prolepse plant. In vielen Fällen beginnt er mit einer Phrase, die auch der Beginn des Kernprojekts sein könnte. Entscheidet er aber mehr oder weniger spontan, die Phrase zu erweitern, zu präzisieren oder mit Erläuterungen und Kommentaren zu versehen, dann steigt mit jeder solchen zusätzlichen Äußerungskomponente die Wahrscheinlichkeit, dass eine Prolepse entsteht. Dabei spielt auch die Prosodie eine Rolle: Denn je länger die Äußerungen am Projektanfang, umso wahrscheinlicher wird deren Verpackung als eigenständige Intonationsphrase. Damit wiederum steigt auch die Wahrscheinlichkeit einer Wiederaufnahme durch ein Pronomen, das das Ende der vorgeschalteten syntaktischen Elemente markiert und den Übergang in die Kernstruktur des Projekts erleichtert.

Lose Prolepsen. Es gibt auch losere Verbindungen zwischen vorangestellter NP (oder PP) und Folgestruktur, in denen das wiederaufnehmende Pronomen anaphorisch statt anadeiktisch oder/und nicht grammatisch kongruent ist, sich nicht genau auf die vorangestellte NP bezieht und/oder nicht im Vorfeld steht, sondern erst später im syntaktischen Projekt produziert wird. Schließlich gibt es Fälle, in denen das wiederaufnehmende Pronomen ganz fehlt.

Anaphorische Wiederaufnahme. Die folgenden Belegausschnitte sind nach abnehmender Bindung zwischen Prolepse und Kernprojekt angeordnet. Beim ersten Beispiel ist der einzige Unterschied zum bisherigen Muster, dass das wiederaufnehmende Pronomen der schwachen Reihe angehört (*sie* statt *die*), also anaphorisch ist:

```
(93) (ALLEIN 2)
((psychotherapeutische Beratungssendung im Radio, ANR=Anruferin,
THE=Therapeutin; fränkischer Dialekt))
  01  ANR:   °hh und dann hAb ich an beKANNten angrufen?
  02         dass er mich HOlen soll- (-)
  03         und mei sachen AUCH runterdu soll;
-----------
  04         (0.8)
  05         u[::nd ] dann war_s SO,
  06  THE:    [oja, ]
  07  ANR:   un mei MUDda?
  08         (-) SIE will etz am geRICHT gegen mich AUSsagen?
  09         °h dass ich angeblich ein LIEBhaber hab;
```

Im Ausschnitt (94) folgt zwar unmittelbar nach der vorangestellten NP *der Deutsche* ein Pronomen; dieses Pronomen bezieht sich aber nicht (genau) auf die vorausgegangene NP, sondern allgemein auf die Situation, in der der deutsche Grenzbeamte die Erzählerin befragt hat. Das anadeiktische Pronomen ist also nicht grammatisch kongruent mit der initialen NP:

```
(94) (DOM, Flucht)
  01 CHR:   und dA MUSS ick sagen-
  02        die ehm: (.) ameriKAner und ENGländer die warn (.)
            EINmalig?
  ------------
  03        [aber] der DEUtsche-
  04 DOM:   [m,  ]
  05        mHM,
  06 CHR:   dat war (.) der ZWEIte schock.
```

Im folgenden Ausschnitt (95) ist das Pronomen *das* ebenfalls nicht koreferent mit der Prolepse (*n Weihnachtsgottesdienst...*), denn *das* bezieht sich auf die gesamte Situation, die in Z. 01–03 geschildert wird:

```
(95) (THE, Sel)
((Sprecher berichtet von gemeinsamen Aktivitäten mit den Insassen
eines Gefängnisses.))
  01 SEL:   auch GOTtesdienste;
  02        mein bruder hat da ORgel gespielt;=
  ------------
  03        =n WEIHnachtsgottesdienst den sie Einmal mit
            strAfgefangenen erlebt haben in der zeit wenn
            die STILle nacht HEIlige nacht singen
            oder oh du FROEHliche;=
  04        =das verGESsen sie ihr LEben nich.
```

Eine schwächere Bindung zwischen initialer NP und wiederaufnehmendem Element als bei strikten Prolepsen liegt auch vor, wenn das resumptive Pronomen nicht im Vorfeld steht, sondern erst im späteren Projektverlauf produziert wird. Syntaktisch notwendig ist das bei einem Kernprojekt mit Verbspitzenstellung:

```
(96) (GüKa)
((Lisa merkt, dass der Stuhl, auf dem sie sitzt, wackelt. Sie
wendet sich zur Lehne um und fasst sie prüfend an.))
  01 LIS:   !WOW! der STUHL;
  02        (1.0)
  03        klappt der auseiNANder der stuhl?
  ------------
  04 PIA:   ne:-
```

3.6 Volle definite Phrasen am Projektbeginn

Die lange Pause nach der Prolepse und die Tatsache, dass die NP *der Stuhl* zusammen mit der Interjektion *wow* bereits allein eine vollständige Äußerung bilden könnte, belegen hier die geringe Bindung der Wiederaufnahme an die proleptische NP. In diesem Fall wird die NP auch noch einmal am Ende des Projekts wiederholt (vgl. dazu Abschn. 6.3).

Fehlendes wiederaufnehmendes Pronomen. Schließlich zwei Beispiele für Prolepsen ganz ohne wiederaufnehmendes Element im darauffolgenden Projektverlauf. Für diesen Fall wird manchmal der Begriff **Freies Thema** verwendet (*hanging topic*) (vgl. Altmann 1981):

```
(97)(THE, Sta)
  01 THE:    in berLIN,
  02         wo fährste RAUS,
  03         wenn du RICHtig frische luft haben willst;
  04         drAussen an die MÜritz.
```

Die Prolepse – *in Berlin* – steht vor einem Fragewort (*wo*). Ein koreferentes wiederaufnehmendes Element fehlt (wie z. B. *wo fährst du da raus*). Nur semantisch ist die PP *in Berlin* auf das Fragewort *wo* bezogen. Ein weiteres Beispiel ist Ausschnitt (98):

```
(98)(THE, RaK)
((über die Eltern des Sprechers))
  01 RaK:    die haben da jetzt keinen intellektuellen Überbau
             gehabt oder so;
  -----------
  02         aber mh ähm (.) naJA (.) das coming OUT-=
  03         =mein vater war SCHON: nicht gerade: erfreut,=
  04         =als ich mich dann (.) als schwUl: geOUtet habe,
```

Nach einer NP (oder PP) am Projektanfang kann also ein Projekt grundsätzlich in zwei verschiedene Richtungen laufen. Entsprechend gibt es zwei alternative Projektionen. Ob die Phrase letztendlich im Vorfeld oder im Vorvorfeld steht, lässt sich erst im Nachhinein entscheiden, nämlich sobald das nächste Element produziert worden ist (die öffnende Verbklammer oder ein resumptives Element).

3.7 Zusammenfassung: Die Projektionsverhältnisse am Beginn eines selbständigen syntaktischen Projekts

Die verschiedenen Projektanfänge lassen sich in das Feldermodell einordnen:

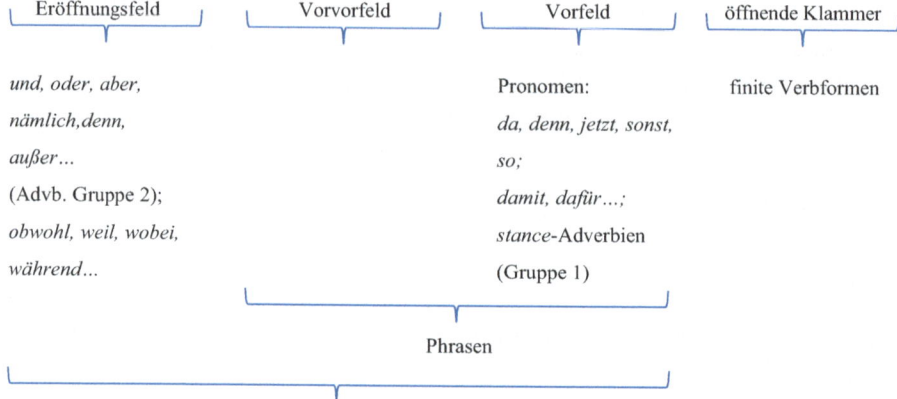

Auffällig ist zunächst, dass sich die Gruppe der Adverbien nicht konsistent verhält, sondern über alle drei Positionen (Eröffnungsfeld, Vorvorfeld, Vorfeld) verteilt auftritt. Eine große Untergruppe der Adverbien (Gruppe 3) kommt in allen drei Positionen vor. Es scheint eine Sprachwandeltendenz zu geben, derzufolge ehemals typische Vorfeldadverbien auch in einer früheren Position verwendet werden (etwa *deswegen, irgendwie*). Die funktionale Zuordnung zu den Feldern ist schwierig. Die Gruppe der Einstellungsadverbien (*stance*-Adverbien wie *bedauerlicherweise, vielleicht*) tritt zwar nur im Vorfeld auf, aber projektverbindende, kohäsionsstiftende Adverbien und Operatoren (*und, also, sonst*) kommen in allen drei Positionen vor.

Bemerkenswert ist außerdem, dass es beim bisherigen Stand der Diskussion keine sprachlichen Strukturen gibt, die nur im Vorvorfeld auftreten. Alle Phrasen (und, wie in Kap. 5 noch gezeigt wird, alle untergeordneten Projekte) können im Vorfeld wieder aufgenommen werden oder direkt das Vorfeld besetzen. Ein Kandidat für die exklusive Vorvorfeldbesetzung wird allerdings in Kap. 5, 232–235 besprochen. Das sind die zu Floskeln verfestigten Verben des Sagens und Meinens in der 1. Person Singular (*ich mein, ich sag, ich glaub*).

Die Verhältnisse lassen sich auch aus der Projektionsperspektive zusammenfassen. Dann gilt:

- Die Operatoren *und, oder, aber* sowie die Adverbien der Gruppe 2 markieren den Projektbeginn und erlauben keine Vorhersagen zum Verlauf des Projekts. In der Mehrzahl der Fälle ist allerdings zu erwarten, dass (unmittelbar oder nach anderen Elementen) ein finites Verb als öffnende Klammer folgen wird, das retrospektiv das Element in der Position davor als Vorfeld definiert. Die Vor-

3.7 Zusammenfassung

hersage ist nicht strikt gültig, weil es auch verblose selbständige Konstruktionen gibt (vgl. Vertiefungskasten S. 30–31, Kap. 2). Es lässt sich aber voraussagen, dass nach dem Eröffnungsfeld nicht direkt ein finites Verb folgen wird. *Obwohl, weil, wogegen....* können natürlich auch als Einleiter von untergeordneten Projekten vorkommen. Auch hier sind also mehrere Weiterführungen projizierbar. Mit *während* und *wogegen* wird entweder ein untergeordnetes Projekt eingeleitet oder eine Prolepse projiziert.

- Beginnt ein Projekt mit einer Phrase (oder einem untergeordneten Projekt, vgl. Kap. 5), sind zwei weitere Projektentwicklungen im Spiel. Entweder die Verbklammer folgt direkt, oder es folgt ein wiederaufnehmendes Element. Allerdings können initiale Phrasen auch als ‚Freie Themen' unverbunden im Vorvorfeld stehen. Das Vorfeld ist dann frei für nicht-resumptive Strukturen. Einige Kombinationen zwischen Vorvorfeld- und Vorfeldbesetzung sind ausgeschlossen. (Text-)deiktisches *so*, der Konnektor *sonst* sowie *stance*-Adverbien kommen gar nicht oder kaum nach vorangestellten Phrasen vor.
- Typische Vorfeldbesetzer sind starke Projektoren und machen in der nächsten Position das finite Verb erwartbar.
- Ein Projekt, das direkt mit dem finiten Vollverb in der öffnenden Klammer beginnt, projiziert dessen Argumente, ein Hilfs- oder Modalverb den nicht-finiten Teil des Verbs am potentiellen Ende des Projekts (Distanzprojektion). In einer großen Gruppe der verbinitialen Projekte wird allerdings ein Argument des Verbs nicht verbalisiert, nämlich das Argument, das durch ein Pronomen der 1. Person oder durch ein rückbezügliches Pronomen ausgedrückt werden könnte (manchmal sogar beide: *glaub nicht, find schon*).

3.8 Übungsaufgaben

1) Identifizieren Sie die Projektanfänge (bis zur öffenden Verbalklammer) in dem folgenden Gesprächsausschnitt und klassifizieren Sie sie nach den Typen, die in diesem Kapitel besprochen wurden! Abgebrochene Projekte ignorieren Sie. Ordnen Sie die Elemente vor der öffnenden Klammer den verschiedenen Feldern (Eröffnungsfeld, Vorvorfeld, Vorfeld) zu.

```
(THE, Sta)
01 STA:    also nach diesem
02         es gibt ja immer so_n VORtest,=
03         =da spielt man VOR,=
04 THE:    =[mHM,              ]
05 STA:    =[und n_paar wochen] spÄter kommt dann die rIchtige
           PRÜfung.=
06 THE:    =mHM,=
07 STA:    =und diese vOrtests hatt ich immer beSTANden,=
08         =und die POTSdamer schule hatte mich sogar an_s deutsche
           theAter empfohlen.
09         als SCHAUspielerin.=
10         =also ts? WIRklich
           [die:] °hhh waren GANZ ähm: SÜSS zu mir,
11 THE:    [ja:,]
12 STA:    °mhhh und dann die PRÜfungen?=
13         =da bin ich immer DURCHgerasselt-=
14         =mit ganz(.) kOmischen beGRÜNdungen,
15         °hhhh aber für MICH auch zum GLÜCK,=
16         =weil ich hätte des eben gar nich AUSgehalten;
```

2) Beschreiben Sie die Funktion der unterstrichenen Projektanfänge im folgenden Gesprächsausschnitt!

```
(THE, Sta)
01 THE:    ich fInde ja diesen NAmen so schön.
02         liNETT;
03 STA:    mHM?=
04         =find ich [AUCH;]
05 THE:              [also?]
06         WO kam der HER;
07 STA:    [°h
08 THE:    und waRUM heißt sie so;
09 STA:    also der AUtor wollte einen nAmen,=
10         =[der:] äh GLEICHzeitig äh UNgewöhnlich is,=
11 THE:    [mHM,]
12 STA:    =aber AUCH nicht äh <<schneller>zu verRÜCKT,>=
```

```
13            =sondern irgendwie auch was norMAles äh
              <<schneller> an sich hat,>
14            und auch [was ] FREUNDliches;
15 THE:                [mHM,]
16 STA:       °hh und eine meiner bEsten frEUndinnen heißt ANnett
              zum beispiel,=
17            =<<schneller>[und dArum find ich_s auch schön>
18 THE:                    [mHM,
   STA:       dass ich LInett heiße?
19            °hh und den nAmen gibt_s WIRKlich,
```

3) Welchen syntaktischen Status hat *na KLAR* als Anfang der folgenden Projekte? Handelt es sich um ein Wort oder um zwei? Wenn es sich um zwei Wörter handelt, in welchen Feldern stehen sie?

(a) na KLAR is et ne quälerei.
(b) na KLAR macht sich dit bemerkbar.
(c) na KLAR dürfen die des.
(d) na KLAR konnte er sich Auch erinnern;
(e) na KLAR ist des nich so einer wie ich schon geSEHN hab;

Literatur

Alm, Maria. 2007. *Also darüber lässt sich ja streiten! Die Analyse von "also" in der Diskussion zu Diskurs- und Modalpartikeln.* Stockholm: Almqvist und Wiksell International.

Altmann, Hans. 1981. *Formen der "Herausstellung" im Deutschen. Rechtsversetzung, Linksversetzung, freies Thema und verwandte Konstruktionen.* Tübingen: Niemeyer.

Ariel, Mira. 1988. Referring and accessibility. *Journal of Linguistics* 24(1): 65–87.

Auer, Peter. 1993. Zur Verbspitzenstellung im gesprochenen Deutsch. *Deutsche Sprache* 21(3): 193–222.

Barden, Birgit, Mechthild Elstermann, und Reinhard Fiehler. 2001. Operator-Skopus-Strukturen in gesprochener Sprache. In *Pragmatische Syntax*, Hrsg. Frank Liedtke, und Franz Hundsnurscher, 197–233. Tübingen: Niemeyer.

Birkner, Karin, Peter Auer, Angelika Bauer, und Helga Kotthoff. 2020. *Einführung in die Konversationsanalyse.* Berlin: de Gruyter.

Bühler, Karl. 1934. *Sprachtheorie. Die Darstellungsfunktion der Sprache.* Jena: Gustav Fischer Verlag.

Couper-Kuhlen, Elizabeth, und Margret Selting. 2018. *Interactional Linguistics. Studying Language in Social Interaction.* Cambridge: Cambridge University Press.

Deppermann, Arnulf, und Henrike Helmer. 2013. Zur Grammatik des Verstehens im Gespräch. Inferenzen anzeigen und Handlungskonsequenzen ziehen mit *also* und *dann*. *Zeitschrift für Sprachwissenschaft* 32(1): 1–39.

Dittmar, Norbert. 2002. Lakmustest für funktionale Beschreibungen am Beispiel von *auch* (Fokuspartikel, FP), *eigentlich* (Modalpartikel, MP) und *also* (Diskursmarker, DM). In *Modus, Modalverben, Modalpartikeln*, Hrsg. Catherine Fabricius-Hansen, Oddleif Leirbukt, und Ole Letnas, 142–177. Trier: Wissenschaftlicher Verlag.

Fox, Barbara A. 1987. *Discourse Structure and Anaphora. Written and Conversational English.* Cambridge: Cambridge University Press.

Freywald, Ulrike. 2018. *Parataktische Konjunktionen. Zur Syntax und Pragmatik der Satzverknüpfung im Deutschen – am Beispiel von* obwohl, wobei, während *und* wogegen. Tübingen: Stauffenburg.

Gaumann, Ulrike. 1983. ,*Weil die machen jetzt bald zu'. Angabe- und Junktivsatz in der deutschen Gegenwartssprache*. Göppingen: Kümmerle.

Günthner, Susanne. 1999. Entwickelt sich der Konzessivkonnektor *obwohl* zum Diskursmarker? Grammatikalisierungstendenzen im gesprochenen Deutsch. *Linguistische Berichte* 180: 409–446.

Günthner, Susanne. 2001. ,Wobei (.) es hat alles immer zwei seiten.' Zur Verwendung von *wobei* im gesprochenen Deutsch. *Deutsche Sprache* 4: 313–341.

Günthner, Susanne. 2015. A temporally oriented perspective on connectors in interaction. *Und zwar* ('namely, in fact')-constructions in everyday German conversations. In *Temporality in Interaction*, Hrsg. Arnulf Deppermann, und Susanne Günthner, 237–265. Amsterdam: John Benjamins.

Günthner, Susanne. 2016. Concessive patterns in interaction. Uses of *zwar…aber* ('true…but')-constructions in everyday spoken German. *Language Sciences* 58: 144–162.

Günthner, Susanne, und Christine Gohl. 1999. Grammatikalisierung von *weil* als Diskursmarker in der gesprochenen Sprache. *Zeitschrift für Sprachwissenschaft* 18(1): 39–75.

Günthner, Susanne, und Katharina König. 2015. Temporalität und Dialogizität als interaktive Faktoren der Nachfeldpositionierung – ‚irgendwie' im gesprochenen Deutsch. In *Das Nachfeld im Deutschen. Theorie und Empirie*, Hrsg. Hélène Vinckel-Roisin, 255–278. Berlin: de Gruyter.

Imo, Wolfgang. 2012. Wortart Diskursmarker? In *Nicht-flektierende Wortarten*, Hrsg. Björn Rothstein, 48–88. Berlin: de Gruyter.

König, Katharina. 2012. Formen und Funktionen von syntaktisch desintegriertem *deswegen* im gesprochenen Deutsch. *Gesprächsforschung. Online-Zeitschrift zur verbalen Interaktion* 13, 45–71.

Pittner, Karin und Judith Bermann 2021. *Deutsche Syntax: Ein Arbeitsbuch* (7. Aufl.). Tübingen: Francke.

Sandig, Barbara. 1973. Zur historischen Kontinuität normativ diskriminierter syntaktischer Muster in spontaner Sprechsprache. *Deutsche Sprache* 3: 37–57.

Scheutz, Hannes. 1997. Satzinitiale Voranstellungen im gesprochenen Deutsch als Mittel der Themensteuerung und Referenzkonstitution. In *Syntax des gesprochenen Deutsch*, Hrsg. Peter Schlobinski, 27–54. Opladen: Westdeutscher Verlag.

Schlobinski, Peter. 1992. *Funktionale Grammatik und Sprachbeschreibung*. Opladen: Westdeutscher Verlag.

Selting, Margret. 1994. Konstruktionen am Satzrand als interaktive Ressource in natürlichen Gesprächen. In *Was determiniert Wortstellungsvariation? Studien zu einem Interaktionsfeld von Grammatik, Pragmatik und Sprachtypologie*, Hrsg. Brigitta Haftka, 299–318. Opladen: Westdeutscher Verlag.

Stein, Stephan. 2003. *Textgliederung. Einheitenbildung im geschriebenen und gesprochene Deutsch – Theorie und Empirie*. Berlin, New York: de Gruyter.

Winston, Morton E., Roger Chaffin, und Douglas Hermann. 1987. A taxonomy of part-whole relations. *Cognitive Science* 11(4): 417–444.

Wöllstein, Angelika (Hrsg.). 2022. *Duden. Die Grammatik*. (10. Aufl.) Berlin: Dudenverlag.

Zifonun, Gisela, Ludger Hoffmann, und Bruno Strecker. 1997. *Grammatik der deutschen Sprache*, 3 Bände. Berlin: de Gruyter.

4

Unterwegs im syntaktischen Projekt: Expansionen, Parenthesen, Retraktionen, Abbrüche und Konstruktionswechsel

4.1 Einfache Projektverläufe

Wir betrachten zunächst die Projektionsverhältnisse in Projekten, die keine typischen Merkmale der gesprochenen Syntax aufweisen.

Bedeutung der öffnenden Klammer. In Kap. 3 wurde der Beginn syntaktischer Projekte behandelt. Der Dreh- und Angelpunkt eines solchen Projekts, so stellte sich heraus, ist das finite Verb, die **öffnende Verbalklammer**. Zwar kommen bestimmte Wörter/Syntagmen nur im Eröffnungsfeld oder Vorfeld vor; bei anderen (etwa vollen Nominalphrasen oder Adverbien) ist aber erst in dem Augenblick, in dem das finite Verb produziert worden ist, (retrospektiv) klar, was im Vorfeld steht und welche Strukturen gegebenenfalls das Vorvorfeld oder das Eröffnungsfeld füllen. Der bisherige Teil des schon formulierten Projekts ordnet sich teilweise also erst im Nachhinein.

Projektionen für die Position nach der Klammer. Zugleich ermöglicht das finite Verb zusammen mit dem Element im Vorfeld Projektionen über den weiteren Verlauf des Projekts und seinen Abschluss. Am stärksten sind die Projektionen für die **unmittelbare Folgeposition**: Wenn das Subjekt nicht schon im Vorfeld produziert worden ist, wird es mit sehr hoher Wahrscheinlichkeit jetzt als erstes der Argumente des Verbs geliefert. Wenn das Subjekt ein Pronomen ist, folgt es sogar immer unmittelbar nach der öffnenden Klammer (vgl. (a)–(d), Subjekt unterstrichen; alle Beispiele sind aus dem Transkript ‚DOM, Flucht'):

Ergänzende Information Die elektronische Version dieses Kapitels enthält Zusatzmaterial, auf das über folgenden Link zugegriffen werden kann https://doi.org/10.1007/978-3-662-68611-9_4.

(1) (a) heute WEISS   → <u>ich</u> es
    (b) da hatt   → <u>ik</u> den ERSten schock
    (c) dann hatte   → <u>er</u> ein EINreiseverbot
    (d) und dann is   → <u>er</u> verSTORben

Nicht-pronominale Subjekte, die noch nicht im Vorfeld standen, werden ebenfalls oft als erstes von mehreren Argumenten produziert. Wenn aber ein anderes Argument als Pronomen realisiert wird, konfligiert die Tendenz, im Mittelfeld zuerst das Subjekt zu produzieren, mit einer anderen Tendenz, nämlich pronominale vor volle NPs zu stellen (etwa: *dann hat ihn **der Hubert** gesehen*, mit dem Subjekt in der zweiten Position nach der öffnenden Klammer; vgl. Jacobs 1988).

Auch andere Elemente können das (nicht-pronominale) Subjekt aus der Position unmittelbar nach dem finiten Verb verdrängen, etwa Freie Angaben oder Abtönungspartikeln; das spät platzierte Subjekt ist dann nicht Topik, sondern Kommentar des Projekts (siehe Abschn. 4.2).

(2) (a) und dann kamen   → ja <u>die verHÖre</u>
    (b) und zwei tage spÄter kam → WIEder <u>dieser kurier</u>

Nicht-projizierte Folgeelemente wie die Partikel und das Adverb in (2) stellen (**interne) Expansionen** innerhalb des syntaktischen Projekts dar. Sie lösen weder Projektionen ein noch bauen sie selbst welche auf. Sie machen die existierenden Projektionen aber auch nicht ungültig; ihre Einlösung wird lediglich verschoben. Interne Expansionen stehen also ‚unter dem Projektionsbogen', der vom projizierenden Element ausgeht. Schematisch:

projizierendes Element   Expansion₁   Expansion₂ ....   projektionseinlösendes Element

Andere projizierte Argumente. Auch wenn das Subjekt schon im Vorfeld produziert wurde, sind für das Mittelfeld, also die Position(en) nach der öffnenden Verbklammer, Projektionen möglich, besonders wenn das finite Verb ein Vollverb ist. Sie ergeben sich daraus, dass Vollverben bestimmte **Kasusrahmen** eröffnen, die erwarten lassen, dass noch nicht realisierte Argumente sofort oder nach internen Expansionen folgen werden. So macht das Verb *leben* in (3)(a) (in einer bestimmten Bedeutung) ebenso wie das Verb *hängen* in (3)(b) eine Ortsangabe erwartbar, das Verb *wissen* und das Verb *sprengen* in (3)(c) und (3)(d) ein Objekt (projiziertes Argument unterstrichen):

(3) (a) ich leb   → heut AUCH noch <u>hier</u>
    (b) die ganzen sAchen hingen   → noch <u>am Ofen</u>
    (c) ik WEESS   → <u>et</u> heut nich mehr
    (d) weil das sprengt   → n_bisschen <u>unsern RAHmen</u>

4.1 Einfache Projektverläufe

Die Projektionseinlösung wird in den Beispielen (a), (b) und (d) durch interne Expansionen ans Ende des Projekts verschoben. So folgt erst nach *heut AUCH noch* das vom Verb projizierte Lokaladverb *hier,* nach *noch* die vom Verb projizierte Ortsangabe *am Ofen* bzw. nach *n_bisschen* das vom Verb projizierte direkte Objekt *unsern RAHmen.* Sie bilden den Kommentar der Äußerung. In (c) ist das pronominale Objekt (*et*) hingegen Teil des Topiks und folgt daher unmittelbar nach dem Verb *WEESS.*

Projektion der schließenden Klammer. Etwas komplizierter liegen die Dinge, wenn das Vollverb ein **Partikelverb** ist. In deklarativen Projekten werden die Verbalpartikeln vom Finitum abgetrennt und in der Regel erst nach den Argumenten in der schließenden Verbklammer produziert. Sie markiert dann in **Distanzprojektion** den potentiellen Abschluss des Projekts (Verbalpartikel unterstrichen):

```
(4)(a) und kurze zeit spÄter ging   → der KOFferraum auf
   (b) sonst bringen                → die die kinder wieder zuRÜCK
```

Da aber viele Verben als Simplex wie auch als Partikelverb gebraucht werden können und sich dadurch der Kasusrahmen ändern kann, sind die Projektionsmöglichkeiten eingeschränkt und basieren lediglich auf Frequenzen, also auf der Erfahrung (*gehen* ist z. B. häufiger als *aufgehen, bringen* häufiger als *zurückbringen* etc.).

Die meisten finiten Verben in der öffnenden Klammer sind in der gesprochenen Sprache **Hilfs- oder Modalverben**, keine Vollverben.

Sein und *haben* werden sowohl als **Hilfsverben** zur Bildung der komplexen Verbformen als auch als Vollverben verwendet. Dies macht die Projektion der weiteren syntaktischen Entwicklung unsicher. Es gibt aber auch hier einige häufigkeitsbasierte Vorhersagemöglichkeiten. **Kopulakonstruktionen** mit Formen von *sein* sind sehr häufig; vor allem nach der Präteritalform der Kopula ist ein Prädikativ eher zu erwarten als das nicht-finite Element einer komplexen Tempusform (,Vorvergangenheit') (Prädikativ unterstrichen):

```
(5)(a) er selber war  → nicht DA
   (b) der war        → ja invaLIdnrentner
```

Bei *haben* ist dieses Ungleichgewicht weniger ausgeprägt. Die Präteritalform kann ein Vollverb sein, dessen Kasusrahmen ein Objekt erwartbar macht (vgl. (6)(a),(b), Objekt unterstrichen), sie ist aber auch als Hilfsverb zur Bildung der Vorvergangenheit recht häufig. In diesem Fall ist durch Distanzprojektion ein nicht-finites Vollverb in der schließenden Klammer erwartbar (vgl. (6)(c), schließende Klammer unterstrichen):

```
(6)(a) und DA hatt      → ik den ERSten schock
   (b) er hatte         → doch EINreiseverbot
   (c) und er hatte     → EINreiseverbot bekommen
```

Beide Projektionsalternativen müssen von der Rezipientin im Spiel gehalten werden, keine lässt sich von vornherein ausschließen.

Im Präsens werden die Verben *haben* und *sein* zur Bildung des Perfekts verwendet; weil das Perfekt das dominante Tempus des Erzählens in der mündlichen Sprache ist, lassen diese Verbformen vor allem in narrativen Kontexten mit hoher Wahrscheinlichkeit ein Partizip erwarten (Partizip unterstrichen):

```
(7) (a) und die ham     → mich dann in eine WOHnung gebracht
    (b) und dann is     → er verSTORben
```

Das Hilfsverb *haben* ist zum Beispiel etwa doppelt so häufig wie das Vollverb (Droste 2020: 167).

Modalverben projizieren ebenfalls ein Vollverb in der schließenden Klammer (vgl. (8)(a)–(c), Vollverb unterstrichen). In einigen Fällen brauchen sie jedoch kein solches Vollverb, sondern es genügt schon eine Richtungsangabe, um vollständige Projekte zu bilden (vgl. (8)(d)–(f)):

```
(8) (a) die sollten       → ja vorher SCHLAFmittel kriegen
    (b) und ich konnt     → nich AUSsteigen
    (c) der sollt         → mich zuRÜCKholen
    (d) die durften       → RÜber
    (e) dann mussten      → se wieder zuRÜCK
    (f) und dann sollt    → ich zur unterSUchung
```

Da die Rektionseigenschaften des Verbs (sein Kasusrahmen) erst durch das nichtfinite Vollverb festgelegt werden, bestehen in dem Augenblick, in dem das Hilfs- oder Modalverb produziert wird, keine strukturellen Projektionsmöglichkeiten in Bezug auf die Argumente. Der Kasusrahmen ist ja noch nicht festgelegt. Projizierbar ist lediglich eine schließende Klammer als potentieller Abschluss des Projekts.

Das Mittelfeld. Die Elemente zwischen öffnender und schließender Klammer (wenn es eine solche gibt, ansonsten der Position, in der eine schließende Klammer stehen würde) bilden das **Mittelfeld** des syntaktischen Projekts. In der geschriebenen Sprache kann das Mittelfeld sehr komplex werden. Im mündlichen Deutsch sind die Mittelfelder allerdings in der Regel recht überschaubar und enthalten meist höchstens eine volle Phrase in Argumentfunktion (Uhmann 1993: 339). Andere Argumente, soweit gefordert, werden pronominal realisiert. Hier einige Beispiele:

4.1 Einfache Projektverläufe

(9) (a) du hattest einen SCHOCK
(b) dann hatte er ein EINreiseverbot
(c) und dann sollt ich zur unterSUchung
(d) da solltest du mit den kindern HINkommen
(e) und die ham mich dann in eine WOHnung gebracht
(f) man hätte dir die kinder WEGgenommen

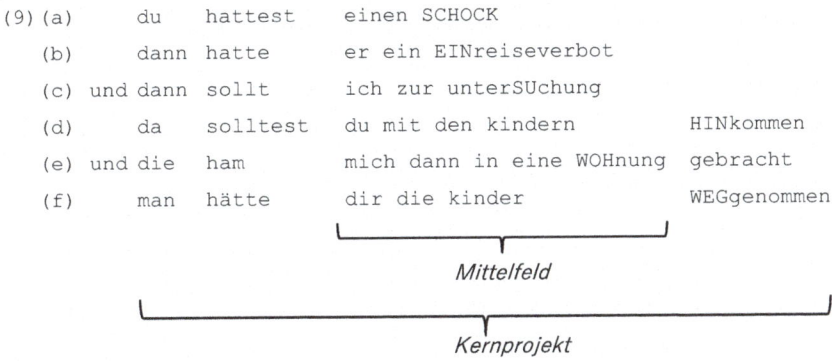

Die **schließende Klammer** ist eine sehr effektive Art und Weise, den potentiellen Projektabschluss zu markieren und vorherzusagen. Expansionen über einen solchen möglichen Abschlusspunkt hinaus sind aber möglich und vor allem in der gesprochenen Sprache häufig; sie werden in Kap. 6 behandelt.

Argumente im Nachfeld. Die starke Korrelation zwischen schließender Klammer und potentiellem Projektabschluss ist gestört, wenn das Klammerelement produziert wird, bevor alle Argumente des Verbs formuliert worden sind; denn in diesem Fall sind ja mit der schließenden Klammer noch nicht alle Projektionen eingelöst. Systematisch ist das bei Argumenten in Form von untergeordneten Projekten (,abhängigen Sätzen' und ‚infinitivischen Erweiterungen') der Fall, die regelmäßig nach der schließenden Klammer im **Nachfeld** stehen:

(10) (a) und da is RAUSjekommen (-) <u>dass ich mir HEUte eigentlich noch vorwürfe mache</u>,
(b) ham spätestens DA nich die kinder gefragt, <u>mama was und was IS denn</u>,
(c) und DA hat man versucht <u>mich zu erPRESsen</u>

Die Verben *rauskommen* (i. S. von ‚deutlich werden'), *fragen* und *versuchen* besetzen hier die schließende Klammerposition; sie erfordern aber jeweils ein Argument, das in den Beispielen noch fehlt. Es wird durch das *dass*-eingeleitete Komplement in (10)(a), das nicht-eingeleitete Komplement in (10)(b) bzw. die Infinitivkonstruktion in (10)(c) realisiert.

Argumente in Form einfacher Phrasen sind in der heutigen Standard-Sprache – anders als in früheren Sprachstufen und teils in den Dialekten (vgl. Speyer 2016) – nach der schließenden Klammer selten, kommen aber vor:

(11) ich meine n GUtes dAtum kann natürlich sein, (-) <u>der sechste MÄRZ</u>;

Wenn ein Argument erst nach der schließenden Klammer folgt, liegt das Ende des Projektkerns ebenfalls erst nach diesem Argument.

4.2 Fokus und Hintergrund, Topik und Kommentar

Im Deutschen ist die Reihenfolge der Argumente im Projekt stark mit der **Informationsverteilung** verbunden. Das Grundprinzip ist aus der Perspektive der Online-Syntax leicht zu erklären: Da neue Projekte inhaltlich oft an die Sprechsituation und die in ihr zugänglichen Wahrnehmungsphänomene oder an vorausgehende Projekte anknüpfen, stehen die sprachlichen Formen, die das neue Projekt an diese anbinden, präferentiell am Anfang des Projekts. Neben verknüpfenden Wörtern findet man deshalb im Vorfeld oder unmittelbar nach der öffnenden Klammer oft anaphorische (*er, sie* etc.) und vor allem anadeiktische (*der, die* etc.) Pronomen, die die neue Äußerung an das Thema der vorhergehenden anschließen. Umgekehrt wird die pragmatisch wichtige Komponente des emergierenden Projekts – das, was ‚neu' für die Rezipientin ist und überhaupt erst rechtfertigt, warum der Sprecher das sagt, was er sagt – eher gegen Ende formuliert (spät im Mittelfeld oder in der schließenden Klammer). Das Grundprinzip **Bekanntes vor Neuem** impliziert also eine spezifische Strukturierung der Äußerung in der Zeit und steuert die Aufmerksamkeit der Rezipientin: das Wichtigste kommt am Schluss. Allerdings ist diese Grundregel nicht ohne Ausnahmen, wie wir sehen werden.

Fokus und Hintergrund. Den Teil des Projekts, auf den der Sprecher die Aufmerksamkeit der Rezipientin richten will, weil er davon ausgehen kann, dass die Rezipientin ihn am relevantesten findet, nennt man den **Fokus**. Was nicht im Fokus steht, ist **Hintergrund**. **Relevanz** bedeutet hier, dass der Sprecher annimmt, dass die Rezipientin aus diesem Äußerungsteil etwas erfährt, was sie nicht sowieso schon weiß.

Was genau im Fokus steht, ist aber nicht allein durch den Inhalt der Äußerung und ihre kontextuelle oder situative Einbettung festgelegt. Vielmehr können die Sprecher innerhalb dieser Grenzen selbst entscheiden, an einer bestimmten Stelle im emergierenden Projekt den Übergang in den Fokusteil der Äußerung zu markieren. Sie können also wählen, was sie als Fokus darstellen wollen. Dazu stehen ihnen verschiedene **Techniken** zur Verfügung, die im Folgenden besprochen werden. Sprecher haben überdies die Möglichkeit, nach einem schon gekennzeichneten Fokus(beginn) weitere Foki zu markieren, die entweder additiv wirken und die Aufmerksamkeit der Rezipientin auf verschiedene Teile des Projekts ziehen sollen, oder hierarchisch: Dann ist der neue Fokus dazu da, innerhalb des übergeordneten Fokus eine weitere Relevanzabstufung vorzunehmen.

Prosodische Fokusmarkierung. Die wichtigste Technik zur Markierung des Fokus ist der **Fokusakzent**. Der Fokusakzent liegt in dem Teil der Äußerung, der den Fokus bildet. Er wird in der Regel prosodisch durch eine Tonhöhenbewegung realisiert. Auf welche Silbe innerhalb des Fokus der Fokusakzent fällt, ist nicht nur von der Pragmatik, sondern auch von phonologischen und grammatischen Regularitäten gesteuert.

Die prosodische Fokusmarkierung ist insofern sehr effektiv, als sie es erlaubt, auch gegen das Prinzip ‚Bekanntes vor Neuem' Teile der Äußerung in den Fokus

4.2 Fokus und Hintergrund, Topik und Kommentar

zu rücken, sie also *gegen* die Satzgliedstellung zu profilieren – obwohl sie zum Beispiel relativ weit am Anfang stehen. Der Nachteil ist, dass es nicht möglich ist, den Beginn (und das Ende) des Fokus exakt zu markieren, denn der Fokusakzent hebt phonologisch nur eine Silbe hervor, während meist eine größere Einheit im Fokus steht. Hier noch einmal einige der schon zitierten Beispiele (Fokus unterstrichen, Großbuchstaben markieren die prosodisch hervorgehobene Silbe):

```
(12)(a)  dann hatte er ein EINreiseverbot
    (b)  und dann is er verSTORben
    (c)  und die ham mich dann in eine WOHnung gebracht
    (d)  man hätte dir die kinder WEGgenommen
    (e)  da hatt ik den ERSten schock
```

In den Beispielen (12)(a) und (12)(b) ist die wichtigste Information, dass ein vorher schon eingeführter Protagonist *ein Einreiseverbot* (in die DDR) bekam bzw. *verstorben* ist. Fokussiert ist die Nominalphrase bzw. das Partizip in der schließenden Verbalklammer. Innerhalb dieses fokussierten Äußerungsteils liegt der Fokusakzent auf der Silbe, die den lexikalischen Akzent in den Wörtern *Einreiseverbot* bzw. *verstorben* trägt. Der Fokus ist also mit dem Wort koextensiv. In Beispiel (12)(c) liegt der Akzent auf dem Nomen in der PP *in eine WOHnung,* und man könnte vermuten, dass das Wort *Wohnung* oder die Phrase, in die das Wort eingebettet ist (die PP) auch den Fokus bildet. In dieser Lesart würde die Erzählerin hervorheben, dass sie im Kontrast zu anderen Aufenthaltsorten in eine Wohnung gebracht wurde und zum Beispiel nicht im Freien schlafen musste. Es würde sich dann um **engen Fokus** handeln, der nur die Phrase erfasst, in der der Fokusakzent realisiert wird. Nach einer anderen, in diesem Fall plausibleren Lesart bilden hingegen die Präpositionalphrase und das darauffolgende Partizip *gebracht* zusammen den Fokus der Äußerung (**weiter Fokus**). Neu ist nicht der Ort, sondern die Mitteilung, dass die Sprecherin ‚in eine Wohnung gebracht' wurde. Dafür, dass der Fokusakzent trotzdem auf *WOHnung* liegt (und nicht auf *gebracht*), sind syntaktische Gründe verantwortlich, keine pragmatischen (vgl. Uhmann 1991). Hier geht also der Abschnitt der Äußerung, der im Fokus steht, über die Wort- und Phrasengrenze hinaus. Die prosodische Markierung des Fokus erlaubt es in der Regel nicht, zwischen den beiden Lesarten zu unterscheiden, denn der Akzentton kann die Grenzen dessen, was zum Fokus gehört, nicht markieren.

Beispiel (12)(d) ist syntaktisch genauso strukturiert wie (12)(c). Wenn weiter Fokus markiert werden soll, müsste der Akzent also wie in (c) auf der Phrase vor der schließenden Klammer liegen (*die KINder weggenommen*). Der Sprecher hebt in diesem Fall aber das Verb prosodisch hervor. Dadurch indiziert er einen engen Fokus (vermutlich, weil ‚die Kinder' vorher schon mehrfach erwähnt wurden). In (12)(e) wäre bei weitem Fokus zu erwarten, dass in der NP der Kopf *Schock* hervorgehoben wird (*den ersten SCHOCK*). Die Sprecherin markiert aber durch den Akzent auf dem Adjektiv engen Fokus. Dadurch kann sie andeuten, dass es auch noch einen zweiten Schock gegeben hat. Der Fokusakzent ist hier ein **Kontrastakzent**.

Ein emergierendes Projekt muss mindestens einen Fokusakzent enthalten, um abgeschlossen zu sein; wenn es aus mehreren Intonationsphrasen besteht, erhält jede davon einen Fokusakzent. Umgekehrt ist es möglich, dass im Projekt innerhalb einer Intonationsphrase noch weitere prosodische Hervorhebungen vorkommen. Die Rezipientin kann also nicht wissen, ob auf eine prosodische Hervorhebung, die sich als Fokusakzent interpretieren lässt, noch weitere folgen werden und welche davon den Fokus markiert. Meistens ist es die letzte hervorgehobene Silbe – aber das lässt sich manchmal erst im Nachhinein entscheiden. Es ist aber auch möglich, dass ein Projekt mehrere Fokusakzente trägt, weil der Sprecher sich entscheidet, die bisher als Fokus ausgewählte Komponente seiner Äußerung durch einen weiteren Fokus zu ergänzen (vgl. Beispiele in (14)).

Lexikalische Verfahren zur Fokusmarkierung. Es gibt im gesprochenen Deutsch neben den prosodischen auch lexikalische Techniken, um den (Übergang in den) Fokus zu markieren. Sie sind – anders als der Fokusakzent – fakultativ. Dazu gehören **Abtönungspartikeln** und epistemische **Adverbien** im Mittelfeld. Ihre Funktion ist es an sich nicht, den Fokusbeginn zu kennzeichnen, sondern die Äußerung zu modulieren oder zu rahmen. Sie stehen aber vor dem Beginn der Fokusdomäne und können daher indirekt auch dazu dienen, deren Beginn zu markieren. Im Fall der vielen einfachen Projekte, die nur eine volle (nichtpronominale) NP enthalten, werden sie nach dem finiten Verb oder gegebenenfalls nach den diesem Verb folgenden Pronomen produziert (Fokusbereich unterstrichen, Abtönungspartikel kursiv; Transkriptausschnitte aus verschiedenen Corpora):

```
(13) (a)  du bist ja mit_nem SCHLAGzeuger verheiratet,
     (b)  also das war halt mehr in meiner buLEmischen zeit,
     (c)  im nAchhinein hab ich halt auch relativ schlechte
                                       erFAHrungen gemacht
```

Wenn ein Projekt mehrere Akzenttöne enthält (z. B. auf einer vollen NP im Mittelfeld und daneben auf der schließenden Klammer) und die Prosodie daher verschiedene Fokusgliederungen zulässt, kann die Positionierung der Abtönungspartikel einen Hinweis darauf geben, wo die Fokusdomäne beginnt:

```
(14) (a)  also die haben ja [mit dem SCHLAUCH]F1 [den REgen gemacht]F2;
     (b)  ich GEH ja mit solchen informaTIOnen
                              jetzt ja auch [nicht hauSIEren]F1,
```

In Beispiel (14)(a) markiert zunächst die Partikel *ja* den Übergang in den Fokusbereich; es scheint so, als ob die darauffolgende PP *mit dem SCHLAUCH* (mit einem folgenden Verb, etwa *gespritzt*) den Fokus bilden würde. Damit könnte das Ende des Projekts erreicht sein. Der Sprecher entscheidet sich jedoch (vielleicht erst im Lauf der Produktion dieser Äußerung), das Mittelfeld komplexer werden zu lassen; er wählt das Prädikat *Regen machen*, das einen weiteren Akzentton auf *REgen* erlaubt. Dieser Akzentton auf dem Objekt vor der schließenden Verbklammer ist

4.2 Fokus und Hintergrund, Topik und Kommentar

sogar notwendig, wenn der Sprecher vermeiden will, dass *mit dem SCHLAUCH* als enger Fokus verstanden wird. So enthält die Äußerung schließlich zwei Fokusakzente auf zwei Phrasen (im Transkript durch eckige Klammern gekennzeichnet), die inkrementell entstehen. Die beiden Foki sind additiv organisiert. Die Positionierung der Partikel *ja* vor *den REgen gemacht* würde hingegen die prosodische Hervorhebung auf *SCHLAUCH* eher zu einer Hervorhebung innerhalb des Hintergrunds (also ohne Fokusakzentstatus) machen und die Tatsache, dass mit dem (als bekannt unterstellten) Schlauch Regen gemacht wurde, zur wichtigsten Information erheben.

Beispiel (14)(b) unterscheidet sich von (14)(a) dadurch, dass die Sprecherin im Lauf des emergierenden Projekts zweimal Partikeln verwendet und so zweimal den möglichen Übergang in den Fokusbereich markiert. Das erste *ja* steht vor der PP *mit solchen informaTIOnen;* sie enthält zwar einen Akzent, kann aber nach dem Verb *gehen* das Projekt nicht abschließen. Vermutlich wird die wichtigste Information erst noch kommen. Die Sprecherin setzt nun ein ganzes Cluster von weiteren Partikeln ein (*jetzt ja auch*), um die noch fehlende Komponente des Verbalkomplexes als Fokus zu markieren und gegenüber der PP *mit solchen informaTIOnen* stärker zu profilieren. Das folgende Verb *hauSIEren* trägt überdies eine weitere prosodische Hervorhebung. Es beendet das Projekt. Die Hervorhebung wird daher als Fokusakzent interpretiert.

Während Abtönungspartikeln nur sekundär der Markierung des Beginns der Fokusdomäne dienen, entwickelt sich möglicherweise im gesprochenen Deutsch heute ein auf diese Aufgabe **spezialisierter Fokusmarker**. Das ist die unbetonte Partikel *so* (vgl. Wiese 2011). Hier zwei Beispiele:

(15) (a) weil die::; die berLIner OSTbe OSTberliner theAter sind
          ja alle <u>so:</u> in in berlIn MITte:; b beHEImatet?
    (b) man HÖRT ja immer von so (.) <u>gAnz abSURden übungen</u>,

Die Partikel *so* hat (neben ihrer deiktischen Verwendung) häufig die Funktion, die Vagheit oder Unbestimmtheit einer Formulierung anzuzeigen. In den beiden Beispielen erscheint es aber wenig plausibel, dass der Sprecher mit *so* ausdrücken will, dass die nachfolgende PP oder NP nur ungefähr das trifft, was er sagen will. Plausibler ist es davon auszugehen, dass *so* den Übergang in die Fokusdomäne markiert.

Fokus am Projektbeginn. Es wurde bereits darauf hingewiesen, dass die Gliederung der Äußerung in Hintergrund (am Anfang) und Fokus (am Ende) der natürlichen Prozessierung in der Zeit entspricht: das Projekt baut auf dem Bekannten auf und führt es auf diesem Hintergrund zu der (aus Sicht des Sprechers) relevanten (neuen) Information für die Rezipientin. Sie ist also ikonisch. In manchen Fällen wird diese Reihenfolge allerdings durchbrochen und es steht **das Wichtigste zuerst**, d. h. das Projekt beginnt direkt mit der Fokuskonstituente, die auch den (einzigen) Fokusakzent trägt:

(16) (DOM, Flucht)
```
  01 CHR:   °hh dann kam dieser kurIer nach ner woche WIEder,
  02        und sagte mir am sechsundzwanzigsten deZEMber,
  03 DOM:   mHM,
  04 CHR:   wo ich HIN sollte?
  -----------
  05        ((schluckt))
  06        u:nd^h;
  07        da würde n AUto kommen,=
  -----------
→ 08        =und nen KENNwort hatt ich-
  09        °hhh
```

(17) (BB)
```
  01 MAX:   IS das nicht SUper geworden das tii shirt?
  -----------
  02 BIA:   das ist der HAMmer.
  -----------
  03        also DA muss ich ja echt [SAgen;]
  -----------
  04 JOS:                            [mHM,  ]
  05        (0.9)
  06 MAX:   [ich hätt AUCH gern so] eins.
  07 BIA:   [RICHtig GUT.         ]
  08        <<len> MA:xi:->
  09        (2.1)
  10 MAX:   <<dim> ich WOLLT damit sagen;>
→ 11        SCHÖN is das.
  12        (0.9)
```

In diesen beiden Beispielen ist dem Sprecher die neue Information so wichtig, dass er seine Äußerung damit beginnt. In Ausschnitt (16) markiert die Sprecherin dadurch die Dringlichkeit, mit der sie eine beinahe vergessene, aber wichtige Information in die Erzählung einführt. In Beispiel (17) wird eine stark evaluative Äußerung formuliert. Maxi stimmt in die enthusiastische Bewertung eines selbstgemachten T-Shirts ein. Das interaktiv wichtigste Element, nämlich das bewertende Adjektiv (*schön*) steht vor dem Pronomen, das auf den zu bewertenden Gegenstand referiert (*das*). (Z. 11 ist im Format eines selbständigen Projekts formuliert, ist jedoch Argument zu *sagen* in Z. 10.)

4.2 Fokus und Hintergrund, Topik und Kommentar

> **Terminologie: wichtige Begriffe zur Informationsstruktur**
> **Fokus**: Der Teil des Projekts, auf den der Sprecher die Aufmerksamkeit der Rezipientin richten will, weil er davon ausgehen kann, dass die Rezipientin ihn am relevantesten findet.
> **Hintergrund**: Der Rest des Projekts.
> **Topik**: Das, wovon die Äußerung handelt.
> **Kommentar**: Das, was über das Topik gesagt wird.

Topik und Kommentar. Bisher wurde unterstellt, dass sich alle Projekte in Hintergrund und Fokus aufteilen lassen, sei die Reihenfolge nun wie gewöhnlich Hintergrund vor Fokus oder wie in den markierten Fällen Fokus vor Hintergrund. Allerdings findet man Äußerungen, in denen diese Annahme nicht zutrifft, weil sie an gar nichts anknüpfen. In diesem Fall ist die **gesamte Äußerung im Fokus**. Das ist zum Beispiel bei Gesprächsanfängen nach der Frage ‚was gibt's Neues¿' der Fall. In der Antwort kann (normalerweise) kein anaphorisches oder anadeiktisches Pronomen auftreten. Alle Argumente werden durch volle Phrasen ausgerückt, die zum Fokus gehören. Im folgenden Beispiel handelt es sich um den Beginn eines Telefongesprächs zwischen Familienmitgliedern:

```
(18)(Calling Home)
   01 ANS:     °h was gibt es sonst neues bei bei EUCH?
   02          °h in [der faMIlie]?
   -----------
   03 BIR:          [also an_und]_f? äh an_und_für sich gibts NICH
                    viel [neues.
   04 ANS:                [NICHT viel [neu.]
   -----------
   05 BIR:                            [ja; ]
   06          ne:; ne;
→  07          °h also äh (.) ALfred is °h mit äh bei mit ROLF ein
               tach °h nein; nich äh JA; ja nach; in äh Oben;
               °hh zu_zu den BIEn-
   -----------
   08          die haben da geSCHLEUdert.
```

Der Anrufer eröffnet mit seiner unspezifischen Frage in Z. 01 eine sequenzielle Position im Gespräch, in der die Angerufene Neuigkeiten berichten kann. Er erweitert die Frage in Z. 02 und schränkt sie auf ‚die Familie' ein. Schon überlappend mit dieser Erweiterung übernimmt Birte den Turn, zunächst mit der Ankündigung, die sequenzielle Position nicht nutzen zu wollen (Z. 03). Erst in Z. 07 formuliert sie eine Antwort und erzählt eine berichtenswerte Neuigkeit. Sie beginnt ein neues syntaktisches Projekt mit dem Operator *also* und einer Häsitationspartikel. Von zahlreichen Abbrüchen und Parenthesen durchzogen, entsteht dann die folgende syntaktische Struktur:

> ALfred is (...) mit ROLF ein tach (...) Oben_zu den BIEn.

Nichts in dieser Äußerung greift auf vorher Erwähntes zurück, alles ist daher im Fokus, was angesichts des gerade erst beginnenden Gesprächs und der relativ unspezifischen Eingangsfrage nicht überraschend ist. Dennoch hat auch diese Äußerung eine inhaltliche Gliederung. Sie beginnt mit der Nennung einer Person ('Alfred') und endet mit dem, was über diese Person gesagt wird (sie war 'mit Ralf einen Tag oben bei den Bienen'). Für diese Gliederung in das, wovon die Äußerung handelt, und das, was darüber gesagt wird, hat sich die Bezeichnung **Topik-Kommentar-Struktur** (*topic comment structure*) eingebürgert (vgl. Lambrecht 1987; Gundel 1999; Krifka 2007). Da auch Äußerungen, die insgesamt im Fokus stehen, meist in Topik und Kommentar gegliedert sind, ist das Topik nicht dasselbe wie der Hintergrund und der Kommentar nicht dasselbe wie der Fokus, auch wenn beide oft zusammenfallen. Besonders deutlich ist dieses Zusammenfallen nach Fragen:

```
(19)(DOM, Flucht)
  01 DOM:    war diese:r TREFFpunkt irgendwo in ostberLIN.
  ------------
→ 02 CHR:    (.) der war in (0.5) BRANdenburg.
```

Der Sprecher möchte eine Bestätigung, dass die von ihm vermutete Ortsreferenz zutrifft. Die Rezipientin gibt zu verstehen, dass dies nicht der Fall ist. Sie antwortet indirekt, indem sie die korrekte Information gibt. In diesem Fall ist der Fokus der Antwort bereits festgelegt: im Fokus steht das, wonach gefragt wird, also der Ort des Treffens. Christas Korrektur (*in Brandenburg*) ist zugleich der Fokus ihrer Antwort, also die relevante Information. *In BRANdenburg* trägt folgerichtig den Fokusakzent. Zugleich hat das syntaktische Projekt in Z. 02 aber auch eine Topik-Kommentar-Struktur: die Antwort handelt, wie auch die Frage, von dem 'Treffpunkt', auf den anadeiktisch referiert wird (Topik: *der*). Über dieses Topik wird etwas ausgesagt, nämlich dass der Treffpunkt in Brandenburg war (Kommentar). *In Brandenburg* ist also Kommentar und Fokus.

Schon in Kap. 3 wurde besprochen, dass das Topik oft das Argument im Vorfeld ist. Deshalb wird das Vorfeld auch manchmal als **Topik-Position** bezeichnet. Das ist insofern nicht richtig, als das Vorfeld nicht zwingend das Topik aufnimmt, sondern auch von anderen Elementen besetzt werden kann (z. B. von Adverbien wie *dann* oder *vielleicht*). In diesem Fall wird das Topik erst im Mittelfeld produziert. Topik und Vorfeld sind also korreliert, aber nicht identisch.

Die große Mehrheit von Topik-NPs im Vorfeld hat die syntaktische Funktion des **Subjekts**. Allerdings können auch NPs in anderer Funktion als der des Subjekts im Vorfeld stehen und dadurch zu Topiks werden. Dies belegen die folgenden Ausschnitte:

4.2 Fokus und Hintergrund, Topik und Kommentar

```
(20)(THE, Sta)
((Die Schauspielerin STA spricht von einer ihrer Rollen, in der
sie Linette heißt.))
   01 STA:    °hh und eine meiner bEsten frEundinnen heißt ANnett
              zum beispiel,
   ------------
   02 STA:    =<<schneller>[=und dArum find ich_s auch schön>
   03 THE:                  [mHM,
      STA:    dass ich LInett heiße?
   ------------
→ 04          °hh und den nAmen gibt_s WIRKlich,
   ------------
   05         ich hab ihn in?? IRgendeinem roMAN auch mal gelesen,

(21)(THE, RaK)
((über ein von RaK gezeichnetes, potentiell islamophobes Comic zu
Zeiten der islamischen Kampagne gegen die Mohammed-Karikaturen in
Jyllands Posten))
   01 RaK:    das hat mich damals AUCH kalt erwischt;
   ------------
   02 THE:    [mHM,]
   03 RaK:    [°h ] aber äh: NEIN;
→ 04         also öh ü_über dieses TItelbild hat sich MEInes
              wissens jedenfalls (-) NIE jemand AUFgeregt.
```

Den Namen im ersten Beispiel ist ein direktes Objekt, *über dieses Titelbild* im zweiten Beispiel ein Präpositionalobjekt. In diesem Fall wird ein anderes Argument als das Subjekt dadurch **topikalisiert**, dass es im Vorfeld produziert wird. Topiks sind also weder mit Subjekten gleichzusetzen noch mit Vorfeldbesetzungen, auch wenn oft das Topik eines Projekts eine Subjekt-NP im Vorfeld ist und das Vorfeld dazu dient, Nicht-Subjekte zum Topik zu machen.

> **Projekte ohne Topik/Kommentar-Gliederung**
> Selten kommen auch Projekte ohne Topik/Kommentar-Gliederung vor. Sie machen keine Aussage ‚über' irgendetwas und sind nicht weiter gliederbare (sog. „**thetische** Sätze", vgl. Sasse 1987).
>
> ```
> (K5)
>    01 FRE:    RIECHST ´du `dat;
>    ------------
>    02 ANN:    hn?=
>    03 FRE:    =wat IS dat;=
>    04         =was so rIecht.
> ```

```
→ 05 MIA:    das riecht nach SCHWEISSfüße;
  06 ANN:    wo;
-----------
→ 07 FRE:    ja dat kommt aus dem AUto hier.
```

Mia und Fred sagen in Z. 05/07 nichts über ‚das'. Die Pronomen sind zwar die Subjekte der jeweiligen Projekte, sie sind aber nicht ihr Topik in dem oben definierten Sinn. (Die Sätze haben aber durchaus einen Fokus, nämlich *nach SCHWEISSfüße* bzw. *aus dem AUto hier*). Das Pronomen *das/dat* ist auch nicht referenzidentisch mit dem Pronomen *dat* in Z. 01/03, das auf einen noch nicht identifizierten Gegenstand referiert. In Z. 05 und Z. 07 ist *das/dat* hingegen durch *es* ersetzbar und hat keine Referenz.

Fokus auf dem Topik. Ein weiterer Grund, warum man Hintergrund/Fokus von Topik/Kommentar unterscheiden muss, ist, dass in manchen Fällen (einer) der Fokusakzent(e) auf dem Topik liegt, also das Topik **fokussiert** wird. In den folgenden beiden Beispielen gibt es zwei Fokusakzente, einen auf dem Topik und einen weiteren auf dem Kommentar:

```
(22)(THE, Sel)
((Der Sprecher hat von den Vorlesungssprengungen durch
marxistische Studentengruppen während seines Studiums erzählt.))
  01 THE:    haben_se sich überZEU:gen lassen [dann auch?]
-----------
  02 SEL:                                     [ähm???   ] nein.
  03 THE:    [nein.]
→ 04 SEL:    [über ]ZEUgen lassen hab ich mich NICHT,
-----------
  05         ich hab schon meine::
  06         ich bIn im grunde genommen immer ein bisschen auch
             ein STREber gewesen,

(23)(THE, Sta)
  01 STA:    und dEr ist ja immer noch ein äh MEIST gelIebter mEnsch
             in meinem LEben;
-----------
  02 THE:    oKE-
  03         oKAY-
  04 STA:    un:d-
→ 05         aber verHEIratet sind wir NICHT mehr;
-----------
  06         aber des (.) MUSS man ja auch nicht sein;
```

In Ausschnitt (22), Z. 04 wird ein Teil des Verbalkomplexes (die beiden nicht-finiten Teile *überzeugen lassen*) in das Vorfeld gestellt und damit topikalisiert. Das Topik ist zugleich durch einen Fokusakzent herausgehoben. Der Kommentar ist in diesem Projekt die Negation, die am Ende steht und ebenfalls einen Fokusakzent erhält. Ähnlich im Beispiel (23): das fokussierte Topik ist hier das Partizip *verheiratet* im Vorfeld.

Im Grunde ist eine solche Doppelfokussierung von Topik und Kommentar nichts anderes als eine syntaktisch einfache Variante der schon im letzten Kapitel besprochenen **Prolepse** (vgl. Abschn. 3.6.2). Die Prolepse ist ein syntaktisches Verfahren, das Topik zu fokussieren. Dazu erhält die vorangestellte Phrase einen Fokusakzent. Die Doppelfokussierung wie in den Ausschnitten (22) und (23) verzichtet hingegen auf die syntaktische Herausstellung der Topik-Phrase ins Vorvorfeld. Sie arbeitet innerhalb des syntaktischen Kernprojekts mit dem Vorfeld als Topikalisierungsposition und mit dessen prosodischer Markierung als einem von zwei Foki.

Die beiden Begriffspaare Hintergrund/Fokus und Topik/Kommentar sind notwendig, um die spezifischen syntaktischen Strukturen der gesprochenen Sprache zu verstehen, die in diesem und dem nächsten Kapitel behandelt werden. Viele von ihnen stellen für den Sprecher Möglichkeiten zur Verfügung, die Topik/Kommentar-Struktur zu profilieren und dabei mit dem Fokus zu arbeiten. Ein solches Verfahren wird im nächsten Abschnitt besprochen, weitere in Kap. 5.

4.3 Projektemergenz *apo koinu*

Der Verlauf eines einfachen syntaktischen Projekts wurde bisher aus dem Zusammenspiel von Projektionen und Projektionseinlösungen beschrieben. Mündliche Projekte entwickeln sich allerdings nicht immer so einfach, wie das folgende Beispiel zeigt:

```
(24)(DOM, Depression)
  01 RIC:    ((räuspert sich))
  02         also es is SO,=
  -----------
  03         =ich bin ja: ähm (2.0)
  04         wenn ich mal SO sagen möcht;=
→ 05         =ich bin mit VIERzehn;
→ 06         (--) bin ich depresSIV geworden,
```

Das syntaktische Projekt in Z. 03–06 zeigt einige Besonderheiten. Der Sprecher produziert ein Subjektspronomen im Vorfeld, danach ein finites Verb in der öffnenden Klammer und eine Partikel (*ich bin ja:*); projiziert ist nun, eingeleitet durch die Partikel *ja*, der Kommentar/Fokus, etwa ein Prädikativ (*depressiv*). Diese Projektion wird aber nicht eingelöst. Der Sprecher schiebt zunächst in Z. 04 parenthetisch ein untergeordnetes Projekt ein, nämlich *wenn ich mal SO sagen möcht* (vgl. zu solchen Parenthesen Abschn. 4.4). Dann geht er (Z. 05) an den Beginn des Projekts zurück und wiederholt dessen erste Elemente, nämlich *ich bin*. (Solche Retraktionen werden in Abschn. 4.5 ausführlicher behandelt.) Das Projekt wird nun mit einer internen Expansion weitergeführt (*mit vierzehn*); die Einlösung des projizierten Fokus fehlt an dieser Stelle immer noch. Sie erfolgt auch im Folgenden nicht, d. h. es entsteht kein vollständiges Projekt (wie etwa *ich bin mit vierzehn depresSIV geworden*). Vielmehr reinterpretiert der Sprecher *mit vierzehn* als Vorfeldkonstituente, indem er an dieser Stelle erneut das finite Verb *bin* anschließt. Nun ist *mit vierzehn bin* ein neuer Projektanfang, der das Subjekt und darauf ein infinites Verb (*depressiv geworden*) projiziert. In dieser Form wird das Projekt dann auch abgeschlossen.

In Z. 05/06 wird also eine schon begonnene Konstruktion im Verlauf ihrer Emergenz in eine andere Konstruktion überführt; eine solche ‚gedrehte Konstruktion' nennt man eine **apo koinu-Konstruktion** (aus griech. ἀπὸ κοινοῦ ‚vom Gemeinsamen', ‚durch das Gemeinsame'; vgl. Scheutz 1992; Betz 2008; Meinunger 2011; Barth-Weingarten et al. 2021). Es handelt sich dabei um eine bestimmte Art von Veränderung der Projektionsverhältnisse, die oft ohne besondere Markierung als Abbruch oder Reparatur erfolgt. Das Besondere ist, dass ein Element des emergierenden Projekts (in der Regel eine Phrase, manchmal auch mehr) zum Beginn eines neuen Projekts wird. Das gemeinsame Element, das sowohl zum ursprünglichen als auch zum schlussendlich entstandenen Projekt gehört, ist das **koinon** (Drehelement, *pivot*).

Es gibt verschiedene *apo koinu*-Typen. Manche weisen Merkmale eines festen Konstruktionsschemas auf und sind vielleicht von Anfang des Projekts an geplant, andere entstehen ‚lokal', also im Lauf der emergierenden Äußerung.

Spiegelkonstruktionen. Die stärkste konstruktionelle Verfestigung zeigen sog. Spiegelkonstruktionen, in denen sich die syntaktischen Elemente des Projektanfangs nach dem *koinon* in spiegelbildlicher Reihenfolge wiederholen. Das *koinon* ist eine Phrase, die im ursprünglichen Projekt am Beginn des Mittelfelds (MF) steht:

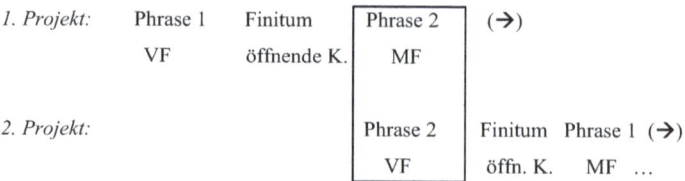

Nach dem *koinon* (in der Box) wird das finite Verb ein zweites Mal produziert, wodurch ein neues Vorfeld definiert wird; das *koinon*, das ursprünglich im Mittelfeld stand, erscheint nun als Besetzung dieses Vorfelds (VF). Das zu Projektbeginn produzierte Vorfeldelement wird nach dem wiederholten Finitum ebenfalls wiederholt. Der pragmatische Effekt ist der einer **Topikalisierung** des *koinon*, das aus dem Mittelfeld ins Vorfeld gerückt wird. Bei Spiegelkonstruktionen ist das ursprüngliche Vorfeld aus dem ersten Projekt immer schwach besetzt, meist nur mit einem Pronomen oder einem kurzen Adverb. Im Vergleich dazu ist das *koinon* von deutlich größerem pragmatischen Gewicht, nämlich eine volle Phrase.

4.3 Projektemergenz *apo koinu*

Zu diesem Typ gehören neben Ausschnitt (24) auch die folgenden Beispiele (25)–(27) (*koinon* unterstrichen):

```
(25) (GLEICHGEWICHT)
((therapeutische phone-in show))
   01 ANR:    ((ich habe als Kind gelernt))
   02         °hh dass es IMmer=wieder e? so sein muss-
   03         °h dass sich (-) menschen: ein stück zuRÜCKnehmen
              müssen, h
   04         damit sie anderen auch wieder FREIraum lass[en;]
   05 THE:                                               [he,]
   -----------
→  06 ANR:    das war GRAde in der KRIEGszeit war des UNheimlich
              WIChtig;

(26)(DOM, Flucht)
   01 CHR:    <<ausatmend> U:ND->
→  02         dann hatt ich ne WOChe;
→  03         hatt ik mir beDENKzeit begeben;

(27)(DOM, Prostitution)
   01 BIR:    es GIBT natürlich leute [die-
   02 DOM:                            [°h
   03 BIR:    die: arbeiten vierundzwanzig STUNden durch,=
   -----------
→  04         =die ham den MOnat ham die ACHTtausend minuten- ((etc.))
```

Das ursprüngliche Projekt ist in den bisherigen Beispielen mit dem Erreichen des *koinon* noch offen. Es kann aber damit auch potentiell abgeschlossen sein:

```
(28)(THE, Tez)
   01 THE:    mein du bist ja_ne TÄNzerin,
   02         seit du (.) SECHS bist glaub ich, (-)
   03         [LEIdenschaftliche] tänzerin,=
   04 TEZ:    [mHM,              ]
   05 THE:    =AUSgebildete (.) tanzpädaGOgin [sogar.]
   06 TEZ:                                    [mHM,  ]
   -----------
→  07 THE:    [du bist ja (.) pädaGOgin (.) bist du.
   08 TEZ:    [((lacht))
   -----------
   09 TEZ:    <<lachend>ja ich WEIß h h h>
```

Hier ist nach *pädaGOgin* bereits ein syntaktischer Abschlusspunkt erreicht. Die *apo koinu*-Konstruktion erweitert also das Projekt.

Verzögerungen im *koinon*. Etwas weniger konstruktionell verfestigt erscheint die Projektemergenz *apo koinu*, wenn der Übergang von der einen in die andere Konstruktion durch Reparaturen (Retraktionen) stärker sichtbar gemacht wird:

```
(29)(CHEFORDER)
→01 M:    ich verlass wegen euch wegen MEInen MITarbeitern verlass
          ich meine faMIlie;
-----------
  02      °h nur das des amal klar geSEHen wird;

(30)(THE, RaK)
  01 RaK: man braucht das ÄLterwerden-
→02       ich versuche diesem: (-) °h diesem schrecklichen
          dieser SCHRECKlichen tragödie;
→03       versuche ich auch noch was LUStiges abzugewinnen;
```

In beiden Beispielen erfolgt innerhalb des *koinons* eine Reparatur (*wegen euch > wegen MEInen MITarbeitern* bzw. *diesem > diesem schrecklichen > dieser SCHRECKlichen tragödie*).

Freiere *apo-koinu*-Projekte. Die Projektemergenz *apo koinu* kann aber auch freier gestaltet werden als in Spiegelkonstruktionen. Der Wechsel von der alten in die neue Konstruktion greift dann stärker in Wortwahl und Syntax ein. Die folgenden Ausschnitte (31)–(32) weichen von der Spiegelkonstruktion insofern ab, als das finite Verb aus der ursprünglichen Konstruktion durch ein anderes in derselben Flexionsform ersetzt wird.

```
(31)(THE, Sta)
→01 STA:  also MEIstens sind die Ersten DREI Tage,
→02       fühlen sich immer MERKwürdig FREMD an;
  03      so als hätte ich noch NIE gespielt,

(32)(THE, Tez)
  01 TEZ: WITzigerweise,
→02       ich hab AUCH bei dem bei dem ERSten teil dachte ich
          auch so ob mich das wohl IRgendwie irritieren wird,
```

Im ersten Beispiel ist das *koinon die Ersten DREI tage*. Das Verb in der ursprünglichen Konstruktion ist *sind*; es wird nach dem *koinon* durch *fühlen* (3PL) ersetzt. Im zweiten Beispiel ist das *koinon* die PP *bei dem- bei dem ERSten teil* (mit einer internen Reparatur). Das ursprünglich gewählte Verb ist *hab* (1SG), das als Hilfsverb mit hoher Wahrscheinlichkeit das Partizip einer Perfektkonstruktion projiziert; nach dem *koinon* wird hingegen das Präteritum *dachte* (1SG) verwendet.

Nicht vollständig ist die Spiegelung auch in den folgenden Beispielen (33)–(34); hier wird nach dem *koinon* zwar das finite Verb, aber nicht die ursprüngliche Vorfeldkonstituente wiederholt:

4.3 Projektemergenz *apo koinu*

```
(33)(HOCHZEIT, phone-in Therapie)
  01 KLI:   nun ist es halt jetzt SO,
  -----------
→ 02        jetz is eines tages am MUTtertag is äh die EINladung
            äh gekommen-

(34)(THE, Sta)
  01 STA:   in Unserer BRANche,=
→ 02        =wird ja im JAnuar FEbruar MÄ:RZ,
→ 03        da w:ird normAlerweise nIcht viel geDREHT.
```

Im Vorfeld der ursprünglichen Konstruktion steht in diesen Fällen kein Argument des Verbs, sondern ein Adverb (*jetz, in Unserer BRANche*) in der Funktion einer Freien Angabe. Diese muss nach dem *koinon* (*eines tages am MUTtertag*, vermutlich mit einer präzisierenden Selbstreparatur, bzw. *im JAnuar FEbruar MÄ:RZ*) nicht wiederholt werden, sondern wird durch eine andere Angabe ersetzt. Im zweiten Beispiel ist eine weitere Abweichung vom Muster der strikten Spiegelkonstruktionen festzustellen: das *koinon*, nämlich *im JAnuar FEbruar MÄ:RZ* steht in dem schlussendlich entstandenen Projekt *im JAnuar FEbruar MÄ:RZ da W:IRD normAlerweise nIcht viel geDREHT* nicht im Vorfeld, sondern im Vorvorfeld. Das resumptive *da* macht schon vor der zweiten Produktion des finiten Verbs deutlich, dass sich das Konstruktionsschema geändert hat.

Die freieste Art, die Konstruktion *apo koinu* zu verändern, spiegelt weder das Finitum noch das alte Vorfeldelement. Lexikalisch gibt es dann (vom *koinon* abgesehen) keine Beziehung zwischen alter und neuer Konstruktion. Auch dazu drei Beispiele. In Ausschnitt (35) ist das *koinon* das Adverb *dann*, das finite Verb in der ursprünglichen Konstruktion ist *kam* (3SG), im ursprünglichen Vorfeld steht *und zwar*. Das Projekt dreht sich auf *dann* so, dass dieses Adverb nun aus dem Mittelfeld ins Vorfeld der neuen Konstruktion gerückt wird. Danach folgt ein anderes finites Verb (*musst*, 1SG) und das Subjekt *ich*. Das ursprünglich vorfeldbesetzende *und zwar* kann an dieser Stelle nicht mehr verwendet werden, denn es kann nur im Vor(vor)feld, nicht im Mittelfeld stehen (vgl. Abschn. 3.4.1).

```
(35)(DOM, Flucht)
→ 01 CHR:   und zwar (.) kam ja dann musst ich ja nach marienFELde;
```

Im folgenden Beispiel (36) ist das *koinon* in Z. 01 *um SIEBzehn uhr*, das ursprüngliche finite Verb ist *wollt* (1SG), davor steht das Subjektspronomen *ich*. Nachdem das *koinon* zum Vorfeld uminterpretiert worden ist, folgt ein anderes Verb (*ist*, 3SG) und auch ein anderes Subjekt (*meine Schicht*).

```
(36)(BB)
((Beide Teilnehmer stehen vor einem Lagerfeuer.))
→ 01 JOS:   ick wollt et eigentlich um SIEBzehn uhr ist meine
            SCHICHT beendet,
```

```
           -----------
           02         und dann wollt ick_s LÖSchen.
           -----------
           03 VLA:    wir wollten beide zusammen DRAUFpinkeln;
```

Im Beispiel (37) projiziert der Beginn des Projekts in Z. 04 (*das ist*) zusammen mit dem *koinon* (*in DEUTSCHland*) ein Prädikativ, evtl. ein bewertendes Adjektiv oder das Nomen *nichts*. Nachdem sich das Projekt auf *in Deutschland* ‚gedreht' hat, beginnt eine neue Konstruktion mit dieser Präpositionalphrase im Vorfeld, die mit dem Modalverb *kann* in der linken Klammer und einem neuen Subjekt (*man*) fortgeführt wird. Von den Elementen vor dem *koinon* wird keines wieder aufgegriffen. Dennoch kann *apo koinu* ein glatter Konstruktionswechsel organisiert werden, der außer einer leichten Häsitation nach dem *koinon* keine Oberflächenspuren der syntaktischen Umstrukturierung erkennen lässt:

```
(37)(AKTIENBERATUNG)
     01 VAT:    man muss schon sich das eben auch mal SELber überlegen
                was im moment GUT is;
     -----------
     02 TOC:    mm,
     03         (1.0)
  → 04 VAT:    und ä ä d das is eigentlich in DEUTSCHland m kann man
                nur sehr VORsichtig sein.
     05 TOC:    mm,
```

Projektemergenzen *apo koinu* sind im gesprochenen Deutsch sehr verbreitet, während sie in anderen Sprachen seltener oder strukturell deutlich eingeschränkter sind. Grund dafür ist der Verbzweit-Charakter des Deutschen, also die spezifische Art und Weise, wie in der Sprache das Vorfeld organisiert ist. Erst sie ermöglicht es, projizierte Mittelfeld-Konstituenten durch einen Konstruktionswechsel während der Emergenz des Projekts in die Vorfeld-Position zu bringen.

4.4 Projektionsaufschübe: Interne Expansionen und Parenthesen

Adjazenzprojektionen strukturieren folgende syntaktische Slots. Die Projektionserwartung der Rezipientinnen kann aber auch (zunächst) enttäuscht werden. Ein Grund dafür kann sein, dass die Projektionseinlösung verschoben wird. In diesem Kapitel geht es um zwei Möglichkeiten, ein emergierendes Projekt an einer bestimmten, schon durch Projektionen vorstrukturierten Stelle zu erweitern, die gültigen Projektionen allerdings im Spiel zu lassen. Beide sind kein exklusives Merkmal der gesprochenen Sprache, sondern kommen auch in der geschriebenen vor. Es geht um interne Expansionen und um Parenthesen.

4.4 Projektionsaufschübe: Interne Expansionen und Parenthesen

Bei **internen Expansionen** ist das die Projektionseinlösung verschiebende Element Teil der möglichen, wenn auch nicht notwendigen syntaktischen Entwicklung; es ist also durch die Grammatik ‚lizenziert'.

Parenthesen sind hingegen dadurch definiert, dass ihr Beginn keine syntaktische Anbindung an die bisher produzierte Äußerung aufweist, sich also eine grammatisch unzulässige Wortsequenz ergibt (vgl. Stein 2003: 287–301; Stoltenburg 2003). Die Rezipientin weiß in diesem Augenblick noch nicht, ob das Projekt später fortgeführt oder ganz abgebrochen wird (siehe zu diesem letzteren Fall Abschn. 4.6).

Der Unterschied zwischen internen Expansionen und Parenthesen lässt sich anhand der Beispiele (38) und (40) veranschaulichen.

```
(38)(DOM, Flucht)
  01 CHR:   °hhh bin wieder zuRÜCK,
  02        und SEhe,
  03        (.) anner (.) öh: (--) TRANsitstraße,
  04        (.) poliZEI.
  05 DOM:   mHM.
```

Im Ausschnitt (38) ist Christas Projekt in Z. 02 sichtlich noch nicht zu Ende; nach dem Verb *(ich) sehe* ist ein Objekt projiziert. Dieses Objekt wird kurz darauf auch geliefert (*poliZEI*, Z. 04). Vorher erweitert die Sprecherin aber ihr Projekt durch die Angabe *anner öh: TRANsitstraße*. Diese interne Expansion im Mittelfeld ist von der Syntax des Deutschen abgedeckt; die Sequenz *…SEhe anner TRANsitstraße* ist grammatisch. Sie verändert die schon bestehende Projektion des Objekts nicht, löst sie aber auch nicht ein. Aus syntaktischen Gründen sind solche internen Erweiterungen des Projekts nicht notwendig, semantisch und pragmatisch können sie aber natürlich für die Äußerung wesentlich sein.

Da interne Expansionen in die emergierende Syntax integriert sind, ist ihre Positionierung eingeschränkt; sie können nicht überall vorkommen. Wenn der passende Zeitpunkt versäumt worden ist, werden sie manchmal noch verspätet produziert; es ist dann aber klar, dass sie fehlplatziert sind. So ‚fällt' dem Sprecher im folgenden Beispiel zu spät ‚ein', dass die Frage, die er in Z. 01 produziert hat, durch die Fragepartikel *denn* hätte verstärkt werden können; *denn* als Frage-Partikel muss aber im Mittelfeld stehen. An der Stelle, an der sie nun vorkommt (am Beginn eines Nachtrags, Z. 02; vgl. Abschn. 6.2.1), ist sie nicht mehr lizenziert:

```
(39)(THE, Tez)
   01 THE:   ähm was hast du dir zuRECHTgelegt,
 → 02        denn für diese ROLle-
```

Im Ausschnitt (40) ist *da lebte ich* im entstehenden syntaktischen Projekt an der Stelle, an der es produziert wird, ebenfalls nicht projiziert. Nach dem Projektbeginn *neunzehnhundertviersiebzig hab ich mich in OSTberlin* wäre vielmehr ein Verb im Partizip oder ein Argument zu diesem Verb zu erwarten. Auch diese Projektion wird etwas später eingelöst (*in einen tÜrkischen STAATsbürger verliebt*).

```
(40)(DOM, Flucht)
  01 CHR:    neunzehnhundertviernsiebzig hab ich mich in
             OSTberlin,=
→ 02         =da LEBte ich, (-)
  03         in einen tÜrkischen STAATsbürger verliebt? ((etc.))
```

Z. 02 ist allerdings nicht mit dem bisherigen Projektverlauf kompatibel. Das lokale Adverb *da* ist zwar anadeiktisch zu interpretieren und bezieht sich zurück auf *in OSTberlin*; syntaktisch ist es aber nicht in den bisherigen Projektverlauf integrierbar. Das Adverb beginnt vielmehr ein semantisch untergeordnetes, syntaktisch selbständiges Projekt, das Hintergrundinformation liefert: eine Parenthese. Dieses Projekt hat seine eigene Struktur, die mit *ich* abgeschlossen ist. An dieser Stelle kehrt die Sprecherin in das übergeordnete Projekt zurück und führt es zu Ende.

Parenthesen sind von dem Projekt unabhängig, dessen Entwicklung sie aufhalten. Entsprechend ist ihre zeitliche Platzierung innerhalb des emergierenden Satzprojekts deutlich flexibler. Prinzipiell können sie an jedem Punkt auftreten. Vermutlich gibt es allerdings präferierte Positionen für Parenthesen, die eher am Projektbeginn liegen, etwa zwischen Vorfeld (oder Vorvorfeld) und öffnender Klammer oder direkt nach der öffnenden Klammer (sog. **Parenthesenichen**).

Parenthesen nach projektinitialen Phrasen. Häufig schiebt sich die Parenthese nach einer projektinitialen Phrase ein; diese wird nach der Parenthese durch ein anadeiktisches Element wiederaufgenommen, d. h. es entsteht eine Prolepse (vgl. Abschn. 3.6.2). Im folgenden Beispiel beginnt die Parenthese nach der projektinitialen Präpositionalphrase *für den TATort*; auf die nach der Parenthese in Z. 02 *da* in Z. 04 zurückverweist.

```
(41)(THE, Tez)
  01 THE:    für den TATort;
→ 02         die äh (.) LEUte kennen dich aus dem DORTmunder
             TATortteam?
  03 TEZ:    mHM,
  04 THE:    eh da warst du auch bei der poliZEI mal?
  05 TEZ:    geNAU,
```

Genauso verhält es sich im folgenden Beispiel, wo am Beginn des Projekts in Z. 03 eine NP steht (*der junge student*), die zunächst von einem untergeordneten Relativprojekt erweitert wird (interne Expansion); dann folgt die Parenthese (Z. 04). Zur Rückkehr in das übergeordnete Projekt nimmt der Sprecher den Referenten mit dem anadeiktischen Pronomen *der* auf.

```
(42)(THE, Sel)
  01 SEL:    und_ʰ äh er wOhnt immer mit jungen stuDENten zusammen;=
  02         =weil das haus ja GROSS ist;=
  -----------
```

4.4 Projektionsaufschübe: Interne Expansionen und Parenthesen

```
   03            =un:dʰ der junge studEnt der ihm das ANschraubt;=
→  04            =denn er hat natürlich auch zwei linke
                 [HÄNde der golo mann,
   05 THE:       [((lacht verhalten))
   06 SEL:       °h äh: der äh sagt waRUM schreibst äh äh warum
                 äh sch darf ich hier nicht MEIN klingelschild auch
                 gleich danEben schrauben; ((etc.))
```

Statt einer Phrase kann am Projektbeginn auch ein untergeordnetes Projekt stehen, dem die Parenthese folgt und an das der Sprecher anschließend durch ein anadeiktisches Element anknüpft:

```
(43) (Bulimie)
((Gruppentherapie))
   01 MRY:       ich hab so alles des (-) AUF se projeziert;
   -----------
   02            und wenn se viel geGESsn hat,=
→  03            =die hat sich °h SAHne n ganzn becher SAHne mit
                 APfelschnittchen drin gegessn.=
→  04            =und das war für mich ECHT der ABscheu.=
   05            =<<schnell>n hab ich gedacht> °h des is ja wohl (1.0)
                 des is FURCHTbar.
```

Der Projektionsbogen wird hier durch das initiale *wenn*-Projekt (Protasis) aufgespannt, das eine Fortführung durch eine *dann*-Struktur (Apodosis) erwartbar macht. Diese wird zwar in Z. 05 produziert (eingeleitet durch *n > dann*), davor wird jedoch parenthetisch eine komplexe Äußerung eingeschoben, die aus zwei voneinander und vom übergeordneten Konditionalprojekt unabhängigen, selbständigen Projekten besteht.

Parenthesen nach projektinitialen *verba sentiendi* und *dicendi*. Ein anderes frequentes Parenthesemuster besteht aus einem projektinitialen ‚Matrixsatz' mit einem Verb des Sagens oder Meinens, nach dem die Parenthese eingeschoben wird, bevor das vom Verb projizierte Komplement folgt (vgl. Abschn. 5.2.3.2). Damit die Parenthese nicht als Komplement verstanden wird, muss sie syntaktisch oder semantisch entsprechend gestaltet sein. Das ist zum Beispiel der Fall, wenn die Parenthese metakommunikative Bedeutung hat, d.h. das kommentiert oder begründet, was der Sprecher im projizierten Komplement sagen wird:

```
(44) (THE, Sel)
   01 SEL:       dann äh bewEgt man sich in einer so in einer
                 bürgerlichen (.) KUNST BLAse;=
   02            =und (.) verliert ein bisschen: ((schluckt)) ja auch
                 den konTAKT zu WIRKlichkeit,=
   -----------
```

```
   03           =und vor ALlem finde ich: äh:: (-)
→ 04           °h das betrIfft sicher äh: die GANzen fÜnfziger
               und sEchziger jahre; äh
   05          äh: man (.) v:erLIERT äh (.) die f:Ähigkeit
               einfach mal GAR nichts zu tun;


(45)(DOM, Flucht)
   01 CHR:     jetzt sind wir in dem KOFferraum,=
   -----------
   02          =und de:r sachte mir NUR,=
→ 03           =det HÖRT ik ja von vorne,
   04          ungefähr ne viertelSTUNde?
   05          und DANN (-) äh sind wer anner GRENze.
   06 DOM:     mHM,
```

Im ersten Beispiel beginnt die Parenthese nach dem Verb des Meinens *find ich* an einer Stelle, an der ein untergeordnetes Projekt in der Funktion des Objekts zu diesem Verb projiziert ist; sie umfasst das eingeschobene Projekt in Z. 04. Im zweiten Beispiel beginnt die Parenthese nach einem Verb des Sagens (*und de:r sachte mir NUR*); sie umfasst das untergeordnete Projekt in Z. 03. In beiden Fällen findet der Sprecher bzw. die Sprecherin problemlos in das übergeordnete Projekt zurück.

Parenthetische untergeordnete Projekte mit Verb-Letztstellung. Die bisherigen Parenthesen waren selbständige Projekte; die Tatsache, dass ein in sich abgeschlossenes Projekt in die übergeordnete Struktur eingeschoben wird, unterstreicht in diesem Fall seine formale Unabhängigkeit. Die interne Syntax von Parenthesen kann aber auch anders gestaltet sein. In den folgenden beiden Beispielen hat die Parenthese die Form eines ‚Nebensatzes' (eines untergeordneten Projekts), d. h. sie ist nicht selbständig. Dieses untergeordnete Projekt steht aber nicht im Vor(vor)feld oder im Nachfeld, dem üblichen Ort für ‚Nebensätze', sondern wird vor dem Fokus der Äußerung im Mittelfeld eingefügt.

Untergeordnete Projekte mit Verb-Letztstellung sind im Mittelfeld nicht grundsätzlich ausgeschlossen, d. h. sie folgen teils der kanonischen Syntax. Ein solches Projekt ist deshalb nicht immer als Parenthese zu bewerten. Da Projektionen graduell sind, hängt die Einstufung davon ab, wie stark das untergeordnete Projekt in der kanonischen Syntax an die Position im Vor- oder Nachfeld gebunden ist und wie stark die Stellung im Mittelfeld lizenziert ist. Die Präferenz für Vor(vor)feld oder Nachfeld scheint bei temporalen untergeordneten Projekten (vgl. etwa Bsp. (67), S. 144, *während ich auf der BÜHne bin*) weniger stark zu sein als bei modalen; besonders sind Konditionalprojekte im mündlichen Deutsch relativ stark an die Vor(vor)feldposition gebunden, und Kausalprojekte stehen vor allem im Nachfeld. Wenn solche untergeordneten Projekte im Mittelfeld produziert werden, wirken sie eher parenthetisch. Der Parenthesestatus wird noch verstärkt, wenn der Konditional- oder Kausalsatz (wie in Ausschnitt (47)) metakommunikativ ist:

4.4 Projektionsaufschübe: Interne Expansionen und Parenthesen

```
(46)(THE, Sta)
→ 01 STA:    UND ich kannte ihn auch weil wir BEIde ja aus_m Osten
             sind,
  02         aus so dIversen OSTberLIner: KNEIpen;
```

Hier hat die parenthetische Struktur die interne Syntax eines kausalen, untergeordneten Projekts. Ähnlich im folgenden Beispiel, in dem unmittelbar nach der Anfangsklammer ein konditionales Projekt im Mittelfeld produziert wird:

```
(47)(DOM, Flucht)
  01 DOM:    DU hattest einen SCHOCK,
  -----------
→ 02 CHR:    ich hatte: (0.5) wenn ich jetzt im NACHhinein denke
             eigentlich (-) MEHrere,
```

Alle bisherigen Parenthesenformate führen zu einer erhöhten **semantischen Komplexität** der Aussage. Während laufender Projektionen werden zusätzliche Informationen eingeschoben. In der Regel handelt es sich um Hintergrundinformation, die der Sprecher der Rezipientin zum besseren Verständnis seines Redebeitrags liefern möchte, oder um einen metakommunikativen Kommentar. Dadurch, dass sie während des Verlaufs eines größeren syntaktischen Projekts produziert werden, ohne allerdings Teil davon zu sein, sind die Parenthesen fest im Redebeitrag verankert; das Projekt ist noch nicht abgeschlossen, weswegen der Sprecher seine Sprecherrolle konkurrenzlos behält. Zugleich hat er die Möglichkeit, diese Hintergrundinformation ohne schwer zu verarbeitende (und oft auch nur schwer zu formulierende) grammatische Hypotaxen zu formulieren. Parenthesen dieses Typs sind also ein probates Mittel, um komplexe Sachverhalte auszudrücken.

Verben des Sagens und Meinens in Parenthesen. Oben wurde die Position nach einem Verb des Sagens und Meinens als eine Parenthesennische beschrieben. Umgekehrt kommen solche Verben aber auch oft *als* Parenthesen vor. Sie dienen nicht der Vermittlung zusätzlicher Hintergrundinformation, sondern dazu, die emergierende Äußerung epistemisch zu rahmen. Die Parenthese besteht aus Pronomen (meist der 1. Person), einem Verb des Sagens oder Meinens und evtl. einem Adverb (z. B. dem Negationsadverb *nicht*) oder einer Partikel. Diese starke formale Einschränkung und die Kürze des Einschubs lassen diese Konstruktionen zur formelhaften Verfestigung tendieren.

Ein Beispiel für eine solche formelhafte Verfestigung ist parenthetisches *ich weiß* (alternativ auch: *weiß ich*). Im Ausschnitt (48) ist die Parenthese (*ich weiß noch*) zwar kurz, aber die Semantik von *wissen* ist erhalten. *Ich weiß noch* könnte ein ‚Matrixsatz' sein, wenn es am Projektbeginn stünde (*ich weiß noch, ich hatte beim Casting gar nicht Lust...*). Der wortinterne Abbruch auf /b/ (der bereits das Wort *bei* projiziert) markiert den Einschub sehr deutlich und macht klar, dass die lineare Emergenz des Projekts an dieser Stelle unterbrochen wird:

```
(48)(THE, Sta)
  01 STA:   ich hatte AUCH b? ich weiß noch bei dem CAsting gar
            nicht LUST so_ne COOle kommisSArin zu spielen;
```

In Ausschnitt (49) wird das Verb *wissen* hingegen in einer formelhaften Weise verwendet, und zwar in der Verbindung *weiß ich nicht*. (Das Subjekt steht also nach dem Verb.) Der Beginn der Parenthese liegt im Mittelfeld:

```
(49)(ET3a)
((über zwei niederländisch Sprechende))
  01 GRE:   ich hab grad eben schon die ganze zeit überLEGT,
  02        wo die HERkommen;=
------------
  03        =weil (-) ich hab_s dann irgendwie verSTANden?
  04 REI:   [mHM,
------------
  05 GRE:   [hab=mir=gedacht des KANN ja irgendwie nicht
            das KANN nicht,
  06        ich hab eigentlich so erst gedacht das ist halt
            irgendwie: (-) weiß ich nicht SCHWEIzerdeutsch
            oder so,=
  07        =weil ich_s an sich [so gut verstanden hab;
------------
  08 REI:                       [<<lachend> ha (.) geil °h °h>
```

Die Umformung in einen klassischen Matrixsatz wäre möglich (*ob das Schweizerdeutsch ist, weiß ich nicht*), würde aber die Bedeutung verändern. Der Sprecher will ja nicht sagen, dass er nicht wusste, ob die beobachteten Personen Schweizerdeutsch sprachen, sondern dass er dies vermutete, sich aber nicht sicher war. Die Parenthese fungiert als **Approximationsmarker** (*hedge*) („eine Art von ..."').

In Ausschnitt (50) kommt der formelhafte Ausdruck (*ich*) *weiß nicht* gleich mehrfach vor, das letzte Mal als parenthetischer Einschub in dem Relativsatz *der ein bisschen SPALtet* (Z. 05):

```
(50)(ET 28-6)
((Gespräch über einen Film von Woody Allen, den Norbert gerade
gesehen hat.))
  01 NOR:   aber ich WEISS nicht;=
  02        =woody ALlen halt-
  03 LIN:   [<<p>mHM->
------------
  04 NOR:   [ich WEISS nicht so eine:-
  05        (-) vielleicht äh so_ein regisseur der irgendwie(0.6)
            weiss nicht ein bisschen (0.6) SPALtet;
```

4.4 Projektionsaufschübe: Interne Expansionen und Parenthesen

Die Bedeutung hat sich hier noch mehr von der Semantik des Verbs *wissen* entfernt, denn der Ausdruck wird lediglich zur Abschwächung verwendet. Eine Umformung in einen kanonischen Matrixsatz ist bedeutungsneutral nicht möglich (*ich weiß nicht, ob Woody Allen spaltet*). Beispiele (49) und (50) belegen, dass das Verb *wissen* in der parenthetischen Verwendung einer **Bedeutungsausbleichung** unterliegt. Sie ist allerdings nicht an die Parentheseverwendung gebunden, wie die anderen beiden Belege im Ausschnitt (50) zeigen (Bergmann 2017). Auch dort wird *wissen* ja nicht in einer kanonischen Matrixverbkonstruktion gebraucht.

Ähnlich verhält es sich mit der stark formelhaften Wendung *sag ich mal* (oder *ich sag mal*), die ebenfalls auf eine projektfinale bzw. projektinitiale Matrixverbkonstruktion zurückgeht und oft parenthetisch eingeschoben wird:

```
(51)(BB)
→ 01 JOS:   DIE: wird ja erst_ma die: sa sachichmal die nächsten
            zwei drei jahre erst mal so EINgespannt sein,=
  ----------
   02       =da is dann nix mit [KINdern.
   03 BIA:                      [<<creaky>^mm.>

(52)(DOM, Prostitution)
   01 DOM:  hättest du den (.) überhaupt noch LUST?
→  02       mit? (.) ichsachma? (.) priVAT mit einem mann zusammen
            zu sein?=
```

Die drei Wörter werden typischerweise phonetisch stark zusammengezogen und schneller gesprochen als die Umgebung. Semantisch hat die Formel nicht mehr viel mit dem Verb *sagen* zu tun. Die Funktion als Approximationsmarker ist im zweiten Beispiel gut zu erkennen, wo der Sprecher den Ausdruck *priVAT* durch *ichsachma* ‚in Anführungszeichen setzt'. Im ersten Ausschnitt (wie auch in vielen anderen) ist selbst diese Funktion kaum noch zu erkennen. Der Einschub scheint hier höchstens noch eine Häsitationsfunktion zu haben. Wie alle Häsitationsmarker kann er auch eine nicht-präferierte sprachliche Handlung einleiten.

Formale Reduktion von Parentheseausdrücken.
Unter den Verben des Sagens und Glaubens ist parenthetisches *glaub ich/ich glaub* besonders interessant, weil hier neben der Bedeutungsausbleichung eine **formale Reduktion** zu beobachten ist.

Ich glaub wird in nicht-parenthetischer Stellung projektinitial verwendet (*ich glaub übrigens ich schlaf hier heute NICH*), *glaub ich* projektfinal:

```
(GüKa)
   01 PIA:  deswegen hatte die LEna des auch ni auf_m SCHIRM
            weil die vorsletz (.) s vorletzte mal AUCH nich
            da war. (-)
→  02       glAub ich.
```

Beide Varianten kommen auch parenthetisch vor (*dann quetsch ich mich glaub ich hier einfach noch REIN*; *die ham sich glaub ich auf die WANge geküsst*). Bei dieser Verwendung wird aber oft das Pronomen der ersten Person weggelassen:

```
(ZK8)
→ 01 DIZ:   kai ist glaub so ein prinZIP englischgucker;=
   ------------
   02       =also ich mein er er er- (-) ha(t) die UNtertitel
            manchmal an,= ((etc.))
```

Hat sich diese parenthetische Reduktionsform nun aus der Variante mit vor- oder nachgestelltem Pronomen entwickelt? Das erste dürfte der Fall sein, denn phonologisch ist die Reduktion von *ich* durch Proklise (über *ch_glaub*) sehr viel wahrscheinlicher als die Reduktion durch Enklise (*?glaub_ch*). Für diese Analyse spricht ebenfalls, dass das pronomenlose *glaub* auch bei Voranstellung zu beobachten ist, nicht aber bei Nachstellung:

```
(BB)
  01 JOS:   wir SAUfen hier so viel MILSCH;
  02        in letzter ZE[IT,
  03 BIA:                 [also ICH NICHT; (--)
  04        ich [HAB mal ne zeitlang] (.) n_glas milch
  05 JOS:       [isch AUCH nicht;     ]
(------------)
  06 BIA:   [geTRUNken,            ]=
   ------------
→ 07 SYB:   [glaub das ist vom MÜSli;]
   ------------
  08 BIA:   =das TU ich gar nicht mehr.
```

Man kann sich fragen, ob *glaub* in seiner auf ein Wort reduzierten Variante überhaupt noch als Parenthese analysiert werden kann oder ob hier nicht bereits ein neues Wort entstanden ist. Dann stellt sich die weitere Frage, zu welcher Wortklasse es gehört. Eine Möglichkeit ist, *glaub* als **Satzadverb** einzustufen. Satzadverbien sind im Mittelfeld erlaubt, und *glaub* würde in dieser Interpretation an der ihm zukommenden Position stehen. Dagegen spricht allerdings, dass vorangestelltes *glaub* nur im Vorvorfeld stehen kann, nicht im Vorfeld, wie das bei einem Satzadverb zu erwarten wäre.

Eine andere, naheliegendere Analyse würde *(ich) glaub* – wie auch einige andere parenthetische ehemalige Matrixsatzkonstruktionen – auf dem Weg zu einem **Diskursmarker** sehen (vgl. Auer und Günthner 2005). Diskursmarker stehen außerhalb des syntaktischen Kernprojekts. Vorangestelltes

4.4 Projektionsaufschübe: Interne Expansionen und Parenthesen 129

(ich) glaub im Vorvorfeld und nachgestelltes *glaub ich* im Nachnachfeld (vgl. dazu Abschn. 6.6) würden dieser Stellungsanforderung entsprechen. Schließlich könnte man *glaub* auch als **Abtönungspartikel** sehen, die sich aus der Parenthese entwickelt.

Parenthesen bei Wortfindungsproblemen. Anhand der wenigen diskutierten Beispiele lässt sich bereits erkennen, dass Parenthesen sehr unterschiedlich komplex sein können; die Möglichkeiten reichen von in sich abgeschlossenen Projekten mit Verb-Zweitstellung oder sogar Projektfolgen über untergeordnete Projekte mit Verb-Letztstellung bis zu infiniten Konstruktionen (*kurz gesagt, um nochmal darauf zurückzukommen*) und einzelnen Wörtern. Die Position der Parenthesen ist flexibel. Sie werden aber fast immer vor dem Fokus der emergierenden Äußerung eingeschoben; denn die Interpretation dieser relevantesten Komponente des Projekts soll ja gerade durch die Parenthese gesteuert bzw. erleichtert werden. Auch die Funktionen der Parenthesen sind sehr unterschiedlich. In den bisher besprochenen Beispielen trug die Parenthese zum Inhalt, zur metakommunikativen Kommentierung oder zur epistemischen Kontextualisierung des übergeordneten Projekts bei. Zu den Parenthesen, die sich metakommunikativ auf den Formulierungsprozess selbst beziehen, gehören auch solche im Rahmen von **Wortfindungsproblemen**:

```
(53) (GüKa)
  01 BIN:   die sin auch echt alle: irgendwie:
  02        (.) is: ne lustige TRUPpe;=
-----------
  03        =wir warn dann letztes WOChenende,=
  04        =als ich mein HANdy (.) kUrz <<Lachstimme>verloren
            hatte>,
  05        °hhmpf (.) ähm- (-)
  06        warn wer im:: k
→ 07        <<leiser>wie HEISST_n des;>=
→ 08        =ich WEISS es nich;
  09        in irgendsoner bisschen verranzten KNEIpe;=
  10 MAR:   =[mHM,
-----------
  11 BIN:   =[also des war sUperLUStig mit denen.
```

Parenthesen zur Adressierung der Gesprächspartnerin. Außerdem gibt es Parenthesen, die sich direkt an die Gesprächspartnerin richten. Im folgenden Ausschnitt wird eine solche Parenthese sogar ausnahmsweise innerhalb des Fokusbereichs (anstatt vor ihrem Beginn) realisiert:

```
(54) (MU)
((Thema ist der Hausbau der Interviewerin.))
  01 INT:    °h wir ham jetza SCHÖne: (.) ?SCHÖne::-
→ 02         müssen_s ma kommen ANschaun;
  03         °h also schöne: (.) TÜren drin:-
  -----------
  04         also wenn_s amal ZEIT ham am vormittag GERN.
```

Die Sprecherin unterbricht ihr Projekt innerhalb der durch das zweimal hintereinander produzierte Adjektiv *schöne* eingeleiteten Nominalphrase in Z. 02, um die Rezipientinnen dazu aufzufordern, sich vor Ort von der Richtigkeit ihrer Behauptung zu überzeugen.

Frageanhängsel

Zu den Parenthesen werden manchmal auch **Frageanhängsel** (*question tags*) gezählt, die üblicherweise am Ende syntaktischer Projekte stehen. Manchmal werden sie auch während deren Emergenz parenthetisch eingeschoben. Im folgenden Ausschnitt wird gleich mehrfach das Frageanhängsel *ne* und einmal das Frageanhängsel *weißte* so verwendet. Vor allem die Sequenz der beiden *tags* in Z. 02 (*ne (.) weißte*) liegt innerhalb des emergierenden syntaktischen Projekts und sogar innerhalb des Fokus der Äußerung, ohne aber syntaktisch in das Projekt eingebunden zu sein:

```
(BB)
((Sybille erzählt von ihrer Angst, im Dunkeln Auto zu
fahren.))
  01 SYB:    (wann WAR det) so halb ZEHN, ne,
  02         <<gehaucht> °h auf EImal schlich sich die ANGST
             ne (.) weißte so [HOCH,] ne,>
  03 VIO:                     [mHM, ]
```

Die Sprecherin appelliert mit diesen Frageanhängseln an die Rezipientin, ihr zu signalisieren, dass sie verstanden hat, wovon sie redet; das geschieht in Z. 03 durch ein Rezeptionssignal.

Allerdings sind solche parenthetischen Verwendungen von Frageanhängseln sehr selten. Wenn *question tags* innerhalb von Projekten vorkommen, dann ist dies in der großen Mehrzahl auf das Ende von Intonationsphrasen innerhalb des Projekts beschränkt, die wiederum an bestimmten syntaktisch definierten Stellen auftreten; besonders am Ende von Prolepsen (wie im folgenden Ausschnitt) oder am Ende von untergeordneten Projekten.

```
(Calling home)
→ 01 ANJ:    ahJA=die=die äh die KLEine ne,
  02         die <<englische Aussprache> RAChel>,
```

4.4 Projektionsaufschübe: Interne Expansionen und Parenthesen

```
03           die ähm: (.) is_n bisschen ÄNGSTlich, ne,
04 BEN:      mHM,
```

Dies bedeutet, dass die Position solcher Elemente nicht mit der der Parenthesen übereinstimmt, auch wenn es positionelle Überlappungen gibt. Frageanhängsel werden deshalb hier nicht als Parenthesen behandelt.

Rückkehr aus der Parenthese. Die manchmal geäußerte Meinung, der Beginn und das Ende der Parenthese würden durch die Prosodie (etwa höhere Sprechgeschwindigkeit, tieferes Tonregister, geringere Lautstärke) markiert, ist empirisch nicht haltbar (Bergmann 2012). In den meisten Fällen wird die Parenthese durch keines dieser Merkmale abgesetzt. Die Rezipientin ist also auf die Syntax angewiesen, um zu erkennen, dass das Projekt nicht (direkt) fortgeführt wird. Die Rückkehr aus der Parenthese in die übergeordnete Struktur gelingt gerade bei längeren Parenthesen nicht immer ‚nahtlos', d. h. die Wiederaufnahme knüpft nicht immer genau an dem Punkt an, an dem die Struktur unterbrochen wurde. Oft gehen die Sprecher etwas weiter zurück und wiederholen ein kurzes Stück der Äußerung vor Parenthesebeginn (**Retraktion**), wie etwa im Beispiel (55) den Artikel *die*:

```
(55)(BB)
→ 01 JOS:    DIE: wird ja erst_ma die: sa sachichmal die nächsten
             zwei drei jahre erst mal so EINgespannt sein,=
-----------
   02        =da is dann nix mit [KINdern.
   03 BIA:                       [<<creaky>^mm.>
```

Im Beispiel (56) wird zum Adjektiv *schöne* retrahiert:

```
(56)(MU)
((Thema ist der Hausbau der Interviewerin.))
   01 INT:   °h wir ham jetza SCHÖne: (.) ?SCHÖne::-
→ 02         müssen_s ma kommen ANschaun;
   03        °h also schöne: (.) TÜren drin:-
-----------
   04        also wenn_s amal ZEIT ham am vormittag GERN.
```

Im folgenden Ausschnitt geht die Retraktion sogar bis an den Beginn des Projekts, und es wird überdies *dieser PFÖRTner* (Z. 03) durch *dieser mann* ersetzt. Die syntaktische Struktur bleibt aber unverändert:

```
(57) (DOM, Flucht)
   01 CHR:   und zwar (.) kam ja dann musst ich ja nach marienFELde;
-----------
```

```
       02  DOM:    [m,   ]
       03  CHR:    [und] dieser PFÖRtner,
    →  04          ich musst ja da diesen de de ER ausweis hinlegen,
       05  DOM:    m,
    →  06  CHR:    oder MUSSte nicht;=
    →  07          =HAB_n hingelegt?
       08          und dieser mann konnte es nicht FASsen,=
       09          =dass ick mit beiden KINdern (-)
       10          °h und kam denn VOR,=
       11          =hat den kindern schokoLAde gegeben-
       12          mir (.) zigaRETten gegeben-
((etc.))
```

Übergang in die Verb-Zweitsyntax. Manchmal wird aber auch die vor Parenthesebeginn projizierte Folgestruktur nur in einer veränderten Form geliefert. Oft wird zum Beispiel ein untergeordnetes Projekt mit projizierter Verb-Letztstellung bei der Rückkehr in das übergeordnete Projekt zu einem Projekt mit Verb-Zweitstellung gemacht (vgl. auch Kap. 5):

```
(58)(THE, Tez)
    01  TEZ:    un das LUStige is;=
    02          =dass ich IMmer noch,
 →  03          obwohl das jetz ja auch schon wieder ein paar jahre
                HER is;=
    04          =<<langsamer>ich werd immer noch (.) SU:per> viel
                auf_a straße tatsächlich auf Aschenputtel ANgesprochen,
```

Die Parenthese unterbricht das *dass*-Projekt, das in Z. 02 als Komplement zu *lustig sein* bereits begonnen hat. Sie hat die Form eines erneut untergeordneten *obwohl*-Projekts (also einer hypotaktischen Unterordnung 2. Grads). Nach dem Ende dieser Parenthese müsste die passgenaue Fortführung des Projekts aus Z. 02 direkt mit dem Adverbial *SU:per viel* erfolgen (*obwohl … HER is;=SU:per viel auf_a straße tatsächlich auf Aschenputtel ANgesprochen*). Tatsächlich führt die Sprecherin aber das Projekt des *dass*-Satzes nicht weiter, sondern geht zu der Position nach *das LUStige is* zurück. Hier beginnend, formuliert sie das Argument zu *lustig sein* nun in der Form eines ‚abhängigen Hauptsatzes' (also eines untergeordneten Projekts mit Verb-Zweitstellung) zu Ende, der mit dem Subjektspronomen *ich* im Vorfeld beginnt. Die ursprüngliche Struktur des Projekts hat sich also unterwegs verändert.

4.5 Retraktionen

Retraktionen sind eines der charakteristischsten Phänomene der gesprochenen Syntax und zugleich eines der komplexesten (vgl. zum Begriff: Hoffmann 1991). Bei einer Retraktion geht derSprecher zu einer oder zu mehreren syntaktischen Positi-

4.5 Retraktionen

on(en) (*slots*) im schon realisierten Teil des Projekts zurück, um sie mit neuem oder mit demselben lexikalischen Material wie in der ursprünglichen Version zu besetzen und dann davon ausgehend das Projekt weiterzuführen. Retraktionen expandieren das Projekt also, indem sie vorherige syntaktische Strukturen erneut nutzen.

Retraktionen sind neben den Projektionen das zweite zentrale Verfahren der Online-Syntax. Während Projektionen vorwärts orientiert sind, sind Retraktionen **rückwärts orientiert**. Retraktionen operieren paradigmatisch: mindestens ein bereits vorhandener, strukturell definierter *slot* in der emergierenden syntaktischen Struktur wird durch ein in diesen *slot* passendes Element ein weiteres Mal genutzt. Retraktionen implizieren also eine grammatische Analyse des bisher Gesagten durch den Sprecher, der eine grammatische Äquivalenz zwischen der oder den Retraktionsposition(en) und dem nun produzierten sprachlichen Material herstellen muss.

‚Retraktion' ist ebenso wie ‚Projektion' zunächst ein rein formbezogener Begriff. Retraktionen lassen sich aber nicht nur nach ihrer Form, sondern auch funktional weiter klassifizieren. Manche Retraktionstypen kommen auch im geschriebenen Deutsch vor, viele sind aber typisch mündlich.

Ein erster Blick auf den folgenden Ausschnitt kann intuitiv verdeutlichen, welche **formale und funktionale Variationsbreite** Retraktionen aufweisen:

```
(59)(THE, RaK)
   01 RaK:   wenn irgendwo: in A:frika oder wo auch IMmer: irgend
             so_n alter BACkenzahn gefunden wird,=
   02        =der milLIOnen JAHre alt is;=
   03        =und der dann irgendeinem °hh AFfenwesen;=
   04        =einem: ONkel:: der uns:;
   05        also VORonkel;=
   06        =irngwie VORvoronkel ZUgeschrieben wird;
   07        °h äh: dieser FUND in südA:frika:;
   08        mit den (.) mit den äh: vi? äh: weißnich zwÖlf äh::
             äh skeLETten;
   09        die da in dieser HÖHle gefunden wurden,
   10        °hhh ähm das (.) sowas finde ich immer total SPANnend;
```

Für die Beschreibung der **Struktur von Retraktionen** ist es sinnvoll, ein ikonisches, aber nicht zu stark theoretisch vorgeprägtes Darstellungsverfahren zu verwenden. Dazu werden die Elemente, die sich paradigmatisch aufeinander beziehen, also denselben syntaktischen Slot füllen, untereinander geschrieben (vgl. zu ähnlichen Darstellungsformaten Blanche-Benveniste 1989; Blanche-Benveniste et al. 1979, 1990; DuBois 2014). Diese **Retraktionsposition(en)** wird/werden durch Kästen dargestellt. Wenn innerhalb der Retraktionsposition untergeordnete Retraktionspositionen relevant sind, werden sie durch Kästchen innerhalb des Kästchens markiert.

Der Punkt, an dem das ursprüngliche Projekt verlassen wird und die Retraktion beginnt, ist der **Abbruchpunkt**.

Operatoren (im Folgenden durch Ovale markiert) zu Beginn der Retraktion zeigen manchmal an, wie sich die Elemente, die in einer paradigmatischen Ersetzungsrelation zueinander stehen, funktional aufeinander beziehen. Bei mehreren Retraktionspositionen ist der am weitesten zurückliegende paradigmatische Slot, zu dem der Sprecher zurückgeht, der **Retraktionspunkt**.

> **Terminologie: Struktur von Retraktionen und verwendete Begriffe**
> Das allgemeine Schema für Retraktionen lässt sich beispielhaft wie folgt zusammenfassen (Kasten = Retraktionsposition, niedrigste Ebene: Wörter, fakultative höhere Ebenen: Phrasen oder abhängige Projekte, Operator fakultativ. Die Retraktionsposition kann ein einzelnes Wort oder eine Sequenz von Wörtern sein. Hier werden zwei Retraktionspositionen angenommen.).
>
>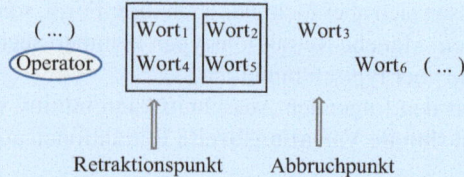
>
> Wenn Wort 1 = Wort 4 handelt es sich um einen Anfangsanker.
> Wenn Wort 2 = Wort 5 handelt es sich um einen Endanker.
> Wenn Wort 1 und/oder Wort 2 ≠ Wort 4 und/oder Wort 5 handelt es sich um eine Reparaturretraktion mit Wort 1/Wort 2 als Reparandum.
> Wenn Wort 1–2 = Wort 4–5 handelt es sich um eine Häsitationsretraktion.
>
> Weitere wichtige Begriffe:
>
> - anfangsalignierte Retraktion: Retraktionspunkt liegt im Vorfeld oder früher
> - endalignierte Retraktion: Abbruchpunkt liegt am Projektende
> - Retraktionsspanne: Projektverlauf zwischen Abbruchpunkt und Retraktionspunkt

Transkript (59) beginnt mit der folgenden Retraktion:

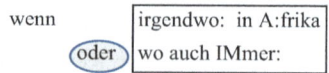

In diesem Fall gibt es nur eine Retraktionsposition, nämlich die Adverbialphrase *irgendwo in Afrika* (ein appositiv erweitertes Adverb). Der Abbruchpunkt liegt direkt am Ende der Adverbialphrase, d.h. die Retraktionsspanne ist null. Der Sprecher

4.5 Retraktionen

verwendet den Operator *oder*, um eine semantische Bearbeitung (Elaborierung) des bisher Gesagten einzuleiten. Dann wird in der Retraktionsposition ein paradigmatisch äquivalentes Adverbiale mit derselben Funktion produziert, nämlich ein zur Irrelevanzkonstruktion erweitertes Fragewort (*wo auch immer*). Die ursprüngliche Phrase *irgendwo: in A:frika* wird durch diese elaborierende Reparatur semantisch gesehen nicht überschrieben (korrigiert), sondern es wird lediglich ihre Bedeutung erweitert; der Sprecher findet nicht allein Funde ‚irgendwo in Afrika', sondern auch sonst in der Welt ‚total spannend' (wie sich am Ende des Redebeitrags herausstellt).

Die nächste Retraktion im Transkript ist:

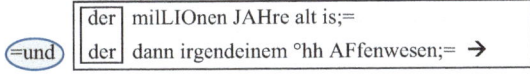

Auch in diesem Fall liegt der Abbruchpunkt am Ende der Position, in die retrahiert wird, nämlich des Relativprojekts *der MiLIOnen JAHre alt is*. Diese Retraktionsposition wird nach dem Operator *und* (der hier eine semantische Koordination kennzeichnet) erneut genutzt. Dazu geht der Sprecher an den Beginn des Relativprojekts zurück, an dem das Relativpronomen *der* steht. Wenn deutlich werden soll, dass die Retraktion paradigmatisch ist, muss deren Beginn als Relativprojekt erkennbar sein; am besten gelingt das durch die Wiederholung des Relativpronomens. Der weitere Verlauf des neuen Relativprojekts entspricht strukturell nicht dem ursprünglichen. Das Projekt wird zunächst auch nicht zu Ende geführt (das projizierte Verb folgt erst in Z. 06, *zugeschrieben wird*), sondern es folgen sofort weitere Retraktionen:

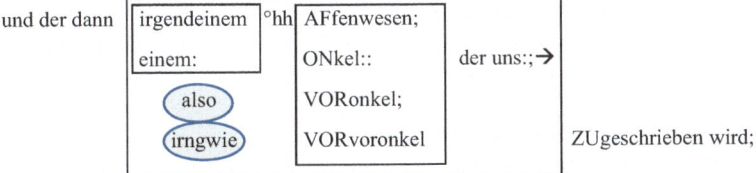

Der Sprecher bricht das Relativprojekt nach der NP *irgendeinem Affenwesen* ab, um zu deren Beginn zurückzugehen. Beide Elemente der NP werden nun durch paradigmatisch äquivalente Strukturen ersetzt: die indefinite Artikelformen *irgendeinem* durch *einem*, das Nomen *AFfenwesen* zunächst durch *ONkel*. Es entsteht so die neue Phrase *einem ONkel*. Der Sprecher beginnt, sie durch ein Relativprojekt zu erweitern (*der uns*), bricht jedoch nach dem Pronomen *uns* ab. Dieses untergeordnete Projekt wird auch im weiteren Verlauf des Redebeitrags nicht beendet und bleibt ein Fragment. Der Sprecher retrahiert nun erneut, allerdings nicht auf den Slot der Nominalphrase insgesamt, sondern lediglich auf den des Nomens. Er ersetzt *ONkel* zunächst durch *VORonkel* und schließlich durch *VORvoronkel*, bevor er das Projekt weiterführt. Die erste Retraktion hat elaborierende Funktion, die zweite und dritte Retraktion, die durch die Operatoren *also* bzw. *wie* eingeleitet werden, korrigierende. Der Abbruchpunkt der zweiten Retraktion (*ONkel > VORonkel*) liegt anders als der der ersten und dritten nicht unmittelbar am Ende der Retraktionsposition, sondern erst später, nämlich innerhalb des Relativsatzes.

An dieser Stelle schiebt der Sprecher eine Parenthese ein, die ihrerseits mit mehrfachen Retraktionen beginnt:

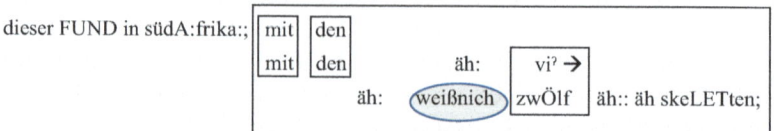

Hier liegt der erste Abbruchpunkt nach dem Artikel *den*. Die Retraktionspositionen sind die Präposition und der Artikel in der PP. Präpositions- und Artikelposition werden nach der Retraktion mit demselben Wort gefüllt; die Retraktion bewirkt also keine (sichtbare) Reparatur, Elaborierung oder sonstige semantische Veränderung, sondern ist Teil einer Verzögerung, die vermutlich mit einer Planungsschwierigkeit zu erklären ist. (Wie sich kurz darauf herausstellt, ist das problematische Element die Anzahl der Skelette, auf deren Fund der Sprecher sich beziehen möchte.) Nach der Retraktion führt der Sprecher das Projekt mit einem Zahlwort (intendiert ist *vier*) weiter. Während der Produktion dieses Worts bricht er jedoch ab und korrigiert sich mit dem Operator *weißnicht* als Einleitung; in der Position des abgebrochenen *vier* wird nun *zwÖlf* produziert. Erst dann wird die PP/NP mit dem Nomen *skeLETten* abgeschlossen.

Schließlich gibt es im Ausschnitt noch eine Retraktion in Z. 10, mit der eine einfache Reparatur durchgeführt wird:

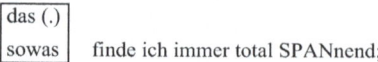

> **Überblick: Funktionen von Retraktionen**
> Reparierende Retraktionen: Der Sprecher verbessert oder elaboriert die alte Struktur.
> Turnstrukturierende Retraktion: Der Sprecher verwendet die Retraktion(en), um seinen Redebeitrag in einer kohärenten Weise zu strukturieren.
>   Untertyp: Listen (doppelte Retraktion)
> Häsitationsretraktionen: Wiederholung (meist von Funktionswörtern), oft mehrfach.
> Emphaseretraktionen: Wiederholung, oft eines intensivierenden Adverbs (*sehr, richtig...*)
> Appositionen

Funktionale Typisierung. Retraktionen können eine Reihe von Funktionen bedienen. Wie meist bei funktionalen Klassifizierungen ist die Zuordnung aber nicht trennscharf und es gibt Funktionsmischungen.

4.5 Retraktionen

Die vielleicht offensichtlichste und für die gesprochene Sprache besonders wichtige Retraktionsfunktion ist die **(Selbst-)Reparatur**. Der Begriff Reparatur umfasst sowohl Korrekturen als auch Elaborierungen oder Spezifizierungen des vorher Gesagten, einschließlich retrospektiver Insertionen und Tilgungen. Eine klare **Selbstkorrektur** ist im Beispiel (59) die retraktive Ersetzung von *vi?* durch *zwÖlf*; sie ist durch den Abbruch im Wort sehr deutlich markiert. Weniger stark markiert ist die Korrektur *ONkel > VORonkel > VORvoronkel*. **Elaborierend** ist die Retraktion im Fall von *irgendeinem AFfenwesen > einem ONkel* und im Fall von *in A:frika > wo auch IMmer*; sie tilgt das ursprüngliche Element nicht, sondern bearbeitet es semantisch.

Die zweite große Gruppe von Retraktionen dient der **Strukturierung des Redebeitrags**. Sie findet man auch in der geschriebenen Sprache. In Grammatiken wird hier meist von **Koordinationen bzw. Koordinationsellipsen** gesprochen (wobei nicht alle Koordinationen Retraktionen implizieren, vgl. de Fornel und Marandin 1996). Ein Beispiel aus Ausschnitt (59) ist die Retraktion in *der milLIOnen JAHre alt is; > der dann irgendeinem °hh AFfenwesen (...)*. Die formale Ähnlichkeit von Reparatur- und Koordinationsretraktionen ist offensichtlich; Levelt (1983) macht deshalb die Überführbarkeit in Koordinationsstrukturen zum Kriterium für die grammatische Wohlgeformtheit von Reparaturen. Ein Indiz für die Ähnlichkeit von Koordination und Reparatur ist auch, dass das Wort *oder* sowohl als disjunktiver Koordinator als auch als Reparatureinleitung verwendet werden kann (vgl. Uhmann 2001: 386; vgl. Vertiefungskasten).

> **Oder als Operator in Reparaturen**
> *Oder* wird in der Grammatik des geschriebenen Deutsch als Konjunktion beschrieben, die Alternativen verbindet (*willst du Kaffee oder Tee?*). Diese Verwendung gibt es natürlich auch in der gesprochenen Sprache. Dort kommt *oder* aber auch als Operator vor, der – unter anderem – im Zusammenhang von Retraktionen eine wichtige Rolle spielt. In dieser Verwendung markiert *oder* den Beginn einer Reparatur; es leitet also nicht eine gleichwertige Alternative ein, sondern eine bessere oder sogar die einzig richtige Formulierung. Entsprechend ist die Reparatur elaborierend oder korrigierend. Im ersten der folgenden Beispiele handelt es sich um eine Elaborierung, im zweiten um eine Selbstkorrektur. (Beide Ausschnitte stammen aus demselben Gespräch, in der es um eine Vergewaltigung geht. Jule war das Opfer, Domian berät sie psychologisch.)
>
> ```
> (DOM, Vergewaltigung)
>   01 DOM:   ich SAG aber ERSTmal da dass ich GUT finde
>             dass du so akTIV bist.
>   02 JUL:   <<gehaucht>ja->
>   03 DOM:   weil es gibt VIEle menschen,=
>   04        =<<schneller> oder viele FRAUen,>
> ```

```
05           die sowas haben erl erLEIden müssen;=
06           =was DU HINter dir hast,
07           die nicht mehr KÖNnen;
```

```
(DOM, Vergewaltigung)
01 DOM:      so.
02           jetzt hat er dir dieses dieses medikaMENT,
03           (ver) verABreicht,
04           oder dir emPFOHlen,
05           du hast es geNOMM,
06 JUL:      mHM,
07 DOM:      und daraufhin warst du EIN JAHR,
08           richtig am BOden;
```

Die Verwendung von *oder* als Operator für die Ankündigung von Elaborierungen ist näher an der Bedeutung der Konjunktion als die für Korrekturen, weil beide Formulierungen gültig sind und als Alternativen verstanden werden können. Allerdings sind sie nicht gleichwertig; der Sprecher gibt der später geäußerten Alternative den Vorzug. So ist im ersten Ausschnitt die Formulierung, dass es ‚viele Menschen' gibt, die Vergewaltigungen erleben und anschließend depressiv werden, sicherlich richtig; die zweite Formulierung ‚viele Frauen' trifft den Sachverhalt aber besser, weil die meisten vergewaltigten Menschen Frauen sind. Die Elaborierung ist hier also eine Spezifizierung; *Menschen* und *Frauen* sind keine Ko-Hyponyme, sondern *Menschen* ist Hyperonym (Oberbegriff) zu *Frauen*. Beide Kategorien durch *oder* zu verbinden, kann also nicht bedeuten, dass sie als gleichwertige Alternativen dargestellt werden. In der Online-Emergenz der Äußerung wird die zweite Alternative als die präferierte dargestellt. Durch die Verwendung von *oder* erscheint die Reparatur an der Oberfläche ‚glatt'; der Sprecher produziert die Reparatur in einem Format, das auch schriftsprachlich völlig akzeptiert ist. Lediglich die prosodische Gestaltung lässt im Beispiel die Retraktion deutlich werden: der Sprecher beginnt nach *menschen* eine neue IP, *oder viele FRAUen* wird außerdem deutlich schneller gesprochen, was deutlich macht, dass es sich um eine Reformulierung handelt.

Im zweiten Ausschnitt sind die beiden Versionen (Reparandum und Reparatur) nicht kompatibel. Jemandem Antidepressiva zu *verabreichen* ist nicht dasselbe wie sie zu *empfehlen* (das eine ist mit Zwang verbunden, das zweite setzt eine freie Willensentscheidung voraus). Der Sprecher korrigiert sich also. (Aus dem vorherigen Gesprächsverlauf geht hervor, dass der Priester, von dem hier die Rede ist, der Sprecherin die Antidepressiva nahegelegt hat, um ihren Zustand zu verbessern.) Es handelt sich also nicht um Alternativen. Die zweite Formulierung überschreibt die erste. Trotzdem wird auch bei korrigierenden Retraktionen häufig *oder* als Operator eingesetzt, um die Reparatur

4.5 Retraktionen

> zu kaschieren und als Elaborierung darzustellen. Auch in diesem Ausschnitt gibt es kleine Details in der Sprachproduktion, die die Reparatur indizieren. In diesem Fall ist es die Häsitation auf *verabreicht*, die das Wort als vorläufig und die darauffolgende Reformulierung als Korrektur kennzeichnet.

Eine dritte funktionale Gruppe von Retraktionen hat weder mit der reparierenden Bearbeitung schon produzierter Äußerungsteile zu tun noch mit der Strukturierung des Redebeitrags; es handelt sich um wiederholende Retraktionen wie etwa im Fall von *mit den > mit den* in Ausschnitt (59), Z. 08. Solche Retraktionen wirken als **Häsitationen**, die oft auf Planungsprobleme oder Turbulenzen bei der Organisation des Rederechts (Simultansprechen) hindeuten. Oft sind grammatische Wörter (Funktionswörter) betroffen.

Eine vierte Funktion von Retraktionen wird hier nicht ausführlich besprochen, weil sie nicht typisch mündlich ist; das sind Retraktionen in der Funktion von grammatischen **Appositionen**. Ein Beispiel ist die Retraktion *irgendwo > in Afrika* im obigen Ausschnitt (zur Beziehung von Appositionen und Koordinationen als Retraktionsoperationen vgl. Rossi-Gensane 2017). Deutlicher als in diesem Beispiel wird der Retraktionscharakter von Appositionen in dem folgenden Ausschnitt, in dem der emergente Charakter der Apposition stärker sichtbar wird:

```
(60)(THE, RaK)
  01 THE:   dieser AFfe,
  02        °h der FLOP,
  03        °h der flop (.) [der evoluTION: is es ja-
  04 RaK:                   [ja;
  05 THE:   begEgnet ja einem (.) modernen Urlauber PAAR,
```

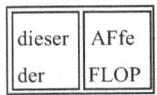

Die Retraktion erfolgt unmittelbar nach dem Abschluss der NP (Abbruchpunkt) und retrahiert auf deren Beginn. Die beiden Positionen in der NP – Artikel und Nomen – werden erneut, aber anders besetzt. Diese Parallelstruktur ist die Grundlage von (losen) Appositionen.

Die Form der Retraktion (z. B. Wiederholung) und ihre Funktion (z. B. Häsitation, Emphase) dürfen nicht gleichgesetzt werden. Wiederholende Retraktionen können zum Beispiel neben der Häsitation auch redebeitragsstrukturierende, rhetorische Funktionen haben; oft haben sie auch eine verstärkende Wirkung (*das ist sehr sehr schade*), teils sind sie formelhaft und idiomatisiert (etwa Koordinationsstrukturen wie *nach und nach, er läuft und läuft*).

Positionsbezogene Typisierung. Retraktionen lassen sich auch nach ihrer Position im syntaktischen Projekt klassifizieren. Es gibt drei Möglichkeiten:

- Die Retraktion erfolgt vor Abschluss des Projekts und geht ganz an seinen Beginn zurück. Diese Retraktionen sind **anfangsaligniert**.
- Die Retraktion erfolgt vom Abschluss des Projekts aus und geht an eine Position innerhalb des Projekts zurück. Diese Retraktionen sind **endaligniert**.
- Die Retraktion erfolgt vor Abschluss des Projekts und geht an eine Position innerhalb des Projekts zurück. Solche Retraktionen sind **weder anfangs- noch endaligniert**.

In diesem Kapitel werden nur der erste und dritte Typ besprochen; endalignierte Retraktionen sind das Thema von Abschn. 6.4. Sie haben etwas andere Funktionen als die Retraktionen, die vor Projektende beginnen, denn am Ende des Projekts entfallen planungsbedingte Häsitationsretraktionen weitgehend. Dafür stehen redebeitragsstrukturierende Funktionen im Vordergrund.

4.5.1 Retraktionen im Projektverlauf (weder anfangs-, noch endaligniert)

4.5.1.1 Reparaturretraktionen

Bei der Analyse muss zwischen Retraktionsposition(en) und Reparandum (also dem bearbeiteten Teil der ursprünglichen Äußerung) unterschieden werden. Sie können zusammenfallen; dann ist die Retraktionsposition der Slot, in dem die reparierende Ersetzung stattfindet. Das Reparandum kann aber nach oder vor der ersten Retraktionsposition liegen. Die nicht von der Reparatur betroffenen Positionen werden dann einfach in der alten lexikalischen Besetzung wiederholt.

```
(61)(GüKa)
   01 PIA:   deswegen hatte die LEna des auch ni auf_m SCHIRM weil
             die vorsletz (.) s_vorletzte mal AUCH nich da war. (-)
```

```
(62)(China 50, aus Uhmann 2006:182)
   01 T:     man schickt dann die ZWEIte frau
             äh die_ERSte_frau meistens weg,
```

Abbruchpunkt innerhalb des Worts. In (61) korrigiert die Sprecherin einen artikulatorischen Lapsus (der klitisierte definite Artikel *s* wird versehentlich nicht mit dem Beginn der ersten, sondern der zweiten Silbe im Wort *vorletzt* assoziiert). Solche **Versprecher** (phonologische Fehler) werden regelmäßig so schnell wie möglich, am besten noch innerhalb des Worts, korrigiert (vgl. Pfeiffer 2015: 284). So auch hier: die Sprecherin bricht das fehlartikulierte Wort schon nach der zweiten von drei projizierbaren Silben ab und retrahiert sofort auf der syntaktischen Position des attributiven Adjektivs. Retraktionsposition und Reparandum sind identisch.

4.5 Retraktionen

Retraktion zum Phrasenbeginn. In Ausschnitt (62) wird ebenfalls ein attributives Adjektiv verbessert, es handelt sich jedoch um einen inhaltlichen Fehler. Der Abbruchpunkt liegt am Ende der NP *die ZWEIte frau* und ist durch eine Häsitationspartikel (*äh*) markiert. Das **Reparandum** ist *zweite*, das in *erste* korrigiert wird. Die Retraktionsposition ist zunächst die NP, innerhalb derer die Reparatur liegt. Außerdem werden alle Positionen innerhalb der NP als Retraktionspositionen genutzt. Die erste davon, der Retraktionspunkt, ist der Artikel am Beginn der NP (*die*), der wiederholt wird und daher als (Anfangs-)**Anker** dient. Auch das Kopfnomen (*frau*) in der dritten Retraktionsposition wird wiederholt und dient als (End-)Anker. Artikel und Nomen rahmen das Reparandum. Solche Anker erleichtern die Prozessierung, weil sie das Reparandum eindeutig lokalisieren:

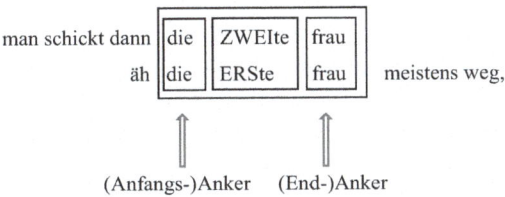

Im folgenden Ausschnitt ist die Reparatur in Z. 02/03 nicht korrigierend, sondern elaborierend. (Wir ignorieren hier die wortinterne Wiederholungsretraktion *au > auf* in Z. 02.) Die ursprüngliche Formulierung *auf das JETZT* wird durch die neue Formulierung *auf den moMENT in dem man lebt* präzisiert. Die betroffene Phrase ist also eine Präpositionalphrase. Die Reparatur erfolgt in zwei Schritten und ist mit zwei Retraktionen verbunden. Die Präposition dient als Anker.

```
(63)(THE, Sel)
  01 SEL:   lampenfieber entSTEH:T (-) wenn man (-) sich
            WIRklich;=
  02        =au äh:: pff auf das JETZT;
  03        auf die °h auf:: den moMENT in dem man lebt (.)
            EINlässt;
```

Die Retraktion beginnt am Ende der Präpositionalphrase (*auf das JETZT*) in Z. 02 (*JETZT* ist der Abbruchpunkt). Der Sprecher retrahiert auf ihren Beginn (also die Präposition *auf*, den Retraktionspunkt). Das projizierte Nomen fehlt zunächst; der feminine Artikel *die* suggeriert, dass ein feminines Nomen folgen soll (vielleicht *Situation*). Der Sprecher retrahiert dann innerhalb der noch unabgeschlossenen PP erneut auf deren Anfang und tauscht den Artikel aus (*die > den*). Dann folgt das Nomen *moMENT*. Das Reparandum ist in diesem Fall nicht nur der Artikel, sondern das projizierte, aber noch gar nicht produzierte Nomen (**Projektionsreparatur**; vgl. Pfeiffer 2015: 48–51).

wenn man (-) sich WIRklich; au äh:: pff 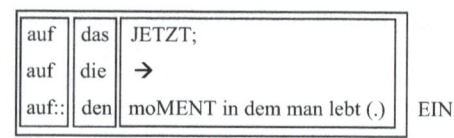 EINlässt

Eine Retraktion innerhalb der NP (*auf das JETZT, die .... den moMENT*) wäre ebenfalls möglich. Allerdings tendieren Sprecher dazu, das Nomen in einer PP nicht durch Retraktion zum Anfang der eingebetteten NP, sondern zum Anfang der Präpositionalphrasen zu reparieren (Uhmann 2006; Birkner et al. 2012). Grund dafür ist vermutlich, dass die Grenze zwischen Artikel und Präposition im Deutschen relativ schwach ist, wie zahlreiche Verschmelzungsformen zeigen (*zu dem > zum, in das > das* etc.).

Retraktion zur öffnenden Klammer. In den folgenden drei Beispielen erfolgt die Retraktion auf die Position der öffnenden Klammer.

```
(64)(THE, Tez)
  01 TEZ:   eh also (.) so_n bisschen FEUer hab ich (.) bring ich
            ja AUCH mit,
```

In paradigmatischer Schreibweise:

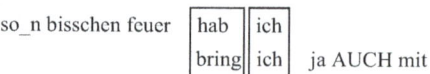

Die erste Retraktionsposition (die öffnende Verbalklammer) enthält in diesem Fall das Reparandum: in ihr wird *hab* durch *bring* ersetzt. Das wiederholte Element, das den Anker der Retraktion bildet (*ich*), steht in der Position nach dem Retraktionspunkt. Es handelt sich wohl erneut um eine Projektionsreparatur: Das Reparandum umfasst nicht allein das ersetzte Element, sondern auch das projizierte Fortsetzungselement – vielleicht *im Hintern*, das möglicherweise nicht realisiert wurde, weil die Sprecherin es als stilistisch unangemessen eingestuft hat.

```
(65)(THE, Tez)
  01 TEZ:   irgendwo will die gefahr auch zu IHR,=
  -----------
  02        =da die gehörn irgendwie so zuSAMm;
  -----------
  03        und äh:: das WEISS sie auch.
  -----------
  04        un deswegen hält sie sich EIgentlich;=
  05        =versUcht sie eigentlich sich von den menschen
            die sie liebt FERN zu halten.
```

4.5 Retraktionen

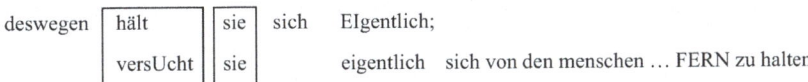

Der Abbruch des Projekts erfolgt nach *eigentlich* in Z. 04; an diesem Punkt ist ein Projektabschluss durch die Verbalpartikel *fern* und davor ein Argument zum Verb *sich fernhalten* erwartbar. Diese Reparatur ist syntaktisch. Durch die Ersetzung des finiten Verbs *hält* durch ein Verb, das ein untergeordnetes Projekt regieren kann (*versUcht*), verändert sich die Syntax der folgenden Projektentwicklung. Das ursprünglich wohl geplante Partikelverb *(sich) fernhalten* wird in die schließende Klammer verdrängt. Das Subjektspronomen in der Position nach dem Finitum dient als Anker. Auch hier ist der Retraktionspunkt der Slot, in dem die Ersetzung stattfindet.

In Ausschnitt (66) beginnt die Sprecherin ihr Projekt mit einer koordinierten NP im Vorfeld; es folgt eine damit kongruente Vergangenheitsform des Verbs *sein* in der öffnenden Klammer und – in einer Position, in der ein Prädikativ projiziert ist – der Beginn einer Präpositionalphrase. Zu erwarten ist ein Nomen (etwa *Liste*). Die Formulierung dieser PP wird jedoch nach dem definiten Artikel abgebrochen.

```
(66)(BB)
01 SYB:   vladdi und stefan warn auf de:r? warn nomiNIERT. ne,
```

Der Abbruchpunkt wird in diesem Fall durch eine glottale Verengung [ʔ] markiert. Das semantische Reparandum selbst wird gar nicht formuliert; wir wissen nicht, welches feminine Nomen nach *auf der* gefolgt wäre, das die Sprecherin zu einer reparierenden Retraktion veranlasst hat. In der Retraktionsposition wird das Verb wiederholt; es fungiert als Anker. Die Retraktionsposition ist also anders als in (64) und (65) nicht der Slot, in dem die Reparatur stattfindet. Repariert wird vielmehr die projizierte Weiterführung des Projekts nach dem Verb *warn*.

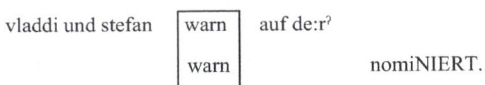

Retraktion zur Grenze zwischen über- und untergeordnetem Projekt. Im folgenden Ausschnitt (67) retrahiert der Sprecher noch weiter zurück, nämlich bis ins Vorfeld. Trotzdem handelt es sich nicht um eine anfangsalignierte Retraktion, denn das Projekt beginnt nicht mit dem Vorfeld, sondern mit dem Vorvorfeld, wo ein untergeordnetes Projekt steht (ein Konditionalprojekt):

(67)(THE, Sel)
```
01   SEL:    °hh wenn ich mir: während ich auf der BÜHne bin:-=
02           =äh darüber KLAR werden würde WIE viel text das IST,
03           und WAS jetzt wohl als nächstes (.) KOMMT,
04           und WIE:;
05           und mir das überLEgen würde;=
06           =dann (.) würde ich soFORT (.) vom (-) n NETZ;
07           oder vom dann würde ich sofort vom SEIL fallen;
```

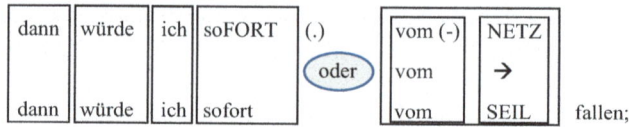

Der Ausschnitt enthält zwei Retraktionen. Im Rahmen der ersten Retraktion wird ein Fehler der Wortwahl bzw. Idiomatik korrigiert. Der Sprecher bricht nach dem von ihm als fehlerhaft empfundenen Wort *Netz* sofort ab; er retrahiert zunächst zum Beginn der PP (*vom*), führt das Projekt aber nicht weiter. Es kommt vielmehr zu einer zweiten, weiträumigen Retraktion bis zum Vorfeld; in ihrem Verlauf wird *Netz* durch *Seil* ersetzt.

Die große **Retraktionsspanne** ist nicht alternativlos. Der Sprecher hätte auch lediglich zum Beginn der Phrase zurückgehen können, in der das problematische Wort enthalten ist (*vom netz > vom SEIL*). Ebenso hätte er sich im Wort selbst korrigieren (*netz > SEIL*) oder auf die Position des Adverbs (*soFORT*) oder der öffnenden Klammer (*würde*) retrahieren können. Lediglich die Retraktion auf die Position des Pronomens *ich* am Beginn des Mittelfelds scheint grammatisch nicht möglich; möglicherweise spielt dabei die enge Kohäsion zwischen finitem Verb und dem nachgestellten Pronomen eine Rolle, die die Grenze zwischen den beiden Slots zu schwach macht, als dass sie für eine Retraktion geeignet wäre. Die Schwäche dieser Grenze lässt sich (wie im Fall der PPs die Schwäche der Grenze zwischen Präposition und Artikel) an den häufigen Klitisierungen in dieser Position erkennen: *hat sie > hat_se, nimmt er > nimmt_a* etc.

Inserierende Retraktionen. Retraktionen dienen nicht nur dazu, ein vorher geäußertes Element des Projekts zu korrigieren oder zu elaborieren, sondern können auch verwendet werden, um ein Element in die schon produzierte Struktur **einzufügen**. Die Position für dieses Element wird also retrospektiv neu geschaffen. Damit die Gesamtäußerung überhaupt als Reparatur prozessiert werden kann, muss es einen Anker geben, der direkt nach der Insertion liegt. Im folgenden Fall ist das der Artikel *das* (der Beginn einer NP) im Retraktionspunkt. Die Insertion (*letztendlich*) findet davor statt:

4.5 Retraktionen

```
(68)(DOM, Flucht)
   01 DOM:   und du hätt du hast das (.) letztendlich das glück
             deiner KINder risKIERT,
```

```
       du hast  │       │ das │ →
                │ letztendlich │ das │ glück deiner KINder │ risKIERT
```

In Ausschnitt (69) schafft sich der Sprecher durch Retraktion auf den Beginn des Prädikativs (*froh*) die Möglichkeit, durch Insertion eines intensivierenden Adverbs (*sehr*) seine Bewertung emphatischer zu machen:

```
(69)(DOM, Flucht)
   01 DOM:   ich DANke dir SEHR dafür,
   02        und wie geSAGT;
   03        ich bin FROH,
→ 04         (.) SEHR sehr frOh dass alles GUT gegangen ist;
```

Bevor das von *froh* projizierte Komplement produziert worden ist, retrahiert der Sprecher innerhalb der Adjektivphrase und erweitert sie, indem er den das Adjektiv modifizierenden Slot eines Adverbs einfügt (*sehr froh*). Eine zweite Retraktion, nämlich eine einfache Wiederholung zum Zweck der Emphase, führt dazu, dass das Adverb *sehr* zweimal produziert wird:

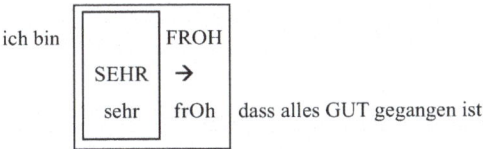

Der Anker folgt wieder dem eingefügten Element. In diesem Fall bleibt (anders als in (68)) die Retraktion innerhalb der Adjektivphrase (in der das Adverb den adjektivischen Kopf modifiziert). Die beiden Elemente, die durch die Retraktion in eine paradigmatische Beziehung zueinander gestellt werden, sind also zwei Varianten der Adjektivphrase, *sehr sehr froh* und *froh*.

Tilgende Retraktionen. Auch der umgekehrte Fall einer retrospektiven Tilgung kommt vor, vgl. Ausschnitt (70):

```
(70)(HH)
   01 INT:   und sie MEInen das wird noch nich so:
             oder wird nich so richtig geNUTZT.
```

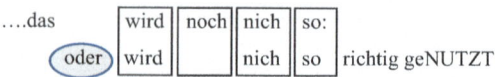

Tilgungsretraktionen brauchen zumindest einen Anfangsanker. In diesem Fall ist das das Wort *wird*. Zusätzlich fungiert *nich so* als Endanker. Durch die Anker wird es für die Rezipientin überhaupt erst möglich, die Tilgung zu erkennen.

4.5.1.2 Häsitationsretraktionen

Häsitationsretraktionen sind sehr häufig (vgl. Pfeiffer 2015: 97, in dessen Korpus sie über 50% der Belege ausmachen). Sie sind dadurch gekennzeichnet, dass in der/den Retraktionsposition(en) das dort stehende Wort wiederholt wird. Häsitationen haben oft mit **Planung** zu tun. Daraus erklärt sich, dass die Wiederholung meist das oder die erste(n) Element(e) einer Phrase oder, im Gesamtprojekt, ein Element im Vorfeld oder in der ersten Position nach der öffnenden Klammer betrifft. Am Phrasenanfang werden oft Artikel oder Präpositionen (oder beide) wiederholt, am Projektanfang Pronomina und Hilfsverben, am Beginn untergeordneter Projekte Komplementierer.

Typische Beispiele sind (71)–(73).

```
(71)(THE, RaK)
  01 RaK:   also (.) sie HÖRN schon;
  02        ich (.) ich ich ich ZÄHL mich dazu,=
  03        =ich bin kulTURpessimist,
```

ich	
ich	
ich	
ich	ZÄHL mich dazu,

```
(72)(THE, Tez)
  01 TEZ:   =das war DAmals so_n so_n?
  02        °h bläck RAIder heißt das;=
  03        =das war so_ne fOrm von:
  04 THE:   nja,
  05 TEZ:   etwas Anderem MUsical sozusAgen?
  06 THE:   geNAU,
```

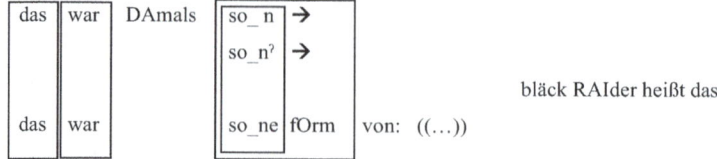

4.5 Retraktionen

```
(73)(Calling Home)
  01 BER:  °h aber ich hAb mich inzwischen so AUFgeregt,=
  02       =dass ich dass ich auch schon nix mehr ESS
           und so; °hhhhhh
  03       un nich mehr SCHLAF. hhh
```

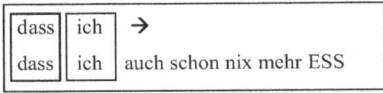

Im Ausschnitt (71) retrahiert der Sprecher innerhalb eines untergeordneten, von *hören* abhängigen Projekts, das im Format eines Verb-Zweitprojekts realisiert wird, auf das Pronomen der ersten Person im Vorfeld. Er tut dies nicht nur einmal, sondern dreimal hintereinander, sodass eine Sequenz von vier identischen Pronomina (*ich > ich > ich > ich*) entsteht. Im Ausschnitt (72) wird der Beginn der Nominalphrase (*so_n > so_n*) wiederholt; nach der Parenthese erfolgt dann eine weitere, anfangsalignierte Retraktion zum Beginn des Projekts. Im dritten Beispiel (Ausschnitt (73)) betrifft die Retraktion die Wiederholung des Komplementierers *dass* und des darauffolgenden Pronomens (*dass ich > dass ich*).

Seltener werden Inhaltswörter wiederholt, wie im folgenden Fall das Adjektiv am Beginn der NP *schöne Türen* (vielleicht, weil die Phrase keinen Artikel hat, auf dem die Häsitation realisiert werden kann):

```
(74)(MU)
   01 INT:  °h wir ham jetza SCHÖne: (.) ?SCHÖne::-
 → 02       müssen_s ma kommen ANschaun;
   03       °h also schöne: (.) TÜren drin:-
```

Wie in Ausschnitt (72) schiebt sich vor die zweite Retraktion zum Phrasenanfang eine Parenthese ein:

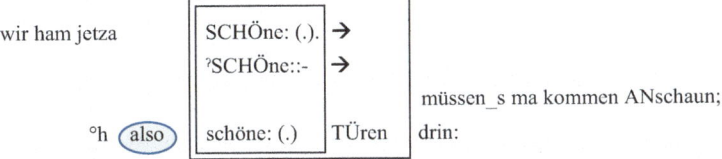

Funktion und Form stimmen nicht immer überein; d. h., Häsitation wird nicht nur durch wiederholende Retraktionen signalisiert, sondern kann auch reparierende Retraktionen enthalten. Im nächsten Fall erscheinen die Retraktionen zumindest teilweise planungsbedingt, sie umfassen jedoch neben Wiederholungen auch Ersetzungen von phraseninitialen Funktionswörtern:

(75) (Calling Home)
```
→ 01  BIR:      °h also ähn (.) ALfred is °h mit äh bei mit ROLF ein
                tach °h nein; nich äh JA; ja nach; in äh Oben;
                °hh zu_zu den BIEn-
     ------------
   02           die haben da geSCHLEUdert.
```

Die Äußerung der Sprecherin braucht verschiedene Anläufe. Dabei wird zunächst in der PP retrahiert, die den zweiten Personennamen enthält (*mit > bei > mit*), dann erneut in der PP, die die Ortsangabe enthält (*nach > in > zu > zu*).

4.5.1.3 Turnstrukturierende Retraktionen
Obwohl den Redebeitrag strukturierende Retraktionen nicht immer von reparierenden zu trennen sind, erscheint es sinnvoll, sie funktional zu unterscheiden.

Bei strukturierenden Retraktionen entstehen an der Oberfläche **keine Brüche**. Wenn ein Operator verwendet wird, dann ist das meist *und* (auch *oder* und *also* kommen manchmal vor). Anders als Reparaturen (und Häsitationen) produzieren sie meistens auch schriftsprachlich akzeptable syntaktische Projekte. Oft erscheinen solche Projekte sogar rhetorisch elegant und eloquent.

Der folgende Ausschnitt wurde schon im Zusammenhang der reparierenden Retraktionen (Z. 06–07) diskutiert. Es finden sich darin aber noch weitere Retraktionen, nämlich in den Z. 03–05:

(76) (THE, Sel)
```
01  SEL:    °hh wenn ich mir: während ich auf der BÜHne bin:-=
02          =äh darüber KLAR werden würde WIE viel text das IST,
03          und WAS jetzt wohl als nächstes (.) KOMMT,
04          und WIE:;
05          und mir das überLEgen würde;=
06          =dann (.) würde ich soFORT (.) vom (-) n NETZ;
07          oder vom dann würde ich sofort vom SEIL fallen;
```

Der Sprecher nutzt für die Retraktion die Position des eingebetteten, von *sich klar werden* abhängigen Komplements, die ursprünglich von einer indirekten *wie*-Frage besetzt wird (Z. 02). Die beiden Retraktionen stellen stattdessen einmal eine indirekte *was*-Frage in dieselbe Position, das andere Mal wird lediglich das Fragewort (*wie*) artikuliert, dann bricht das untergeordnete Projekt ab. Stattdessen retrahiert der Sprecher weiter zurück in die Position von *darüber KLAR werden würde*.

Der Sprecher, ein Schauspieler, erklärt, wie man einen abendfüllenden Monolog ohne die Angst, den Text zu vergessen, bewältigen kann. Das untergeordnete *was*-Projekt in Z. 03 ist keine Reparatur des untergeordneten *wie*-Projekts in Z. 02. Weder erläutert noch korrigiert es den Inhalt von *WIE viel text das IST*. Vielmehr nennt es nach der Textmenge ein weiteres Merkmal, das das Memorieren schwierig macht, nämlich die Reihenfolge der Textelemente. Die additive Semantik, die

4.5 Retraktionen

die Retraktionen mit der ursprünglichen Formulierung verbindet, wird durch den Operator *und* deutlich.

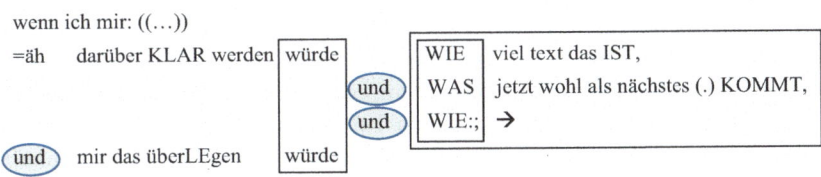

Es entsteht eine Liste; die dritte Komponente wird allerdings nicht zuende geführt. Eine solche **Dreier-Liste** lässt sich auch im folgenden Beispiel beobachten, wo außerdem eine Insertion im Spiel ist:

```
(77) (HH)
   01 INT:    aber es ist ja SO,=
→ 02          =dass jetzt (.) die MEISten staaten so richtung OSten,
→ 03          dass die einfach (-) ÄRmer,=
→ 04          =und (.) DEUTlich ärmer,=
→ 05          =und (.) VIEL viel viel [ärmer sind.
   06 IHH:                            [↑ja.
```

Das Beispiel enthält verschiedene Typen von Retraktionen. Nach *es ist ja so* beginnt der Sprecher ein *dass*-Komplement, ohne dieses untergeordnete Projekt sofort zu Ende zu führen. Nach dem Topik (*die MEIsten staaten so richtung OSten*) retrahiert der Sprecher auf das Einleitungselement des untergeordneten Projekts, den Komplementierer *dass*. Nach der Retraktion wird das Topik anadeiktisch (*die*) aufgenommen und es beginnt ein Kommentar (*einfach ÄRmer*). Allerdings wird das Projekt erneut nicht zu Ende geführt; es fehlt das projizierte Verb, vermutlich eine Kopula (*... sind*).

Die Listenstruktur ergibt sich aus den Retraktionen auf den Slot des prädikativen Adjektivs *ÄRmer*. Die erste dieser Retraktionen führt zur Insertion von *deutlich* in die entstehende syntaktische Struktur, wo sie das Adjektiv (das zugleich der Anker der Insertion ist) modifiziert. Die zweite Retraktion ersetzt *deutlich* durch *viel*. Zwei weitere Retraktionen wiederholen das Adverb *viel*. Die entstehende Liste besteht aus den drei Elementen *ärmer, deutlich ärmer* und *viel viel viel ärmer*, d. h. sie wird von Listenelement zu Listenelement umfangreicher und dadurch emphatischer.

Listen. Listen sind ein viel genutztes Strukturierungsverfahren für komplexere Redebeiträge (Selting 2004). Sie erfordern die Verbindung von mindestens **drei Elementen**. Eine einmalige Retraktion kann zwar ebenfalls mit *und* erfolgen, sie produziert aber noch keine Liste (Jefferson 1991). Wir definieren Listen hier rein formal als syntaktisches Muster, ohne semantische Bedingungen für Listenhaftigkeit zu stellen; insbesondere muss die Liste nicht unbedingt Objekte aus derselben semantischen Kategorie enthalten (wie etwa: *sie mag Äpfel, (und) Birnen und Pfirsiche*). Sie muss lediglich mindestens drei Elemente umfassen, die denselben syntaktischen Slot füllen.

In Listen wird das dritte Listenglied oft mit *und* eingeleitet. Wie im Ausschnitt zu sehen ist, können aber auch andere, nicht-erste Listenglieder mit *und* in die Liste eingebaut werden. Ausgeschlossen ist lediglich, dass das letzte Listenglied uneingeleitet bleibt, während das vorletzte mit *und* eingeleitet ist.

Welchen Status hat dieses *und*? Es ist syntaktisch nicht das *und*, das im Eröffnungsfeld des syntaktischen Projekts auftritt (vgl. Kap. 3, S. 60–63). Seine Funktion ist es vielmehr, mehrere syntaktisch gleichwertige Elemente zu **koordinieren**. Aus der Sicht der Online-Syntax lässt es sich am besten als ein **Operator** beschreiben, der der Rezipientin den Hinweis gibt, dass das folgende Element einen bereits vorhandenen Slot erneut besetzen wird, ohne dass eine Ersetzung gemeint ist. Nicht alle *und*-Koordinationen innerhalb eines Projekts sind allerdings Retraktionen. Zum Beispiel impliziert die *und*-Koordination in einem Satz wie *Maria und Josef treffen sich nur selten* keine Retraktion, denn das koordinierte Subjekt wird vom Verb *sich-treffen* gefordert.

4.5.2 Anfangsalignierte Retraktionen

Es fällt auf, dass anfangsalignierte Retraktionen häufig die Position des Eröffnungsfelds und des Vorvorfelds nicht nutzen, wenn diese beiden Felder besetzt sind. Die Sprecher gehen also nicht ganz an den Beginn des Projekts zurück, sondern beginnen direkt mit dem **Vorfeld**. Dies zeigt, dass die Domäne von Retraktionen in der Regel das Kernprojekt ist. Funktional lässt sich die Präferenz für Retraktion ins Vorfeld dadurch erklären, dass im Eröffnungsfeld oft (und teils auch im Vorvorfeld) Elemente stehen, die der Rezipientin Anweisungen geben, wie sie die nun beginnende Äußerung verstehen soll – insbesondere, wie sie sich in den sprachlichen Kontext einbettet. Diese Anweisungen ändern sich bei einer Retraktion nicht.

4.5.2.1 Reparierende Retraktionen

Wenn im Vorfeld eine volle Phrase steht, ist es möglich, dass der Sprecher diese Phrase oder einen Teil davon reparieren möchte, bevor er das Projekt mit der öffnenden Klammer weiterführt. Eine solche kleinräumige Reparatur der Vorfeldkonstituente zeigt zum Beispiel der folgende Ausschnitt:

4.5 Retraktionen

```
(78)(GüKa)
   01 LIS:   und (.) bei SPEIer:,
 → 02        also IN speie[r? (-)
   03 PIA:              [mHM,
   04 LIS:   wohnt meine eine TANte?
```

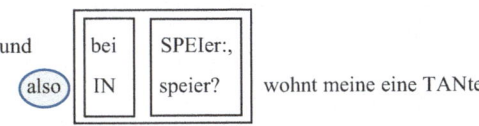

Die Sprecherin korrigiert die Präposition (*bei > in*).

Im folgenden Beispiel liegt der Abbruchpunkt hingegen im Mittelfeld. Die Sprecherin retrahiert bis zum Vorfeld und damit an den Projektbeginn (ohne Eröffnungsfeld, *also* in Z. 01):

```
(79)(THE, Tez)
   01 TEZ:   =also ich WAR irgendwie-=
 → 02        =ich hAtte irgendwie so_ne SEHNsucht in mir,=
   -----------
   03        =aber ((etc.))
```

	also	ich	WAR	irgendwie	
		ich	hatte	irgendwie	so_ne SEHNsucht in mir

Das finite Verb wird ausgetauscht (*WAR > hatte*); das davor liegende Element (*ich*) im Vorfeld wird wiederholt und dient als Anker. Es handelt sich erneut um eine Projektionsreparatur, denn das eigentliche semantische Reparandum ist noch gar nicht formuliert worden.

Auch in Ausschnitt (80) liegen der Abbruchpunkt und das (unklare) Reparandum (*NOCHmal > WIEder*) im Mittelfeld. Der Sprecher hätte zur öffnenden Klammer retrahieren können, entscheidet sich aber dafür, noch weiter zurück zu gehen, nämlich ins Vorfeld:

```
(80)(DOM, Flucht)
   01 DOM:   ja aber da musstest du ja NOCHmal du WARST du mal:-
 → 02        (-) da musstest du ja WIEder durch die de de er DURCH;
   03        um nach WESTberlin zu kommen;
   04 CHR:   (--) ^ne::;
```

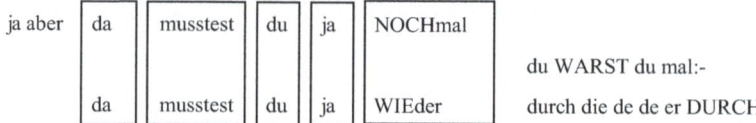

Die Retraktion zum Projektanfang ist möglicherweise durch die syntaktisch schwer zu durchschauende Äußerungskomponente nach *NOCHmal* zu erklären, die sich nicht in den Projektverlauf und die im Spiel befindlichen Projektionen integrieren lässt. Bei einem Abbruch unmittelbar nach dem Adverb hätte auch die Retrakion zur öffnenden Klammer ausgereicht.

4.5.2.2 Häsitationsretraktionen

Ein einfaches Beispiel für eine anfangsalignierte Häsitationsretraktion findet sich im folgenden Ausschnitt (81), in dem die Sprecherin die ersten drei Slots ihres Projekts wortwörtlich wiederholt:

```
(81)(THE, Tez)
   01 TEZ:    dat hab ich:-
→  02         <<Lachstimme>dat hab ich ganz GAN:Z:
              im priVAten gemacht,>
```

dat	hab	ich:-	
dat	hab	ich	ganz GAN:Z: im priVAten gemacht

Im nächsten Ausschnitt wird ausnahmsweise auch der Operator *und* im Eröffnungsfeld in die Retraktion einbezogen:

```
(82)(THE, Tez)
   01 TEZ:    ähm::- und DANN:: ?weiß ich nicht;=
→  02         =und DANN wird eim irgendwann be bewusst,=
   03         =dass es n beRUF ist,=((etc.))
```

und	DANN::	?weiß ich nicht;=	
und	DANN	wird eim irgendwann	be
			bewusst

Weiß ich nicht ist ein metakommunikativer, parenthetischer Einschub nach dem Abbruch auf dem verzögernd gedehnten *dann*.

Der folgende Ausschnitt (83) stammt aus einer Gruppentherapie. Die Häsitationsretraktion betrifft die Z. 02 und 04; der Abbruchpunkt liegt im Mittelfeld vor Erreichen des Fokusbereichs. Die Retraktion zum Projektanfang führt deshalb zu einer relativ langen Retraktionsspanne:

4.5 Retraktionen

```
(83) (Bulimie)
((Therapiegespräch))
((Mary hat Paula vorgeworfen, die Argumente der Gruppe nicht zu
akzeptieren. Diese verteidigt sich.))
   01 PAU:    also ich=es=is=ja NICH so dass ich des einfach
              °h NICH annehme und WEGschiebe;
   02         aber ich MUSS des doch; (1.5)
   03         ja:,
→ 04          ich muss des doch auch verDAUN könn;
```

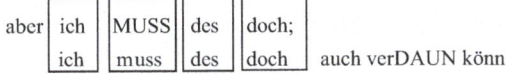

Zwischen der abgebrochenen ersten Formulierung und der mit einer Retraktion verbundenen Wiederholung liegen eine längere Pause und der Operator *ja* in turn-interner (parenthetischer), quasi selbst-dialogischer Verwendung (vgl. Auer 2020). Die Funktion des Operators (*ja* mit steigender Intonation) ist es, die Resumption des Projekts anzukündigen. Er kontrastiert mit *ja* mit sinkender Intonation, das als Abschlussmarker verwendet wird (Auer 2021). Die Sprecherin inszeniert auf diese Weise ihre Antwort als wohlüberlegt und abgewogen.

Schließlich belegt Ausschnitt (84), dass anfangsalignierte Retraktionen auch ein gängiges Verfahren sind, um Turbulenzen bei der Übernahme des Rederechts abzuwehren und sich gegen einen **simultan sprechenden** anderen Teilnehmer durchzusetzen. Vgl. dazu:

```
(84) (DOM, chronisch)
   01 JOH:    ich fInde auch NIEmand der irgendwie sacht
              ich hab was ÄHNliches erlebt,
   02         °h ich HELfe dir.
   -----------
→ 03          [°hh ] selbst (-) [ne,=selbst=selbst] (-) [jEmand.      ]
→ 04 DOM:     [dann:]            [hast du           ]   [hast du denn]
   05 JOH:    die mal so_n BUCH da drüber geschrieben hat; ((etc.))
```

```
selbst
selbst
selbst   jEmand. die ((...))
```

In diesem Ausschnitt ist mit Z. 02 ein möglicher Abschlusspunkt des Redebeitrags von Johanna erreicht. Der Gesprächspartner ergreift die Gelegenheit, um einen eigenen Beitrag zu starten (Z. 04), zugleich führt Johanna allerdings ihren Turn weiter

(Z. 03). Es kommt also zur Konkurrenz um das Rederecht, die sich in Simultansprechen manifestiert. Beide Sprecher greifen in dieser Situation auf Retraktionen zurück: Johanna wiederholt das projektinitiale *selbst* zweimal, bevor sie zum nächsten Slot übergeht, Domian wiederholt das projektinitiale *hast du*. Schließlich verzichtet er auf seinen Beitrag.

Prolepsen werden (wie auch andere Vorvorfeldbesetzer) üblicherweise nicht in anfangsalignierte Retraktionen einbezogen, deren Abbruchpunkt im Mittelfeld liegt:

```
(85)(THE, AnL)
((Die Rede ist von einem Cover-Foto.))
  01 AnL:    ich find_s n_MEga foto?
------------
  02         ich wollt_s ja auch unbedingt MAChen,
------------
→ 03         aber so diese: diese HEADline.=
→ 04         =dieses (.) AUFmacherfoto;=
  05         =das WAR für mich,
  06         äh des (.) das wollt ich gern ein bisschen künst (-)
             [KÜNSTlicher] haben.
  07 THE:    [mHM,       ]
```

Die Retraktion, die nach *für mich* beginnt, retrahiert auf die Position des Vorfelds, d. h. zum resumptiven Pronomen *das*, nicht zur initialen, proleptischen NP.

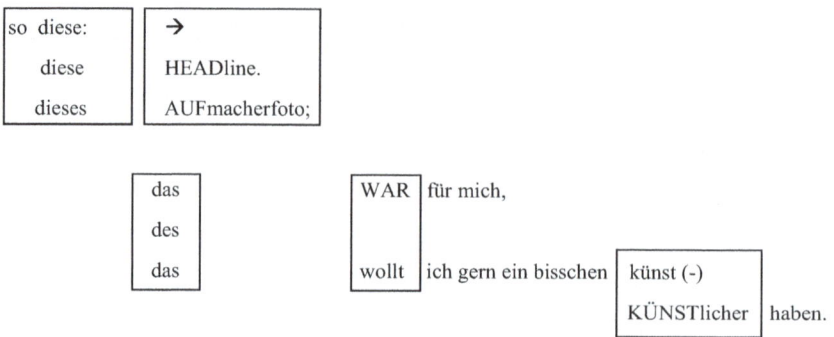

In der NP am Projektbeginn kommt es ebenfalls zu zwei Retraktionen. An dieser Stelle ist noch nicht klar, dass sich eine Prolepse ergeben wird.

4.5.2.3 Anfangsalignierte Retraktionen und Parenthesen

Anfangsalignierte Retraktionen in Form von (mehr oder weniger) wörtlich wiederholenden Retraktionen können neben der häsitationsindizierenden auch eine turn-

4.5 Retraktionen

strukturierende Funktion haben. Sie eröffnen nämlich dem Sprecher die Möglichkeit, nach dem Abbruch und vor der Retraktion mehr oder weniger umfangreiches **parenthetisches Material** einzuschieben. Dieses Material steht zwar in keiner syntaktischen Beziehung zum Projekt, erleichtert aber inhaltlich sein Verständnis. Durch die Verpackung der Information im Format der Parenthese ist der semantische Bezug zum abgebrochenen und später wieder aufgenommenen syntaktischen Projekt gesichert (vgl. Auer 2005).

Dafür einige Beispiele:

```
(86)(Bulimie, Gruppentherapie)
  01 MRY: aso ich hab ma mit einer zuSAMMgewohnt,=
  02      =und °h die hab ich EH nich so leidn könn un
          sie mich AUCH nich,
  ------------
→ 03      und dann hab ich IMmer so °h (0.5)
→ 04      und (-) DIE: is schon wesentlich DICker als ich;=
→ 05      =und dann hab ich ECHT immer gedacht- (0.5) ((...))
```

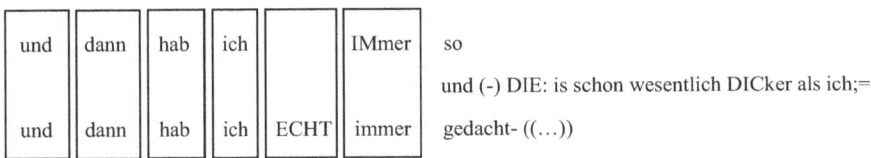

```
(87)(Bulimie, Gruppentherapie)
  01 MRY: weil °h ich ess auch MEIStens SO viel bis=es
          mir rIchtig WEHtut.
  ------------
  02      (0.5)
  03      ich kann da SE ten?
→ 04      Oder bis des gAnze zEUg das ich mir gekAUft hab WEG is.
→ 05      °h und ich kann da sElten vorher AUFhörn.=
```

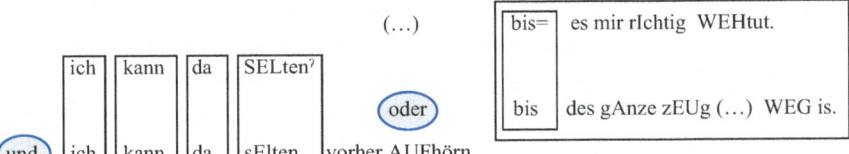

(88)(THE, Tez)
```
   01 TEZ:   und DANN:,=
   02        =hab ich damals ʔähh::: bei_ner theAterproduktion bei
             uns am: STADTtheater in BIElefeld (.) mitgewi:rkt-=
   03        =äh=im beWEgungschor;=
   -----------
→  04        =das war DAmals so_n so_nʔ
   05        °h bläck RAIder heißt das;=
→  06        =das war so_ne fOrm von:
   07 THE:   nja,
   08 TEZ:   etwas Anderem MUsical sozusAgen?
   09 THE:   geNAU,
```

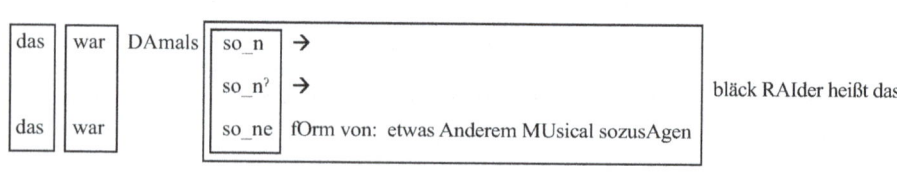

Im Ausschnitt (86) ist die Sprecherin dabei, eine Geschichte zu erzählen. In Z. 03 wird durch *und dann* ein erster Erzählschritt angekündigt, nachdem vorher die Antagonistin eingeführt worden war (Z. 01/02). Dieses syntaktische Projekt wird im Mittelfeld abgebrochen (*und dann hab ich IMmer so*). Anschließend kehrt die Sprecherin allerdings nicht sofort zum Anfang des Projekts zurück. Es folgt ein völlig neues syntaktisches Projekt (Z. 04), das eine für die Geschichte wichtige Information über die Antagonistin formuliert. Die Rezipientinnen können in diesem Fall nicht sofort entscheiden, ob Z. 03 als Fragment stehen bleiben oder ob die Erzählerin sich diesem Projekt später erneut zuwenden wird. Sie müssen sich bis ans Ende des eingeschobenen Projekts gedulden. Erst dann retrahiert die Sprecherin zum Beginn des zunächst abgebrochenen Projekts (in diesem Fall bis zum Operator *und* im Eröffnungsfeld), um es dann – in etwas veränderter Weise – zu Ende zu führen (*und dann hab ich ECHT immer gedacht*). Die Hintergrundinformation in Z. 04 lässt sich nun retrospektiv als Einschub in ein laufendes Projekt verstehen, also als Parenthese. Die Retraktion beendet die Parenthese und führt in die übergeordnete Projektstruktur zurück.

Im Ausschnitt (87) wird das emergierende Projekt *ich kann da SELtenʔ* in Z. 03 nach dem Adverb im Mittelfeld und vor dem erwartbaren Übergang zur Fokuskonstituente abgebrochen (der Abbruch ist durch einen Glottalverschluss markiert). Der nun folgende parenthetische Einschub (Z. 04) knüpft mit *oder* an das schon abgeschlossene syntaktische Projekt in Z. 01 an. Es handelt sich um eine endalignierte Retraktion, die innerhalb dieses Projekts auf die Position der Einleitung des temporalen, untergeordneten Projekts zurückgreift. Erst danach kehrt die Sprecherin zum

4.5 Retraktionen

abgebrochenen Projekt zurück. Sie retrahiert an den Anfang (*ich kann da sElten*), schiebt allerdings noch den Operator *und* vor diesen Anfang, der den Projektabschluss nun als Fortführung des Projekts in Z. 01/04 (und nicht von Z. 03) erscheinen lässt. In diesem Beispiel sind also zwei Retraktionen ineinander verschachtelt, eine endalignierte und eine anfangsalignierte. Die endalignierte ist eine Selbstreparatur, die anfangsalignierte eine Wiederholung. Die Retraktion des endalignierten Projekts wird zur Parenthese zwischen ursprünglicher Version und Retraktion des anfangsalignierten Projekts.

In Ausschnitt (88), Z. 04, erfolgt der Abbruch ebenfalls an einer Stelle, an der die Fokuskonstituente zu erwarten ist. Der Abbruch ist durch die Retraktion auf *so_n* als eine Wortsuche markiert. Es folgt ein parenthetischer Einschub, in dem der Name des Musicals genannt wird (Z. 05), bevor die Struktur vom Anfang des abgebrochenen Projekts durch Retraktion zu *das war* wieder aufgenommen und nun abgeschlossen wird. Dabei wird die Artikelform *so_n*, die ein maskulines oder neutrales Nomen projiziert (eventuell hatte die Sprecherin *Musical* im Kopf), durch *so_ne* ersetzt, passend zum nun folgenden Nomen *Form*. Es kommt also zu einer Projektionsreparatur.

Zwischen dem zunächst abgebrochenen Projekt und der wiederholenden Retraktion nach der Parenthese sind manchmal leichte **grammatische Inkongruenzen** zu beobachten; der Sprecher wiederholt die Anfangsstruktur nicht genau. Es gibt aber kein Indiz, dass die Rezipientinnen die Beziehung zwischen dem abgebrochenen und dem neu begonnenen Projekt deshalb nicht erkennen würden:

```
(89)(THE, Tez)
   01 TEZ:   bei der poliZEIarbei:t-
→ 02         war für MICH tatsächlich SPANnend=
   03        =weil man KENNT ja: (.) als ZUschauer;=
   04        =man KENNT selber KRImis;=
   05        =man KENNT diese ganzen HELdenfiguren-
   06        °h ahm:: diese gAnzen COPS,=
   07        =die dann innerhalb von kürzester ZEIT die FÄLle
             lösen und so,
→ 08         °h und DA: war_s für mich tatsächlich SPANnend,
   09        diesen TIEferen einblick zu bekommen- ((etc.))

(90)(THE, Tez)
→ 01 TEZ:   (ich) glaub autoGRAMM is so_n bisschen: (.)
            jetzt so hEutzutage macht man nur noch (.) SELfies;
   02 THE:  ja: Eben;
   03       [aber
→ 04 TEZ:   [autoGRAMme sin n bisschen RAUS;
```

In Ausschnitt (89) wechselt die Sprecherin die Konstruktion minimal: statt *war für MICH tatsächlich SPANnend* heißt es nun *war_s für mich tatsächlich SPANnend*, mit einem expletiven, die Subjektposition ausfüllenden *es*. Außerdem wird die ursprüngliche NP *bei der poliZEIarbei:t* nicht wiederholt, sondern in dieser syntaktischen Position ein zurückverweisendes Adverb (*DA:*) verwendet. *(Ich) glaub* steht im Eröffnungsfeld und wird erwartungsgemäß nicht wiederholt.

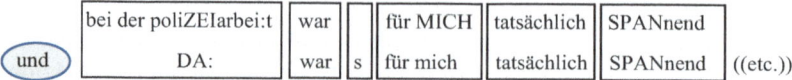

In (90) wird die ursprünglich singularische Subjekt-NP in der Wiederaufnahme durch eine pluralische und die Artikelform *so_n* durch einfaches *n* ersetzt:

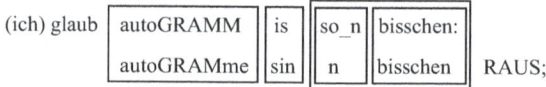

An den Beispielen lässt sich erkennen, wie Abbrüche und nachfolgende Parenthesen dem Aufbau eines **komplexen Redebeitrags** dienen. Einerseits will der Sprecher den zentralen Punkt seines Beitrags möglichst schnell liefern; das ist schon aus Gründen des Turn-Taking notwendig. Andererseits ist das, was er sagen will, zu komplex, als dass es in einem einfachen syntaktischen Projekt ausgedrückt werden könnte. Eine aufwändige hypotaktische Konstruktion mit vielen Einbettungen ist unter dem Druck der Progressivität des Gesprächs, die lange Planungspausen ausschließt, schwierig. Das Muster aus Abbruch, Parenthese und Retraktion ist hingegen einfach zu prozessieren, macht aber trotzdem die hierarchische Struktur der Darstellung deutlich. Das abgebrochene Element lässt erkennen, in welche Richtung der Beitrag des Sprechers gehen wird und dass für das Gespräch im gegebenen Kontext relevant ist, was er nun einschieben wird.

Das lässt sich zum Beispiel gut an Ausschnitt (89) zeigen. THE hat unmittelbar vorher die Frage gestellt, was für die Gesprächspartnerin während ihres Praktikums bei der Polizei das Wichtigste war. Die Antwort (die mit dem Beginn des Ausschnitts einsetzt) nimmt diese Frage auf und kündigt an, vom dem, was bei der Polizei *spannend* war, zu sprechen. Die Antwort ist allerdings zu komplex, als dass sie im Format eines oder mehrerer Komplemente formuliert werden könnte. Dazu wären hierarchisch verschachtelte Einbettungen nötig, etwa: *spannend war, dass ich, obwohl wir ja aus unserer Erfahrung als Krimi-Schauer die Heldenfiguren kennen, die innerhalb von kürzester Zeit die Fälle lösen, einen tieferen Eindruck gewonnen habe* – in der gesprochenen Sprache ist das nicht praktikabel. Das gewählte Format mit Parenthese und Retraktion bietet einen handlichen Ausweg.

4.5.3 Syntaktische Einschränkungen über Retraktionen

Müssen Retraktionen bestimmten syntaktischen Bedingungen genügen (Pfeiffer 2010)?

Vollständigkeit der Retraktion. Aus den bisher besprochenen Beispielen lässt sich die Hypothese formulieren, dass die Sprecher nach der Retraktion alle Positionen bis zum Abbruchpunkt erneut besetzen müssen, bevor sie das Projekt weiterführen. Der folgende Ausschnitt belegt allerdings, dass diese Hypothese nicht zu halten ist:

```
(91) (HH)
   01 IHH:   ich hab eigentlich auch gegen die ILlegalen nichts.
   02 INT:   mHM,
   03 IHH:   äh (1.0) wEil ich mir sage;
→  04        (-) dass (1.5) wenn Ich in DEren situation WÄre.
→  05        in deren WIRTschaftlicher situatiOn.
   06 INT:   mHM,
   07 IHH:   da würd ich mich AUCH [nicht nicht   ]
   08 INT:                         [da würden sie_s] AUCH so
             [machen;
   09 IHH:   [äh äh vIel um die gesEtze des lAndes KÜMmern;=
((etc.))
```

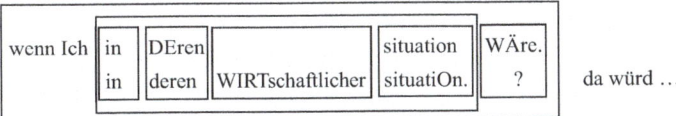

Es handelt sich um eine inserierende Reparatur. Um das Adjektiv *WIRTschaftlicher* retrospektiv am dafür geeigneten Slot vor dem nominalen Kopf der schon abgeschlossenen NP *DEren Situation* einzufügen, bricht der Sprecher seine Äußerung nach *wäre* ab und retrahiert an den Beginn der Präpositionalphrase. Die Präposition und das anadeiktische *deren* (ein Genitivattribut, das sich auf die vorher erwähnten *Illegalen* bezieht) werden wiederholt. Nach dem inserierten Adjektiv wird zusätzlich auch der Kopf der NP (*situatiOn*) wiederholt, so dass das inserierte Element beidseitig durch Anker eingebettet ist. Das das *wenn*-Projekt abschließende finite Verb *wäre* aus dem ursprünglichen Projekt wiederholt der Sprecher allerdings nicht; stattdessen geht er gleich zur Apodosis der Konditionalkonstruktion über, die mit *da* eingeleitet wird. Das Finitum muss aus der ursprünglichen Formulierung übernommen werden.

Solche ‚lückenhaften' Retraktionen, in denen eine notwendige Position des ursprünglichen Projekts vor dem Abbruch nicht erneut besetzt wird, sondern die ursprüngliche Besetzung dieser Struktur latent weiter gültig ist, sind keineswegs selten. Sie werden in Kap. 7 unter dem Stichwort **Strukturlatenzen/ Analepsen** genauer besprochen.

Einschränkungen über die erste Retraktionsposition. Noch wichtiger ist die Frage, ob von jedem beliebigen Abbruchpunkt innerhalb des emergierenden Projekts eine Retraktion an jeden beliebigen Punkt innerhalb des bisherigen Projektverlaufs möglich ist. Die Möglichkeiten werden hier an einem hypothetischen Beispiel durchgespielt:

- Bei Abbruch in einem oder am Ende eines Worts kann die Position, in der das Wort steht, ohne Einschränkungen als Retraktionsposition verwendet werden.

    Meine ältere Schwester hat äh wollte nach dem abgeschlossenen Studium in der französischsprachigen Schweiz arbeiten.

    Meine ältere Schwester hat nach dem abgeschlossenen äh abgebrochenen Studium in der französischsprachigen Schweiz gearbeitet.

- Bei Abbruch innerhalb oder am Ende einer Phrase kann diese Phrase oder eine Phrase, in die sie sich einbettet, ohne Einschränkungen als Retraktionsposition verwendet werden:

    Meine ältere Schwester hat nach dem abgeschlossenen Studium in der französischsprachigen Schweiz äh der deutschsprachigen Schweiz gearbeitet.

    Meine ältere Schwester hat nach dem abgeschlossenen Studium in der französischsprachigen Schweiz äh in der deutschsprachigen Schweiz gearbeitet.

    Meine ältere Schwester hat nach dem abgeschlossenen Studium in der französischsprachigen äh in der deutschsprachigen Schweiz gearbeitet.

Allerdings scheint die Retraktion zum Beginn der Präpositionalphrase der Retraktion zum Beginn der in sie eingebetteten Nominalphrase vorgezogen zu werden (vgl. Abschn. 4.5.1.1).

4.5 Retraktionen

- Bei Abbruch innerhalb oder am Ende einer Phrase kann eine frühere Phrase auf gleicher hierarchischer Ebene als Retraktionspunkt verwendet werden.

    Meine ältere Schwester hat <u>nach dem abgeschlossenen Studium in der französischsprachigen Schweiz</u> äh nach dem abgeschlossenen Studium in der deutschsprachigen Schweiz gearbeitet.

    Diese Möglichkeit wird allerdings selten genutzt; sie scheint außerdem auf nicht-pronominale (volle) Phrasen eingeschränkt zu sein:

    ??Dann hat <u>sie nach dem abgeschlossenen Studium</u> äh sie nach dem abgebrochenen Studium in der französischsprachigen Schweiz gearbeitet.

- Bei Abbruch innerhalb oder am Ende einer Phrase, die innerhalb eines untergeordneten Projekts steht, kann ohne Einschränkungen an den Beginn des untergeordneten Projekts retrahiert werden:

    <u>Nachdem meine ältere Schwester ihr Studium abgebrochen</u> äh obwohl meine ältere Schwester ihr Studium abgebrochen hat, konnte sie doch in der französischsprachigen Schweiz arbeiten.

- Nach jedem Abbruch im Kernprojekt kann in die öffnende Klammer retrahiert werden:

    Meine ältere Schwester <u>hat nach dem abgeschlossenen Studium</u> äh hat nach dem abgebrochenen Studium in der deutschsprachigen Schweiz gearbeitet.

    Meine ältere <u>Schwester hat nach dem abgeschlossenen</u> äh hat nach dem abgebrochenen Studium in der deutschsprachigen Schweiz gearbeitet.

- Nach jedem Abbruch kann an den Beginn des Projekts ins Vorfeld oder eines der davor liegenden Felder retrahiert werden.

    <u>Meine ältere Schwester hat nach dem abgeschlossenen</u> äh meine ältere Schwester hat <u>nach dem abgebrochenen</u> Studium in der deutschsprachigen Schweiz gearbeitet.

Diese Möglichkeiten werden nicht alle gleich häufig genutzt. Insbesondere gibt es für die drei genannten Funktionen von Retraktionen (Reparaturretraktionen, Strukturierungsretraktionen und Häsitationsretraktionen) weitere Einschränkungen und Präferenzen. Bei Reparaturretraktionen (alle oben genannten Beispiele gehören zu dieser Gruppe) sind die Sprecher zum Beispiel bestrebt, zwischen dem Retraktionspunkt und dem Reparandum nicht allzu viel Zeit vergehen zu lassen; ebenso vermeiden sie weit hinter das Reparandum zurückgreifende Retraktionen, die die Progressivität der Sprachproduktion unnötig lange anhalten würden. (Solche Präferenzen werden bei Pfeiffer 2015, Kap. 8 weiter diskutiert.)

Uhmann (2006) fasst die genannten Möglichkeiten zusammen, indem sie postuliert, dass Retraktionen, soweit sie nicht das Einzelwort betreffen, grundsätzlich an den **funktionalen Kopf** einer Phrase zurückgehen müssen. Funktionale Köpfe sind in der NP der Artikel, in der PP die Präposition und im abhängigen Projekt die einleitende Konjunktion (der Komplementierer). Um die Regel so generalisieren zu können, dass sie die oben genannten Fälle abdeckt, muss außerdem das finite Verb in der öffnenden Klammer als funktionaler Kopf (einer Komplementiererphrase) angesehen werden, und es muss erlaubt sein, auch auf den Spezifizierer vor diesem Kopf zu retrahieren (nämlich auf die Vorfeldposition). In allen Fällen steht aber der funktionale Kopf (bzw. sein Spezifizierer) am Anfang der Phrase. Es bleibt also offen, ob die Regeln der Retraktion tatsächlich die theoretisch aufwändige Annahme des Kopfs benötigen oder nicht einfach der Anfang der Phrase (bzw. des Projekts) der Retraktionspunkt ist. Da im Deutschen die funktionalen Köpfe in den meisten Fällen ‚links' (am Anfang der Phrase) stehen, ist diese Frage nicht leicht zu beantworten. Ein Testfall sind aber Postpositionen (mit ‚rechts' stehendem Kopf, nämlich der Postposition). In diesem Fall erfolgt die Retraktion an den Anfang der Postpositionsphrase, nicht auf den Kopf:

Meine ältere Schwester hat <u>des Geldes wegen äh ihres Mannes wegen</u> in der deutschsprachigen Schweiz gearbeitet.

Auch ein Wechsel zwischen Postpositionalphrase und Präpositionalphrase in der Retraktion scheint möglich zu sein; dies bestätigt die Relevanz des Phrasenanfangs, nicht des Kopfs:

Meine ältere Schwester hat <u>des Geldes wegen äh wegen ihres Mannes</u> in der deutschsprachigen Schweiz gearbeitet.

Retraktionen unterliegen also kaum kategorischen Restriktionen. Eine **minimale Einschränkung** für ihre Syntax wurde aber u. a. bereits von Levelt (1983) und Hoffmann (1991: 109) formuliert. Sie besagt, dass Retraktionen aus der Phrase heraus, in der bzw. an deren Ende der Abbruch erfolgt, nur zum Anfang einer davor liegenden maximalen Phrase gehen dürfen, aber nicht in eine Position innerhalb dieser früheren Phrase. Nicht möglich wäre demzufolge:

*Meine ältere Schwester hat nach dem <u>abgeschlossenen Studium in der deutschsprachigen Schweiz äh abgebrochenen</u> gearbeitet.

*Meine ältere Schwester hat nach dem <u>abgeschlossenen Studium äh jüngere</u> in der deutschsprachigen Schweiz gearbeitet.

Dasselbe gilt für die Retraktion aus einem untergeordneten Projekt zurück über die Projektgrenze in ein anderes untergeordnetes Projekt oder in das Hauptprojekt:

*Nachdem meine ältere Schwester ihr Studium abgebrochen hat, konnte sie doch äh jüngere in der französischsprachigen Schweiz arbeiten.

4.5 Retraktionen

Diese Beschränkung scheint weitgehend zuzutreffen. Es lassen sich nur sehr selten Gegenbeispiele finden; sie existieren allerdings, wie die folgenden beiden Ausschnitte zeigen:

```
(92)(Schwarzwald)
   01 V14:    als ich in der ZEHNten oder ELFten wAr?
   02         hat der nee-
→  03         ELFte,
   04         war nochmal_n zIemlicher STURM,
```

```
(93)(THE, RaK)
((Thema: Erdübervölkerung und Erderwärmung))
   01 RaK:    dass das alles nicht hinhaut is für mich äh: in
              TALKshows zu sehn;=
   02         =wenn die experten da SITzen,
   03         °h und sich geDANken darüber machen,
   04         °h äh: dass WIR im jahr zweitausend (.) FÜNFzig
              glaub ich oder so;=
   05         =zehn milliar nee;
→  06         ZWANzig glaub=ich=schon; ne,=
   07         =zehn milLIARden sind,
```

Im ersten Ausschnitt retrahiert die Sprecherin über die Grenze des eingebetteten Projekts hinweg zurück auf die Position des Nomens *ELFten* (als Bezeichnung für eine Klassenstufe) und ersetzt es nach dem die Korrektur anzeigenden Operator *nee* durch *ELFte*. Das (semantische) Reparandum ist die *oder*-Verknüpfung *ZEHNten oder ELFten*, d. h. es wird eine Alternative retrospektiv getilgt.

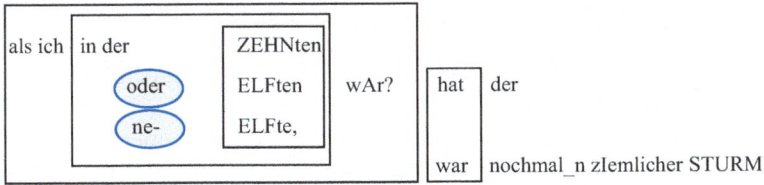

Die Retraktion geht über die syntaktische Grenze zwischen dem vorangestellten, untergeordneten *als*-Projekt im Vorfeld des übergeordneten Projekts und dem Hauptprojekt hinweg. Dass die Reparatur syntaktisch nicht ganz unproblematisch ist, lässt sich an der fehlenden grammatischen Kongruenz im Retraktionsslot erkennen: an der Stelle des dativmarkierten *ELFten* steht nach der Retraktion das nominativische *ELFte*.

Im zweiten Beispiel fehlen solche Hinweise:

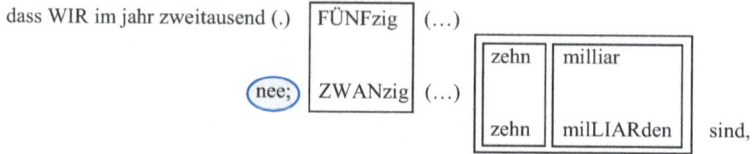

Der Abbruchpunkt liegt innerhalb des Worts *Milliarden*. Der Sprecher retrahiert von dort auf die Position, in der zugleich das Reparandum steht: *FÜNFzig > ZWANzig*. Die Reparatur überschreitet die Grenze der NP *zehn milLIARden*, geht aber nicht bis zum Anfang der davor liegenden PP *im jahr zweitausendFÜNFzig* zurück, sondern greift innerhalb dieser PP den letzten Teil des Kompositums *zweitausendFÜNFzig* als Retraktionsposition heraus.

In beiden Fällen scheint dem Sprecher das Bedürfnis, eine falsche Zahl möglichst schnell, nachdem er sie bemerkt hat, korrigieren zu wollen, wichtiger zu sein als die syntaktische Wohlgeformtheit. Dass dabei die Prozessierbarkeit der Äußerung leiden kann, zeigt Beispiel (93), in dem nicht sofort klar ist, ob *zwanzig* das vorausgehende *zehn* (wie nach der obigen Einschränkung zu erwarten wäre) oder das innerhalb der vorausgehenden PP liegende *fünfzig* korrigiert.

4.6 Fragmente

In Abschn. 4.3–4.5 wurden drei verschiedene Fälle von projektinternen Entwicklungen diskutiert, die gemeinsam haben, dass Projektionen nicht eingelöst werden: der Sprecher produziert an einem bestimmten Punkt eines oder mehrere Elemente, die mit diesen Projektionen nicht kompatibel sind. Diese Fälle werden oft unter den Begriff **Anakoluth** zusammengefasst (vgl. Schwitalla 2011, Abschn. 6.3; Zifonun et al. 1997, C4/4). Die unauffälligste Weise, mit einer solchen ‚Störung' im Projekt(ions)verlauf umzugehen, sind die in Abschn. 4.3 besprochenen *apo-koinu*-Projektverläufe. Hier geht eine Konstruktion – durch das *koinon* vermittelt – glatt in die nächste über. Die in Abschn. 4.5 behandelten, nicht endalignierten Retraktionen funktionieren anders. Die Retraktion macht deutlich, dass das Projekt abgebrochen wurde; zugleich signalisiert sie aber auch, dass die Struktur dieses Projekts zumindest teilweise Gültigkeit behält und in der Neuformulierung wiederverwendet wird. Der Abbruch führt nicht zur Aufgabe des Projekts.

Die Prozessierung des dritten Falls von projektionswidriger Fortführung der Äußerung ist hingegen aus der Perspektive der Rezipientin mit einer Phase der Prozessierungsunsicherheit verbunden. Das sind die in Abschn. 4.4 und 4.5.2.3 besprochenen Parenthesen. Im Augenblick, in dem die projektionswidrigen Fortführungselemente produziert werden, ist noch nicht klar, ob es sich um ein neues Projekt handelt, von dem aus der Sprecher nie mehr in das abgebrochene zurückkehren wird, oder lediglich um eine Verschiebung der Projektfortführung, eben eine Parenthese. Das Problem stellt sich besonders bei nicht-formulaischen, län-

4.6 Fragmente

geren Parenthesen, wie sie in Abschn. 4.4 anhand der Ausschnitte (45)–(47) und in Abschn. 4.5.2.3 anhand der Ausschnitte (86)–(90) besprochen wurden. Die Frage ist in ihrem Fall: Wie lang kann ein Sprecher darauf bauen, dass die Rezipientin die Möglichkeit einer Rückkehr in das alte Projekt noch für möglich hält? Und wann wird die Rezipientin davon ausgehen, dass das alte Projekt ganz aufgegeben wurde? In diesem Fall würde das nicht realisierte Projekt als **Fragment** stehenbleiben (vgl. Selting 2001). Nicht zuletzt die Länge mancher parenthetischer Einschübe, nach denen der Sprecher trotzdem wieder ins übergeordnete Projekt zurückkehrt, spricht dafür, dass die Interpretation als Fragment von den Rezipientinnen erst gewählt wird, wenn alle anderen Möglichkeiten verworfen werden müssen.

In diesem Unterkapitel werden drei Arten von Fragmenten vorgestellt:

1. Fragmente bei Turn-Taking-Turbulenzen: Der Abbruch erfolgt, weil der Sprecher in der Entwicklung des Projekts von äußeren Umständen gestört wird. Das wichtigste Beispiel sind hier Fälle von Simultansprechen, in denen sich der Sprecher zurückzieht und sein Projekt zugunsten des Projekts einer anderen Gesprächsteilnehmerin aufgibt.
2. Fragmente bei Reparaturen: Das Projekt wird aufgegeben, der Sprecher beginnt jedoch sofort ein neues syntaktisches Projekt, das formal selbständig, aber semantisch dem alten äquivalent ist. Es kommt also zu einer pragmatischen Reparatur oder Elaborierung, auch wenn die Form des ersten Projekts beim zweiten Versuch keine Rolle mehr spielt.
3. Fragmente als Aposiopesen: Das Projekt wird aufgegeben, weil der Sprecher annehmen kann, dass die Rezipientin den nicht formulierten Rest sowieso ergänzt und weiß, was der Sprecher sagen wollte; oder weil der Sprecher Gründe hat, die eigentliche Aussage (den Kommentar der Äußerung) lieber nicht explizit zu formulieren und sie der Inferenz der Rezipientin zu überlassen, etwa, weil es sich um ein delikates Thema handelt.

4.6.1 Fragmente bei Turn-Taking-Turbulenzen

Die folgenden Ausschnitte dokumentieren den ersten Fall:

```
(94)(DOM, Flucht)
  01 DOM:     was hattest du den kIndern überhaupt erKLÄRT;=
     ------------
→ 02          =für DIE war [das ja?    ]
  03 CHR:                  [GAR nischt.]

(95)(ET, Ve_Aar_Ju)
  01 MIC:    °hh GEstern war AUCH irgendein mädel aus_m (.) die vom
             KAIserstuhl kommt?
→ 02         (-)und DIE hat halt [leute in]
  03 ANI:                        [AUS wo. ]
  04         von WO.
```

(96) (DOM, Flucht)
((über westdeutsche Türken, die zu Besuch nach Ostberlin kamen))
```
   01 DOM:   WIEso KAmen die überHAUPT rüber zu euch;
   02 CHR:   naja.
   03        (.) um FRAUen kennenzulernen.=
→  04        =[da hab ich_n]
   05 DOM:    [ach SO:;   ]
   06 CHR:   HEUte?
   07        WEISS ich es. [he he he
   08 DOM:                 [ach SO:;
   09        äh (.) ich=ich FRAG das;
   10        de di ich WUSSte die (.) von dieser PRAxis äh: äh
             WUSST ich nichts;
```

In allen Fällen kommt die Überlappung dadurch zustande, dass die Rezipientin den nächsten sequenziellen Schritt bereits vor Ende der Handlung des augenblicklichen Sprechers liefert und dieser auf deren vollständige Formulierung verzichtet.

In Ausschnitt (94) setzt Christa bereits in Z. 03 mit ihrer Antwort auf die Frage in Z. 01 ein, während der Fragende diese in Z. 02 zu erweitern versucht; da die Sequenz mit der Antwort beendet ist, kann die Erweiterung der Frage nicht mehr realisiert werden. Sie bleibt als Fragment stehen. In Ausschnitt (95) hat Michael in Z. 01 erzählt, dass er jemanden getroffen hat, der, wie seine Gesprächspartnerin Anita, vom Kaiserstuhl kommt. Während er in Z. 02 schon den nächsten Erzählschritt formuliert, unterbricht ihn Anita mit ihrer Nachfrage nach dem Herkunftsort. Er geht im weiteren Verlauf auf diese Nachfrage ein und kann den nächsten Erzählschritt nicht mehr realisieren. In Ausschnitt (96) schließlich kommt es in Z. 04/05 zu einem Konflikt um das Rederecht, als Christa nach ihrer Antwort auf die Frage in Z. 01 einerseits ihren Turn über den möglichen Abschlusspunkt hinaus fortzusetzen versucht, während der Gesprächspartner andererseits die Sequenz durch einen Erkenntnismarker (*ach SO:*) abschließt. Das Gespräch entwickelt dieses Thema weiter, Christas in Überlappung produzierter Projektbeginn in Z. 04 bleibt Fragment.

Wenn der augenblickliche Sprecher hingegen seinen Redebeitrag fortsetzen kann und will (was vor allem bei Simultanstarts häufig der Fall ist), kann er Häsitationsretraktionen verwenden, um seinen Turn über die Überlappung hinaus zu halten. In diesem Fall entsteht **kein Fragment**:

(97) (ET, Mädels)
((Es geht um eine Häkelarbeit.))
```
   01 ANN:   [aber des sieht eigentlich echt] COOL aus.
   02 NAN:   [aber eigentlich is es-        ]
   03        (-) is es NICH (-)   schwE:rer: oder LEICHter
             [als stricken] würd ich sagen,
   04 ANN:   [ja-        ]
```

4.6 Fragmente

Hier bewertet Anni die Häkelarbeit ihrer Freundin, während Nanni einen allgemeinen Kommentar darüber beginnt, ob Häkeln oder Stricken einfacher ist. Nanni bricht ihren Beitrag zunächst in Z. 02 ab und wartet, bis Anni ihren Turn beendet hat. Dann retrahiert sie auf die Position der öffnenden Verbklammer und bringt ihr Projekt zu Ende.

4.6.2 Fragmente bei Reparaturen

Beim zweiten Typ sucht der Sprecher eine andere Formulierung für das, was er sagen will. Die neue Formulierung nimmt aber syntaktisch keinen Bezug auf die alte. In Ausschnitt (98) bleibt zum Beispiel der semantische Zusammenhang zwischen dem Fragment und dem neuen Formulierungsversuch schon deshalb gut erkennbar, weil das lexikalische Material aus der ursprünglichen Äußerung in der Neuformulierung wiederverwendet wird. Dennoch wird die Projektion, die mit dem Äußerungsbeginn verbunden war, nicht eingelöst: es fehlt das abschließende Verb im Relativprojekt *die mich da ABgehol* (Z. 02), das zu einer hypotaktischen Struktur geführt hätte (*die Leute, die mich da abgeholt haben, waren von meinem Bekannten*). Möglicherweise um diese hohe syntaktische Komplexität zu vermeiden, wird derselbe Inhalt in einer parataktischen Form in zwei selbständigen Projekten formuliert:

```
(98)(DOM, Flucht)
→ 01 CHR:     äh die LEUte: (.) die mich da ABjehol=
→ 02          =da ham mich leute ABjeholt?
   ------------
   03         ((2.0, schluckt))
   04         die warn von meinem beKANNten,
```

Da der Inhalt von Z. 01 in Z. 02 sichtlich neu formuliert wird, ist es klar, dass der Turnbeginn als Fragment zu gelten hat und Z. 02 kein Einschub ist. Im Ausschnitt (99) ist es hingegen schwieriger, zwischen Reformulierung und Parenthese zu entscheiden:

```
(99)(THE, Sel)
((Es geht um die Frage des Interviewers, ob sein Gesprächspartner
seine Kindheit in wohlbehüteten Verhältnissen als glücklich
empfunden hat.))
   01 SEL:    das äh würde ich SO: nicht SAgen.=
   02         =des is einfach (.) differenZIERter.=
   ------------
→ 03          =des: is: äh=
   04         =auch das GLÜCK kann sehr ANstrengend sein.=
   ------------
   05         =auch die harmoNIE: kann etwas sein,
   06         (.) das man: (.) DOCH in der in der es auch nicht
              ohne verBISsenheit geht;
```

Das Fragment in Z. 03 könnte retrospektiv der Beginn des Projekts sein, das mit einem Prädikativ endet (etwa *des is: (.) auch sehr ANstrengend*); es ist allerdings semantisch so unspezifisch, dass die Neuformulierung in Z. 04 nicht nur syntaktisch, sondern auch semantisch unabhängig sein könnte. Die Interpretation von Z. 04 als Parenthese ist deshalb zunächst nicht ausgeschlossen (etwa *des is äh – auch das Glück kann sehr anstrengend sein – in meinem Fall nicht so gewesen*). Erst der weitere Verlauf räumt diese Prozessierungsvariante aus dem Weg.

Manchmal sind umfangreiche Inferenzen notwendig, um das Fragment inhaltlich mit dem weiteren Äußerungsverlauf zu verbinden und als semantische Reparatur zu verstehen:

```
(100)(THE, RaK)
((RaK berichtet, dass er wegen einer vor fünf Jahren im Auftrag
erstellten Comiczeichnung nun von den Auftraggebern als rassis-
tisch und transphob beschimpft worden sei.))
   01 THE:    aber von wem KOMmen denn die vorwürfe;
   -----------
   02         denn die haben_s doch in AUFtrag gegeben;
   -----------
   03         und fünf jahre lang war das doch alles oKAY?
   -----------
   04 RaK:    ja äh ? (.) da gibt_s nen generTIOnenwechsel;
   -----------
   05 THE:    [ah h h h ja,   ]
→  06 RaK:    [also ich glaube] dass DIE die das damals in
              AUFtrag geGEben haben:-
→  07         da da gabs auch (.) HEFtigen streit;
   08         in der in der gruppe [SELBST darüber,]
   09 THE:                         [ach sogar DES- ]
```

Die emergente Struktur wird in Z. 06 nach *ich glaube* im abhängigen Komplement abgebrochen, von dem nur die durch eine Relativkonstruktion erweiterte Subjekt-NP (*DIE die das damals in AUFtrag gegeben haben*) produziert wird. Das neue Projekt, das nun entsteht (*da gabs auch (.) HEFtigen streit in der in der gruppe SELBST darüber*), scheint zunächst auch semantisch nicht viel mit dem abgebrochenen zu tun zu haben. Im Kontext wird der Zusammenhang jedoch klar. Wenn man annimmt, dass ein Generationenwechsel für die neue Beurteilung der Comics verantwortlich ist, lässt sich Z. 06 semantisch interpretieren: Die alte Generation, die vor fünf Jahren den Auftrag erteilt hat, ist heute nicht mehr tonangebend und liegt mit der neuen ‚woken' Generation im Streit.

4.6.3 Fragmente als Aposiopesen

Beim dritten Typ wird die Konstruktion abgebrochen, weil der Sprecher vermutet, dass auch ein unvollständiges Projekt für das Verständnis ausreicht. Es ist nicht nötig, alles explizit zu sagen – und manchmal auch nicht angebracht. Dieses sog. Verstummen (**Aposiopese**) ist seit langem als rhetorisches Verfahren bekannt und auch in der Alltagssprache häufig (vgl. dazu Zifonun et al. 1997: 430; aus konversationsanalytischer Perspektive Aldrup et al. 2022; Skogmyr Marian 2021).

Im folgenden Ausschnitt wird ein *wenn*-Projekt zum Fragment.

```
(101)(BB)
((Viola und Sybille sprechen über eine Freundin namens Bianca.))
  01 VIO:    [boa; die is so STARK.         ]
  -----------
  02 SYB:    [weißte wie oft die nach HAUse] wollte;
  -----------
  03 VIO:    ja [KLAR;
  04 SYB:       [also- (-)
→ 05          wenn ICH nicht gekomm,
  06          das hat sie mir selber geSACHT;
→ 07          wenn ich nich geKOMmen wär?=
  08          =die war
  09          °h und JOsef hat;
  10 VIO:    [die is SU:per stark.         ]
(------------)
  11 SYB:    [un JOsef hat das gesacht-]
  12          °h JOsef hat gesacht öh:;
  13          bevor ich geKOMM wär bianca total am boden gewesen.
  -----------
  14          <<p>und die WOChe hat die viel geMACHT.>=
  -----------
  15          =JETZT is sie wieder rischtisch °h (-) FRECH und
              [AUFmüpfig; ]
  -----------
  16 VIO:    [die is SEHR] auch STARK ey;
```

Sybille ist zwar wie Viola der Meinung, dass ihre Freundin Bianca eine ‚starke' Frau ist; sie möchte aber auch klarmachen, dass Bianca die Gemeinschaft verlassen hätte, wenn sie, Sybille, nicht dazugestoßen wäre. Dies wird in Z. 05 und 07 in zwei Anläufen (dazwischen liegt eine Parenthese) mit einem *wenn*-Projekt formuliert, dem allerdings keine Apodosis folgt. Diese kann aber aus dem Gesprächskontext inferiert werden: ‚wenn ich nicht gekommen wäre, hätte sie die Gemeinschaft verlassen'. Das Thema ‚die Gemeinschaft verlassen' wurde schon in Z. 02 angesprochen und muss nicht mehr explizit gemacht werden. Es gibt kein Indiz, dass die Rezipientin Sybilles Äußerung (trotz ihres fragmentarischen Charakters) nicht verstanden hätte oder sie formal als reparaturbedürftig einstufen würde.

Dass die Aposiopese hier ein untergeordnetes, mit *wenn* eingeleitetes Projekt betrifft, ist nicht zufällig. Es gibt im Deutschen sog. selbständige Nebensätze, die regulär als eigenständige Redebeiträge verwendet werden; ein Beispiel sind gerade **Exklamative im Format von Konditionalsätzen** wie *wenn ich das gewusst hätte*. Hier ist die Aposiopese also zum verfestigten Konstruktionsmuster geworden (vgl. Günthner 2020).

Auch im folgenden Ausschnitt – eine sehr emotionale Gesprächspassage, in der die Teilnehmer über Ausschreitungen bei einem Fussballspiel sprechen, bei dem deutsche Fans im Ausland auf gegnerische Fans und Polizisten einprügelten – sind mehrere Fragmente zu beobachten, die Teils zu Typ 1, Teils zu Typ 3 gehören. Alle Gesprächsteilnehmerinnen sind über die Brutalität der Täter entsetzt und drücken ihr Unverständnis aus. Josef inszeniert, wie einer der Täter auf eine am Boden liegende Person einschlägt (in Z. 22). Auf der interaktionalen Ebene drückt sich die Emotionalität in Ko-Konstruktionen und übereinstimmenden Bewertungen aus. Das hohe Engagement führt zu Überlappungen. Auch die fragmentarischen Projekte lassen sich als Indikator für emotionale Involviertheit verstehen.

```
(102)(BB)
    01 JOS:    MENschen,=
 →  02         =die_n BASEballschläger;
 →  03         und einen damit auf_n KOPF [schlagen.
    04 BIA:                                [die sin so UNglaublich;
    05         [die lEute.
-----------
    06 JOS:    [<<f>da musst du ja SO Asozial sein;>
-----------
((...))
    13 SYB:    <<all>[aber (            )]
 → 14 JOS:     <<all>[weißte was isch no nisch] verSTANden hab;>
 → 15          wie dEr TYP;
    16         bei dem [äh ] (0.7) poliZISten;
    17 BIA:            [ja;]
    18 SYB:    [ja;
    19 JOS:    [bei der euROpameisterschaft;
    20         (--) weißte das EIne BILD;
    21 SYB:    [IMmer   [WEIter;                                  ]
    22 JOS:    [so
            [((macht [das Schlagen auf einen Menschen am Boden nach))]
    23 MIK:            [baaah;]
    24 JOS:            [der   ] LIEGT der mann,
-----------
    25         und dann was [SCHLÄGT] der da so DRAUF;
    26 SYB:                 [(     )]
```

4.6 Fragmente

```
           ------------
   27 BIA:  <<all, cresc>ja die sind doch>
            [die sind doch] verNARRT,
   28 JOS:  [<<f>voll ey.>]
           ------------
   29 BIA:  die [SEHN das] doch gar nicht.
           ------------
   30 JOS:           [boah:::;]
   31                [boah::::::::::::::;  ]
   32 BIA:           [<<all>(           )>]
   33 SYB:           [<<f>ich sag wenn einer ] aggresSION hat;>
→  34               oder im ERSten moment im afFEKT irgendwas macht.
   35               °h aber DANN noch;
   36               dann muss man doch ZU sisch kommen;=
   37               =und DANN noch WEIter.=weißte?
```

Die erste Aposiopese betrifft das Relativprojekt am Beginn des Ausschnitts; hier fehlt das finite Verb, das nach *MENschen,=die_n BASEballschläger* projiziert ist (erwartbar ist *nehmen*). Da der Sprecher unmittelbar mit der koordinierten Struktur *und einen damit auf_n KOPF schlagen* fortfährt, ist das Verb nicht mehr erwartbar und die Parentheseanalyse ausgeschlossen. (Das Einleitungselement des Relativprojekts, das Relativpronomen *die*, wird in Z. 03 analeptisch weggelassen.) Durch die Einbettung in ein untergeordnetes Projekt, das anschließend weitergeführt wird, ist der Status des Fragments in diesem Fall leicht festzustellen.

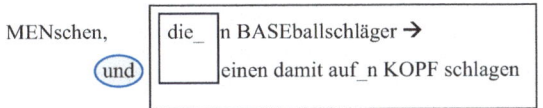

Eine weitere, schwer zu analysierende Aposiopese entsteht unmittelbar darauf. Nach dem Relativprojekt ist zu erwarten, dass die NP *MENschen, die.... schlagen* nun den Beginn eines Projekts bildet, das, möglicherweise nach einer Prolepse, mit der öffnenden Klammer weitergeführt wird. Eventuell wird diese Projektentwicklung durch Biancas Bewertung in Z. 04–05 überflüssig gemacht, die noch in Überlappung mit der NP angeschlossen wird. Ihr *die sin so UNglaublich* könnte sogar zunächst als ko-konstruierte Weiterführung und als Abschluss des Projekts von Josef verstanden werden. Erst die das Projekt erweiternde NP *die lEute* lässt ihre Gesamtäußerung eher als unabhängiges Projekt erscheinen. Josefs eigene nächste Äußerung schließt sich syntaktisch nicht an sein Projekt in Z. 01–03 an, obwohl sie mit geringer Umformung ein syntaktisch lizenzierter Abschluss dieses Projekts hätte werden können (→ *die müssen ja SO Asozial sein*).

Ein weiteres Projekt von Josef, das schließlich als Fragment endet, beginnt in Z. 14 mit der Projektorkonstruktion *weißte was isch no nisch verSTANden hab* (einer Spaltkonstruktion, vgl. dazu Abschn. 5.1.2). Die projizierte Struktur scheint ein untergeordnetes, möglicherweise temporales *wie*-Projekt zu sein, das in Z. 15 mit *wie dEr TYP* beginnt, dann aber auf der Topik-Formulierung ‚hängenbleibt'. Die sich anschließende referenzielle Klärung, von welchem ‚Typ' die Rede ist, führt zur Darstellung einer bildhaft (vgl. Z. 20) vorgestellten Szene, die die Referenz auf ‚den Typen' mit seinem Opfer (Z. 16, Polizist), dem Ort (Z. 19, Europameisterschaft) und schließlich seiner Handlung, die in Z. 22 körperlich inszeniert wird, verbindet. Nach Z. 20 hat Bianca die Szene – offenbar noch vor der Handlungsinszenierung – wiedererkannt und kommentiert sie mit einem Detail (‚immer weiter'). Als Josef in Z. 24 ein neues Projekt beginnt (*der LIEGT der mann*), ist klar, dass die alte Projektstruktur nicht zu Ende geführt werden wird. Die bildhafte Darstellung der Szene hat nicht nur die Referenz auf ‚den Typ' hergestellt, sondern durch die Beschreibung seines Opfers und die Inszenierung seiner Handlung auch den Kommentar geliefert, so dass die Weiterführung des *wie*-Projekts nicht mehr notwendig ist. Ein untergeordnetes Projekt am Projektbeginn erfordert aber natürlich auch seine Fortsetzung im Hauptprojekt. Auch sie fehlt. Josefs neues Projekt in Z. 24/25 kann als Formulierung des gleichen Inhalts in einer anderen syntaktischen Verpackung verstanden werden: *der LIEGT der mann, und dann was SCHLÄGT der da so DRAUF* drückt vermutlich das aus, was Josef von Anbeginn sagen wollte.

Schließlich lässt sich im Ausschnitt ein letztes Fragment in Z. 33–37 identifizieren. Sybille sagt hier inhaltlich etwa dasselbe wie Josef in Z. 14–25. Sie äußert Verständnis, dass jemandem die Aggressivität ‚durchgeht', aber nicht dafür, dass jemand, der schon auf dem Boden liegt, weiter geschlagen wird. Auch hier beginnt das Fragment als *wenn*-Projekt (*wenn einer aggresSION hat; oder im ERSten moment im afFEKT irgendwas macht*). Es fehlt erneut die Apodosis (etwa: *dann versteh ich das*), die aber inhaltlich vorhersagbar ist.

4.6.4 Mikroaposiopesen als Turn-Abschlussignale

Adverbien und Operatoren, die sonst am Projektanfang verwendet werden, können als Fragmente am Ende eines Redebeitrags stehen und zu **Turnabschlusssignalen** (*trail-offs*) konventionalisiert sein. Imo (2011, 2012: 311) spricht hier von **Mikroaposiopesen**. Eine wichtige Gruppe sind die Pronominaladverbien/Konnektoren *von daher* (Bücker 2014), *deshalb, deswegen, insofern* und die Operatoren/Adverbien *also* und *oder* (vgl. die Diskussion dieser Wörter im Eröffnungsfeld in Abschn. 3.4).

Die Pronominaladverbien kündigen eine Folgerung aus dem vorher Gesagten an. Wenn das Projekt schon an dieser Stelle abgebrochen wird, bleibt es der Rezipientin überlassen, diese Schlussfolgerung zu ziehen. Deshalb ist es gerechtfertigt, von einer Aposiopese zu sprechen.

Es müssen **zwei prosodische Verpackungen** unterschieden werden. Bei spontanen Aposiopesen wird der Konnektor ohne abschließenden Grenzton, also mit ‚schwebendem' Tonhöhenverlauf, geäußert, oft mit Dehnung auf der zweiten Silbe. Diese Prosodie entspricht der, die innerhalb von Intonationsphrasen zu beobachten ist, wenn der Sprecher zögert, aber seinen Beitrag weiterführen möchte. Die

Rezipientin muss also aufgrund der Syntax (der Konnektor signalisiert, dass ein syntaktisches Projekt begonnen werden soll) und der Prosodie (die ebenfalls Weiterführung nach der Zögerung erwarten lässt) annehmen, dass der Sprecher mitten im Projekt bzw. in der Intonationsphrase ist. Die zweite prosodische Verpackung weist keine Dehnungen und eine leicht sinkende oder steigende Tonhöhenbewegung auf, wie sie für IP-Abschlüsse kennzeichnend ist. Sie lässt bereits erkennen, dass keine Weiterführung zu erwarten ist. In diesem Fall ist das Fragment bereits **konventionalisiert** und wird verwendet, um das Ende eines Redebeitrags zu markieren. Wie oft bei prosodischen Unterscheidungen, handelt es sich um ein Kontinuum.

Von daher. Die folgenden drei Ausschnitte zeigen Mikroaposiopesen mit *von daher*. Der Ausdruck ist vermutlich aus der Partizipialkonstruktion *von daher betrachtet* entstanden. (Mikroaposiopesen mit *daher* allein scheinen selten zu sein.)

```
(103)(Calling Home)
((Telefongespräch. Asta hat Bert einen Brief geschrieben, der
aber noch nicht angekommen ist. Sie vermutet, dass dafür die
fehlende Hausnummer verantwortlich ist.))
  01 AST:   ich mein da war keine HAUSnummer und NICHTS auf der
            borkenerstrAße,=
-----------
  02        =ich habe einfach den absender von DEInem (.) PÄCKchen
            genommen;
  03 BER:   ↑jaa ganz geNAU;=
  04 AST:   =und ich HOFfe daß es ANkommt.
-----------
  05 BER:   maRIenburg borkenerSTRAße;=
  06        =das IS ja wohl äh
  07        kennt [ja jeder POSTbote;=denk ich,
-----------
  08 AST:         [ja.
  09 BER:   is ja kaum zu verFEHlen,=
-----------
  10 AST:   =ja aber da wAr auch keine ZIMmernummer oder so was
            von dir;
-----------
  11        von DAher,
  12 BER:   ´nö;
  13        ich kriege das WENN schon is es auch für die GRUPpe
            dann;=
  14        =für die pOst.
```

Astas in Z. 01 geäußerten Sorgen, dass ihr Brief ‚ohne Hausnummer und nichts' nicht ankommt, werden von Bert recht kategorisch zurückgewiesen. Sie expandiert die Sequenz in Z. 04 trotzdem und macht ihre Zweifel erneut deutlich (dass sie

‚hofft', bedeutet, dass sie sich nicht sicher ist), so als ob Berts Redebeitrag in Z. 03 nicht produziert worden wäre. Dies bringt Bert dazu, noch einmal zu betonen, dass die Angabe ‚ohne Hausnummer und nichts' ausreichend (und ‚jeder Postbote' damit informiert) ist (Z. 05–09). Um die Sequenz abzuschließen, liefert Asta nun eine Begründung (*account*) für ihre Sorgen, indem sie noch einmal darauf hinweist, dass die Adresse ‚ohne Zimmernummer' war. Der ‚nachgeklappte' Konnektor in Z. 11 projiziert eine Schlussfolgerung wie etwa ‚von daher war ich mir nicht sicher', die aber im Kontext überflüssig ist und problemlos aus dem bisherigen Verlauf der Sequenz inferiert werden kann.

Der Abbruch des projizierten Projekts und die Mikroaposiopese sind nicht als Häsitation gekennzeichnet. Vielmehr deutet die leicht steigende Tonhöhenbewegung darauf hin, dass *von DAher* als nebengeordnete Intonationsphrase (*minor phrase*) geplant war und bereits konventionalisiert ist. Das Turn-Taking erfolgt problemlos.

Auch im nächsten Ausschnitt ist *von daher* eine eigene Intonationsphrase mit final sinkender Tonhöhenbewegung:

```
(104) (Jugendzentrum)
((Gesprächsthema: Wie sind Sizilianer und wie klingt Sizilianisch?
Der türkischstämmige Sinan hat eine sizilianische Freundin,
Ethel ist italienischstämmig.))
   01 SIN:    temperaMENTvoll;
   02         [stolz;
   03 ETH:    [JA so=
   04 SIN:    mit [WÜRde;
   -----------
   05 ETH:         [so_n
   06              ja;
   07 SIN:    [ja; so sind alle siziliAner;=
   -----------
   08 ETH:    [so
   09 SIN:    =DIE erfahrung habe ich gemAcht;
   -----------
   10 ETH:    WARST du mal da^BEI?
   11 SIN:    [^ja; ich:: b]
   12 ETH:    [in siZIlien?]
   -----------
   13 SIN:    ich bi? nee ich bin aber [fast jeden tag bei ihr (.)
                                       [zuHAUse.
   -----------
   14 ETH:                               [nee aber      [Okej;
   15              mHM,
→  16 SIN:    von DAher;
((Themenende.))
```

4.6 Fragmente   175

Sinan macht in Z. 01–04 recht starke Aussagen über den Charakter der Sizilianer bzw. ihrer Sprache (im Kontext ist nicht ganz klar, worauf er sich bezieht, erst Z. 07 klärt, dass es sich um eine ethnische Zuschreibung handelt). Die Gesprächspartnerin ist selbst Italienerin (allerdings keine Sizilianerin). Sie fragt in Z. 10/12 nach, worauf sich seine Erfahrung stützt und ob er bereits in Sizilien war. Sinan verneint, rechtfertigt aber seine Zuschreibung durch den ständigen Kontakt mit der Familie seiner sizilianischen Freundin (Z. 13). Nach mehreren Rezeptionssignalen der Gesprächspartnerin schließt Sinan seinen Redebeitrag mit einem verspäteten *von DAher* ab. Der sequenzielle Kontext entspricht dem aus Beispiel (103): wieder handelt es sich bei dem Redebeitrag, der mit *von DAher* abgeschlossen wird, um eine Rechtfertigung für eine Aussage, die von der Gesprächspartnerin vorher zumindest indirekt in Frage gestellt wurde.

Dasselbe sequenzielle Muster findet sich im Ausschnitt (105), in dem die Prosodie allerdings eher der einer spontanen Aposiopese entspricht, denn die Tonhöhenbewegung bleibt in der Schwebe:

```
(105) (Jugendzentrum)
((Sinan hat erzählt, dass er eine Lehrstelle in Aussicht hat;
erst muss er allerdings als Geschenkeverpacker jobben.))
   01 ETH:    aber des is
   02         also (.) musst du dich als geschEnkeverpacker dann
              beWÄHren,=
   03         =dass sie [sagen ok NUR wenn du da::: ganz GUT bist
   04 SIN:              [m:::::;                                ]
   05 ETH:    [nehm: wer dich und-           ]
   -----------
   06 SIN:    [des weiss ich des weiß SEL]ber nich;=
   -----------
   07         =ich weiß ja [nicht wie mein chEf im [KOPF tickt;
   -----------
   08 ETH:                 [ja,                    [ja,
→  09 SIN:    [von DAher-=
   10 ETH:    [ja,
   11         =oKE-
```

Auch hier schließt *von DAher* einen Redebeitrag ab, in dem eine Begründung geliefert wird. Ausgangspunkt ist Sinans Darstellung seiner Jobsituation: Er soll erst eine Hilfstätigkeit als Geschenkeverpacker übernehmen, damit ihm später im selben Geschäft eine Lehrstelle übertragen wird. Die Gesprächspartnerin fragt nach, ob das Geschenkeverpacken eine Art Probezeit ist; Sinan muss eingestehen, dass er die genauen Spielregeln nicht kennt (Z. 06). Seine Rechtfertigung dafür ist, dass er nicht wisse, ‚wie sein Chef im Kopf tickt'.

Die zumindest partielle Konventionalisierung in diesen Beispielen wirft die Frage auf, ob aus dem konsekutiven Konnektor, der als Fragment ohne Projektionseinlösung stehen bleibt, ein nachgestellter kausaler Konnektor geworden ist. Semantisch würde er etwa dem Operator *weil* im Eröffnungsfeld entsprechen (*weil, da war ja keine Zimmernummer oder sowas von dir*). Dann hätte er allerdings nicht die darauf folgende Äußerung, sondern die davor liegende im Skopus. Zur Unterstützung dieser Hypothese könnte man auf Adverbien wie *übrigens* verweisen, die ebenfalls Konnektorenfunktion haben und nachgestellt werden können. Ist das Fragment also Bestandteil des davor liegenden Projekts geworden und tritt in dessen Nachfeld (oder Nachnachfeld, vgl. S. 297)? Aus der Perspektive der Online-Syntax gibt es dafür keine Evidenz, denn die Mikroaposiopesen sind weder Teil der Projektionen in diesem Projekt, noch nehmen sie als lineare Erweiterung daran teil. Genauso wie schon seit langem konventionalisierte Mikroaposiopesen wie das Frageanhängsel *oder?* stehen sie außerhalb des Projekts.

Insofern. Im folgenden Ausschnitt (106) wird *inSOfern* (zusammen mit *also*) als Mikroaposiopese verwendet. Die schwebende Tonhöhe mag in diesem Fall dafür verantwortlich sein, dass kein Turn-Taking erfolgt, auch wenn es an dieser Stelle möglich gewesen wäre. Die Folgeäußerung des Sprechers in Z. 05 ist aber weder syntaktisch noch semantisch die projizierte Fortsetzung, d. h. es handelt sich bei Z. 04 um ein Fragment:

```
(106)(HH)
((Der Interviewer hat seinen Gesprächspartner gefragt, ob er
aufgrund der ‚deutschen Vergangenheit' eine Verpflichtung fühle,
Asylbewerber in Deutschland aufzunehmen. Dieser hat bereits
geantwortet, dass er bei Kriegsende noch ein Kind war und sich
nicht schuldig fühlt.))
   01 IHH:   äh wissen sie: die (.) das was passSIERT ist
             kann man nicht mehr ÄNdern;
   -----------
   02 INT:   nee; das kann man nicht mehr ÄNdern;
   -----------
   03 IHH:   ne,
   04        und^h also inSOfern-
   05        ähm (-) auf der ANdern seite is das (.) AUCH wieder
             so_n so_ne krux-=
   06        =weil sie vorhin grade sachten mit dem EINwandern;
((etc.))
```

Auch in diesem Ausschnitt ist die Folgerung, die *inSOfern* einleitet, aus dem bisherigen Gesprächsverlauf ohne Probleme zu inferieren: der Sprecher hat keine Schuldgefühle. Die Akzentierung *inSOfern* (statt *INsofern*) könnte auf Konventionalisierung hindeuten.

4.6 Fragmente

Deshalb. Auch *deshalb* wird als Turnabschlussmarker gebraucht:

```
(107)(Friedhof)(Daten von Anh Nhi Dao)
((über eine Bekannte))
  01 MON:   ich glaub sie ist WIRKlich gar nicht so viel größer
            als ich;
  -----------
  02 ISA:   SIEHSte mal;
  -----------
  03 MON:   aber ich find dass sie größer AUSsieht,
  -----------
  04        (1.9)
  05 ISA:   hm-
  06 MON:   <<lachend>ja gut das ist jetzt [MEIne perspektive;>
  -----------
  07 ISA:                                  [<<f, lachend>he he>
  08 MON:   <<lachend>das ist (mir) schon KLAR,>
  -----------
            °h he °h hehe hehe °h hehehe
  09 ISA:   [he he °h
  10 MON:   [°hh he
  11        °h aber norMALerweise
            wenn leute geNAUso klein sind wie ich,=
  12        =dann (0.5) DENK ich mir OH;
  13        [(1.0) klein; he
  14 ISA:   [hihi geNAUso klein wie ich;
  15 MON:   (-) dann bin ich vielleicht sogar GRÖSser?=
  -----------
  16        =und bei IHR hab ich das NICH gedacht;=
  -----------
→ 17        =desHALB,
  18 ISA:   (--) <<pp>m->
  19        (0.9)
  20        bei uns in der theAtergruppe ist eine ((etc.))
```

Mona meint, dass die gemeinsame Bekannte, auf die sie sich in diesem Ausschnitt bezieht, vielleicht nicht wirklich größer ist als sie selbst, aber doch zumindest so aussieht. In ihrer Logik ergibt sich das daraus, dass sie normalerweise Frauen ihrer Größe eher als noch kleiner als sich selbst einstuft. Die gemeinsame Bekannte hat sie aber als größer als sich selbst eingeschätzt. Daraus folgt für sie, dass sie auch größer sein muss. Diese Inferenz wird in Z. 17 durch *desHALB* eingeladen, aber nicht explizit gemacht.

Das Pronominaladverb *deshalb* steht üblicherweise im Vorfeld (seltener auch im Vorvorfeld) eines Projekts. Das Projekt wird also vor der öffnenden Klammer abgebrochen. Die leicht steigende Intonationskontur markiert die Äußerung trotz ihres fragmentarischen syntaktischen Charakters als Ende des Redebeitrags. Isa bestätigt, dass sie das Argument verstanden hat (Z. 19) und schließt dann ein neues Unterthema an. Auffällig ist auch hier die Akzentverlagerung auf die zweite Silbe.

Deswegen. Schließlich gehört zur selben Gruppe von Konnektoren mit konsekutiv-kausaler Semantik auch *deswegen*. Anders als *insofern* und *von daher*, aber vergleichbar mit *deshalb*, kann *deswegen* im Nachfeld als Konnektor stehen. Anders gesagt: Das Nachfeld ist in diesem Fall eine alternative Position zum Vor- oder Mittelfeld. Sie wird in Ausschnitt (108) genutzt; es handelt sich also in diesem Beispiel um keine Mikroaposiopese:

```
(108)(ZK4)
((Fabian und Linda sind ein Paar. Beide erzählen von einem
Dritten, mit dem Linda einmal geflirtet hatte, dessen Hoffnungen
auf eine nähere Beziehung sie aber zurückgewiesen hat.))
  01 FAB:   ja, das fand er nich so LUStig.=
  ------------
  02 TIM:   =[HASHtag keine HOFfnung;=oder,
  ------------
  03 LIN:   =[das
  04 FAB:   und er is (.) er is IMmer noch (.) er is IMmer noch
            sehr frusTRIERT deswegen;
  05 LIN:   ja:; (echt);
```

Hier bezieht sich *deswegen* auf die Tatsache, dass Linda den Mann abgewiesen hat. Aus diesem Grund ist dieser ‚immer noch frustriert'. Anders in den folgenden Ausschnitten:

```
(109)(ZK5)
((Uwe erzählt von seiner Freundin, die eigentlich in Spanien
eine Ausbildung zur Kostümbildnerin machen möchte.))
  01 THO:   is die in SPAnjen oder (wo is die),
  ------------
  02 UWE:   nee-
  03        die macht ja jetz ne ausbildung in STUTTgart,
  04        ahm: (-) zur: (-) eben friSEUrin,
  05        (1.0) un:d (.) ja; wird dann daNACH-
  06        also überLEGT sie sich.
  ------------
  07        also erstmal braucht sie KOHle weil-
  08        ohne kohle GEHT nix-=
  ------------
  09        =die hat kein <<lachend> GELD,
  ------------
→ 10        so h h h [DESwegen;>
  11 THO:            [ja;
```

4.6 Fragmente

```
12 UWE:    °sh h h naJA;=
13         und äh:: in SPAnien FINdest du ja nix.

(110) (ZK2)
 01 INA:   <<lachend>hm was ISCH roSEEwein, h>
-----------
 02 UTA:   [der ISCH;]
 03 INA:   [mHM,    ]
 04 UTA:   (.) ähm (.) so HELLrot- (-)
-----------
 05 INA:   [oKE,
 06 UTA:   [also (.) nich ROTwein,=
 07        =nich WEISSwein sondern-
 08        (.) [roSEE.
-----------
 09 INA:       [ja;
 10 UTA:   ISCH halt von der FARbe her roSEE;
-----------
 11 INA:   oKEE ich kenn_s nur als SEKT;=
-----------
→ 12      =DESwegen;
 13 UTA:   mJA,
```

In diesen beiden Ausschnitten begründet *deswegen* nicht den Inhalt des laufenden Projekts (,sie hat deswegen kein Geld', ,ich kenn's deswegen nur als Sekt'), sondern steht am Ende eines *accounts*, der eine schon früher gemachte Aussage rechtfertigt. (Weil Uwes Freundin ,kein Geld hat', macht sie eine Ausbildung zur Friseurin in Stuttgart; weil Ina ,nur Rosé-Sekt kennt', weiß sie nicht, was Roséwein ist.) Da die Aussage, für die diese Rechtfertigung gilt, schon vorher gemacht wurde, muss sie nach dem *deswegen* nicht mehr wiederholt werden. Es handelt sich also um Mikroaposiopesen.

Also. Die Konnektoren *deshalb, von daher, deswegen* und *insofern* haben eine relativ profilierte Semantik, weil sie routinemäßig zur Einleitung von Folgerungen verwendet werden. Ihre Verwendung als Mikroaposiopesen, die die Rezipientin einladen, bestimmte Schlüsse selbst zu ziehen, für die der bisherige Gesprächsverlauf die Grundlage bietet, ist deshalb leicht nachzuvollziehen.

Also wird zwar ebenfalls als Konnektor verwendet, der eine Folgebeziehung ausdrückt, jedenfalls, wenn er im Vorfeld steht; die sehr zahlreichen Verwendungen von *also* im Eröffnungsfeld (und auch im Mittelfeld) sind jedoch in ihrer Funktion wesentlich diffuser (vgl. die Diskussion in Abschn. 3.4.2).

Auch *also* wird für Mikroaposiopesen verwendet. Hat es dann dieselbe Funktion wie die Konnektoren, die bisher besprochen wurden? Schon die Tatsache, dass *also* mit den übrigen Konnektoren kombiniert werden kann (vgl. Ausschnitt (106)) deutet darauf hin, dass das nicht der Fall ist. Die folgenden Ausschnitte dokumentieren die Funktionsweise von *also* als Turn-Abschlussmarker:

(111)(ET 1a&b)
```
  01 ZAC:    freiburg is schon so ne BLA:se so irgendwie so:-
  02         °hh heile WELT blase;=
  03         =stuDENtenstadt so;
-----------
  04         des find ich schOn (1.2) des is_n bisschen fernab
             der realiTÄT manchmal hier find ich so
-----------
                                                            also-
  05 DEN:    mHM;
  06 ZAC:    (1.0) so.
```

(112)(ET 24-8)
((über Murakamis „Kafka am Strand"))
```
  01 LIN:    und dEs war nämlich: auch äh: des erste und EINzige
             was ich jetzt von nem: jaPAner [gelEsen hab weil-
  02 MEL:                                   [mHM,
  03 LIN:    überhaupt also als roMA:N [oder so?
-----------
  04 RIC:                              [(ich glaub ich hab nee
             KENN ich glaub nich;)=
-----------
  05 MEL:    =des is so [SCHÖN;
  06 LIN:               [WUNderschö:n;
-----------
  07         [un des war auch (.) des war auch voll im TREND
-----------
                                                            also;
  08 RIC:    [ECHT? worum GEHT_S denn da?
-----------
  09 LIN:    äh:m (-) najA;
  10         um eben eine: (.) ((Räuspern)) (-) eine LIEbe;
```

In diesen Ausschnitten beenden Zacharias (Z. 04) und Linda (Z. 06) ihre jeweiligen Redebeiträge mit *also*. Das Wort ist prosodisch in die Intonationsphrase integriert, was auf eine gewisse Konventionalisierung hindeutet (vgl. zur Prosodie von *also* Alm 2015). Aus dem, was im dem Projekt vor *also* gesagt wurde, folgt allerdings nichts. Sowohl Zacharias als auch Linda haben bereits eine bestimmte Meinung kundgetan (Zacharias, dass Freiburg eine Heile-Welt-Idylle ist, Linda, dass Murakamis Roman unbedingt gelesen werden muss). *Also* hat lediglich die Funktion, ihre Redebeiträge abzuschließen.

Turn-finales *also* ist genauso wie die meisten Verwendungen von *also* im Eröffnungs- und Mittelfeld weitgehend ausgebleicht und hat seine konsekutive Semantik verloren. Dennoch ist es syntaktisch gesehen nicht mit den Vagheits- und Approximationsmarkern im Nachfeld wie *irgendwie* oder *so* (vgl. Kap. 6,

4.6 Fragmente

Box S. 255–259) identisch. Vielmehr steht es wie die übrigen *trail-offs* außerhalb des syntaktischen Projekts.

Oder. Im Zusammenhang von Mikroaposiopesen ist auch *oder* zu erwähnen, und zwar nicht in seiner Verwendung als konventionalisiertes Frageanhängsel nach deklarativen Projekten (im Sinn von ‚nicht wahr¿'), sondern in seiner Verwendung als *trail-off* am Ende von Ja/Nein-Fragen (vgl. Drake 2016; König 2020). In den folgenden Beispielen bleibt dieses *oder* als Fragment stehen:

```
(113)  (DOM, Flucht)
  01 DOM:   ham spätestens DA nich die kinder gefragt,
  02        mama was und was IS denn,
  03        was MAChen wir denn hier,=
  -----------
  04        =oder-
  05 CHR:   die äh die GROße-

(114)  (DOM, Flucht)
  01 DOM:   bist du NACH der wende wieder in deine Alte HEImat
            äh viertl: gezogen
  -----------
                              od[er-
  02 CHR:                        [nee.=
  03 DOM:   =nee.
  04        du [bist    ] in westberLIN geblieben dann;
  05 CHR:      [NEE nee.]
```

Anders als in den bisher besprochenen Beispielen scheint *oder* in dieser Funktion regelmäßig prosodisch offen gestaltet zu werden, also mit ‚schwebendem' Intonationsverlauf. Die Fortführung wird also nicht nur syntaktisch, sondern auch prosodisch projiziert.

Hier handelt es sich um eine Mikroaposiopese, denn das *oder* lädt dazu ein, eine Alternative zum Inhalt der Ja/Nein-Frage zu erwägen. In Ausschnitt (113) ist das, dass die Kinder geschlafen haben, aus Angst still waren, o.ä. In Ausschnitt (114) ist es, dass die Gesprächspartnerin in Westberlin geblieben oder zum Beispiel nach Westdeutschland gegangen ist. Aus der einfachen *Ja-Nein*-Frage wird eine **Alternativfrage**, die zu einer längeren Stellungnahme einlädt. Durch die Aposiopese überlässt es der Sprecher der Rezipientin, eine konkrete Alternative zu der Proposition zu wählen, die er ihr zur Entscheidung vorgelegt hat, eine Möglichkeit, von der Christa nur im ersten Beispiel Gebrauch macht. (Im zweiten negiert sie die Frage, ohne explizit zu sagen, wohin sie statt ihrer ‚alten Heimat' gezogen ist.)

Mikroaposiopesen als responsive Redebeiträge. Abschließend sei erwähnt, dass Mikroaposiopesen auch am Beginn responsiver Redebeiträge oder sogar allein als responsive Redebeiträge vorkommen. Ein Beispiel ist das schon stark konventionalisierte *(ha)ja dann* oder *na dann*, wie es im folgenden Ausschnitt (115) verwendet wird. Mit *dann* wird eine Folgerelation ausgedrückt (Deppermann und Helmer 2013); der Sprecher markiert durch *dann*, dass er eine Inferenz aus dem vom Gesprächspartner Gesagten gezogen hat. Diese Inferenz muss nicht unbedingt dem entsprechen, was der vorherige Sprecher sagen wollte, sondern kann sehr einseitig sein. Mit der vorgeschalteten Partikel *ja/na* entsteht eine konventionalisierte Aposiopese. Dass es sich nicht mehr um eine spontan entstandene Aposiopese handelt, lässt sich an der prosodischen Abgeschlossenheit erkennen.

```
(115) (ZK4)
((Die Gesprächsteilnehmer trinken „Hugo".))
  01 DAN:    oder so_n (-) VIRgin Hugo?
  02         is AUCH toll.
 -----------
  03         (1.0)
  04         [ja JA;
  05 EMA:    [is doch aber NICH virgin jetz oder?
 -----------
  06         [nich dass
  07 DAN:    nee.
  08         nee NEE;=
  09         =der is (.) der is (.) äh SÖHNlein briLLANT; (-)
 -----------
  10 EMA:    naJA.=
  11         =hat auch nur acht proZENT; (-)
 -----------
→ 12 LEO:    haja DENN,
  13 EMA:    (-) is AUCH nur ein besseres BIER;
```

Mit dem Thema ‚Virgin Hugo' (eine alkoholfreie Variante) bringt Daniel das Thema ‚Alkohol' ins Spiel. Ema fragt erstaunt nach, ob sie gerade einen alkoholfreien Cocktail trinke; Daniel (der Gastgeber) verneint und nennt die Sektmarke, die er verwendet hat. Ema verweist auf den Alkoholgehalt und legt durch die Partikel *nur* nahe, dass 8 % nicht viel seien. Darauf bezieht sich das *haja denn* (>*ja dann*) des dritten Teilnehmers (Leo). Leo überlässt es den beiden Anderen, seine Inferenz zu rekonstruieren. Sie ist aber in diesem Fall konventionalisiert: *ja dann* legt nahe, dass (aus der Sicht des Sprechers, die ironisch sein kann) das Gesagte dem vorherigen Sprecher oder den Gesprächsteilnehmern insgesamt keine Schranken auferlegt. Hier also: dass Ema ein quasi-alkoholfreies Getränk vor sich hat, das sie unbeschränkt konsumieren kann.

4.7 Übungsaufgaben

1) Beschreiben Sie die folgenden *apo-koinu*-Konstruktionen nach den in Abschn. 4.3 genannten Kriterien!

```
(a) (Gleichgewicht)
01 ANR:   ich bin letztendlich auch geBORN worden ohne: geFRAGT äh
          worden zu sein-=
02        =und ich möchte auch ein kleines bisschen
          ein KLEInes stückchen DAseinsberechtigung möcht
          ich SCHON noch haben;=
03 THE:   =naTÜRlich,
04        (-) die nech? sich SELBST auch geben;
05        (-) diese DAseinsberechtigung;

(b) (Bulimie)
01 MRY:   also ich bin heut naMITtag mol (-) hab ich an DICH
          dacht,
02        °h das KAM mir dann (-)
03        das war letzte WOChe kurz nach=do: am=donnerstag
          Abend und dann KAM_S heut mittag wieder, ((etc.))

(c) (Bulimie)
01 PAU:   natürlich muss i überLEgen was DU gsAgt hasch,=
02        =und du hasch ja bestimmt auch RECHT,
03        dass des °h ähm (0.5) (t°h) nErvt mich ja SELber;=
04        =dieses dauernde mir GEH:T_S schlecht;

(d) (Gotteslohn, aus: Schröder 1997, 26; Transkription so weit
wie möglich an GAT angepasst)
01 Beklagter:    was sollen WIR denn mit so_n paar schuhen
                 [anfangen.
02 Schlichter:   [s_RIChtig ja
03               ich [weiss es AUCH nicht.
04 Beklagter:        [is ja zum LAChen is ja des
```

2) Beschreiben Sie die Emergenz des in Z. 03 beginnenden Projekts und die weitere syntaktische Struktur des Redebeitrags von Sprecher „RaK". Achten Sie auf die folgenden Phänomene: (a) Parenthesen, (b) Retraktionen, (c) Fragmente! (Sie können die Rückfrage von THE in Z. 05 und die Antwort RaKs darauf überspringen.)

```
(THE, RaK)
01 RaK:   was JETZT passiert;
02        DAS ist allerdings Eher ähm (.) interessant,=
03        =weil (-) °h ich weiß nicht ob sie MITgekriegt haben,
```

```
04          ich HAB da [so nen ( );]
05 THE:                [in den    ] NIEderlanden da?
06 RaK:     ja: in BRÜSsel;
07 THE:     BRÜSsel war das;
08          NICHT in den niederlanden;
            [BELgien;=m,]
09 RaK:     [JA genau,  ]
10          ja;
            °h da hab ich ein WANDbild;
11          °h ein COmicwandbild;
12          in dieser comic (.) hauptstadt BRÜSsel:,=
13          =hängt ja überall: tim und STRUPpi,=
14          =und lucky LUKE [an den häusern,]
15 THE:                     [m, mh;         ]
16 RaK:     die schwulen und LESbengruppe- (-)
17          hatte mich vor fünf jahren °h beAUFtragt-
18          oder (.) oder hat mich EINgeladen,
19          ein schönes großes WANDbild für sie zu machen;
((etc.))
```

3) Beschreiben Sie die Emergenz des syntaktischen Projekts in Josefs Redebeitrag im folgenden Transkriptausschnitt! Achten Sie auf Parenthesen, *apo koinu*-Konstruktionen und Retraktionen.

```
(BB)
01 MIK:     weil det ERSte heim war? ((räuspert sich))
02          (0.5) da hat mir (.) n erZIEher mal? (--)
03          von HINten weil die waren sowiesO alle
            [GEIStesjestört,]
04 BIA:     [du warst SCHWER]erziehbar;=ne,
05 MIK:     hm, (1.0, essend)
06          der hat mir von <<essend>HINten mal?>
07          (--) mit son ollen KLOCKS,
08          also (.) wo so_ne HOLZsohle dran [(is),
09 JOS:                                      [jaJA;
10 MIK:     (--) VOLL wollt der mir in_n ARSCH treten?
((etc.))
```

4) Identifizieren Sie in den folgenden beiden Ausschnitten alle Retraktionen. Bestimmen Sie ihre Funktion. Klassifizieren Sie die Retraktionen nach ihrer Position im Projektverlauf. Wo liegt der Abbruchpunkt und was ist die Retraktionsposition? Gibt es Anker?

4.7 Übungsaufgaben

(THE, Sel)
```
01 SEL:   °h ich hab ja in zÜrich äh geARbeitet (.) öfter;
02        gemeinsam mit meiner FRAU,
03        (.) da am (.) theAter,
04        °h und äh wir ham in: WOLl:ishofen: geL:EBT,
05        und das ist praktisch die SEIte,
06        die SEEseite wo: auch der thomas MANN gelebt hat,=
07        =und wir sind SEHR oft abends,
08        wenn °h wir spaZIEren gegangen sind-=
09        =da in richtung seines HAUses,=
10        =und auch in richtung des FRIEDhofes von äh ge gegangen,=
11        =wo der THOmas mann LIEGT,=
12        =und wo auch GOlo mann liegt.
```

(THE, Sel)
```
01 SEL:   der ((schluckt)) gOlo mAnn interessIert sich ja sehr
          für (-) perSOnen;
02        für indiVIduen;
03        °h is auch der (.) AUFfassung;=
04        =dass (.) MÄNner (.) geSCHICHte machen,=
05        =und nicht nur sysTE:me °h geschichte machen;
06        °h und (-) die verBINDung äh zwischen: seiner:
          beObachtung am indiVIduum;
07        (--) sein inteRESse an anderen MENschen;
08        °h und GLEICHzeitig äh sein interesse an ZEITverläufen;=
09        =also an hisTOrischen zeitverläufen,
10        das mAcht ihn so zu einem gebOrenen: bioGRAfen.
```

5) (a) Identifizieren Sie in dem folgenden Gesprächsausschnitt alle Retraktionen. Bestimmen Sie ihre Funktion und Position im Projektverlauf. Wo liegt der Abbruch- und Retraktionspunkt? Gibt es Anker? (b) Analysieren Sie im Ausschnitt vorkommende Parenthesen!

(DOM, Morbus Crohn)
```
01 JOH:   mir hat man °hh ALle möglichen (.) di?_diaGNOsen
          gestellt;=
02 DOM:   [hmHM-]
03 JOH:   =[SCHIzo]phreNIE und WAS nicht alles,
04 DOM:   [hmHM,]
05 JOH:   [°hhhh] und da kann man sich VORstellen;=
06        =du wirst (to?) du verlierst toTAL den boden-=
07        =und trOtzdem bin ich wieder zuRÜCKgekommen;=
08        =ich hab wieder ARbeiten äh-
09 DOM:   [hmHM, ]
10 JOH:   [also ] (-) in mEim beRUF wieder ARbeiten könn;=
```

```
11            =obwohl ich wIrklich ZWEI jahre lang gedacht hab-
12            ich bIn jetz (-) verRÜCKT;
13            °h warUm auch IMmer.=
14 DOM:       =[geht es dir denn-]
15 JOH:        [°h              ] und durch REIN,
16            (-)
17            BITte?
18 DOM:       äh ja=BITte;=
19            =entSCHULdige;
20            (--)
21 JOH:       und durch REIN_N ZUfall hat (.) jemand nämlich dann
              gesagt-=
22            =<<tiefer>WEISST du eigentlich;=
23            =dass du durch> cortiSON,=
24            =weil ich erZÄHLT hatte-=
25            =daʔ [weil;] (-)
26 DOM:            [ja- ]
27 JOH:       äh ICH glaub das war IRgendjemand im (.) im (-) ZUCH;
28            dass ich (.) ich (-) [MANCHmal] is_es ja so;
29 DOM:                            [ja-     ]
30 JOH:       wenn du NIEmand keʔ
31            wenn du den GAR nicht kEnnst;
32            °h dann erZÄHLST du [plötzlich;=ne?]
33 DOM:                           [ja ja geNAU.  ]=
34            =[(ERST (.) wenn-) °hh]
35 JOH:        [hat sich so erGEben.]
36            °hh und dann HAT der gesagt-=
37            =WEISST du eigentlich dass es (dadurch) oder wIssen
              sie dass es dadurch KOMMT;=[so. ]
38 DOM:                                  [hm; ]
```

Literatur

Aldrup, Marit, Uwe-A. Küttner, Constanze Lechler, und Susanne Reinhardt. 2022. Suspended assessments in German talk-in-interaction. In *Prosodie in der multimodalen Welt*, Hrsg. Maxi Kupetz, und Friederike Kern, 31–66. Heidelberg: Winter Verlag.

Alm, Maria. 2015. *Also* als finale Partikel im Deutschem. In *Das Nachfeld im Deutschen. Theorie und Empirie,* Hrsg. Hélène Vinckel-Roisin, 319–342. Berlin: de Gruyter.

Auer, Peter. 2005. Delayed self-repairs as a structuring device for complex turns in conversation. In *Syntax and Lexis in Conversation*, Hrsg. Auli Hakulinen, und Margret Selting, 75–102. Amsterdam: Benjamins.

Auer, Peter. 2020. *Genau!* Der auto-reflexive Dialog als Motor der Entwicklung von Diskursmarkern. In *Verfestigungen in der Interaktion – Konstruktionen, sequenzielle Muster, kommunikative Gattungen,* Hrsg. Beate Weidner, Katharina König, Lars Wegner, und Wolfgang Imo, 263–294. Berlin/Boston: de Gruyter.

Auer, Peter. 2021. *Und (ähm) ja*. In *Prosodie und Multimodalität. Empirische Beiträge der Interaktionalen Linguistik,* Hrsg. Maxi Kupetz, und Friederike Kern, 91–118. Heidelberg: Winter Verlag.

Auer, Peter und Susanne Günthner. 2005. Die Entstehung von Diskursmarkern im Deutschen – ein Fall von Grammatikalisierung?. In *Grammatikalisierung im Deutschen (Linguistik – Impulse und Tendenzen 9),* Hrsg. Torsten Leuschner, Tanja Mortelmans, und Sarah de Groodt, 335–362. Berlin: de Gruyter.

Barth-Weingarten, Dagmar, Uwe-A. Küttner, und Chase Wesley Raymond. 2021. Pivots revisited: Cesuring in action. *Open Linguistics* 7: 813–637.

Bergmann, Pia. 2012. The prosodic design of parentheses in spontaneous speech. In *Prosody and Embodiment in Interactional Grammar,* Hrsg. Pia Bergmann, Jana Brenning, Martin Pfeiffer, und Elisabeth Reber, 103–131. Berlin: de Gruyter.

Bergmann, Pia. 2017. Gebrauchsprofile von *weiß nich* und *keine Ahnung* im Gespräch – ein Blick auf nicht-responsive Vorkommen. In *Diskursmarker im Deutschen,* Hrsg. Hadarik Blühdorn, Arnulf Deppermann, Henrike Helmer und Thomas Spranz-Fogasy, 157–182. Göttingen: Verlag für Gesprächsforschung.

Betz, Emma. 2008. *Grammar and Interaction: Pivots in German Conversation.* Amsterdam: Benjamins.

Birkner, Karin, Sofie Henricson, Camilla Lindholm, und Martin Pfeiffer. 2012. Grammar and self-repair: Retraction patterns in German and Swedish prepositional phrases. *Journal of Pragmatics* 44: 1413–1433.

Blanche-Benveniste, Claire, et al. 1979. Des grilles pour le français parlé. *Recherches sur le français parlé* 2: 163–205.

Blanche-Benveniste, Claire. 1989. Les régulations syntaxiques dans les productions de français parlé. *LINX* 20: 7–20.

Blanche-Benveniste, Claire, et al. 1990. *Le français parlé: études grammaticales.* Paris: CNRS Editions.

Bücker, Jörg. 2014. Konstruktionen und Konstruktionscluster: das Beispiel der Zirkumposition *von* XP *her* im gesprochenen Deutsch. In *Grammatik als Netzwerk von Konstruktionen,* Hrsg. Alexander Lasch und Alexander Ziem, 117–138. Berlin: de Gruyter.

de Fornel, Michel und Jean-Marie Marandin. 1996. L'analyse grammaticale des auto-réparations. *Le gré des langues* 10: 8–68.

Deppermann, Arnulf, und Henrike Helmer. 2013. Zur Grammatik des Verstehens im Gespräch. Inferenzen anzeigen und Handlungskonsequenzen ziehen mit *also* und *dann*. *Zeitschrift für Sprachwissenschaft* 32(1): 1–39.

Drake, Veronika. 2016. Geman questions and turn-final *oder*. *Gesprächsforschung – Online-Zeitschrift zur verbalen Interaktion* 17: 168–195.

Droste, Pepe. 2020. Voll- und Reduktionsformen im Dienst der Klammer. Zur Funktionalisierung von *haben* und *ham* im gesprochenen Deutsch. *Beiträge zur Geschichte der deutschen Sprache und Literatur* 142(2): 153–184.

DuBois, John. 2014. Towards a dialogic syntax. *Cognitive Linguistics* 25(3): 359–410.

Gundel, Jeanette K. 1999. Topic, focus and the grammar-pragmatics interface. *University of Pennsylvania Working Papers in Linguistics* 6(1): 185–200.

Günthner, Susanne. 2020. Practices of clause-combining. From complex *wenn*-constructions to insubordinate ('stand-alone') conditionals in everyday spoken German. In *Emergent Syntax for Conversation. Clausal Patterns and the Organization of Action,* Hrsg. Yael Maschler, Simona Pekarek Doehler, Jan Lindström, und Leelo Keevallik, 185–219. Amsterdam/New York: John Benjamins Publishing Company.

Hoffmann, Ludger. 1991. Anakoluth und sprachliches Wissen. *Deutsche Sprache* 2: 97–120.

Imo, Wolfgang. 2011. Cognitions are not observable – but their consequences are: Mögliche Aposiopese-Konstruktionen in der gesprochenen Alltagssprache. *Gesprächsforschung – Online-Zeitschrift zur verbalen Interaktion* 12: 265–300.

Imo, Wolfgang. 2012. Interaktionale Linguistik: Ellipsen und Verstehen in der Interaktion. In *Die Ellipse: Neue Perspektiven auf ein altes Phänomen*, Hrsg. Mathilde Henning und Vilmos Agel, 281–319. Berlin: de Gruyter.
König, Katharina. 2020. Prosodie und *epistemic stance*: Konstruktionen mit finalem *oder*. In *Prosodie und Konstruktionsgrammatik*, Hrsg. Wolfgang Imo, und Jens Lanwer, 167–199. Berlin: de Gruyter.
Krifka, Manfred. 2007. Basic notions of information structure. In *Working Papers of the SFB 632, Interdisciplinary Studies on Information Structure (ISIS)*, Hrsg. Caroline Fery, Gisbert Fanselow, und Manfred Krifka, 13–56. Potsdam: Universitätsverlag Potsdam.
Jacobs, Joachim. 1988. Probleme der freien Wortstellung im Deutschen. *Sprache und Pragmatik, Arbeitsberichte* 5: 8–37.
Jefferson, Gail. 1991. List construction as a task and resource. In *Interactional competence*, Hrsg. George Psathas, 63–92. New York: Irvington Publishers.
Lambrecht, Knut. 1987. On the status of SVO sentences in French discourse. In *Coherence and Grounding in Discourse*, Hrsg. Roger Tomlin, 217–261. Amsterdam: Benjamins.
Levelt, Willem. 1983. Monitoring and self-repair in speech. *Cognition* 14: 41–104.
Meinunger, André. 2011. *Das ist was ziemlich Komisches ist das!* The syntax of apokoinuconstructions in colloquial German and other languages. In *Satzverknüpfungen*, Hrsg. Eva Breindl, Anna Volodina, und Gisella Ferraresi, 351–378. Berlin: de Gruyter.
Pfeiffer, Martin. 2010. Zur syntaktischen Struktur von Selbstreparaturen im Deutschen. *Gesprächsforschung* 11: 183–207.
Pfeiffer, Martin. 2015. *Selbstreparaturen im Deutschen. Syntaktische und interaktionale Analysen*. Berlin: de Gruyter.
Rossi-Gensane, Nathalie. 2017. Syntaxe et paradigme(s): outre les relations de dépendance, les relations d'équivalence. *Signata – Annales des sémiotiques/Annals of Semiotics* 8: 65–99.
Sasse, Hans-Jürgen. 1987. The thetic/categorical distinction revisited. *Linguistics* 25(3): 511–580.
Scheutz, Johannes. 1992. Apokoinukonstruktionen. Gegenwartssprachliche Erscheinungsformen und Aspekte ihrer historischen Entwicklung. In *Dialekte im Wandel*, Hrsg. Andreas Weiss, 243–264. Göppingen: Kümmerle.
Schröder, Peter (Hrsg.). 1997. *Schlichtungsgespräche: Ein Textband mit einer exemplarischen Analyse*. Berlin: de Gruyter.
Schwitalla, Johannes. 2011. *Gesprochenes Deutsch. Eine Einführung*. 4. neu bearb. und erweit. Aufl. Berlin: Erich Schmidt.
Selting, Margret. 2001. Fragments of units as deviant cases of unit production in conversational talk. In *Studies in Interactional Linguistics*, Hrsg. Margret Selting, und Elizabeth Couper-Kuhlen, 229–258. Amsterdam: Benjamins.
Selting, Margret. 2004. Listen: Sequenzielle und prosodische Struktur einer kommunikativen Praktik – eine Untersuchung im Rahmen der Interaktionalen Linguistik. *Zeitschrift für Sprachwissenschaft* 23: 1–46.
Skogmyr Marian, Klara. 2021. Assessing without words: verbally incomplete utterances in complaints. *Frontiers in Psychology* 12: 1664–1078.
Speyer, Augustin. 2016. Die Entwicklung der Nachfeldbesetzung in verschiedenen deutschen Dialekten: Informationsdichte und strukturelle Verschiedenheit. In *Syntax aus Saarbrücker Sicht 1. Zeitschrift für Dialektologie und Linguistik*, Beihefte Bd. 165, Hrsg. Augustin Speyer und Philipp Rauth, 137–158. Marburg: Franz Steiner Verlag.
Stein, Stephan. 2003. *Textgliederung: Einheitenbildung im geschriebenen und gesprochenen Deutsch. Theorie und Empirie*. Berlin: de Gruyter.
Stoltenburg, Benjamin. 2003. Parenthesen im Gesprochenen Deutsch. *InList* 34. https://www.inlist.uni-bayreuth.de/issues/34/index.htm
Uhmann, Susanne. 1991. *Fokusphonologie. Eine Analyse deutscher Intonationskonturen im Rahmen der nicht-linearen Phonologie*. Tübingen: Niemeyer.
Uhmann, Susanne. 1993. Das Mittelfeld im Gespräch. In *Wortstellung und Informationsstruktur*, Hrsg. Marga Reis, 313–354. Tübingen: Niemeyer.

Uhmann, Susanne. 2001. Some arguments for the relevance of syntax to same-sentence self-repair in everyday German conversation. In *Studies in Interactional Linguistics*, Hrsg. Margret Selting und Elisabeth Couper-Kuhlen, 373–404. Amsterdam: Benjamins.

Uhmann, Susanne. 2006. Grammatik und Interaktion: Form follows function? – Function follows form? In *Grammatik und Interaktion*, Hrsg. Arnulf Deppermann, Reinhard Fiehler, und Thomas Spranz-Fogasy, 179–201. Radolfzell: Verlag für Gesprächsforschung.

Wiese, Heike. 2011. *So* as a focus marker in German. *Linguistics* 49(5): 991–1039.

Zifonun, Gisela, Ludger Hoffmann, und Bruno Strecker. 1997. *Grammatik der deutschen Sprache*. Berlin/New York: de Gruyter.

Untergeordnete Projekte 5

Obwohl in den letzten Kapiteln schon oft untergeordnete Projekte (‚Nebensätze') vorkamen, wurde deren Rolle in einem syntaktischen Projekt bisher noch nicht systematisch aus der Perspektive der Online-Syntax besprochen. Sie sind – soweit sie nicht projekterweiternd eingesetzt werden, dazu Kap. 6 – das Thema dieses Kapitels. Beginnen wir mit einem Beispiel:

```
(1) (THE, Len)
   01 LEN:    und wenn man: EHRlich: äh seine geFÜHle: (.)
              spIEgelt,=
   02         =und SAGT;
   03         DAS un DAS un DAS sind die FAKten,
   04 THE:    [ja,   ]
   05 LEN:    [ähm:-]
   06         dann? (.) kAnn einem eigntlich KAUM jemand
              gegenÜberstehen,=
   07         =und sagen SO: jA:-
   08         das finde ich jetzt aber toTAL (.) be SCHEIße.
   -----------
   09 THE:    <<p>ja.>=
   10 LEN:    =ähm::=
   11 THE:    =Und du bIst ja IMmer ehrlich.=ne?=
   -----------
   12         =also du WEISST ja.
   13         <<f>WENN einer aus seinem hErzen keine mördergrube
              macht,
   14         dAnn (.) ist das ja LEna.>=
   -----------
```

Ergänzende Information Die elektronische Version dieses Kapitels enthält Zusatzmaterial, auf das über folgenden Link zugegriffen werden kann https://doi.org/10.1007/978-3-662-68611-9_5.

```
15 LEN:    =ja;=
16         =also ich bin nIch IMmer ehrlich, ((etc.))
```

Die grobe Struktur des Redebeitrags der Sprecherin in Z. 01–08 ist der eines *wenn*-Projekts mit Z. 01–03 als **Protasis** und Z. 06–08 als **Apodosis**. Die Reaktion des Gesprächspartners in Z. 11–14 enthält ebenfalls ein Konditionalgefüge (Protasis in Z. 13, Apodosis in Z. 14). Die Unterordnung ‚satzwertiger' (ein finites Verb enthaltender) Strukturen wird in der traditionellen Grammatik als **Hypotaxe** bezeichnet. Im Ausschnitt ist die Hypotaxe sogar doppelt hierarchisch gegliedert: In das Konditionalgefüge im Beitrag LENs sind erneut untergeordnete Projekte eingebaut. So verwendet die Sprecherin sowohl in der Protasis als auch in der Apodosis des Projekts ‚satzwertige' Komplemente, die vom Verb *sagen* abhängig sind (nämlich in Z. 03 und Z. 08). Auch in THEs Beitrag findet sich eine solche Hypotaxe zweiter Ordnung. Hier ist das Konditionalgefüge in Z. 13 selbst vom Verb *wissen* (*du WEISST ja* in Z. 12) abhängig.

Parataxe und Hypotaxe in der gesprochenen und geschriebenen Sprache. Das Beispiel zeigt, dass die Hypotaxe der gesprochenen Sprache keineswegs fremd ist. Gesprochene Sprache besteht nicht aus der Aneinanderreihung selbständiger Projekte (**Parataxe**). Die Parataxe ist zwar sowohl ontogenetisch (beim Erstspracherwerb) als auch phylogenetisch (bei der Entstehung von Sprache) für die frühen Stadien der Sprachentwicklung typisch; aber als Sprecher und Sprecherinnen einer ‚ausgebauten' Sprache wie des Deutschen verfügen wir aufgrund unserer sprachlichen Sozialisation zusätzlich über ein reiches Arsenal von syntaktischen Mitteln zum Ausdruck komplexer Sachverhalte, die mit Über- und Unterordnung arbeiten. Wir setzen diese Mittel ein, wenn es nötig ist, und greifen im Fall sehr stark situationsgebundener Interaktionen auf das zurück, was dafür ausreicht, nämlich die Aneinanderreihung einfacher Projekte.

Trotz der Häufigkeit hierarchischer Projektstrukturen, wie sie im Transkriptausschnitt zu beobachten sind, ist die mündliche Hypotaxe aber nicht mit der schriftsprachlichen identisch. Ein eher trivialer Unterschied ist, dass manche Nebensatztypen, die aus der Schriftsprache kommen, in der Sprachgeschichte des Deutschen nur mit Einschränkungen in die mündliche Sprache vorgedrungen sind. Unterordnungen, die mit Subjunktionen wie *obgleich, wiewohl, wenngleich* oder mit dem Relativpronomen *welche/r/s* beginnen, werden im gesprochenen Deutsch wenig gebraucht. Dafür stehen äquivalente Ressourcen zur Verfügung: das einfache Relativpronomen *der/die/das* anstelle von *welche/r/s*, *obwohl* anstelle von *wiewohl/wenngleich/obgleich* etc.

Viel wichtiger ist aber, dass sich die komplexen Projekte der mündlichen Sprache in ihrer **Struktur** von denen der Schriftsprache unterscheiden. Die Unterschiede, die im Laufe dieses Kapitels beschrieben werden, können im Sinn einer Tendenz zur Vermeidung *bestimmter* Formen von Hypotaxe verstanden werden, während andere Formen von Hypotaxe gerade für das gesprochene Deutsch typisch sind.

5 Untergeordnete Projekte

Innere und äußere Syntax von untergeordneten Projekten. Grundsätzlich lassen sich Hypotaxen aus der Perspektive der Online-Syntax als Verbindungen von **übergeordneten und untergeordneten syntaktischen Projekten** beschreiben. Die untergeordneten Projekte sind Teil eines übergeordneten Projekts. Die Unterordnung ergibt sich aus strukturellen Merkmalen des untergeordneten Projekts und solchen des übergeordneten (**innere Syntax** und **äußere Syntax** des untergeordneten Projekts). Im Deutschen kann die Unterordnung durch die innere oder äußere Syntax markiert werden oder durch beide zusammen. Entsprechend ist die Unterordnung mehr oder weniger stark markiert.

Das lässt sich gut anhand von Ausschnitt (1) erläutern. Die untergeordneten Projekte sind dort:

```
(2) (a)   wenn man: EHRlich: äh seine geFÜHle: (.) spIEgelt,=und
          SAGT; DAS un DAS un DAS sind die FAKten,
    (b)   WENN einer aus seinem hErzen keine mÖrdergrube macht
    (c)   DAS un_DAS un_DAS sind die FAKten,
    (d)   das finde ich jetzt aber toTAL (.) be SCHEIsse.
    (e)   <<f>WENN einer aus seinem hErzen keine mÖrdergrube macht,
          dAnn (.) ist das ja LEna.>=
```

Von diesen fünf Projekten sind nur zwei formal an ihrer **inneren Syntax** als untergeordnet zu erkennen und könnten nicht als selbständige, abgeschlossene Projekte vorkommen (nämlich die ersten beiden, durch *wenn* eingeleiteten); die anderen drei könnten genauso gut selbständige Projekte sein. ((2)(e) ist selbst wieder hypotaktisch aufgebaut.) Die formale Markierung der Unterordnung in der inneren Syntax entspricht weitgehend der im geschriebenen Deutsch: Der Beginn ist fast immer durch ein spezifisches Einleitungselement (in diesem Fall *wenn*) gekennzeichnet, das die Unterordnung ankündigt. (Ausnahmen sind lediglich die sog. uneingeleiteten Konditionalsätze mit Verbanfangsstellung.) Zugleich erzwingt das Einleitungselement eine wesentliche Veränderung der Wortstellung: Das finite Verb steht nicht in zweiter, sondern in später (oft letzter) Position im Projekt. Die für einfache sowie übergeordnete Projekte typische öffnende Verbklammer fehlt also im untergeordneten Projekt. Die verbalen Komponenten stehen zusammen am Ende des Projekts. Aus der Sicht der Online-Syntax: Das Einleitungselement projiziert das oder die finale(n) verbale(n) Element(e), das/die den Abschluss markieren. Die öffnende (projizierende) Klammer ist im untergeordneten Projekt dieses Einleitungselement, das schließende (projizierte) Klammerelement ist der Verbalkomplex. Es gibt in untergeordneten Projekten, die durch eine solche Klammer markiert sind, kein Vorvorfeld und kein Eröffnungsfeld, und nur manchmal ein Vorfeld, das der Topikalisierung dient: *das wenn ich gewusst hätte, wär ich früher gegangen*.

Die **äußere Syntax** beschreibt die Rolle des untergeordneten Projekts im übergeordneten. Die ersten beiden Beispiele sind zusätzlich zu ihrer inneren Syntax durch ihre Position im übergeordneten Projekt als untergeordnet gekennzeichnet. Sie stehen nämlich beide im Vorvorfeld eines Projekts, das mit *dann* im Vorfeld weitergeführt wird:

(3) (a) _____UNTERGEORDNETES PROJEKT dann? (.) kAnn einem eigntlich KAUM jemand gegenÜberstehen,=und sagen SO: jA:- das finde ich jetzt aber toTAL (.) be SCHEIße.

(b) _____UNTERGEORDNETES PROJEKT dAnn (.) ist das ja LEna.

Bei den drei Beispielen ohne Markierung durch die innere Syntax muss die äußere Syntax allein dafür sorgen, dass sie überhaupt als untergeordnete Projekte identifiziert werden können. Verantwortlich dafür ist die Valenz der Verben *sagen* und *wissen*.

(4) (a) und wenn man: EHRlich: äh seine geFÜHle: (.) spIEgelt,=
=und SAGT; → _____UNTERGEORDNETES PROJEKT

(b) dann? (.) kAnn einem eigntlich KAUM jemand gegenÜberstehen,=
=und <u>sagen</u> SO: jA:- → _____UNTERGEORDNETES PROJEKT

(c) also du <u>WEIßt</u> ja → _____UNTERGEORDNETES PROJEKT,

Die Verben fordern jeweils ein Objekt, das in Form eines untergeordneten Projekts formuliert wird, selbst aber nicht als solches gekennzeichnet ist. Die innere Syntax der untergeordneten Projekte entspricht der von selbständigen Projekten, d. h. das finite Verb steht in der zweiten Position.

Für die Online-Syntax ist es naturgemäß von zentraler Bedeutung, ob das untergeordnete Projekt am Beginn des übergeordneten produziert wird, während seiner Emergenz oder am Ende. Wir beginnen mit dem ersten Fall (Abschn. 5.1) und wenden uns dann dem zweiten zu (Abschn. 5.2).

> **Gibt es untergeordnete Projekte mit Komplementierer und Verb-Zweitstellung?**
> Im Deutschen sind **Verbstellung und Komplementierer** (‚Subjunktionen') miteinander gekoppelt. Ein untergeordnetes Projekt, das von einem Komplementierer eingeleitet wird, weist immer **Verb-Letztstellung** auf (das finite Verb steht also in der schließenden Klammer). Es kommt allerdings vor, dass der Sprecher nach dem Komplementierer die Konstruktion wechselt und in die Verb-Zweitstellung übergeht (vgl. Freywald 2008):
>
> ```
> (Bulimie)
> ((Gruppentherapie; Herr Münter ist der Therapeut; Monika
> ist eine Klientin, die sich hier an eine andere Klientin
> wendet.))
>   01 MON:   weil ich HAB grad_n eindruck,=
>   02        =dass du °h eigentlich ALle,
>   03        und (-) sogar n herrn MÜNter den AUCH.=
> → 04        =d? du beLEHRST hier grad ALle;
> ```
>
> Das mit *dass* eingeleitete, untergeordnete Projekt in Z. 02 projiziert Verb-Letztstellung (→ *belehrst*). Die Sprecherin schiebt allerdings vor dem Ende

des Mittelfelds eine Retraktion ein (Z. 03 *alle > sogar n herrn MÜNter*). Anschließend kehrt sie nicht zur projizierten Verb-Letztstellung zurück, sondern retrahiert in die Position vor dem Beginn des Komplementprojekts und realisiert das von *den Eindruck haben* geforderte Argument nun im Format eines selbständigen Projekts mit Verb-Zweitstellung.

Solche Wechsel in die parataktischere Konstruktion sind recht häufig. Fast regelmäßig erfolgt der Konstruktionswechsel nach dem Komplementierer *dass*, wenn direkt ein weiteres, erneut untergeordnetes Projekt folgt, zum Beispiel ein Konditionalprojekt (vgl. dazu Freywald 2020). Er lässt sich als Wechsel *apo koinu* verstehen (vgl. Abschn. 4.3): Die Konstruktion dreht sich auf dem *wenn*-Projekt, das auf diese Weise aus dem Mittelfeld der ursprünglich projizierten Konstruktion ins Vorvorfeld gerückt wird:

```
(HH)
   01 IHH:   ich hab eigentlich auch gegen die ILlegalen
             nichts.
   02 INT:   mHM,
   03 IHH:   äh (1.0) wEil ich mir sage;
→ 04         (-) dass (1.5) wenn Ich in DEren situation WÄre.
   05        in deren WIRTschaftlicher situatiOn.
   06 INT:   mHM,
→ 07 IHH:    da würd ich mich AUCH [nicht nicht      ]
   08 INT:                         [da würden sie_s] AUCH so
             [machen;
   09 IHH:   [äh äh vIel um die gesEtze des lAndes KÜMmern;=
((etc.))
```

Schriftsprachlich würde in einer solchen doppelten Hypotaxe der Komplementierer *dass* die Nebensatzstellung in der Apodosis des eingebetteten *wenn*-Satzes erzwingen (also: *dass wenn ich in deren Situation wäre, ich mich auch nicht viel um die Gesetze des Landes kümmern würde*). Im gesprochenen Deutsch ist die Variante mit Verb-Zweitstellung hingegen eher die Regel als die Ausnahme:

```
(a) deine augen waren wirklich SO weit dass wenn ich noch
    EIN wort gesagt hätte hättest du mir eine geLANGT; (BB)
(b) ICH hab festgestellt dass wenn ich bestimmte sachen
    WEGlasse, WEIzen und MILCH, geht es mir BESser (DOM,
    chronisch)
(c) ich denk SCHON dass wenn man sich meinetwegen dat
    EINkommen oder wat die leute ARbeiten oder so wenn man
    sich ANguckt, sieht man immer noch en UNterschied (K)
```

Nur wenn der Komplementierer am Beginn der Apodosis wiederholt wird, findet man regelmäßig die Verb-Letztstellung:

(a) ... <u>dass</u> wenn ICH ihn sehe, oder ER mich sieht, <u>dass</u> WIR
    uns auf einmal ineinander verlieben (BB)
(b) ... <u>dass</u> wenn hier hübsche männer WÄren, <u>dass</u> hier auf
    alle FÄLle etwas passieren KÖNNte (BB)
(c) wir WISsen schon <u>dass</u> wenn wir tür AUFmachen <u>dass</u> er
    sagt DRAUSsen bleiben (Jugendzentrum)
(d) ich weiß hundertprozentig SICher weil (das) schon OFT
    passiert ist, <u>dass</u> wenn ich bei der geKLINgelt hätte
    <u>dass</u> die AUSgetickt wär (Jugendzentrum)

Die Projektionskraft des Komplementierers reicht offenbar nicht über die Protasis hinweg. Um die Projektion ‚am Leben zu erhalten', ist eine Retraktion zum Komplementierer notwendig:

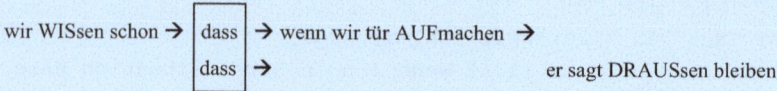

5.1 Übergeordnetes und untergeordnetes Projekt beginnen zusammen

Untergeordnete Projekte können der Beginn eines übergeordneten Projekts sein. Sie können im Vor- oder Vorvorfeld dieses übergeordneten Projekts stehen. Zum Beispiel können Komplementprojekte im Vorfeld oder Vorvorfeld realisiert werden. Sie projizieren dann die Fortsetzung des übergeordneten Projekts. Diese Stellung ist pragmatisch markiert und führt zur **Topikalisierung** (Fokussierung des Topiks, vgl. Abschn. 4.2):

```
(5)(THE, Sel)
((über Katja Mann))
  01 SEL:      ähm DA geht es darum das WERK und das ERbe zu
               bewahren-=
  02           =und im GRUNde genommen an dem dEnkmal thomas MANN
               zu arbeiten;
  -----------
→ 03           dass da aber noch ANdere menschen in der familie
               sind;
→ 04           andere KINder;=
→ 05           =die ja ein EIgenes leben haben;
  06           das äh: °h (-) kann sie nicht so SEhen;
```

5.1 Übergeordnetes und untergeordnetes Projekt beginnen zusammen

Der Sprecher fokussiert ein Komplementprojekt in Objektfunktion, indem er es in das Vorvorfeld stellt. Im Vorfeld steht das anadeiktische Pronomen *das*. Trotz der komplexen Vorvorfeldbesetzung gelingt die Rückkehr ins übergeordnete Projekt ohne Probleme (Z. 06).

Für rhetorisch weniger gewandte Sprecher (und auch für die Rezipientinnen) kann die Voranstellung komplexer, fokussierter Topiks allerdings eine Herausforderung darstellen, wie am nächsten Beispiel zu sehen ist:

```
(6)(BB)
((über Fussballer))
   01 VLA:    ah oKAY der sportler an un für sich kriegt ja
              da NICHTS,=
-----------
→ 02         =aber dass man mEnschen (-) äh für
              hundertfünfunddreißig [milLIOnen]
   03 MAX:                          [ich hab  ] genau (.) an das
              beispiel grad ge[DACHT.]
   04 VLA:                    [ja,   ]
→ 05          ääh an ne andere MANNschaft verkauft;
→ 06          ähm nur weil er halt grad momentan f-
              sUperFUSSballstar ist;=
   07 MIK:   =[hm    ]
   08 VLA:    [°h dann] hat des bei mir ja schon gar nichts mehr
              mit_m SPORT zu tun,=
   09        =sondern einfach nur mit VIEHhandel.
```

Nach dem sehr langen, vorangestellten *dass*-Projekt in Subjektfunktion (Z. 02–06) findet der Sprecher nicht mehr in die übergeordnete Struktur zurück. Das wiederaufnehmende *dann* am Beginn von Z. 08 zeigt, dass er dieses Projekt retrospektiv nun als *wenn*-Projekt reinterpretiert. (Nach dem *dass*-Projekt wäre die Wiederaufnahme mit *das* zu erwarten gewesen.) Nebenher belegt das Beispiel auch, dass sich *wenn*- und *dass*-Sätze semantisch recht ähnlich sein können, nämlich dann, wenn allen Beteiligten klar ist, dass die im *wenn*-Projekt ausgedrückte mögliche Bedingung für die Gültigkeit der Apodosis bereits eingetreten ist.

In diesem Abschnitt werden zwei andere Fälle von vorangestellten untergeordneten Projekten genauer diskutiert, die in dieser Position sehr häufig sind: *wenn*-Projekte und Gespaltene Projekte.

5.1.1 *Wenn*-Projekte

Im gesprochenen Deutsch werden konditionale untergeordnete Projekte (und die mit ihnen verwandten Konzessiv- und Irrelevanz-Projekte, eingeleitet mit *obwohl, trotzdem (dass), wenn auch, auch wenn*) am häufigsten am Projektbeginn (im Vor-

oder Vorvorfeld) realisiert (vgl. Auer 2000). Das ist leicht zu erklären: Solche Projekte schaffen einen „mentalen Raum" (Fauconnier 1994), in dem der Inhalt der Apodosis verstanden werden soll. Die Reihenfolge ist deshalb für die Prozessierung des Gemeinten günstiger als die umgekehrte, die erst nachträglich einen solchen mentalen Raum als Bedingung für das Gesagte einführt.

Semantik von *wenn*-Projekten. Typischerweise wird im konditionalen Projekt eine von mehreren realen oder irrealen Alternativen formuliert; der folgende Teil des übergeordneten Projekts sagt dann, was in diesem Fall eintritt. Die Protasis kann einen Sachverhalt als mehr oder weniger wahrscheinlich präsentieren. Im folgenden Fall stellt die Sprecherin zum Beispiel die Möglichkeit, dass der Mann, von dem hier die Rede ist, sie noch ‚komplett erobern' wird, als relativ unwahrscheinlich dar; sie tut dies durch die Wahl des **Konjunktivs** (*würde*):

```
(7)(BB)
  01 CLA:    also: im GEgenteil;=
  02         =wahrscheinlich wenn er °hh äh:: mich hier komplett
             erObern würde wär er der HELD wenn er
             nach[her rauskommt bei seinen kumpels oder so;
  03 DIA:        [ne troPHÄe;
```

Dieselbe Sprecherin stellt die Möglichkeit, dass ihre Eltern ‚Bilder von ihr sehen', hingegen als vergleichsweise wahrscheinlicher dar, denn in Ausschnitt (8) wird die Protasis im Indikativ formuliert:

```
(8)(BB)
  01 CLA:    °h und ich muss dir ganz ehrlich SAgen wenn;
  02         °h wenn meine Eltern äh so BILder sehen;=
  03         =die fallen wahrscheinlich in OHNmacht;=ja,
```

Bedingungen können auch **kontrafaktisch** (‚irreal') sein, wenn sie nicht eingetreten sind (Konjunktiv der Vergangenheit):

```
(9)(Calling home)
  01 FNY:    ich mein ich bin extra deswegen nach DEUTSCHland
             °h gefahren,=
  02         =und dann nach KASsel
  -----------
             und °h äh:: war n riesiger AUFwand,
  03         ich mein:: [auch finanZIELL,
  04 MAR:               [ah_JA,
  05         ah_JA,
  -----------
  06 FNY:    und=ich=mein wenn ma des geWUSST hätte vorher,
  07         hätt ma des GAR nich geMACHT.
  08 MAR:    hm.
```

5.1 Übergeordnetes und untergeordnetes Projekt beginnen zusammen

Neben der konditionalen gibt es auch die **temporale** Verwendung von *wenn* (im Sinn von ‚sobald' oder ‚zu dem Zeitpunkt'). Diese Interpretation liegt vor allem dann nahe, wenn das Eintreten des Ereignisses aus dem *wenn*-Satz als sicher vorausgesetzt werden kann. Für klar temporale *wenn*-Projekte gilt vermutlich die Präferenz für Voranstellung nicht – so wie sie wohl auch für andere temporale Unterprojekte (etwa *als/wie-* oder *nachdem-*Projekte) nicht gilt.

```
(10) (BB)
→01 ANT:    aber wenn die aufgabe hier vorBEI ist,=
  02        =kann ich ma f kein feuer mehr 'SEHN für ne weile;
  03 JOS:   ja-?
```

Nicht alle Fälle sind allerdings so eindeutig – manchmal spielen die temporale und die konditionale Lesart ineinander.

Oft dienen *wenn*-Projekte dazu, einen sich wiederholenden (**iterativen**) Zusammenhang auszudrücken (‚immer dann, wenn X'), wie etwa im folgenden Beispiel. Die Sprecherin redet über einen Mitbewohner, der sehr ungeduldig ist:

```
(11) (BB)
→01 SYB:    wenn das nicht direkt KLAPPT-
  02        dann kriegt der SO_n hAls.
```

Sehr nah bei solchen Fällen liegen andere, in denen eine allgemeine **Regel** formuliert wird und die deshalb konditional interpretiert werden. Im folgenden Beispiel indiziert die unpersönliche Formulierung, dass eine solche Regel gemeint ist; sicherlich berichtet der Sprecher nicht von einem mehrfach wiederkehrenden Ereignis. (Thema ist ein bestimmter Kleber, den die Gesprächsteilnehmer beim Basteln verwenden.)

```
(12) (BB)
  01 MIK:   der ist janz jeFÄHRlich der lei? äh::m [LEIM.] (--)
  02 SYB:                                  <<unwillig, flüsternd>[boah:]>
  03 MIK:   [KLEber.
  -----------
  04 SYB:   [<<p>naJA;>]
  05 JOS:   [<<p>naJA. ]
→ 06        wenn de_n in_n AUgen hast is geFÄHRlicher aber.=
  07 SYB:   =ja.
  08 JOS:   aber HIER doch nich;
```

Iterative Ereignisse sind erfahrungsbasierte Generalisierungen, Regeln müssen nicht unbedingt durch die Erfahrung abgesichert sein. Die Übergänge sind fließend. Für die Sprecher ist vor allem wichtig, dass sie mit *wenn*-Projekten generalisierende Aussagen machen können.

Äußere Syntax. Die äußere Syntax der initialen *wenn*-Projekte kann verschieden gestaltet werden. Das *wenn*-Projekt kann mit *dann* im Vorfeld wiederaufgenommen werden; es steht dann im Vorvorfeld (Ausschnitt (11)). Es kann aber auch direkt ins Vorfeld gestellt werden (siehe die Ausschnitte (9), (10), (12)). Diese beiden Optionen verhalten sich analog zu den initialen Nominalphrasen (vgl. Abschn. 3.6). Das *dann* entspricht der Wiederaufnahme durch ein koreferentes Pronomen im Vorfeld bei Prolepse.

Wenn-Projekte und Erweiterungen/Parenthesen. Resumptives *dann* findet sich regelmäßig, wenn das initiale *wenn*-Projekt expandiert oder eine Parenthese eingeschoben wird, bevor das übergeordnete Projekt weitergeht. Das ist oft der Fall, denn die Projektionsbögen, die die vorangestellten untergeordneten Projekte aufspannen, sichern dem Sprecher die Aufmerksamkeit der Rezipientin; das Gesamtprojekt ist ja nicht zu Ende, und die Projektion einer Fortführung bleibt auch über mehrere Parenthesen und Expansionen hinweg bestehen. Vorangestellte *wenn*-Sätze eignen sich deshalb sehr gut dafür, längere Redebeiträge zu organisieren.

Im folgenden Beispiel geht es um die Frage, ob man sich einen Lebenspartner aus einer anderen Kultur vorstellen kann:

```
(13) (BB)
→ 01 BIA:   wenn es dann? äh=
  02        =wenn sich dann RAUSstellt,
  03        dass (.) mEin partner auf einmal n_ganz anderen
            chaRAKter hat;=
  04        =oder sehr reliGIÖS auch EINgestellt is,=
  05        =was er mir vorher nich geSAGT hat,
→ 06        °h dann werd ich mir das natürlich überLEgen, ((etc.))
```

Das untergeordnete Projekt könnte bereits nach Z. 03 syntaktisch gesehen zu Ende sein. Der Wechsel in das übergeordnete Projekt wäre hier möglich. Die Sprecherin retrahiert aber stattdessen in die Position nach dem Subjekt (*mEin Partner*, Z. 04) und erweitert das Projekt außerdem durch ein weiterführendes Relativprojekt (Z. 05). Erst dann kehrt sie (durch *dann* markiert) in das übergeordnete Projekt zurück. Es gelingt ihr dadurch, ein komplexes Argument in einem einzigen syntaktischen Projekt zu verpacken, ohne dass ihre Rezipientinnen eine Chance hätten, das Rederecht zu übernehmen.

Noch stärker nutzt der Sprecher im folgenden Ausschnitt (14) die Projektionskraft initialer Konditionalprojekte aus:

```
(14) (BB)
((über Profi-Fussballer))
→ 01 VLA:   aber wenn ma SIEHT dass einer jetzt °hhh (no)
            in der ZEItung;=
  02        =^ja; (.) transFER hundertfünfunddreißig milLIOnen-
  03        kommt in die mannschaft REIN,
```

5.1 Übergeordnetes und untergeordnetes Projekt beginnen zusammen

```
04          bringt aber die nächsten fünf monate GAR nichts.
05          ABsolut nullkommaNULL.(0.9)
06          IS wahrscheinlich noch verLETZT nochmal n_halbes jahr;=
07          =(dann) EIN jahr;
08          und der hat (.) für des EIne jahr;=
09          =zEhn millIOnen kassiert.
→ 10        na dann tät ich AUCH sagen;=
11          =RAUS mit dem;
------------
12          was:
13          des isch doch nich sinn und ZWECK der sache;
```

Semantisch geht die Protasis der Äußerung von Z. 01–09. Sie beginnt mit dem Verb *sehen*, dessen Objekt in Form eines *dass*-Komplements begonnen wird (Z. 01 *dass einer jetzt...*). Dieses untergeordnete Projekt wird allerdings nicht zu Ende geführt. Der Sprecher verfällt vielmehr in einen stark elliptischen, narrativen Stil (vgl. die verbinitialen Projekte in Z. 03, 04 und 06). Z. 02–08 zeigen in ihrer internen Syntax keinerlei Merkmale untergeordneter Projekte. Die Einbettungssignale am Beginn (das begonnene *wenn*-Projekt und das begonnene *dass*-Projekt) haben keinen Einfluss auf ihre Syntax. Dennoch stehen sie als **Parenthesen** unter dem Projektionsbogen, den das initiale *wenn*-Projekt aufgespannt hat: Es bleibt die Erwartung, dass eine Apodosis folgen wird. Tatsächlich kehrt der Sprecher in Z. 10 in das konditionale Konstruktionsschema zurück und formuliert, mit *dann* beginnend, die Schlussfolgerung, die er aus dem Erzählten zieht.

Nicht-integrierte *wenn*-Projekte. Vorangestellte *wenn*-Projekte im Vorvorfeld mit resumptivem *dann* im Vorfeld entsprechen, wie oben erwähnt, in Bezug auf ihre äußere Syntax Prolepsen, *wenn*-Projekte im Vorfeld entsprechen Phrasen im Vorfeld. Bei der Besprechung projektinitialer Phrasen wurde noch eine dritte Variante diskutiert, nämlich die Voranstellung vor ein selbständiges Projekt, ohne dass in dessen Vorfeld das für die Prolepse typische koreferente Pronomen stehen würde (sog. Freie Themen, vgl. Abschn. 3.6.2). Diese dritte Alternative ist die schwächste Form der Einbindung der NP in das übergeordnete Projekt. Auch dazu gibt es bei den *wenn*-Projekten ein Pendant, nämlich ihre **nicht-integrierte (asyndetische)** Verwendung (vgl. König und von der Auwera 1988; Günthner 1999, 2020). So wird im folgenden Ausschnitt anstelle des wiederaufnehmenden *dann* im Vorfeld das anadeiktische Pronomen *die* (Rückbezug auf ‚meine Eltern') verwendet:

```
(15)(BB)
  01 CLA:   °h und ich muss dir ganz ehrlich SAgen wenn;
→ 02        °h wenn meine Eltern äh so BILder sehen;=
→ 03        =die fallen wahrscheinlich in OHNmacht;=ja,
```

In Ausschnitt (16) steht im Vorfeld anstelle des resumptiven *dann* das Pronomen *es*:

```
(16)(BB)
  01 MAX:     <<sehr hoch>kuck mal was du geMACHT hast;
  -----------
  02          da hast du_s mir in die HAUT geschnitten;>
  -----------
(...)
  10          nich DOLL;=
  11          =[aber immerHIN;          ]
  -----------
  12 JOS:     [<<p>ich seh da nichts.>]
  -----------
  13          (2.5)
→ 14          wenn es so WAR,
→ 15          es war keine ABsi[cht.
  -----------
  16 MAN:                      [nee das WEISS ich;
```

In diesen Beispielen könnte das *wenn*-Projekt genauso gut mit *dann* aufgenommen werden oder sogar im Vorfeld stehen (*wenn meine Eltern äh so BILder sehen; (dann) fallen die wahrscheinlich in OHNmacht;* bzw. *wenn es so WAR, (dann) war es keine ABsicht.*). Die gewählte Variante schwächt im Vergleich dazu die strukturelle Verbindung zwischen unter- und übergeordnetem Projekt: Die innere Syntax des vorausgestellten Projekts projiziert zwar die Fortsetzung im Rahmen des übergeordneten Projekts, diese Fortsetzung wird aber ohne formale Kennzeichnung realisiert.

Nur diese nicht-integrierte Variante lässt sich verwenden, um die referenziell-konditionale Beziehung zwischen Protasis und Apodosis (Protasis als Bedingung für das Eintreten der Apodosis) aufzulösen und stattdessen eine **metakommunikative Interpretation** zu erzwingen. Die mangelnde syntaktische Integration blockiert dann die referenzielle Interpretation. Eine bedeutungsneutrale Umformung in die integrierte syntaktische Form ist nicht möglich:

```
(17)(BB)
→ 01 MAX:    °h aber gerade wenn de die ganzen osteuropäischen
             LÄNder ankuckst mit EISkunstlauf und so was; °h
→ 02         ähm:: die (.) geben wirklich ALles,=
  03         =damit ihr KIND;=
  04         =ähm: (1.0) da: ne gute AUSbildung bekommt;
  05         im EISkunstlaufen und sowas,

(18)(BB)
→ 01 VLA:    wenn ich überLEG;
→ 02         ich war vor zEhn JAHren;
```

```
03            (-) e GUMmibaum.
------------
04            (2.0)
05 JOS:       WAS warst du;
06 VLA:       n_GUMmibaum.
```

Bei Verwendung des *wenn*-Satzes im Vorfeld oder Vorvorfeld (mit resumptiver Aufnahme durch *dann* im Vorfeld) würde sich die Bedeutung verschieben oder die Äußerung unsinnig werden. Die Tatsache, dass die ‚osteuropäischen Länder' nach Meinung der Sprecherin in Ausschnitt (17) ‚alles geben', um ihren Kindern eine gute Ausbildung im Eiskunstlauf angedeihen zu lassen, tritt nicht unter der Bedingung ein, dass ‚du dir die osteuropäischen Länder ankuckst'. Ebenso wenig ist die Tatsache, dass der Sprecher im zweiten Ausschnitt früher so elastisch ‚wie ein Gummibaum' war, unter der Bedingung eingetreten, dass er ‚überlegt'. Vielmehr hat das *wenn*-Projekt die Funktion, die Aussage im übergeordneten Projekt **metakommunikativ** zu rahmen und zu begründen. Der Sprecher formuliert nicht eine bestimmte faktische Bedingung, die zu einer bestimmten Folge führt, sondern nimmt im *wenn*-Projekt dazu Stellung, warum und aus welcher Perspektive die Aussage zutrifft, die nun folgt. Es geht nicht um die Beziehung zwischen zwei Sachverhalten auf der referenziellen Ebene, sondern um die Frage, unter welchen Bedingungen die Behauptung, die der Sprecher machen wird, zutrifft. Im Fall von (17) gilt die Behauptung, dass ‚die alles geben, damit ihr Kind eine gute Ausbildung bekommt', wenn man sich die osteuropäischen Länder anschaut. Im Fall von (18) gilt die Behauptung, dass Vladim ‚vor zehn Jahren ein Gummibaum war', wenn er sich zurückerinnert (‚überlegt').

5.1.2 Gespaltene Projekte

Gespaltene Projekte (hier am häufigsten Fall diskutiert, den sog. *pseudo-clefts*, vgl. Weinert 1995) sind ein weiterer Beleg dafür, dass die mündliche Sprache Hypotaxe nicht prinzipiell vermeidet.

Kanonische Struktur. Im kanonischen Fall sehen Gespaltene Projekte wie in den Ausschnitten (19) und (20) aus. Kommentar und Topik (vgl. Abschn. 4.2) werden in zwei verschiedene Projekte, ein untergeordnetes und ein übergeordnetes, aufgespalten (Lambrecht 2001). Die beiden Teile des Gespaltenen Projekts sind hier prosodisch in eine gemeinsame Intonationsphrase integriert. Dies legt nahe, dass sie nicht emergent entstehen, sondern als eine Konstruktion geplant und produziert wurden:

```
(19) (AKTIENANLAGE)
((Herr Müller gibt seiner Tochter Frieda Ratschläge über
lukrative Aktienanlagen.))
→ 01 HrM:    was nich SCHLECHT is is SIEmens,
```

```
           -----------
           02        (1.0)
           03 FRI:   mHM,
           04        (1.5)
           05 HrM:   also is_n: is_n: is_n: is_n STARkes papier,

(20) (BB)
  → 01 VIA:          also worAuf ich der Umwelt zuliebe auch auf jeden FALL
                     verzichten würde ist das gesAmte geSCHENKpapier
                     was es gibt.
           -----------
           02        <<höher>toTAler SCHWACHsinn;>
```

Anstelle eines einfachen Projekts wie *Siemens ist ein starkes Papier* oder *ich würde auf jeden Fall der Umwelt zuliebe auf das Geschenkpapier verzichten* formuliert der Sprecher bzw. die Sprecherin denselben Inhalt in zwei Teilen, die hypotaktisch aufeinander bezogen sind. Formal gesehen wird zunächst mit einem w-Element ein syntaktisch untergeordnetes Projekt formuliert (in traditioneller Sprechweise ein freier Relativsatz), das dann Subjekt im Vorfeld eines übergeordneten Projekts wird. Dieses übergeordnete Projekt enthält nach dem freien Relativsatz eine Kopula (in den Beispielen *ist*), die ihrerseits ein Prädikativ projiziert. In den Beispielen ist das eine NP, nämlich *n STARkes papier* bzw. *das gesAmte geSCHENKpapier was es gibt*.

Die **Funktion** solcher gespaltener Projekte ist es, das Topik der Äußerung (das, worüber die Aussage gemacht wird) zu fokussieren (vgl. Abschn. 4.2). Die gespaltene Äußerung hat dann zwei prosodische Foki, einen auf dem Topik und einen auf dem Kommentar. Zugleich verändert sich die Reihenfolge von Topik und Kommentar: Anders als sonst in einfachen Projekten steht das Topik am Projektende, also der Position, in der sonst der Fokus liegt. Das Topik ist im Gesprächszusammenhang nicht vorerwähnt, sondern wird erst durch die Konstruktion eingeführt oder aktiviert.

Kanonische Form mit komplexem Prädikativ. Das Topik kann auch komplexer sein und statt als NP als *dass*-Komplement oder infinitivische Erweiterung realisiert werden (vgl. Ausschnitte (21)–(23), Topik unterstrichen). Typischerweise ist die Kopula mindestens mit einem Konstruktionsteil in eine IP zusammengefasst.

```
(21) (BB)
  → 01 BIA:          aber wAs sie schon mIttlerweile ganz gut HINgekriegt
                     haben ist WÄHrend der konZERte die prEIse der
                     getRÄnke so ANzuschrauben-
           02        °h dass du halt due? für den PAPPbecher gleich
                     MITbezahlen musst.=
           03        =und dass du den zuRÜCKgibst.
```

5.1 Übergeordnetes und untergeordnetes Projekt beginnen zusammen

```
(22)(BB)
((BIA wendet sich an die Fans der Sendung.))
    01 BIA:      =ich mein es ist ja wIrklich SEHR sehr SCHÖN;=
    02           =dass wir (.) so VIEle und ZAHLreiche HAben,=
    03           =und die uns auch immer beSUchen komm,
    -----------
→ 04             °h was ich allerdings überHAUPT nich lustig finde,=
→ 05             =is äh dass °h sie uns mit TENnisbällen bewerfen,=
→ 06             =die mit STEInen gefüllt sind;=

(23)(THE, Sel)
((SEL hat von den Theateraufführungen im Haus seines Vaters,
eines Gefängnisdirektors, erzählt.))
    01 THE:      inwiefern is DA so nen FUNke übergesprungen-
    02           °h dass das auch später tatSÄCHlich mal ein
                 beRUFswunsch wird,
    -----------
    03 SEL:      °hh ich glaub GAR [nicht.  ]
    -----------
    04 THE:                        [nee-    ] (.)
    05           das wurde nich wurde nich da geSÄT;
    -----------
(...)
    10 SEL:      nein,
→ 11             es WAS vielleicht ähm:: geSÄT wurde,=
    12           =ist dass äh:: überHAUPT theAter und geFÄNGnis;
    13           einen: (.) einen äh GROßen zuSAMmenhang hat.
```

Im ersten Ausschnitt umfasst das Topik die gesamte, selbst wieder hypotaktische infinitivische Erweiterung nach der Kopula, von *WÄHrend der konZERte* bis zum Projektende, im zweiten das *dass*-Komplement in Z. 05–06, im dritten das *dass*-Komplement in Z. 12–13. Die Ausschnitte zeigen ein interessantes Detail: Der Sprecher hat während der Formulierung des initialen *was*-Relativprojekts offenbar den Rest der Äußerung noch nicht vollständig geplant. Der zweite Teil des gespaltenen Projekts weist nämlich verschiedene **Häsitationsphänomene** auf. Das deutet auf einen Vorteil des nachgestellten Topiks hin: Die gespaltene Konstruktion gibt dem Sprecher die Möglichkeit, die Produktion des Topiks zu verzögern und dadurch Zeit für eine angemessene Formulierung zu gewinnen. Wer mit *was ich allerdings überHAUPT nich lustig finde* beginnt, kündigt etwas Problematisches an, muss aber während der Formulierung dieses untergeordneten syntaktischen Projekts noch nicht genau wissen, wie er den projizierten Rest des Projekts formulieren will.

Bei Gespaltenen Projekten, deren zweiter Teil so umfangreich wie in den diskutierten Beispielen ist, wäre es umständlich, denselben Sachverhalt durch

Topikalisierung im Vorfeld auszudrücken. Im Ausschnitt (22) wäre die Formulierung

```
dass °h sie uns mit TENnisbällen bewerfen,=die mit STEInen
gefüllt sind;=find ich allerdings überHAUPT nich lustig.
```

immerhin noch denkbar. Die Umformung des Gespaltenen Projekts in Ausschnitt (23) zu

```
dass äh:: überHAUPT theAter und geFÄNGnis; einen: (.) einen äh
GROßen zuSAMmenhang hat, wurde vielleicht ähm:: geSÄT.
```

ist aber schon deshalb nicht möglich, weil der Sprecher in Z. 11–13 einen Kontrast zur vorherigen Vermutung THEs aufbaut, die Theateraufführungen im Gefängnisdirektorenhaus hätten den Berufswunsch des Schauspielers ‚säen' können. In Ausschnitt (21) ist das Topik zu lang, um im Vorfeld zu stehen.

Nicht-integrierte Form. Die kanonische Form für Gespaltene Projekte ist allerdings nicht die einzige. Häufiger ist die folgende Variante, in der die gespaltenen Projektteile in **nicht-integrierter** (**asyndetischer**) Form nebeneinander stehen (vgl. dazu Günthner 2006, 2008; Günthner und Hopper 2010) und in denen überdies oft die Kopula fehlt. Die beiden Teile der Gespaltenen Konstruktion sind in getrennte IPs verpackt.

```
(24)(Bulimie, Gruppentherapie)
→01 MAR:   =aso was ICH halt immer mer[k,
  02 ?:                               [((Räuspern))
  03 MAR:   ich kOmm dann wieder mit RIEsigen erwArtung an mich an.

(25)(Seglerinnen)
((Frau B. hat erzählt, dass ihr Mann eine schwere
Magenverstimmung hat und den Arzt holen musste.))
  01 FrB:   aber WEISCH,
→ 02       was ich am BESCHten find; (-)
  03       ich hätt jetz NIE gedAcht,
  04       dass dass⸴ (-) der KLAUS als ARZT (-) die dienste
            vomme ANdern in anspruch nimmt.
  -----------
  05 FrA:   du des is uns AUCH noch NIE passiert.
```

In diesen Beispielen ist der zweite Teil des Gespaltenen Projekts kein untergeordnetes *dass*-Projekt, sondern hat die innere Syntax eines selbständigen Projekts. Außerdem steht der erste Teil (die *was*-Komponente) nicht im Vorfeld eines Kopula-Projekts, denn es gibt keine Kopula.

5.1 Übergeordnetes und untergeordnetes Projekt beginnen zusammen

Die Umformung in das kanonische, integrierte Format ist nicht immer möglich. In Ausschnitt (24) ist sie unproblematisch (*aso was ICH halt immer merk, is dass ich dann wieder mit RIEsigen erwArtungn an mich ankomm*), in Ausschnitt (25) aber nicht (*ich jetz NIE gedAcht hätt, dass dass?(-)*). Möglich wäre hier nur *was ich am BESCHten find ist dass der KLAUS als ARZT (-) die dienste vomme Andern in anspruch nimmt*. Der Grund dafür ist, dass *ich hätt jetzt NIE gedAcht* nicht im **Skopus** des initialen *was*-Teils des Gespaltenen Projekts liegt; bei syntaktischer Unterordnung durch ein *dass*-Komplementprojekt wird ein solcher Skopus aber erzwungen. Da die Sprecherin in der tatsächlich geäußerten Version den zweiten Teil des Gespaltenen Projekts in Form eines selbständigen Projekts produziert, ist sie diesen Skopus-Einschränkungen nicht unterworfen.

Die Tendenz der gesprochenen Sprache, die vorangestellten *was*-Projekte zwar durch ihre innere, aber nicht durch ihre äußere Syntax als untergeordnet zu kennzeichnen, entspricht dem von den initialen *wenn*-Projekten bekannten Muster (s. Abschn. 5.1.1). Es zeichnet sich ein rekurrentes Muster ab, nämlich lediglich den ersten Teil eines zweigliedrigen Projekts formal als Teil einer Hypotaxe zu markieren und dadurch die Projektion des zweiten sicherzustellen. Der projizierte zweite Projektteil wird hingegen wie ein alleinstehendes Projekt behandelt. Der Sprecher schlägt zwei Fliegen mit einer Klappe: Einerseits kann er durch das vorangestellte, untergeordnete Projekt einen Projektionsbogen aufspannen, während dessen ihm die Aufmerksamkeit der Rezipientin sicher ist; andererseits muss er keine komplexen syntaktischen Konstruktionen (wie *dass*-Projekte) verwenden, um die Äußerung weiterzuführen. Er hat alle Freiheit, den zweiten Teil des gespaltenen Projekts so zu gestalten, wie er es auch mit einem selbständigen Projekt tun würde. Das schließt auch die Verwendung der Hypotaxe innerhalb des projizierten Teils ein (vgl. etwa Ausschnitt (25)).

Zusätzlich spielt noch ein anderer Gesichtspunkt eine Rolle. Wie eingangs erwähnt, ist Hypotaxe ein Verfahren, um Äußerungen zu hierarchisieren und wichtigere vor weniger wichtigen Bestandteilen zu profilieren. Wenn im zweiten Teil der Gespaltenen Konstruktion zur Formulierung des fokussierten Topiks eingebettete *dass*-Projekte verwendet werden, widerspricht dies der Präferenz, dass die wichtigste Information syntaktisch nicht untergeordnet werden sollte. Es ist deshalb nur folgerichtig, sie im Format von selbständigen Projekten zu formulieren und ihren syntaktischen Status dadurch so aufzuwerten, wie es der Fokus-Information gebührt.

Aber handelt es sich bei solchen asyndetischen Gespaltenen Projekten im ersten Teil überhaupt noch um das Topik der Äußerung, wie das im Fall der kanonischen Form postuliert wurde? Schon der metakommunikative Gehalt des vorangestellten Projekts (*was ich am besten finde, was ich immer merk...*) spricht dagegen. Im Vergleich zum potentiell sehr umfangreichen, als unabhängiges Projekt gestalteten zweiten Teil ist der erste Teil der Konstruktion weniger Teil einer Proposition, die in Topik und Kommentar aufgespaltet werden kann, sondern eher eine einleitende Rahmung des nun zu Sagenden (vgl. die nicht-integrierten *wenn*-Projekte, Abschn. 5.1.1). Seine Funktion ist aber auf jeden Fall die der Projektion einer – oft umfangreichen – Darstellung. Aus diesem Grund sprechen Günthner und Hopper (2010) von einer **Projektorkonstruktion**.

5.2 Das untergeordnete Projekt wird vom übergeordneten projiziert

In Abschn. 5.1 wurden hypotaktische Projekte besprochen, in denen das untergeordnete Projekt am Beginn steht und das übergeordnete projiziert. In diesem Abschnitt wird der umgekehrte Fall besprochen: Das untergeordnete Projekt wird vom übergeordneten projiziert.

Während vorangestellte untergeordnete Projekte im mündlichen Deutsch dazu tendieren, trotz ihrer internen Syntax, die sie als untergeordnet ausweist, formal nicht in die übergeordnete Struktur integriert zu werden, ist es bei untergeordneten Projekten, die erst im Verlauf des übergeordneten beginnen, umgekehrt: Ihre innere Syntax tendiert dazu, sich der selbständiger Projekte anzugleichen, während allein die äußere Syntax ihre hypotaktische Unterordnung markiert.

Dies ist der unterschiedlichen Zeitstruktur (Online-Emergenz) geschuldet: Die wichtigste Information kommt eher zuletzt. Das legt es nahe, sie syntaktisch nicht unterzuordnen. Am Beginn ist hingegen ein projizierendes Element nötig, um überhaupt den Projektionsbogen aufzubauen, der das Projekt insgesamt zusammenhält.

5.2.1 Existenz-Attribut-Projekte

Existenz-Attribut-Projekte bestehen aus der Konstruktion *es gibt* und einem folgenden, semantisch blassen oder leeren, indefiniten Nomen, das dann durch ein untergeordnetes Projekt spezifiziert und syntaktisch als Attribut modifiziert wird (vgl. Birkner und Ehmer 2014). Es handelt sich also erneut um eine zweiteilige Konstruktion, die – wie die Gespaltenen Projekte aus Abschn. 5.1.2 – zu einer Zunahme der Hypotaxe führt. Die Semantik und Pragmatik der Existenz-Attribut-Projekte mit unspezifischem Nomen unterscheiden sich allerdings von der Gespaltener Projekte.

In der ersten Beispielgruppe hat das untergeordnete Projekt die interne Syntax eines **Relativprojekts** (unterstrichen). Der relativ kompakte Charakter der Gesamtkonstruktion wird teils durch prosodische Integration in eine einzige IP (vgl. die Ausschnitte (26) und (27)) erreicht.

```
(26)(THE, Len)
((auf die Frage THEs, ob LEN berlinern kann))
  01 LEN:    ins berLInerische komm ich nich so richtig REIN;=
  -----------
     02         =aber man MUSS auch daZU sagen,=
→ 03            =es GIBT ja auch sehr sehr wenig lEute die tatsächlich
                noch WIRKlich berLInern.
```

5.2 Das untergeordnete Projekt wird vom übergeordneten projiziert

```
(27)(DOM, Callboy)
((auf die Frage DOMs, wie lange der Anrufer DIM seine Tätigkeit
als Callboy noch fortsetzen möchte))
  01 DIM:   ich bin EHRlich; (0.5)
-----------
→ 02       es GIBT schon mal mome? äh moMENte,=also-
  03       (-) wo ich mich auch alLEIne fühle;=
-----------
  04       =aber-
  05       (.) TROTZdem;=
  06       =ja,=
  07       =also ich möchte das gerne WEIter machen;=ne?


(28)(GüKa)
  01 LIS:   isst du [KEIne ZWIEbeln?
-----------
  02 PIA:           [do:ch,
  03 LIS:   [(ess ich) voll VIEL.
-----------
→ 04 PIA:   [aber es gibt schOn VIEle menschen die keine ZWIEbeln
            essen.
-----------
  05 LIS:   ich MAG zwiebeln.
  06 PIA:   ich AU:CH;
```

Topik ist in Existenz-Attribut-Konstruktionen eine ungenau definierte (indefinite) Menge von Personen, Zeitpunkten oder Dingen, über die dann im Relativprojekt eine Aussage gemacht wird. Die Projektionskraft geht vom Nomen aus, das so bedeutungsarm ist, dass es eine Spezifizierung verlangt. Dass es ein Ding oder eine Anzahl von Personen (bzw. von Zeitpunkten, vgl. (27)) gibt, reicht in der Regel noch nicht, um ein Projekt zu vervollständigen; es muss etwas darüber ausgesagt werden. Sowohl der projizierende als auch der projizierte Teil des zweiteiligen Projekts trägt einen Fokusakzent, wie das für zweiteilige Projekte typisch ist. Durch die syntaktische Abtrennung wird der erste, quantifizierende Teil (das Topik) stärker hervorgehoben und erhält mehr Relevanz als in der einteiligen Formulierung. Die Reihenfolge von Topik und Kommentar bleibt jedoch (anders als bei den Gespaltenen Projekten) im Vergleich zur nicht-hypotaktischen Konstruktion erhalten (Topik vor Kommentar): *es gibt schon viele Menschen, die keine Zwiebeln essen ~ viele Menschen essen keine Zwiebeln.*

Nicht-integrierte Form. Der zweite Teil der Konstruktion ist in den Ausschnitten (26)–(28) ein untergeordnetes Relativprojekt mit Verb-Letztstellung. Das ist jedoch keineswegs immer so, wie die folgenden Ausschnitte zeigen:

(29)(DOM, Prostitution)
((BIR erzählt von ihrem Job und antwortet auf DOMs Frage, wieviel
sie dabei verdient.))
```
  01 BIR:   äh LEben kann man davon NICHT.=
  ------------
  02        =sEchs sIebenhundert [EUro.
  ------------
  03 DOM:                        [ah JA.
  04        [`m´m,
  05 BIR:   [ja, °h
→ 06       es GIBT natürlich leute die-
  07       die arbeiten vierundzwanzich STUNden durch;=
  08       =die ham den MOnat ham die ACHTtausend minuten; ((etc.))
```

(30)(GüKa)
```
  01 MAR:   bei GLATzen ist das AUCH so;=
→ 02       =es gibt leute mit ZWANzig,=
  03       =die haben schon ne halbe GLATze.
  04 SAN:   ja,=
  05       =stimmt;
```

Das Attribut zum Nomen ist hier ein Projekt mit Verb-Zweitstellung, das mit einem anadeiktischen Pronomen *die* beginnt. Dieses Projekt wird vom ersten Teil der Existenz-Attribut-Konstruktion projiziert, ist jedoch (anders als das Relativprojekt) syntaktisch nicht als untergeordnet gekennzeichnet. Der zweite Teil der Konstruktion wird dadurch pragmatisch aufgewertet.

Verwandte Konstruktionen. Eine Reihe von verwandten Konstruktionen operiert ebenfalls mit einem semantisch relativ leeren, projizierenden Element im ersten Teil und einer projizierten semantischen Spezifizierung im zweiten Teil. Zu nennen sind hier Kopulakonstruktionen mit den Indefinitausdrücken *etwas, eine/r, ein Mensch* (Birkner 2006) oder *jemand*, die Personen Attribute zuordnen:

(31)(THE, Sta)
```
→ 01 THE:  und du und du BIST ja wirklich
           EIne die man (-) sofOrt in_s HERZ [schließt.
  02 STA:                                   [ach;
  03       wie <<lachend>SCHÖN. h>
```

(32)(B)
```
  01 HrB:   für mIch is NUR wIchtig,
  02        dass ick VIEL laufn kann.
  03 INT:   ja::,
→ 04 HrB:   °h ich bin ein MENSCH;=
  05        =der SEHR SEHR gerne läuft.
```

```
06            [°h  ] also man kann SAgn-
07 INT:       [ja:,]
08 HrB:       ((schluckt)) jeden TACH,
09            (.) MINdestens ↑MINdestens eine STUNde.
```

Im ersten Beispiel wird der Gesprächspartnerin eine Eigenschaft zugeschrieben, nämlich ‚dass man sie sofort ins Herz schließt', im zweiten Beispiel schreibt der Sprecher sich selbst eine Eigenschaft zu, nämlich ‚dass er sehr sehr gern läuft'. Diese Attribute selbst werden in Form eines Relativprojekts formuliert. Dieses Projekt wird seinerseits von dem indefiniten Ausdruck davor projiziert:

EIne → die man (-) sofOrt in_s HERZ schließt

ein MENSCH; → der SEHR SEHR gerne läuft.

Im Vergleich zur nicht-hypotaktischen Formulierung (*dich schließt man sofort ins Herz, ich laufe sehr gern*) ist die zweigliedrige Formulierung mit einer semantischen **Typisierung** verbunden. Das Attribut wird nicht dem Individuum zugeschrieben, sondern dieses wird einer Kategorie von Menschen zugeordnet. Zugleich führt auch hier die Zweigliedrigkeit wieder zur **pragmatischen Aufwertung** (**Relevanzhochstufung**) des projizierten Teils, der nun als Einlösung einer Projektion präsentiert wird und dadurch unter dem Spannungsbogen einer zweigliedrigen Konstruktion steht.

5.2.2 Nominale Hüllen in Kopulakonstruktionen

Im Deutschen – wie auch in anderen Sprachen – sind Kopulakonstruktionen vom Typ Artikel + Nomen + Kopula → Komplementprojekt häufig, in denen das Nomen lediglich eine Hülle (*shell noun*, vgl. Schmid 2000, 2001) bildet und semantisch weitgehend leer ist; erst durch das folgende Komplementprojekt wird es inhaltlich gefüllt. Nominale Hüllen sind zum Beispiel *das Problem/der Punkt/die Wahrheit/das Ergebnis/der Unterschied/Fakt/Tatsache* ..., aber auch nominalisierte Adjektive wie *das Gute/das Wichtige/das Gemeine* ... Manche dieser Nomina bereiten die Rezipientin darauf vor, wie der Sachverhalt, den der Sprecher im projizierten Komplement formulieren wird, zu verstehen ist; vgl. etwa:

```
(33)(ET, Bank im Hof)
((über Ausländerfeindlichkeit bei Lehrern in der Schule))
→ 01 SAN:   und das proBLEM is halt dass sie WIRKlich schnell au:-
  02        dann allTÄGlich einfach wird,=
  03        =oder sich einfach so EINschleicht,=
  04        =und man (--) des halt nich mehr hinterFRAgt;=
  05        =[was es einfach wirklich IS;
  06 SUS:   =[ja,
```

(34)(THE, Len)
((THE hat nach einem Song seiner Gesprächspartnerin gefragt, der
auf das schlechte Verhältnis zu ihrem Vater anspielt.))
  01 THE: all die JAHre,
  02   habt ihr kein konTAKT gehabt,=
  ----
  03   =un ich vermUte es hat sich auch noch nich geÄNdert;=
  04   =oder?

→ 05 LEN: das GUte is,
  06   ähm: fÜr MICH,
  07   kann ich bei der muSIK sozusagen DAS was ich (.)
             erZÄHlen möchte aus meinem privatleben TEIlen?=
  ----
  08 THE: =mHM,
  09 LEN: un:d äh ich NEHM mir einfach äh das RECHT raus,=
  10   =darüber nich WEIter zu SPREChen.

Im ersten Beispiel wird von *das proBLEM ist* ein Komplement projiziert. Die Projektion wird durch eine Sequenz von zwei Projekten eingelöst, die durch Verb-Letztstellung als abhängig markiert sind. Das erste untergeordnete Projekt beginnt mit *dass* in Z. 01 und erstreckt sich – nach einer Retraktion – bis ans Ende von Z. 03; im zweiten, mit dem ersten koordinierten untergeordneten Projekt wird *dass* nicht mehr wiederholt (Z. 04–05). Der Sprecher lässt bereits durch die Wahl der nominalen Hülle *proBLEM* erkennen, dass er das Verhalten der Lehrer, von denen die Rede ist, grundsätzlich negativ sieht. Im zweiten Beispiel ist die nominale Hülle *das GUte* (Z. 05). Das abhängige Projekt in Z. 06–09 hat das Format eines selbständigen Projekts, d. h., es wird nicht durch eine Konjunktion eingeleitet und weist Verb-Zweit-Stellung auf.

Das Ding/die Sache ist... Im mündlichen Deutsch gibt es mindestens zwei nominale Hüllen, die gar keinen Inhalt haben und daher auch nicht die gleiche vorbereitende Funktion haben können wie zum Beispiel das Nomen *Problem*. Das sind *Ding* und *Sache* (vgl. Günthner 2008, 2011). Auch bei diesen beiden nominalen Hüllen ist nach der Kopula die Fortsetzung mit einem untergeordneten Projekt mit Verb-Zweit- oder mit Verb-Letztstellung projiziert. Pragmatisch gesehen wird durch die Konstruktion oft ein Kontrast aufgebaut oder ein Gegenargument bzw. eine gesichtsbedrohende Äußerung eingeleitet.

Das folgende Beispiel zeigt zunächst die **Verb-Letztstellung**. Die projizierte untergeordnete Struktur findet sich in Z. 08:

(35)(DOM, verlassen)
((Die Anruferin Tanja ist von ihrem Freund verlassen worden, der
sich aber nicht eindeutig verhält und ihr deshalb Rätsel aufgibt.
DOM hat ihr bereits einen Vorschlag gemacht, wie sie mit der
Situation umgehen soll.))

5.2 Das untergeordnete Projekt wird vom übergeordneten projiziert

```
01 TAN:    des war auch meine FRAge;=
02         =was ich TUN soll;=
-----------
03         =ich hab auch (mit/in) meinem FREUNdeskreis darüber
           gesprochen,=
-----------
04         =und die finden_s natürlich AUCH alles KOmi?=
05         =also wie er sich verHÄLT,
-----------
→ 06 DOM:  [°ts (-) äh (-) die SAChe] (-) die SAChe is,
07 TAN:    [°hh un:d (-) (ich hab)  ]
→ 08 DOM:  dass d? dass dass da jetz (.) n ne KLARheit für DICH
           reinkommen muss;
09 TAN:    geNAU;
```

Genauso funktioniert die Konstruktion mit der nominalen Hülle *Ding* im folgenden Beispiel:

```
(36)(FLARS)
((Thema ist das Elsässische; GWP geht davon aus, dass es bald
aussterben wird, die Interviewerin fragt nach den Gründen.
Alemannischer Dialekt.))
   01 INT:   woran LIEGT_n des i monn mir schwätze doch AU dialekt;=
             ich meine wir reden doch auch Dialekt
   -----------
→ 02 GWP:   =des DING isch halt glaub=ich was des ELsass isch,=
→ 03       =dass des werklich zwei verschiedene SPRAChe sind;
```

In diesem Fall schiebt die Sprecherin zwischen Kopula und untergeordnetem Komplementprojekt noch zwei Partikeln (*halt* und *glaub_ich*) sowie eine Thematisierungsformel (*was des ELsass isch*, gemeint ist wohl ‚was das Elsass angeht') ein.

Auch die Konstruktion mit *Ding/Sache* wird in der gesprochenen Sprache häufig mit Verb-Zweitstellung, also mit einer ‚flacheren' Syntax realisiert, in der das projizierte Komplement syntaktisch wie ein selbständiges Projekt aussieht:

```
(37)(Jugendzentrum)
((BTR = Betreuerin in einem Jugendzentrum mit zahlreichen
türkischen Jugendlichen))
   01 BTR:   also neulich hatten wir ne SHIsha aufgebaut,=
   -----------
   02        =die mädels wollten RAUchen,=
   -----------
   03        =dann ham_(wa) gesagt oKAY.
   -----------
   04 SIN:   hm:; (-)
```

→ 05 BTR: das DING is eigentlich 'DÜRfen wir sie nicht rauchen
            lassen.=
  06   =Oben?
----
  07   yüksel kann nicht RAUchen,=
  08   =weil sie hier beKANNte hat-=
  09   =aische AUCH nich,=
  10   =auch nicht (ihre) SCHWESter,
----
  11   nuri ist die EINzige die RAUchen darf.
----
  12   un (.) ich lAss die kids halt hier unten RAUchen,=
----
  13   =un das WISsen die auch.=
----
  14   =un dann ham wer neulich ne SHIsha aufgebaut, ((etc.))

(38)(Calling home)
((Anna hat sich eine neue Jacke gekauft, ist sich aber nicht sicher, ob sie passt.))
  01 ANN: ich mein sie pAsst GUT,=

→ 02   =ja,=aber die SAChe is;
  03   äh wenn ich n n n dicken pUlli würd da auf
            keinen FALL drunter passen.=
  04 GAB: =mm,

Auffällig oft gehen die Sprecher während eines schon begonnenen, mit *dass* eingeleiteten Komplements in die ‚Hauptsatzstellung' über. So beginnt Sprecher Reinhard im folgenden Ausschnitt (39) in Z. 03 nach der Kopula-Konstruktion *die sache ist* zwar zunächst ein *dass*-eingeleitetes Komplement, bricht dieses jedoch nach dem Subjekt (*ich*) ab, retrahiert nach einer Häsitationspartikel zum Beginn des Komplements und formuliert dieses dann erneut mit der inneren Syntax eines selbständigen Projekts, also mit dem Verb in zweiter Position nach dem Pronomen. Der Konstruktionswechsel führt zu einer *apo koinu*-Konstruktion (vgl. Abschn. 4.3).

(39)(ET3a)
((Reinhard hat erzählt, dass er zwar auf Lehramt Deutsch studiert, aber eigentlich Journalist werden möchte.))
  01 GRE: ja w: w: wie KAM_S dass du dann da: ich mein- (.)
  02   is ja Erstmal nicht so NAheliegend als gymnasiAllehrer
            dann den beim journaLISmus,
→ 03 REI: ja: aber die SAChe ist dass ich eh: ich hab ich hab mit
            NEUNzehn entschieden was ich stuDIER;

5.2 Das untergeordnete Projekt wird vom übergeordneten projiziert

```
04   GRE:    mHM,=
05   REI:    =naJA und da: eh? (.)
06           e? das verLAgert sich jetz (hinterher) doch nochMAL.
-----------
07   GRE:    [ja KLAR.
08   REI:    [ich hab BOCK drauf zu unterRICHten,=
-----------
09           =und eh ich mach das GERne, (.)
-----------
10           aber (.) ich WEISS auch;
11           dass ich noch was ANderes brau(h)ch[e.
12   GRE:                                       [hm;
```

Wie Günthner (2008, 2011) zeigt, folgt nach semantisch leeren nominalen Hüllen oft eine umfangreiche Darlegung durch den Sprecher, die mehrere Intonationsphrasen (und TCUs) umfasst. Die Kopula-Konstruktion mit *Ding/Sache* bereitet die Rezipientin auf eine solche komplexe Darstellung vor und reserviert dem Sprecher dafür das Rederecht.

Offener Skopus. Hier zeigt sich ein weiterer Vorteil der Formulierung des projizierten Projektteils in der äußeren Syntax eines selbständigen Projekts, nämlich der in der Zeit offene Skopus (Bezugsbereich). Wenn der Sprecher im projizierten Projektteil ein *dass*-Komplement produziert, markiert die *dass*-Einbettung auch den Beginn und das finite Verb den Abschluss des untergeordneten Projekts. Genau diese Äußerung liegt im Skopus der nominalen Hülle. Er ist also gut definiert. Das gilt auch dann, wenn er recht umfangreich ist. In Ausschnitt (33) liegt zum Beispiel der Äußerungsteil vom Beginn des *dass*-Komplements in Z. 02 bis zum Ende des Ausschnitts im Skopus von *ProBLEM*. Was in diesem Teil des Redebeitrags gesagt wird, wird also vom Sprecher als ‚Problem' gesehen. Die Syntax steuert die semantische Interpretation. Die Äußerung erscheint kompakt und geplant. Der Sprecher unterwirft sich aber auch dem relativ engen Korsett der *dass*-Unterordnung, in das auch komplexe Sachverhalte eingezwängt werden müssen.

Bei semantisch leeren Hüllen wie *Ding* oder *Sache* haben die Sprecher ihre Äußerung allerdings selten bereits vollständig geplant, wenn sie das Komplementprojekt beginnen, und zwar weder dem Umfang noch der Form nach. Relevant ist lediglich, dass die vorangestellte Hülle eine (oft längere, jedenfalls aber in der Zeit beliebig expandierbare) Darstellung ankündigt. Entsprechend ist eine in der Zeit offenere Struktur mit flexiblem Skopus für ihre Zwecke in vielerlei Hinsicht vorteilhaft. Mit einer ‚flachen' Syntax wird diese Flexibilität erreicht. Tatsächlich ist es oft nicht entscheidbar, was noch zum Skopus gehört; ist zum Beispiel in Ausschnitt (37) nur das unmittelbar folgende Projekt im Skopus von *Ding* (also, dass die Mädchen im Jugendzentrum nicht rauchen dürfen) oder auch die darauf folgenden Aussagen zu einzelnen Mädchen? Ist in Ausschnitt (39) nur die *Sache*, dass der Sprecher mit neunzehn angefangen hat zu studieren? Oder auch, dass sich sein

Schwerpunkt jetzt noch einmal ‚verlagert'? Oder die gesamte Äußerungssequenz bis zum Ende des Ausschnitts?

In dieser pragmatischen Funktion ist die Konstruktion mit der formelhaften Wendung *die Sache ist die* (und ähnlichen Konstruktionen wie *es ist SO*) vergleichbar. Dabei handelt es sich allerdings um ein vollständiges syntaktisches Projekt. Das katadeiktische (also vorwärts zeigende) Pronomen *die* verweist zwar inhaltlich auf den folgenden Äußerungsteil, es projiziert ihn aber nicht syntaktisch:

```
(40)(Calling home)
((Anton und Bert rätseln, warum sich eine ihrer Freundinnen in
einen Mann verliebt hat, der ihrer Meinung nach nicht gut
aussieht.))
  01 ANT:   ja NEE,
  02        also der sieht ah also FURCHTbar und [so-
  -----------
  03 BRT:                                        [ᵛmm,ᵛmm,=
→ 04 ANT:   =die sache ist DIE.
  -----------
  05        die zwei SCHWESCHtern;=
  06        =die ham ein BRUder;
  -----------
  07 BRT:   ja,=
  08 ANT:   =der,
  09        den ham sie schon seit JAHren nicht mehr gesehen;=
  10 BRT:   =[ja,
  11 ANT:    [weil er (.) von der familie ABgehauen [is.
  -----------
  12 BRT:                                          [ja, ja,
  13 ANT:   und dieser TYP;
  14        der erINnert;
  15        die beiden SEHR an ihren brUder; [<<p>ja,>
  16 BRT:                                    [ach SO::;
```

Auch die Formel *die Sache ist die* leitet eine komplexe Darstellung ein, ohne genau festzulegen, wann diese Darstellung endet. Wie die syntaktisch projizierende Kopulakonstruktion *die Sache/das Ding ist* mit nachfolgendem Komplement in der Form eines selbständigen Projekts legt sie dem Sprecher keinerlei Beschränkungen auf, wie die folgenden Komponenten des Redebeitrags zu gestalten sind.

5.2.3 Rektionsprojizierte Komplementprojekte

In Abschn. 5.2.1 und 5.2.2. wurde ein Sonderfall endpositionierter Komplementprojekte besprochen, die von bestimmten formelhaften Ausdrücken projiziert werden. Die größte Zahl solcher Komplementprojekte wird allerdings von Verben und Adjektiven projiziert, die das Komplement regieren:

```
(41)(a)   ich hätt jetzt NIE gedAcht, → dass dass? (-) der KLAUS
          als ARZT (-) die dienste vomme ANdern in anspruch nimmt.
     (b)  für mich is NUR wichtig → dass ick VIEL laufn kann
```

In der schriftsprachlichen Syntax werden sie vor allem mit untergeordneten *dass*-Konstruktionen realisiert (wie in (41)); aber auch zahlreiche andere Konstruktionsmuster sind möglich, etwa Infinitivkonstruktionen, Projekte im Format von indirekten Fragen etc. Die gesprochene Sprache tendiert dazu, auch in diesem Fall die Unterordnung schwächer zu gestalten und die innere Syntax der projizierten Projekte der von selbständigen Projekten anzugleichen.

Zu den wichtigsten Projektoren von untergeordneten Projekten gehören Verben des Sagens, Meinens, Denkens und Glaubens, Wahrnehmens und Bewertens sowie einige metakommunikative Verben (*bedeuten, heißen*). Sehr ähnlich verhalten sich Prädikativkonstruktionen mit einem Adjektiv, das die epistemische (wissensbezogene) oder evaluative Einstellung des Sprechers zum Gesagten ausdrückt (wie (*es ist*) *schön/klar/möglich...*). Zahlreiche solche Verben bzw. Prädikativkonstruktionen erlauben die Wahl zwischen Komplementen mit einleitendem Komplementierer (*dass*, w-Fragewörter, *ob*) und Verb-Letztstellung sowie Komplementen mit Verb-Zweitstellung. Dazu gehören zum Beispiel die Verben *glauben, finden, wissen, sich vorstellen, hoffen, spüren, sagen, antworten, fragen, heißen, bedeuten* bzw. Prädikativkonstruktionen wie *es ist richtig, klar* etc. Andere, semantisch verwandte Verben oder Prädikativkonstruktionen fordern hingegen die Argumentrealisierung mit einem Komplementierer. Zu dieser Gruppe zählen etwa *erwarten, unsicher sein, bezweifeln, akzeptieren, bereuen, verzeihen, veranlassen, leugnen, bestreiten, sich freuen* oder die Prädikativkonstruktionen *es ist möglich, wichtig, gut* etc. Die Tendenz im heutigen Deutsch geht vermutlich dazu, die Gruppe der Verben und Prädikativkonstruktionen, die die ‚flache' Einbettung im Format eines Verb-Zweitprojekts erlauben, zu erweitern (vgl. unten, Ausschnitt (55)); zugleich verschiebt sich wohl bei den Verben/Prädikativen, die beide Varianten zulassen, das Verhältnis quantitativ zuungunsten der *dass*-Einbettung. Allerdings spielt nicht nur das gewählte Verb bzw. die Prädikativkonstruktion eine Rolle; es gibt auch pragmatische Einschränkungen.

5.2.3.1 Redeanführung

Beginnen wir mit den **Verben des Sagens** (Imo 2007: 66–98). Die folgenden beiden Fälle von Komplementen nach dem Verb *sagen* werden von derselben Sprecherin im selben Gespräch kurz hintereinander geäußert, einmal mit der inneren Syntax eines selbständigen, einmal mit der eines unselbständigen untergeordneten Projekts:

```
(42)(THE, Nur)
((Thema sind Geburtstage, die auf Weihnachten fallen.))
  01 NUR:   und das MEISte was die LEUte immer kommentIEren
            ist immer;=
  02        =<<tiefe Knarrstimme> ah::-=
  03        =kriegst immer DOPpelt geSCHENke;>=
  -----------
→ 04        =un dann muss ich immer SAgen,
  05        <<hohe Flüsterstimme>hä?>
  06        nein?
  07        bekomme (.) ICH (.) NICHT.
  -----------
(...)
→ 17 NUR:   und ich muss dir auch Echt SAgen;=
  18        =dass ich Als KIND;
  19        s:o: °h HARDcore randaLIERT habe,
  20        wenn meine geSCHWISter an DEM TAG °h geSCHENke
            bekommen haben.
```

In Z. 17–18 wäre statt der *dass*-Einbettung auch eine ‚flache' Einbettung möglich gewesen (*ich muss dir auch ECHT SAgen; ich habe als KIND so hardcore randaLIERT...*), und umgekehrt in Z. 04–07 – allerdings erst nach einiger Umformung – auch eine Hypotaxe (*...muss ich immer SAgen dass ich die NICHT bekomme*).

Ein wesentlicher Vorteil der Redewiedergabe im Format von Projekten mit Verbzweitstellung ist, dass sie dem Sprecher die Möglichkeit der Inszenierung vergangener (Günthner 1997, 2002) oder auch imaginierter (Ehmer 2011) Ereignisse gibt (**animierte Rede**). Dazu können Gesprächswörter eingesetzt werden (wie in diesem Fall *hä? nein?*, Z. 05, 06), die in der hypotaktischen Version nicht möglich sind (*???...muss ich immer Sagen dass hä? was? ich die NICHT bekomme*). Diese Inszenierungsmittel sind – wie zum Beispiel auch Prolepsen – sog. **Hauptsatzphänomene**, die sich nicht mit der inneren Syntax eines unselbständigen Projekts (Komplementierern und Verb-Letztstellung) kombinieren lassen.

Wie schon bei den Gespaltenen Projekten (vgl. oben, Abschn. 5.1.2) stellt sich die Frage, ob mehrere Verb-Zweitprojekte, die einem Verb des Sagens folgen, sämtlich im **Skopus** dieses Verbs stehen können. Die Projektion, die von diesem Verb ausgeht, gilt zeitlich nicht unbeschränkt. Sobald das Verb des Sagens mit einem Argument ‚bedient' worden ist, nimmt die Projektionsstärke ab. Ob die neuen Projekte als dem Verb untergeordnet verstanden werden, hängt sehr stark von ihrer Semantik ab.

Im folgenden Ausschnitt berichtet Sybille davon, dass ihre Mutter für sie gern einen Ehemann ‚aus gutem Haus' gehabt hätte. Sie inszeniert einen Dialog mit der Mutter, in dem sie dieses Ansinnen zurückweist:

5.2 Das untergeordnete Projekt wird vom übergeordneten projiziert

```
(43)(BB)
  01 SYB:    wer WEISS was was sie sich so vOrgestellt hat;=ne,
-----------
  02         °h (0.9) naja;=
  03         =un DANN,
  04         äh hab [ich (    )]
  05 JOS:           [also] (--) der muss (.) [archiTEktensohn sEin,=
  06 SYB:                                    [ja?
  07 JOS:    =oder [sOwas;=
-----------
  08 SYB:          [ja;
  09         =all so_n SCHWACHsinn;=weißt_de,=
-----------
→ 10        =un da hab ICH gesagt,=
  11         =so: sag ich mutti also mir is (.) des (hab ich)
            schon IMmer (ges) lieber einer mim FAHRrad,
  12         mit dem ich LAChen kann,
  13         als einer [mit (irgend nem) dicken AUto,]
  14 JOS:              [ganz geNAU.                  ]
  15 SYB:    äh (.) der sich nur: [weißte irgenwie profiLIERT;=
  16 JOS:                         [oh;
  17        =[ja.
-----------?
  18 SYB:    [LIEber welche die BOdenständig sind und SCHEISS
            machen,
  19         un sich nicht (--) KÜMmern was die ANdern denken; (-)
-----------
  20 JOS:    is doch ooch scheiß eGAL;
```

Die Redeanführung wird in Z. 10 mit einem Verb des Sagens begonnen, das ein Komplement fordert. Dieses Komplement wird in Z. 11–15 in einer relativ langen Äußerung realisiert, die nach ihrer inneren Syntax ein selbständiges Projekt sein könnte. Damit ist die Projektion des Verbs *sagen* erfüllt und das Projekt potentiell zu Ende. Die Sprecherin führt ihren Redebeitrag jedoch weiter und schließt in Z. 18–19 eine weitere Turn-Konstruktionskomponente an, die ebenfalls die Syntax eines selbständigen Projekts aufweist. Ist dieses Projekt noch vom Verb *sagen* abhängig und bildet es zusammen mit Z. 10–15 ein gemeinsames Projekt? Die Frage lässt sich nicht mit syntaktischen Kriterien beantworten. Sie hängt allein davon ab, ob die neue Turn-Konstruktionskomponente noch plausiblerweise als Teil der Rede der Protagonistin in der erzählten oder vorgestellten Geschichte verstanden werden kann.

Über das Beispiel hinaus generalisierend lässt sich feststellen, dass Argumente im Format eines selbständigen Projekts **keinen klaren Endpunkt** des Projekts definieren, weil der einzige formale Parameter, der sie in das laufende Projekt einbindet (die äußere Syntax, also das regierende Verb) keinen solchen Endpunkt definiert.

Eine Alternative zu dieser syntaktischen Analyse besteht darin, Verben des Sagens in solchen Konstruktionen überhaupt nicht als ersten Teil einer Hypotaxe (als deren ‚Matrix') zu verstehen, sondern als **Projektorkonstruktionen**, die am Beginn eines selbständigen Projekts stehen und dessen weiteren Verlauf projizieren (vgl. Thompson und Mulac 1991; Thompson 2002). Die syntaktischen Hierarchien drehen sich dann um. Der syntaktisch zentrale Projektteil ist nicht die Matrixstruktur, sondern die reportierte Rede:

Ursprüngliche Analyse:

[Subj. + Verbum Dicendi → [··· V2 ···]$_{untergeordnetes\ Projekt}$]$_{übergeordnetes\ Projekt}$

Alternative Analyse:

$_{Vorvorfeld}$[Redeanführungsformel] → ··· V2 ··· .

Die Analyse ist vor allem bei stark formelhaften Redeanführungen attraktiv. Dazu gehört zum Beispiel die Formel mit einer finiten Form des Verbs *sagen* in Erstposition und einem nachfolgenden Personalpronomen (meist dem der 1. oder 3. Person Singular), wie sie in Ausschnitt (43) zu beobachten ist (*sag ich*). Dass bei initialen Redeanführungen die Vorfeldbesetzung (etwa durch *da, dann*) fast immer fehlt, deutet auf eine weitgehende Verfestigung hin. Durch diese Verfestigung zur **Redeanführungsformel** erklärt sich auch, dass *sag ich* zusammen mit einer frei ausformulierten Redeanführung vorkommen kann. So auch in der folgenden Erzählung:

```
(44)(BB)
((Erzählung vom nur partiell geglückten Versuch einer Freundin,
Brot selbst zu backen.))
   01 JOS:   <<laut lachend>(wo) die hier BROT gebacken hat
             den einen abend,
   02        [( ) SO: war der TEIG hier? h h>
             [((ausladende, imitierende Geste))
   03 BIA:   [<<verhaltenes Lachen> h h h h>
   04 JOS:   SO war die am KNEten->
             [((ausladende, imitierende Geste))
   05 BIA:   [<<verhaltenes Lachen> h h h h>
   06 MIK:   mHM,
→  07 JOS:   [<<laut lachend>und SACHT immer zu mir->]
   08 BIA:   [<<verhaltenes Lachen> h h h h>         ]
   09 JOS:   [die hatte ja die HÄNde jetzt so voll;]
   10 BIA:   [<<verhaltenes Lachen> h h h h>       ]
→  11 JOS:   SACHT se;
   12        (-) schütt da MEHL [drauf.
   13 BIA:                      [ha ha
   14 JOS:   und ich- (-)
```

5.2 Das untergeordnete Projekt wird vom übergeordneten projiziert

```
15        nur so_n BISSchen? (-)
16        bist du <<lautes Lachen, fff>blöd?> ha ha.>
17        [he he [ha ha] ha ha ha ha ha ha ha ha]
18 MIK:         [he he]
19 BIA:   [<<gepresstes Lachen> hn hn hn hn hn> ]
20 JOS:   <<lachend,fff>bist du BLÖD; (-) GIB mal richtig;>
21        <<sehr hoch, quietschend> hn hn;>
22        und Eben;
23        des wurd immer grö:ßer <<lachend>hier;> ((etc.))
```

Die Reihenfolge, in der die ausformulierte und die formelhafte Redeanführung vorkommen, ist festgelegt: Die frei formulierte Variante kommt zuerst, dann können parenthetische Elemente eingefügt werden (Z. 07), erst direkt vor der reportierten Rede steht die Redeanführungsformel (Z. 11).

Indirekte Rede im Konjunktiv

Die Schulgrammatik fasst meist die Redewiedergabe im Format abhängiger Projekte (*dass*-Komplemente) und die im Format unabhängiger Projekte (Verb-Zweitstellung), aber mit Konjunktiv, unter dem Begriff der **indirekten Rede** zusammen. Dahinter steckt wohl die Überlegung, dass der Konjunktiv in einem Verb-Zweitprojekt das Äquivalent zur *dass*-Einleitung ist. Eine genauere Analyse zeigt jedoch, dass diese beiden Formate sich unterscheiden. Ein wesentlicher Unterschied besteht darin, dass die indirekte Rede im Konjunktiv problemlos sog. Hauptsatzphänomene erlaubt, während dies bei der indirekten Rede im Format abhängiger *dass*-Komplemente nicht möglich ist. Die folgenden Ausschnitte zeigen die konjunktivische Redewiedergabe im Verb-Zweit-Format (Hauptsatzphänomene in Fettdruck):

```
(DOM, Sexualprobleme)
  01 SUS:   manchmal wenn er sch schlechte LAUne hatte hat er
            gesacht-
→ 02        °h ja;=das wär das läg an MIR weil; °h
→ 03        bei mir wär das alles zu GROSS und so weiter
            und; °h
→ 04        ähm ich wär zu zu leicht erREGbar und so weiter-
  05 DOM:   m,
```

(aus: Günthner 2002, schwäbischer Dialekt)
((Ulla erzählt, wie sie ihrer jüngsten Tochter auf deren Wunsch hin eine Ratte gekauft hat. Einige Tage nach dem Kauf der Ratte bekam diese sechs Rattenbabies, woraufhin Ulla bei der Tierhandlung anrief und sich darüber beschwerte.))

```
     01 Ulla:    <<all> i hab no sofort;
                 ich hab dann sofort
     02          wo se no jung gmacht hot,>
                 als sie dann Junge gekriegt hat
     03          hab i SOfort in alingen o:grufe,
                 hab ich sofort in Alingen angerufen
     04          on han so GSCHIMPFT,
                 und hab so geschimpft
     05          on han GSA:,
                 und hab gesagt
  → 06          sei a <<f> ^U::Nverschämtheit>,
     07          <<all> mir hän a RATT gkauft,
                 wir haben eine Ratte gekauft
     08          on die war (-) scho: SCHWANger?>
------------?
     09 Sara:    (mhm)
     10 Ulla:    <<all> scho schwanger KRIEGT,
------------?
     11          isch jo klar.>
------------
  → 12          <<sehr langsam, t> hei jo::h. des GÄ::B_S
                 öfters mol.
------------?
  → 13          [des sei NET schle::mm.>] (-)
     14 Sara:    [hahahahahahahahahaha  ]
------------?
  → 15 Ulla:    <<sehr langsam> mir kö:nnet jo: a:lles bre:nge
                 wa:s me:r net WELlet.>
                 wir könnten ja alles bringen, was wir nicht
                 wollen
```

(aus Günthner 1997, an GAT2 angepasst))

```
     01 Gerda:   und eh: also TROTZdem hat_s mich das erstmal-
     02          hat mich das TO TAL AB GE NERVT,
------------
     03          °hh dann auch ich hab der katherina jetzt auch
                 geSAGT
     04          WA↑RUM ↑STE:HT DAS NI:CHT IM kulTURanzeiger.
------------
     05 Anna:    und was SAGT die katherina?
------------?
  → 06 Gerda:   °hh äh::m <<behaucht> °hh ja::hh ↑es es würd
                 immer alles an ↑IH:R hängen,
```

5.2 Das untergeordnete Projekt wird vom übergeordneten projiziert

```
           -----------?
  → 07         und sie hätt des halt irgendwie s_wär irgendwie
               zu ↑VIE:L und> (-) °hh
    08 Anna:   <<stöhnend> ah:::::[hhhhhhhhhhhhh]>
           -----------
    09 Gerda:                     [SCHRECK:lich  ] dieses
                                  kulturzentrum.
```

In allen drei Beispielen wird eine Geschichte erzählt, innerhalb derer ein Dialog animiert wird. Ein Dialogpartner ist die Erzählerin. Es ist immer die Wiedergabe der Rede des anderen Dialogpartners, die im Konjunktiv steht (auch wenn er nicht in allen Fällen konsistent verwendet wird; vgl. im zweiten Ausschnitt Z. 07, 08, 11, 15). Die Stimmung ist im ersten Ausschnitt eher ernst (die Sprecherin berichtet von den Beziehungsproblemen mit ihrem Freund), im zweiten Ausschnitt eher unterhaltend (die Sprecherin animiert den Verkäufer der schwangeren Ratte als komische Figur), im dritten Ausschnitt handelt es sich um eine Beschwerde. In der zweiten und dritten Erzählung werden die Dialoge von der Erzählerin auch prosodisch stark animiert. Sie werden auf diese Weise als authentisch inszeniert. In allen drei Ausschnitten umfasst die Redewiedergabe einleitende Gesprächswörter (*ja; hei joh; ja::*). Mit *dass*-Komplementen mit Verbletztstellung wäre diese Animation nicht möglich gewesen.

Ist der Konjunktiv nun ein Zeichen für syntaktische Unterordnung, d. h. ist er ein dem Komplementierer äquivalenter grammatischer Marker für Hypotaxe, oder ist er ein Marker für Redewiedergabe (und unabhängig von der Hypotaxe)? Für die zweite Analyse spricht, dass die Wahl des Konjunktivs nicht vom Verb abhängt (wie dies zum Beispiel in den romanischen Sprachen der Fall ist). Es gibt im Deutschen keine Verben, die den Konjunktiv ‚fordern'. Ebenfalls für die zweite Analyse spricht, dass der Konjunktiv auch unabhängig von Verben des Sagens als Marker der Redeanführung vorkommt. Ein Beispiel dafür findet sich im ‚Ratten'-Ausschnitt in Z. 12–13, wo die Antwort des Rattenverkäufers ohne Redeanführung ausschließlich durch den Konjunktiv gekennzeichnet ist.

Quotativmarker. Es gibt noch andere Verfahren der Redeanführung als die Verwendung von Verben des Sagens. Im gesprochenen Deutsch ist der Quotativmarker *so* (vgl. Golato 2000) eine wichtige Technik. Er lässt sich nicht als verbale Matrixstruktur analysieren, sondern nur als Formel.

Nach dem Quotativmarker ist nur Verb-Zweitstellung erlaubt, Projekte mit Verb-Letztstellung sind ausgeschlossen. ‚Hauptsatzphänomene' sind selbstverständlich möglich (siehe die fettgedruckten Gesprächswörter im Ausschnitt (45)). Meistens steht der Quotativmarker nach einem Personalpronomen, das auf einen Protagonisten der Erzählung verweist (*er so, ich so* etc.). Der Quotativmarker kann auch fehlen; die Redeanführungsformel ist dann auf den (in diesem Fall obligatorischen) Operator *und* mit nachfolgendem Personalpronomen beschränkt (vgl. Ausschnitt (44), Z. 14).

```
(45)(THE, Nur)
→ 01 NUR:   un dann meinte meine oma so? <<f>HA! (-)
   02          <<gepresst>geBURTStage,> (0.5)
   03          DAS gab_s bei Uns NIE;
   -----------
   04 THE:   [<<p>mHM:,>]
   05 NUR:   [ich WEIß  ] gAr nicht wann das IS un so;>
   -----------
→ 06          und dann ICH so=
   07          =JA aber äh °h IRgend w äh(d) KENNS doch,
   08          bestimmt dein <<f, gepresst, lachend>STERNzeichen>;=
   -----------
   09          =hab ich meiner Oma so gefra=
   -----------
→ 10          =MEIN_sie_so;
   11          °h <<f>NEIN, (.)
   12          ich kenn GAR nix;
   13          weil °h
   14          ich bin_n ME:Dchen> ((etc.))
```

In diesem Ausschnitt gibt die Sprecherin innerhalb einer Erzählung einen Dialog zwischen sich selbst und ihrer Großmutter wieder, in dem sowohl die ‚Stimme' der Großmutter (in Z. 02–03, Z. 05 und in Z. 11–14) als auch ihre eigene (Z. 07–08) animiert werden. In allen drei Fällen wird die animierte Rede nicht (nur) durch ein Verb, sondern (auch) durch *ich so* bzw. *sie so* eingeleitet. (*Meinen* wird in Z. 11 als *verbum dicendi*, nicht *sentiendi* verwendet.) Die Stimmen der Protagonistinnen werden prosodisch moduliert und dadurch gegeneinander abgesetzt (die Großmutter spricht langsam, mit gepresster und lauter Stimme, die Enkelin schnell und mit normaler Stimmqualität); alle Redewiedergaben enthalten außerdem einleitende Gesprächswörter (*ha!, ja, nein*). In einem Fall kommt eine Prolepse vor, die bei *dass*-eingebetteten Redewiedergaben nicht möglich wäre (Z. 02, 03).

5.2.3.2 Verben des Denkens und Meinens

Die Variation zwischen der Realisierung des projizierten Arguments mit oder ohne syntaktische Markierung der Unterordnung ist nicht auf *verba dicendi* beschränkt. Man findet sie auch bei Verben, die einen mentalen Zustand oder Prozess beschreiben (*verba sentiendi*). Zu dieser Gruppe gehört zum Beispiel das Verb *(be)merken*. In den folgenden beiden Ausschnitten (46) und (47) wird sein Argument als *dass*-Projekt realisiert, in den Ausschnitten (48) und (49) hingegen als untergeordnetes Verb-Zweitprojekt:

5.2 Das untergeordnete Projekt wird vom übergeordneten projiziert 225

(46)(Schmerz)
((Therapiegespräch))
```
   01  THR:   (sie ham) eher den VAter als vorbild,
   02         der so (-) des °h (.) was: so an SCHMERzen: und so da
              war eher (.) ähm (---) versucht hat (1.3) !NICHT! (-)
              also zu ignoRIEren.
   03         und [TROTZdem zu [Arbeiten;
   04  PAT:       [also?        [also EINfach damit zu LEben;=
   05         =[sagen wir=s ma [sO-
   06  THR:    [ja.?            [mHM?
   07         [mHM,
   08  PAT:   [auch;
   09         und dass er AUCH schon mal gesagt,=
   10         =↓jA: ich hab jetz (.) heut KOPFschmerzen;=
→  11         =oder: dass ich MERK dass er schmErzen hat;=
   12         =aber NICH immer so <<gespielt leidend>ACH;=
   13         =ich bin ja so ARM;> [oder-
   14  THR:                         [mHM,
```

(47)(Schmerz)
((Therapiegespräch; die Patientin hat vorher berichtet, dass
ihre Schmerzen während der Therapiegespräche stärker werden.))
```
   01  PAT:   jetz fängt_s AUCH widder an;
   -----------
   ((...))
   06         also als ich KAM war (-) NIX,=
   -----------
   07  THR:   =[hm,
→  08  PAT:    [un jEtzt äh MERK ich,
   09         dass es DA wieder, (1.2)
   10         [so (.) LEICHT losgeht.
   11  THR:   [ja,
```

(48)(Schmerz 0232)
((Therapiegespräch))
```
   01  PAT:   ja also S:ORgen tu ich SCHON [für mich;=
   -----------
   02  THR:                                 [ja?
   03  PAT:   =also des kann ich [jetz NICHT dass ich jetz da
   04  THR:                      [ja,
       PAT:   absoLU:T °hhhh äh GEgen mich bin;=
   -----------
→  05         =aber ich (.) ich MERK halt ich (.) BIN halt- (-)
   06         ^ja;
   07         ich m (--) m möcht halt SO gern für ANdere da sein;=
```

(49) (HH)
((teils niederdeutsch))
```
  01 HrA:   wie secht man auf plattütsch °h äh tum (.)
            wie sagt man auf plattdeutsch       zum
            REgenwurmpopo;=ne,
------------
  02        ja;
  03        da da da da da kannst du mal überLEgen;=nech?
------------
  04        aber dat is ganz EINfach;=
------------
  05        =da heit METtenwurst; ne <<lachend>h h [h h h h >
            das heißt
  06 INT:                                          [<<p>METtenwurst;>
  07 HrA:   °h METtenwurst;=
------------
  08        =ne METte is_n (.) is_n REgenwurm;
  09        [op platt;
------------
  10 INT:   [ah ja;
  11        [(       )
  12 HrA:   [un dat mut man weetn;=ne?
            und das muss man wissen;=ne?
------------
  13        h h dat fallt ein nich so IN;=ne (so-)
               das fällt einem nicht so ein
  14        wi de übersetzung; [nech? h h h h h
            wie die übersetzung
------------
  15 INT:                      [jo;
  16        ja.
→ 17        also ich MERK ja schon;
  18        sie beHERRschen das ja wirklich perFEKT;=
  19        =also dieses PLATTdeutsche und das HOCHdeutsche;
```

Auf Komplemente von *verba sentiendi* lässt sich der Unterschied zwischen direkter und indirekter Rede nicht anwenden; Redewiedergabe und Redeanimation spielen keine Rolle. Hat die Wahl des Formats des projizierten Projekts, also die Frage der hypotaktischen Einbettung, trotzdem eine Funktion oder ist sie zufällig?

Ein erster Hinweis auf die Antwort auf diese Frage ergibt sich aus der Häufigkeit von **Konstruktionswechseln**, bei denen die Sprecherin von der Verb-Letzt- in die Verb-Zweitstellung übergeht. Die Analyse dieser Konstruktionswechsel legt nahe, dass Fragen der Informationsgewichtung eine Rolle spielen. Hier ein Beispiel:

5.2 Das untergeordnete Projekt wird vom übergeordneten projiziert

(50) (Bulimie)
((Gruppentherapie. Herr Münter ist der Therapeut; Monika ist
eine Klientin, die sich hier an eine andere Klientin wendet.))
```
   01 MON:   weil ich HAB grad_n eindruck,=
   02        =dass du °h eigentlich ALle,
   03        und (-) sogar n herrn MÜNter den AUCH.=
→  04        =d? du beLEHRST hier grad ALle;
```

Monika beginnt ihr Projekt in Z. 01 unter Verwendung des Funktionsverbgefüges *den Eindruck haben*, das ein Komplement erfordert. Das erwartbare untergeordnete Projekt wird in Z. 02 mit *dass* eingeleitet; an der Stelle, an der das Verb in Letztposition projiziert ist *(=dass du °h eigentlich ALle, und (-) sogar n herrn MÜNter den AUCH.* → *beLEHRST*) wechselt die Sprecherin allerdings die Konstruktion und reformuliert das Komplement mit Verb-Zweitstellung.

Der Redebeitrag enthält einen massiven Angriff auf eine andere Teilnehmerin in der Therapiesitzung, der Monika ihr arrogantes Verhalten vorwirft. Die Wahl einer **Extremformulierung** mit dem Quantor *alle* (extreme case formulation, Pomerantz 1980) und die explizite Nennung des Therapeuten (mit *sogar* und *den auch* besonders markiert), für den sie ebenfalls zu sprechen behauptet, verleiht dem Vorwurf besonderes Gewicht. Dazu passt die Verb-Letztstellung aber nicht, die das Projekt syntaktisch und damit auch pragmatisch unterordnet. Für den Vorwurf ist ja nicht wichtig, dass Monika ‚einen Eindruck hat', sondern dass ihre Kollegin alle ‚belehrt'. Eine Aufwertung des Inhalts des abhängigen Projekts (**Relevanzhochstufung**) ist interaktiv sinnvoll. Die Verb-Letztstellung passt hingegen in Kontexten, in denen der Inhalt des Komplements in seiner Relevanz im Vergleich zum Inhalt des übergeordneten Projekts zurückgestuft werden soll, zum Beispiel, weil er mehr oder weniger bekannt ist oder bereits ins Gespräch eingeführt wurde, also präsupponiert werden kann (vgl. Auer 1998 für Details).

Diese Analyse wird u. a. dadurch unterstützt, dass nach **negierten Verben** des Denkens und Meinens die Verb-Zweitstellung nicht auftritt. Um Gedanken oder Meinungen negieren zu können, müssen sie in der Regel schon bekannt (präsupponiert) sein. Entsprechend ist die pragmatische Relevanz der Proposition, auf die sich das *verbum sentiendi* bezieht, gering. Relevant ist vielmehr die Negation:

(51) (BB)
```
   01 BiB:   bist du sAuer auf jOsef wegen des SPECKsteins?
   -----------
   02 SYB:   <<lachend> h h h h hat der den WEGgeschmissen? h h h h
             h h h>
   -----------
   03        <<lächelnd>öh (.) nee,
   04        ich BIN nicht sauer,=
→  05        =weil ich nicht glAube dass er das geTAN hat.> °hh h
   -----------
```

```
→ 06         ich glaub NICH dass er das geTAN hat;=
-----------
→ 07         =ich glaub NICH dass er sich das TRAUN würde.
-----------
  08         (-) <<lachend> h h h h der weiß (doch) was dann passIERT;
             h h h>
```

(52)(HH)
((Herr Sieber hat vorgeschlagen, zur Sanierung des öffentlichen
Schulwesens wieder ein Schulgeld einzuführen. Er argumentiert,
dass die Eltern dafür wären, wenn sie sonst wegen mangelnder
Lehrkräfte mit Unterrichtsausfällen konfrontiert wären.))

```
  01 INT:    aber das wird den eltern natürlich Auch nich (-)
             EINsichtig sein;
  02         (-) weil: die sAgen (.) Überall [wird geSPART;]
-----------
  03 HrS:                                   [nach dem (--)]
  04         STIMMT (.) nicht,
-----------
  05         nach dem KRIEG,
  06         haben wir AUCH unser schulgeld bezahlen müssen.
-----------
  07         und (.) [da wurde AUFgebaut.
-----------
  08 INT:            [hm:,
→ 09         also? (.) ich sehe NICHT ein,
  10         ähn (.) dass DAS n argumEnt ist;
```

(53)(FLARS)
```
  01 INT:    hascht du in der schul auch ANdere sprachen gelernt?
-----------
  02 GP:     <<lacht>hm h;>
  03         ja;
→ 04 INT:    das heißt NICHT dass du sie noch sprEchen muscht?
  05         <<lacht> e h hn>
```

Im Ausschnitt (51) geht es darum, dass Josef Sybilles Speckstein versteckt oder weggeworfen hat. Dieser Sachverhalt wird von BiB schon im ersten Redebeitrag als bekannt vorausgesetzt, als er fragt, ob sie ‚wegen des Specksteins sauer sei'. Sybille verneint zunächst die Frage (Z. 04). Dann begründet sie diese Antwort damit, dass sie nicht daran glaubt, dass Josef ihren Speckstein weggeworfen hat (Z. 05 und in leicht veränderter Formulierung erneut in Z. 06). Sie kann voraussetzen, dass die Proposition ‚Josef hat Sybilles Speckstein weggeworfen' dem Gesprächs-

5.2 Das untergeordnete Projekt wird vom übergeordneten projiziert   229

partner bekannt ist; es geht um die Frage, ob sie auch wahr ist. Das bestreitet die Sprecherin. Die pragmatische Relevanz ihrer Äußerung ergibt sich also aus der Matrixkonstruktion *ich glaub nicht*, nicht aus dem Inhalt des untergeordneten Projekts. In der folgenden Äußerung (Z. 07) wird die Proposition, deren Wahrheit bestritten wird, zwar etwas verschoben (von ‚er hat es getan' zu ‚er hat sich getraut, es zu tun'); auch diese Proposition lässt sich aber immer noch aus dem gemeinsamen Wissensbestand inferieren (wenn jemand etwas Böses tut, muss er sich trauen, es zu tun, weil er eine moralische Grenze überschreitet).

Auch im Ausschnitt (52) wird das Komplement zum negierten Verb *einsehen* mit *dass* eingeleitet. Ein ‚flacher' Anschluss mit einem Projekt mit Verb-Zweitstellung ist nicht möglich. Was der Interviewer ‚nicht einsieht', wurde schon explizit gesagt: dass das Schulgeld in der Nachkriegszeit ein Argument für seine erneute Einführung wäre. Die Relevanz der Äußerung ergibt sich aus der Negation, nicht aus dem schon diskutierten und daher präsupponierten Inhalt des Komplements.

Im Ausschnitt (53) negiert die Interviewerin das metakommunikative Verb *heißen*; durch die Negation (*das heißt nicht* →) gibt sie zu verstehen, dass die Antwort auf die Frage, wie viele Sprachen der Interviewte spricht, keine Auswirkungen auf den weiteren Verlauf des Interviews haben wird und kein Sprachtest bevorsteht. Anlass für diese Versicherung ist wohl das leichte Lachen des Interviewten, mit dem er auf die ursprüngliche Frage nach den Fremdsprachenkenntnissen reagiert hat (Z. 02). Die Interviewerin versteht es – vermutlich zusammen mit der Tatsache, dass die Fremdsprachen nicht unmittelbar genannt, also die Frage nicht sofort beantwortet wird – als Anzeichen eines gewissen Unwillens des Interviewten, sich auf dieses Thema einzulassen, die sie als Angst davor interpretiert, die genannten Fremdsprachenkenntnisse beweisen zu müssen. Diese Inferenz ist der Ausgangspunkt für das negierte *heißen*-Projekt. Es baut also auf der Annahme einer gemeinsamen, geteilten Interpretation des Verhaltens des Interviewten auf. Wichtig ist die Zurückweisung dieser Interpretation, nicht sie selbst.

In allen drei Fällen ist die positive Verwendung der Verben/Prädikativkonstruktion *sauer sein*, *einsehen* und *heißen* mit beiden Realisierungsvarianten des Komplements kompatibel; erst unter Negation ist allein die *dass*-Einbettung möglich. Die projizierte Weiterführung ist also ganz offensichtlich nicht lexikalisch determiniert, sondern ergibt sich aus der Negation.

Präsupponiertes Wissen vs. neue Information. Das Verhalten von negierten Verben gibt einen Hinweis darauf, dass *dass*-eingebettete Komplemente eher präsupponiertes Diskurswissen ausdrücken, während der Sprecher mit einem Komplement mit Verb-Zweitsyntax signalisiert, dass das Komplement relevante neue Information enthält. Zu dieser Analyse passt, dass Verben, die (auch in positiver Verwendung) nur die *dass*-Einbettung erlauben, stark präsupponierend sind. Verben wie (*be-*)*zweifeln*, *bereuen* oder *leugnen* werden verwendet, wenn der Inhalt des Komplements bereits Teil des gemeinsamen *common ground* ist. Vgl. etwa den folgenden Ausschnitt:

(54) (Interview mit südtiroler Schülerin)
```
  01 SCH:    aber auch irgendeine NORdische SPRAche;=
  02         =so NORwegisch SCHWEdisch oder so würden mich
             interessieren.=
  -----------
  03 INT:    =ah JA;=
  04         =da: müsstest du dann wahrscheinlich nach MÜNchen
             gehen
  -----------
             oder ich WEISS nicht wo man es in iTAlien
             studieren kann,
  05         [(          ) auch in MÜNchen;
  -----------
→ 06 SCH:    [ich be(h)ZWEI(h)fle dass es (h) das (h) gibt,
  -----------
  07 INT:    skandinaVIStik;=ne,
  08         NENNT ma das dann.
```

Bezweifeln fordert ein *dass*-eingebettetes Komplement. Der Grund ist, dass das Verb einen den Gesprächsteilnehmern bekannten Sachverhalt präsupponiert. Er ist bereits in der Frage des Interviewers formuliert worden, wo man in Italien nordische Sprachen studieren könne (Z. 04). Die Schülerin antwortet, indem sie die Präsupposition dieser Frage (nämlich, dass man in Italien überhaupt ein solches Studium machen kann) angreift. Relevant für das Gespräch ist in ihrem Redebeitrag der Ausdruck dieses Zweifels, nicht die Proposition, die bezweifelt wird, denn diese ist bereits aus dem Gesprächsverlauf bekannt.

Nach der Diskussion der syntaktischen und lexikalischen Einschränkungen, die die Wahl zwischen Verb-Zweit- und Verb-Letztstellung steuern, können die Beispiele (46)–(49) mit dem Verb *merken* erneut diskutiert werden. Lässt sich auch in diesen Ausschnitten die Verwendung der einen oder anderen Konstruktion mit der unterschiedlichen pragmatischen Relevanz des Inhalts des Komplements erklären? Anders als bei Negation bzw. nach präsupponierenden Verben ist hier die Wahl dem Sprecher freigestellt; beide Varianten sind möglich. Sie haben aber unterschiedliche pragmatische Wirkungen.

In Ausschnitt (46) geht es um den Vater der Klientin, der wie sie selbst an chronischen Schmerzen litt. Die Klientin formuliert dessen Coping-Strategie in Z. 04–05 als ‚einfach mit dem Schmerz leben'. In Z. 09–13 führt sie weiter aus, was damit gemeint ist: Der Vater sprach zwar von seinen Schmerzen oder die Tochter konnte ihm ansehen, dass er Schmerzen hatte, er spielte jedoch nicht den Leidenden. Das Projekt mit dem Verb *merken* kommt innerhalb dieser Äußerung vor und ist selbst in ein *dass*-Projekt eingebettet (*dass ich MERK dass er schmErzen hat*). Der Inhalt des Komplements (*dass er schmErzen hat*) ist präsupponiert, denn die Schmerzen des Vaters waren ja bereits Gesprächsthema. Wesentlich ist, dass die Tochter sie dem Vater angemerkt hat (im Kontrast zu den Fällen, in denen der Vater explizit von seinen Schmerzen sprach). Dem entspricht die *dass*-Einbettung, die die Relevanz des Komplements zurückstuft.

Ähnlich im Beispiel (47): Die Sprecherin hat bereits gesagt, dass sie regelmäßig während der Therapie Schmerzen bekommt und darauf hingewiesen, dass das auch jetzt wieder der Fall ist (Z. 01). In Z. 06–10 wird diese Aussage noch einmal ausführlicher formuliert. Der Inhalt des Komplements, nämlich *dass es DA wieder so (.) LEICHT losgeht*, ist bereits bekannt; dem entspricht die Wahl des syntaktischen Formats.

In den zweiten beiden Beispielen, in denen die ‚flache' Einbettung gewählt wird, entwickelt sich das Gespräch hingegen anders. In Beispiel (48) hat die Therapeutin die Klientin kurz vorher mit dem Vorschlag konfrontiert, sich mehr um sich selbst und weniger um Andere zu kümmern. Die Klientin weist diese Intervention zurück. Zuerst versichert sie der Therapeutin, dass sie durchaus ‚für sich selbst sorgt' (Z. 01–05); dann beginnt sie zu argumentieren, dass es ihr guttut, ‚für andere da zu sein' (dieses Argument wird nach Ende des Ausschnitts noch weiter ausgeführt). Gerade die Sorge für Andere sei also ein Ausdruck der Sorge für sich selbst. Das Argument ist neu und für die weitere Entwicklung des Gesprächs von zentraler Bedeutung. Entsprechend wird es im Format eines selbständigen Projekts formuliert, das dennoch von *merken* (Z. 06) syntaktisch projiziert wird. Das Format stuft die pragmatische Relevanz der projizierten syntaktischen Struktur hoch.

Im letzten der vier Ausschnitte (49) erzählt ein älterer Hamburger auf Plattdeutsch einen Witz, der auf einem Sprachspiel aufbaut. Ihn zu verstehen, erfordert die Kenntnis eines ausgefallenen niederdeutschen Dialektworts (*Mette* für ‚Regenwurm'), für die sich der Interviewte selbst lobt (Z. 11–13). Der Interviewer ist nun ebenfalls zu einem lobenden Kommentar herausgefordert und macht dem Gesprächspartner das Kompliment, das Plattdeutsche genauso wie das Hochdeutsche perfekt zu beherrschen (Z. 17–18). Das Kompliment beginnt mit *ich merk ja schon*; es wird im Format eines abhängigen Projekts mit der Wortstellung eines selbständigen Projekts formuliert. Die Wahl der ‚flachen' Einbettungsvariante stuft das Lob selbst hoch und verstärkt dadurch das Kompliment. Eine *dass*-Einbettung hätte den mentalen Akt des Bemerkens hervorgehoben und wäre im Kontext vielleicht sogar als Kritik verstanden worden (im Sinn von: ‚es reicht, sie haben mich schon überzeugt').

Wie schon bei den nominalen Hüllen als Projektoren zeigt sich also auch bei projizierenden Verben und Prädikativkonstruktionen, dass die Wahl des Einbettungsformats pragmatisch relevant ist. Allerdings gilt wie dort auch hier, dass die pragmatische Relevanzhochstufung nicht der einzige Grund für eine hypotaktische Konstruktion mit *dass*-Einbettung ist. Daneben spielt auch die **Komplexität des Komplements** eine Rolle. Beide Faktoren können in dieselbe Richtung steuern: wenn neue Information von hoher Komplexität zu vermitteln ist, wird die ‚flache' Einbettung gewählt. Pragmatische Relevanz und Komplexität können aber auch im Widerspruch zueinander stehen, wie im folgenden Ausschnitt. Die Komplexität des Komplements ist hoch, das projizierende Prädikativ (*schön sein* fordert eigentlich ein *dass*-Komplement) und der Gesprächskontext sprechen aber für Verb-Letzt-Stellung. Die Komplexität gewinnt:

```
(55)(THE, Nur)
((Thema ist die Migrationsgeschichte.))
  01 THE:    also ihr seid damals nach WUPpertal: (.) äh gegangen?
  -----------
  02         °h aber das HEIMweh war naTÜRlich toTAL GROSS;
  -----------
→ 03         ich finde ja sehr SCHÖN,
  04         weil telefoNIEren mit der HEImat (.) für Euch
             Undenkbar war;=
  05         =weil das ja Unglaublich TEUer war,
  06         [deswegen] HABT ihr immer kasSETten [aufgenommen;]=
  07 NUR:    [hm,      ]                        [<<f> ja::,> ]
  08         =[wir ham TAPES aufgenommen;
  09 THE:     [glaub ich.
```

Im Beispiel formuliert THE ein Detail aus der Vergangenheit seiner Gesprächspartnerin; sie hat dazu also ‚privilegierten Zugang' (Pomerantz 1980). Vermutlich weiß der Moderator davon aus einem Vorgespräch vor der Sendung. (Das den Turn beschließende *glaub ich* in Z. 09 markiert, dass es sich hier nicht um Wissen des Sprechers handelt, über das er aus eigener Erfahrung verfügt.)

Warum wählt der Sprecher in Z. 03 dennoch die ‚flache' Einbettung? Zunächst mag hier die doppelte Adressierung (Hickethier 2001) des Redebeitrags eine Rolle spielen, der sich ja nicht nur an die Interviewte, sondern auch an das Publikum der Sendung richtet, das über die fragliche Information nicht verfügt. Noch wichtiger für die Wahl der Konstruktion ist aber wohl, dass eine *dass*-Einbettung zu enormer syntaktischer Komplexität geführt hätte, wie die mögliche Umformung deutlich macht: *Ich finde (es) ja schön, dass ihr, weil Telefonieren mit der Heimat undenkbar, weil unglaublich teuer, war, Kassetten aufgenommen habt.* In solchen Fällen kommt es, wie bereits an verschiedenen Stellen erwähnt, oft zu einem Wechsel aus der Verb-Letzt- in die Verb-Zweitstellung, d.h., der Sprecher beginnt mit einem *dass*-Komplement und wechselt während seiner Produktion in die Verb-Zweitsyntax. Im vorliegenden Ausschnitt beginnt der Sprecher gleich mit einem Komplement in Form eines selbständigen Projekts.

Verben des Meinens als Operatoren. Aber drücken die *verba sentiendi* wirklich immer die Meinung oder die Annahmen des Sprechers aus? Zumindest bei *meinen* erscheint das oft nicht plausibel:

```
(56)(THE, Len)
((über das neue Album der Sängerin))
  01 THE:    nÄchste wOche kommt_s RAUS?
  -----------
```

```
(((...))
  16 THE:    ONly lOVE EL;=
  17 LEN:    =[ONly lOVE EL.]
-----------
  18 THE:    [ALso °hhhh    ] es GEHT (.) LEna wieder BESser.
  19         [↑Oder?
  20 LEN:    [<<lacht>th h h>
-----------
  21 THE:    [ALso hm-
  22 LEN:    [°h es geht mIr herVORragend;
-----------
→ 23 THE:    [also ich MEIN (.) du SINGST ja schließlich so sAchen;=
  24 LEN:    [ja;
  25 THE:    =die: (-) auch dAvon HANdeln;
  26         [dass] es dIr NICHT so gut ging,
  27 LEN:    [ja; ]
```

Wenn der Moderator seinen Redebeitrag in Z. 23 mit *also ich MEIN* einleitet, dann will er damit nicht sagen, dass er der Meinung ist, seine Gesprächspartnerin ‚singe ja so Sachen, die davon handeln, dass es ihr nicht gut geht'. Das lässt sich schon daraus erkennen, dass eine Umformung in einen *dass*-Satz als Komplement zum Verb nicht möglich ist, ohne die Bedeutung zu verändern: *ich meine, dass du solche Sachen singst, die davon handeln, dass es dir nicht gut geht* würde bedeuten, dass der Sprecher die Aussage, dass es ‚Lena nicht gut geht' von einer Tatsachenbehauptung zu einer subjektiven Annahme herabstuft (und damit epistemisch abschwächt). Das ist aber hier nicht intendiert: Die Funktion von *ich mein* ist vielmehr, die Behauptung, es ginge Lena ‚wieder besser' (woraus durch Implikatur zu folgern ist, dass es ihr vorher schlecht ging) zu rechtfertigen. Der Sprecher leitet mit *ich mein* eine Reparatur in 3. Position ein (vgl. Schegloff 1992), etwa paraphrasierbar als ‚was ich sagen wollte...' (vgl. zur Diskussion dieses Interaktionssegments auch Ausschnitt (60) in Kap. 3).

Das trifft auch auf das folgende Beispiel zu, wo Anton seiner Freundin Beate klarmachen will, dass ihr Wunsch, er möge mit ihr ins Ausland gehen, nicht seine uneingeschränkte Zustimmung findet:

```
(57)(Calling home)
  01 BEA:    ich will dass du MITkommst.
-----------
  02 ANT:    °hhhh mja: [ich m
  03 BEA:              [studI:er erst FERtig;
-----------
  04         ↑oops,
  05         und dAnn kommste NACH.=
-----------
  06 ANT:    =eja:: pf ach dann is das wieder genAUso wie JETZT. hmf
```

```
           ------------
   07 BEA: ich WEI::SS;
           ------------
→ 08       aber? ich mein (.) das wollt ich die ganze zeit MAChen.
           ------------
   09 ANT: mja;
   10     weiß ich;
           ------------
   11     (1.0) aber (.) naja GUT;
   12     ?m; nee ich MEIN nur;
           ------------
→ 13       weil:: ahm ich mein ich würd GERN ins ausland mitgehn;
           ne?
           ------------
   14 BEA: hm-
   15 ANT: aber is eben die FRAge so;
   16     kriegst DU n job;
   17     krieg ICH n job;
           ------------
   18     und ich muss ja noch rechtzeitig WISsen;=
   19     =dass ich mich wenn dann drum KÜMmern kann oder so.=ne,
           ------------
   20 BEA: hm-
→ 21 ANT: ich mein so london würd ich super GERN mal machen, ne,
           ------------
   22 BEA: hm-
   23 ANT: aber? ((etc.))
```

In diesem Ausschnitt vertreten die beiden Partner unterschiedliche Positionen – Beate möchte, dass ihr Freund Anton mit ihr ins Ausland geht, er ist aber skeptisch. Viermal kommt *ich mein* vor (in Z. 08, Z. 12, Z. 13 und Z. 21), nie handelt es sich dabei aber um eine Meinungsäußerung. In einem Fall (Z. 12) ist *ich mein nur* im Sinn von ‚ich wollte nur sagen...' zu verstehen. In den übrigen Fällen geht es darum, eine Rechtfertigung für die eigene Position einzuleiten. In Z. 08 will Beate ihre Position dadurch unterstützen, dass sie darauf hinweist, diesen Wunsch schon immer gehabt zu haben. Eine hypotaktische Umformung (*ich mein, dass ich das die ganze Zeit machen wollte*) ist unsinnig, weil keine epistemische Abschwächung des eigenen Wollens möglich ist. In Z. 12 leitet *ich mein* eine Rechtfertigung Antons für seine Position ein; er kommt zunächst seiner Freundin durch die Aussage entgegen, dass er prinzipiell gern ins Ausland gehen würde, dem stünde aber die unklare Jobsituation und die mangelnde Vorbereitungszeit entgegen. Sehr ähnlich dazu versichert Anton in Z. 21 mit *ich mein*, dass er sich für einen Aufenthalt in London interessiert, beginnt dann aber ein Gegenargument (das erst nach dem Transkriptausschnitt voll realisiert wird). Auch hier wäre eine Umformung in eine hypotaktische Satzkonstruktion unmöglich.

5.2 Das untergeordnete Projekt wird vom übergeordneten projiziert

Günthner und Imo (2003) argumentieren aufgrund solcher Beispiele, dass *ich mein(e)* nicht als ‚Matrixsatzkonstruktion' analysiert werden sollte, sondern als **Operator** (sie sprechen von einem Diskursmarker). Die Entwicklung vom Matrixsatz zum Operator ist noch nicht abgeschlossen; es gibt ja immer noch Verwendungen mit der Semantik des Einstellungsverbs und der Syntax eines eingebetteten Satzes. Es hat auch noch keine vollständige Univerbierung stattgefunden, d. h. *ich mein(e)* kann immer noch in seine beiden Bestandteile zerlegt werden. Dennoch hat *ich mein* in seiner Verwendung als Operator zur Einleitung einer Rechtfertigung die syntaktischen Eigenschaften eines Matrixsatzes (nämlich ein Komplement mit *dass* zu regieren) verloren und ist semantisch ausgebleicht, weil es nicht mehr einen mentalen Zustand des Sprechers ausdrückt. Letztendlich ist die Entwicklung genauso wie bei den *verba dicendi* (vgl. oben, S. 220): Die Matrixkonstruktion verliert ihren übergeordneten Status, das abhängige Projekt wird syntaktisch (Verb-Zweitstellung) und pragmatisch (d. h. in seiner Relevanz) aufgewertet.

5.2.3.3 Direkte Rede ohne Redewiedergabe

Oft wird das syntaktische Format der direkten Rede im heutigen gesprochenen Deutsch verwendet, ohne dass es sich auf ein vergangenes oder zukünftiges Sprechereignis bezieht. Es handelt sich also um eine **Pseudo-Redewiedergabe**. Der Sprecher macht eine allgemeine Aussage (über sich, über andere oder über die Welt allgemein).

In Ausschnitt (58) erklärt die Sprecherin zum Beispiel die Regeln, nach denen in arabischen Kulturen die Rechnung im Restaurant beglichen wird (es muss immer der Älteste zahlen). Die Sprecherin inszeniert Äußerungen im Format der direkten Rede:

```
(58)(THE, Nur)
  01 NUR:   DA geht_s gAr nisch darum DER der am meisten verDIENT,
  -----------
  02        sondern es ist IMmer noch (.) der ÄLteste;=
  -----------
  03        =un DA ist es hAlt so,
  -----------
  04        DA da m MUSS mein ONkel zahln.
  -----------
  05        wenn mein ONkel,
  06        zum BEIspiel;
→ 07        (.) so (sa) ja oKAY;
→ 08        KOMMT jungs.
→ 09        ihr;
→ 10        ihr;
→ 11        ihr könnt beZAHlen,=
  12        =dann äh dann PRÜgeln,
  13        die BEIden sich drum.=
  -----------
```

```
14         =WEISST_de was ich mein?=
-----------
15         =aber DA ist es immer so,
-----------
16         der ÄLtere is der proVIder,
17         der so: ALle;
18         ne?
19         beSCHÜTZT und erNÄHRT.=so.
```

Die Sprecherin verwendet eine Konditionalkonstruktion (vgl. *wenn*-Einleitung der Protasis in Z. 05, *dann*-Einleitung der Apodosis in Z. 12). Die Konditionalkonstruktion könnte relativ abstrakt unter Verwendung des Verbs *zahlen* und des Hilfsverbs *lassen* realisiert werden (‚wenn mein Onkel seine Söhne bezahlen ließe, dann würden sich die um die Rechnung prügeln'). Die Sprecherin wählt jedoch einen anderen Weg. Sie formuliert die Protasis mittels des Quotativmarkers *so* und evtl. einem darauffolgenden, stark verkürzten Verb *sagen* (Z. 07) als direkte Rede. Die Pseudo-Redewiedergabe vermeidet einerseits die syntaktische Hypotaxe, andererseits personalisiert und subjektiviert sie die Darstellung, indem sie die Verwendung von Interjektionen und anderen Hauptsatzphänomenen erlaubt (*ja oKAY- / KOMMT jungs*). (Solche sogenannten Hauptsatzphänomene sind bei untergeordneten Projekten mit Verb-Zweitstellung ausgeschlossen.) Durch die Einleitung *zum BEIspiel* macht die Sprecherin deutlich, dass es um eine Verallgemeinerung geht. Die Redeanführung dient also nicht der Inszenierung der Protagonisten in einem Narrativ, sondern der Formulierung einer allgemeingültigen Aussage.

Die direkte (Pseudo-)Rede kann sogar syntaktisch in eine NP integriert werden:

```
(59)(THE, Nur)
((über das Konzept des Respekts im Islam))
  01 NUR:   aber es ist auch wenn? gerade (.) NICHT nUr das ALter,
→ 02        sOndern auch Eher so DIEses (-) ↑HEY-
→ 03        du bist der KLEInere-
-----------
  04        man SOLLte (.) resPEKT haben-=
-----------
  05        =man sOllte die SCHNAUze halten;=
-----------
  06        =man SOLL nicht das Allerletzte WORT dann UNbedingt
            haben;=
-----------
  07        =man SOLLte nich °h provoZIErend sein:;=
  08        =un SONST was;
-----------
  09        °hh äh das habe ich schon SEHR sehr früh gelernt;
  10        auf jeden FALL.
```

5.2 Das untergeordnete Projekt wird vom übergeordneten projiziert

Das Projekt ↑*HEY- du bist der KLEInere* wird innerhalb der NP *dieses N* als Nomen behandelt, ein Phänomen, das in der Morphologie manchmal als **Zusammenrückung** bezeichnet wird. Wichtiger als die morphologische Klassifizierung ist jedoch, dass das zum Nomen konvertierte Projekt Hauptsatzphänomene (*hey*) und Merkmale animierter Rede aufweist, obwohl es sich nicht um die Wiedergabe einer sprachlichen Handlung einer bestimmten Person zu einem bestimmten Zeitpunkt handelt. Die Rede wird weder einer bestimmten Person zugeschrieben noch in einer bestimmten Situation verankert. Sie richtet sich aber an die Sprecherin, der moralische Regeln vermittelt werden (vgl. die folgenden deontischen *man*-Projekte), die für sie (als ,der Kleineren') gelten und die sie individuell gelernt hat (Z. 09) (vgl. Pascual 2006). Eine solche Darstellung kontrastiert mit einer depersonalisierten Formulierung wie etwa: *Es ist nicht nur das Alter. Als der Kleinere soll man Respekt haben, die Schnauze halten...* etc.

Während man sich in (58) und (59) zumindest eine Situation vorstellen kann, in der die animierte sprachliche Handlung tatsächlich von jemandem hätte geäußert werden können, ist das in (60) nicht der Fall. Hier stellt die Sprecherin ihr eigenes Denken im Format der animierten, direkten Rede dar. Sie inszeniert quasi einen **Dialog mit sich selbst** in ihrem Kopf:

```
(60)(ET, Bank im Hof)
((Sandro und Susanne unterhalten sich über eine Vorlesung.))
   01 SUS:    undʰ (.) man kriegt so den grOb den Überblick;=
 → 02         =und denkt so WOA;
 → 03         ich WEIß jetzt ja schon richtig <<Lachstimme>was;>
   ------------
   04 SAN:    ja?, [ja-?
 → 05 SUS:         [und DANN sitzt du zuhAuse und DENKST so;
 → 06         oKAY,
 → 07         ich weiß [DOCH <<lachend>nichts] h [darüber;>
   08 SAN:             [ja?, ja?, ja?,       ]  [ja,
```

Auffällig ist die Einleitung der beiden Komponenten des inszenierten Selbstdialogs mit dem *verbum sentiendi denken*, die Verwendung des Quotativmarkers *so* und die generische Formulierung, zuerst mit dem generischen Pronomen *man*, dann mit dem generisch verwendeten Pronomen der 2. Person Singular (Auer und Stukenbrock 2018). Auch hier wird eine allgemeine Feststellung wie ein singuläres Ereignis in einer Erzählung inszeniert.

Die Verwendung der direkten Pseudo-Rede ist bisher kaum untersucht worden, obwohl sie ein wesentliches Merkmal heutiger Mündlichkeit ist. Hier noch zwei Beispiele, die zeigen, wie dieses Verfahren zur Darstellung allgemeiner Sachverhalte eingesetzt wird:

(61) (ET3a)
((über das juristische Referendariat))
```
  01 MAR:   weil man muss zwang (.) ZWANGSmäßig,
  02        wenn man sich ANmeldet für_s ref,
  03 REI:   mHM,=
  04 MAR:   =auch direkt danach SCHREIben;=
  -----------
  05        =du kannst NICH sagen:-
→ 06        ich will jetzt [noch n [halbes JAHR oder so,
  07 REI:                  [oh;    [oKE,
  -----------
  08 MAR:   sondern [dann (.) is DEADline;
  09 REI:           [ja.
  -----------
  10 MAR:   und dann musst du SCHREIben;
```

(62) (ET3a)
((über das juristische Referendariat))
```
  01 GRE:   wenn man mehr FEEDback be[ko:mmt und das mehr
  02 MAR:                            [ja
     GRE:   dadrauf beZOgen wär, °h
  03        könnt man ja MEH:R so sei SEHN,=
→ 04        =oKE was mach ich FALSCH,=
  05        =was könnt_ma noch BESser machen;
  06 MAR:   ja[a;
  07 GRE:     [ob es da:
  08 MAR:   ich WEISS nur nich ob das bei JUra so: GEHT;
```

Auch in Ausschnitt (61) stellt die Sprecherin einen allgemeingültigen Sachverhalt dar (vgl. die Verwendung des generischen *du*). Die direkte Rede in Z. 06 bezieht sich nicht auf ein tatsächliches Sprechereignis, sondern inszeniert lediglich ein hypothetisches Selbstgespräch eines juristischen Examenskandidaten, der seinen Klausurtermin verschieben möchte. Dasselbe gilt für Ausschnitt (62), wo das Pronomen *man* in Z. 03 deutlich macht, dass eine allgemeine Aussage formuliert werden soll. Die Pseudo-Redewiedergabe in Z. 04–05 wird hier mit *oKE* eingeleitet, was in der mehr schriftsprachlichen Variante (*könnt man ja MEH:R so sei SEHN, was man falsch macht*) nicht möglich wäre.

5.3 Komplexe Projekte im Überblick

Im Rückblick auf die Phänomene der gesprochenen Sprache, die in diesem Kapitel besprochen wurden, lassen sich einige Generalisierungen treffen.

Zunächst ist festzustellen, dass die **Hypotaxe** (Unterordnung) der gesprochenen Sprache keineswegs fremd ist. Die Unterscheidung zwischen untergeordneten

5.3 Komplexe Projekte im Überblick

und selbständigen Projekten ist auch im Mündlichen ein wichtiges Verfahren, um das Gesagte zu gliedern und zu hierarchisieren. Die kanonischen ‚Nebensätze' (mit doppelter Markierung durch ein Einleitungselement und durch die Letztstellung des finiten Verbs) sind ein verbreitetes Mittel zur pragmatischen Relevanzabstufung: Untergeordnete Projekte kodieren weniger wichtige Information.

Es gibt aber wesentliche Unterschiede, die die Hypotaxe im Mündlichen und Schriftlichen unterscheiden. Unabhängig davon, ob das untergeordnete Projekt am Anfang oder am Ende des Gesamtprojekts steht, tendiert die gesprochene Sprache dazu, das zuerst stehende Element so zu gestalten, dass es das am Ende stehende Projekt projizieren kann. Wenn das untergeordnete Projekt am Anfang steht, wird seine Projektionskraft dadurch sichergestellt, dass es durch seine innere Syntax (also durch Komplementierer und andere Einleitungselemente sowie durch die Verb-Letztstellung des Finitums) als unselbständig gekennzeichnet wird und auf diese Weise die folgende Struktur des übergeordneten Projekts projiziert. Wenn das untergeordnete Projekt am Ende steht, wird es vom übergeordneten Projekt projiziert. Die Projektionskraft des übergeordneten Projekts (die äußere Syntax des untergeordneten Projekts) besteht darin, dass es ein Element enthält, das projiziert. Das ist zum Beispiel ein Verb oder ein anderes Wort, das einen Rektionsrahmen eröffnet und ein Komplement fordert. Dieses Komplement wird dann im folgenden, untergeordneten Projekt realisiert.

Soweit besteht kein Unterschied zur geschriebenen Sprache. Es gibt allerdings einige spezifisch mündliche voranstehende Projekte, die im geschriebenen Deutsch weniger verbreitet sind (wie die sog. Projektorkonstruktionen wie *die Sache ist* oder *es gibt Menschen…*). Der wesentliche Unterschied liegt in der **Gestaltung des projizierten Teils** der hypotaktischen Struktur, die weniger rigide als in der geschriebenen Sprache an die initiale Struktur gebunden ist. Hier erlaubt sich die gesprochene Sprache die Realisierung in grammatischen Konstruktionsformaten, die für die geschriebene Sprache untypisch sind. Die mündlichen Strukturen verzichten auf die formale Markierung, wo sie in der geschriebenen Sprache notwendig oder präferiert ist. Steht das untergeordnete Projekt am Ende, so tendiert die gesprochene Sprache dazu, es ohne Markierung dieser Unterordnung in seiner inneren Syntax zu realisieren. Das abhängige Projekt wird dann im Format eines selbständigen Projekts (ohne Einleitungselement, mit Verb-Zweitstellung) realisiert. Steht das untergeordnete Projekt hingegen am Anfang, so verzichtet die gesprochene Sprache auf die Markierung des projizierten übergeordneten Projektteils durch seine äußere Syntax. Dies bedeutet vor allem, dass das untergeordnete Projekt nicht im Vorfeld des übergeordneten Projekts steht, sondern dieses Vorfeld anders gefüllt wird.

Daraus ergeben sich verschiedene Konsequenzen.

Finale untergeordnete Projekte, die im Format von selbständigen Projekten realisiert werden, haben die Eigenschaft, nicht mehr klar vom Folgeprojekt abgegrenzt zu sein. Formal wird nicht markiert, wo das komplexe (hypotaktische) Projekt aufhört und das nächste Projekt anfängt. Vom initialen Projektteil projiziert (und in seinem Skopus stehend) kann ein einziges Folgeprojekt sein, aber auch eine ganze Sequenz solcher Projekte, die nicht als solche markiert sind. Das kann für den Sprecher von Vorteil sein, wenn er komplexere Sachverhalte oder narrative Zusammenhänge darstellen möchte. Eine weitere Konsequenz ist, dass die – nun den selbständigen Projekten sehr ähnlichen – abhängigen Projekte pragmatisch aufgewertet werden.

Für die **initialen Projekte** ergibt sich die umgekehrte Konsequenz, nämlich eine pragmatische Relevanzrückstufung. Teils werden sie zu formelhaften Wendungen, teils sogar zu Operatoren (vor allem *verba sentiendi* und *dicendi*). Damit kann eine semantische Ausbleichung einhergehen (vgl. etwa die Konstruktion *die Sache ist...*).

Initiale untergeordnete Projekte, die aus der Verbindung zum nachfolgenden übergeordneten Projekt gelöst werden, indem sie in deren Vorvorfeld treten, tendieren dazu, auch ihre semantische Bindung an dieses Projekt zu verändern. Oft entwickeln sie sich zu metakommunikativen Ausdrücken (*was ich noch sagen wollte, wobei mir einfällt, wenn ich fragen darf* etc.).

5.4 Übungsaufgaben

1) Identifizieren Sie im folgenden Transkriptausschnitt alle untergeordneten Projekte. Beschreiben Sie ihre externe und interne Syntax.

```
(ET1a,b)
01 ZAC:    es gibt ja noch diese KOCHbananen;=
02         =[WEISST du?
03 DEN:     [die hab ich am ANfang gegessen. <<lachend> h h>
04 ZAC:    [ja aber die
05 DEN:    [ich WUSSte nich dass man die nich so essen sollte
           [<<lachend>ROH- h h h>
06 ZAC:    [<<lachend>ja:- hahaha °hh>
07 MAX:    un was is DES?=
08         =ich KENN des gar nich;
09 ZAC:    [des äh-
10 DEN:    [des is einfach au ne baNAne,=
11         =aber die: die sollst du halt nur Essen
           wenn sie: [geKOCHT wird.
12 MAX:              [geKOCHT wird [oke,
13 DEN:                            [weil die hat halt (.) n_sEhr
           hohen STÄRkeanteil und;
14         da kannst halt BAUCHweh von kriegen.
15         ich hab die am anfang SO gegessen;=
16         =dacht ich schmeckt auch gar nimmer so GUT;
17 MAX:    [<<lachend> he he>
18 DEN:    [<<lachend> h h he>
19 ZAC:    [ja:-
20 DEN:    <<lachend> he he [h
21 ZAC:                     [voll HART auch oder?
```

5.4 Übungsaufgaben

```
22 DEN:    hab überhaupt nich geCHECKT wie ich die unterSCHEIden
           konnte;=ja,
23         <<creaky>also> nö: des GING eigentlich dann so.
24 ZAC:    echt;
25         [<<p>ich hab die nie>
26 DEN:    [((schnalzt)) so_n bisschen MEHlig schmeckt die so;
27         so wie so_n SPARgel;
28         oder ne karTOFfel vielleic[ht
29 ZAC:                              [ja;=
30         =[wie ne karTOFfel eigentlich; ja,
   DEN:    [die nich ganz DURCH is.
31 ZAC:    <<p>ja,
32 DEN:    aber DANN wenn de_s weißt-
33         [k (.) kannst natürlich drauf verZICHten.>
34 MAX:    [Mhm.
35 DEN:    ((lächelt))
36 ZAC:    mja.
37 MAX:    die GIBT_S ja in deutschland gar nich;=oder?
38 DEN:    KOCHbananen;=
39         =also DOCH;
40         [im speZIALladen; ja.
41 MAX:    [kochbananen GIBT_S;
42         [oKE.
43 ZAC:    [m;
44 MAX:    ah: oKE;
45         [ja GUT.
46 DEN:    [also WENN jetzt (.) im im:
47         <<p>WEISS nich.>
48         hinten an der LEberstraße vielleicht,=
49         =in diesem orienTAlischen laden;
50 MAX:    Mhm.
51 DEN:    dass mer_s DA vielleicht kriegen kann.
```

2) In den folgenden Ausschnitten wird ein untergeordnetes Projekt im Verlauf zu einem selbständigen Projekt. Beschreiben Sie diese Übergänge als *apo koinu*-Konstruktionen (s. Abschn. 4.3).

```
(S/H)
01 H:    ich glaub in CHIna kommt noch daZU dass die: (.) MEISten,
02       zuMINdest die stuDENten,
03       die wer[den von CHI]na finanziert;
04 S:           [<<pp>hm,>  ]
```

(THE, Nur)
```
01 NUR:   meine MAma,
02        is äh trotz äh trOtzDEM,
03        dass sie MICH als TOCHter hat,
04        ist die sO HARDcore GLÄUbig,=
05 THE:   =ja, h=
06 NUR:   =BEtet fünfmal am ta:g-
((etc.))
```

(Bulimie)
```
01 MAR:   °h da is hm da hab ich_s gefühl ghabt ich bin auf
          einmal zwei kilo LEICHter;
02        weil ich ECHT ich hab SO en RIEsigen DRUCK mir gemacht;
```

(Bulimie)
```
01 MAR:   da hab ich SCHON gemerkt,=
02        =dass des an mir ganz schön BO:HRT-
03        weil ich des toTA:L=
04        =ich hab des einfach WEGgedrängt.(1.0)
```

3) Analysieren Sie das *wenn*-Projekt in Z. 13-16:

(BB)
```
01 VIO→MIK:   isch schick disch auf JEde bÜhne;=
02            =ich mach dich GROß.
03 BIA:       (.) CHIPpendales;
04            geNAU;
05            (.) ja dat könnt ich mir auch gut VORstellen;
06 VIO:       ((schmunzelt))
07 BIA:       boah;
08            gei:l;
09 MIK:       oah;
10            nee-
11 VIO:       (.)isch mach disch RISCHtisch groß mike.
12 MIK:       (-) gott;=
13            =wenn de DET hörst,
14            wie die frAUen da [reaGIEren?]
15 VIO:                         [NEE mike, ]
16 MIK:       <<all>(--)entweder würd ick da oben_n LACHkrampf
              kriegen oder mir nur noch an_n KOPP fassen;>
```

Literatur

Auer, Peter. 1998. Zwischen Parataxe und Hypotaxe: 'abhängige Hauptsätze' im Gesprochenen und Geschriebenen Deutsch. *Zeitschrift für Germanistische Linguistik* 26(3): 284–307.

Auer, Peter. 2000. Pre- and postpositioning of *wenn*-clauses in spoken and written German. In: *Cause – Condition – Concession – Contrast. Cognitive and Discourse Perspectives*, Hrsg. Elizabeth Couper-Kuhlen und Bernd Kortmann, 173–204. Berlin: de Gruyter.

Auer, Peter und Anja Stukenbrock. 2018. When 'you' means 'I': The German 2nd ps.sg. pronoun *du* between genericity and subjectivity. *Open Linguistics* 4(1): 280–309. https://doi.org/10.1515/opli-2018-001.

Birkner, Karin. 2006. (Relativ-)Konstruktionen zur Personenattribuierung: ‚ich bin n=mensch der...', In *Konstruktionen in der Interaktion*, Hrsg. Susanne Günthner und Wolfgang Imo, 205–238. Berlin: de Gruyter.

Birkner, Karin und Oliver Ehmer. 2014. Existenz-Attributiv-Konstruktion(en) im Deutschen und Spanischen: Strukturlatenz und Repetition. In *Sprache im Gebrauch: Räumlich, zeitlich, interaktional*, Hrsg. Pia Bergmann, Karin Birkner, Peter Gilles, Helmut Spiekermann, und Tobias Streck, 257–296. Heidelberg: Universitätsverlag Winter.

Ehmer, Oliver. 2011. *Imagination und Animation. Die Herstellung mentaler Räume durch animierte Rede*. Berlin/New York: de Gruyter.

Fauconnier, Gilles. 1994. *Mental Spaces: Aspects of Meaning Construction in Natural Language*. New York: Cambridge University Press.

Freywald, Ulrike. 2008. Zur Syntax und Funktion von *dass*-Sätzen mit Verb-Zweitstellung. *Deutsche Sprache* 3: 246–285.

Freywald, Ulrike. 2020. Notes on the left periphery of V2 complement clauses in German: Complementiser drop and complementiser doubling. In *Verb Second Grammar. Internal and Grammar External Interfaces*, Hrsg. Horst Lohnstein und Antonios Tsiknakis, 123–146. Berlin: de Gruyter.

Golato, Andrea. 2000. An innovative German quotative for reporting on embodied actions: *Und ich so/und er so* ‚and I'm like/and he's like'. *Journal of Pragmatics* 32: 29–54.

Günthner, Susanne. 1997. Stilisierungsverfahren in der Redewiedergabe – Die ‚Überlagerung von Stimmen' als Mittel der moralischen Verurteilung in Vorwurfsrekonstruktionen. In *Sprech- und Gesprächsstile*, Hrsg. Margret Selting und Barbara Sandig, 94–122. Berlin: de Gruyter.

Günthner, Susanne. 1999. *Wenn*-Sätze im Vor-Vorfeld: Ihre Formen und Funktionen in der gesprochenen Sprache. *Deutsche Sprache* 3: 209–235.

Günthner, Susanne. 2002. Stimmenvielfalt im Diskurs: Formen der Stilisierung und Ästhetisierung in der Redewiedergabe. *Gesprächsforschung – Online-Zeitschrift zur verbalen Interaktion* 3: 59–80.

Günthner, Susanne. 2006. 'Was ihn trieb, war vor allem Wanderlust' (Hesse: Narziss und Goldmund). Pseudocleft-Konstruktionen im Deutschen. In *Konstruktionen in der Interaktion*, Hrsg. Susanne Günthner und Wolfgang Imo, 59–90. Berlin/New York: de Gruyter.

Günthner, Susanne. 2008. 'Die Sache ist...': eine Projektorkonstruktion im gesprochenen Deutsch. *Zeitschrift für Sprachwissenschaft* 27(1): 39–72.

Günthner, Susanne. 2011. N *be that*-constructions in everyday German conversation. A reanalysis of 'die Sache ist/das Ding ist' ('the thing is')-clauses as projector phrases. In *Subordination in Conversation. A Cross-Linguistic Perspective*, Hrsg. Rita Laury und Ryoko Suzuki, 11–36. Amsterdam: Benjamins.

Günthner, Susanne. 2020. Practices of clause-combining. From complex *wenn*-constructions to insubordinate ('stand-alone') conditionals in everyday spoken German. In *Emergent Syntax for Conversation. Clausal Patterns and the Organization of Action*, Hrsg. Yael Maschler, Simona Pekarek Doehler, Jan Lindström, und Leelo Keevallik, 185–219. Amsterdam/New York: John Benjamins Publishing Company.

Günthner, Susanne und Paul J. Hopper 2010. Zeitlichkeit und sprachliche Strukturen: Pseudoclefts im Englischen und Deutschen. *Gesprächsforschung – Online-Zeitschrift zur verbalen Interaktion* 11: 1–28.

Günthner, Susanne und Wolfgang Imo. 2003. Die Reanalyse von Matrixsätzen als Diskursmarker: *ich-mein*-Konstruktionen im gesprochenen Deutsch. *InLiSt – Interaction and Linguistic Structure* 37: 1–31.

Hickethier, Knut. 2001. ‚Wie bitte, Sie lieben das Meer nicht¿ – ‚Bleiben Sie dran¡ Mediale In-szenierungen und Mehrfachadressierungen. In *Mediensprache und Medienlinguistik*, Hrsg. Dieter Möhn, Dieter Roß, und Marita Tjarks-Sobhani, 111–130. Frankfurt/M.: Lang.

Imo, Wolfgang. 2007. *Construction Grammar und Gesprochene-Sprache-Forschung. Konstruktionen mit zehn matrixsatzfähigen Verben im gesprochenen Deutsch*. Berlin: de Gruyter.

König, Ekkehard und Johan van der Auwera. 1988. Clause integration in German and Dutch conditionals, concessive conditionals, and concessives. In: *Clause Combining in Grammar and Discourse,* Hrsg. John J. Haiman und Sandra A. Thompson, 101–133. Amsterdam: Benjamins.

Lambrecht, Knud. 2001. A framework for the analysis of cleft constructions. *Linguistics* 39(3): 463–516.

Pascual, Esther. 2006. Fictive interaction within the sentence: A communicative type of fictivity in Grammar. *Cognitive Linguistics* 17(2): 245–267.

Pomerantz, Anita M. 1980. Telling my side: 'Limited access' as a 'fishing device'. *Sociological Inquiry* 50: 186–198.

Schegloff, Emanuel A. 1992. Repair after next turn: The last structurally provided defense of intersubjectivity in conversation. *American Journal of Sociology* 97(5): 1295–1345.

Schmid, Hans-Jörg. 2000. *English Abstract Nouns as Conceptual Shells. From Corpus to Cognition*. Berlin/New York: de Gruyter Mounton.

Schmid, Hans-Jörg. 2001. 'Presupposition can be a bluff': How abstract nouns can be used as presupposition triggers. *Journal of Pragmatics* 33: 1529–1552.

Thompson, Sandra A. 2002. Object complements and conversation: towards a realistic account. *Studies in Language* 26(1): 125–163.

Thompson, Sandra A. und Anthony Mulac. 1991. A quantitative perspective on the grammaticization of epistemic parentheticals in English. In *Grammaticalization II*, Hrsg. Elisabeth Traugott und Bernd Heine, 313–339. Amsterdam: John Benjamins.

Weinert, Regina. 1995. Focusing constructions in spoken language. Clefts, Y-movement, thematization and deixis in English and German. *Linguistische Berichte* 159, 341–369.

Das Ende von Projekten und wie sie erweitert werden können 6

6.1 Allgemeines zur externen Expansion von Projekten

Ein syntaktisches Projekt ist potentiell abgeschlossen, wenn **alle Projektionen eingelöst** sind. Da Projekte in der Regel hierarchisch aufgebaut sind, aber simultan prozessiert werden, setzt die Einlösung der Projektionen im Gesamtprojekt voraus, dass auch die Projektionen innerhalb von eingebetteten Phrasen oder untergeordneten Projekten eingelöst worden sind.

Fragmente. Nicht jedes Projekt wird allerdings erfolgreich zu Ende gebracht. Manchmal wird ein Projekt abgebrochen, ohne dass ein syntaktischer Abschluss erreicht ist, also obwohl noch Projektionen offen sind. Dann bleibt das Projekt als Fragment stehen. Die wichtigsten Typen von Fragmenten wurden bereits besprochen (vgl. Abschn. 4.6). Dazu gehören auch Aposiopesen; hier wird die Rezipientin (durch Projektion) aufgefordert, die Äußerung für sich selbst in einer gewissen Weise zu vervollständigen und den Redebeitrag zu verstehen, ohne dass der Sprecher explizit werden möchte.

Externe Expansionen. Wichtiger und häufiger ist allerdings der umgekehrte Fall, in dem trotz eines möglichen syntaktischen Abschlusspunkts das Projekt erweitert (expandiert) und damit auch der Redebeitrag fortgesetzt wird. Jedes potentiell abgeschlossene syntaktische Projekt kann expandiert werden, genauso wie jeder Redebeitrag über einen möglichen Abschlusspunkt hinaus erweitert werden kann. Die Syntax spiegelt hier also den Aufbau der Redebeiträge, zu dem sie ja wesentlich beiträgt (vgl. Auer 1992): Genauso wie ein Turn mögliche Abschlusspunkte hat, an denen Turn-Taking stattfinden kann, aber nicht muss, sind auch syntaktische Projekte nur potentiell, nicht notwendigerweise faktisch abgeschlossen, wenn alle Projektionen eingelöst sind. Dem Sprecher steht es frei, ein neues Projekt zu

---

Ergänzende Information Die elektronische Version dieses Kapitels enthält Zusatzmaterial, auf das über folgenden Link zugegriffen werden kann https://doi.org/10.1007/978-3-662-68611-9_6.

beginnen oder das alte Projekt zu erweitern. Auch die Rezipientin kann ein vom Sprecher abgeschlossenes Projekt erweitern und sich damit quasi an seine Struktur ‚anhängen'. Es entstehen dann kollaborative Projekte (**Ko-Konstruktionen**), an denen Sprecher und Rezipientin nacheinander, aber gemeinsam arbeiten (vgl. z. B. Brenning 2015; siehe dazu Abschn. 2.2.3).

Projekterweiterungen (Expansionen) über mögliche syntaktische Abschlüsse hinweg sind das Thema dieses Kapitels. Im folgenden Ausschnitt finden sich verschiedene Beispiele dafür:

```
(1)(THE, Sta)
((über Lampenfieber und wie man es überwindet))
   01 THE:    braucht man da ne TECHnik?
→  02         um des zu SCHAFfen?
   -----------
   03         das wünschen sich viele AUCH jetz;=
→  04         =die Unangenehme [äh: ]   JOBS haben;
   05 STA:                     [ja:,]
→  06 THE:    oder PRÜfungen;
→  07         oder (.) was_weiss ICH;=
   08         =gespräch beim CHEF oder so?
```

In diesem Ausschnitt stellt bereits die Äußerung in Z. 01 ein potentiell abgeschlossenes Projekt dar. Sie enthält ein finites Verb in Spitzenstellung (*brauchen*) und zwei Nominalphrasen, wie vom Verb gefordert: die Subjekt-NP *man* und die Objekt-NP *ne TECHnik*. Letztere trägt den Fokusakzent. Außerdem enthält das Projekt das rückverweisende Adverb *da*, das den Bezug auf die vorherigen Ausführungen der Adressatin herstellt. Die Anfangsstellung des Verbs kennzeichnet die Äußerung als syntaktische Frage.

Der Sprecher erweitert dieses Projekt in Z. 02 um eine finale Infinitivkonstruktion, die syntaktisch an *Technik* angeschlossen wird, also diesem Nomen untergeordnet ist. Damit ist das erste Projekt zu Ende.

Das zweite Projekt beginnt in Z. 03 mit dem Pronomen *das*, das sich auf die Proposition bezieht, die in Z. 01/02 formuliert wurde; es folgen ein reflexives Verb (*sich-wünschen*) in Zweitstellung und dann das von diesem Verb neben dem Objekt *das* geforderte Subjekt (*viele*). Damit ist bereits ein möglicher Projektabschluss erreicht. Allerdings schließt der Sprecher ohne prosodische Zäsur (also anders als beim Übergang zwischen Z. 01 und Z. 02) sofort zwei weitere, expandierende Elemente an, nämlich die beiden Adverbien *AUCH* und *jetzt*. Beide sind nicht projiziert und daher nicht notwendig; sowohl nach *viele* als auch nach *AUCH* wäre syntaktisch gesehen ein Abschluss möglich. Das gesamte Projekt mit seinen beiden Erweiterungen bildet aber eine prosodische Einheit (Intonationsphrase); der Fokusakzent liegt auf dem Adverb *AUCH*, also nach dem ersten möglichen syntaktischen Abschlusspunkt. Prosodisch ist die Äußerung erst nach *jetzt* abgeschlossen. Sie erscheint deshalb nicht als inkrementell produziert.

6.1 Allgemeines zur externen Expansion von Projekten

Der Sprecher fügt nun ein untergeordnetes Projekt an, nämlich ein Relativprojekt (Z. 04); er erweitert damit die mit *viele* begonnene NP und damit auch das Gesamtprojekt. Anschließend expandiert er sein Projekt noch einmal, indem er mit *oder* eine Retraktion einleitet, die in die Position der Objekt-NP *Unangenehme JOBS* zurückgeht und an dieser Stelle im Projekt retrospektiv die alternative NP *PRÜfungen* einfügt. Durch eine weitere NP mit unklarem syntaktischen Status (vgl. Abschn. 6.5) (*gespräch beim CHEF*) entsteht eine Dreierliste. (*Was_weiß ICH* ist eine zum Diskursmarker gefrorene Parenthese.) Erneut ist nach *Chef* ein möglicher syntaktischer Abschlusspunkt erreicht. Der Sprecher markiert anschließend das Ende seines Redebeitrags durch *oder so*; dieses Turn-Abschlusselement (*turn exit device*) wird prosodisch in die Intonationsphrase integriert, gehört jedoch mangels syntaktischer Beziehung nicht zum syntaktischen Projekt (vgl. dazu den Vertiefungskasten auf S. 283–287).

Die Expansionen in Ausschnitt (1) erweitern das syntaktische Projekt. Zu beachten ist aber, dass Expansionen auch in untergeordneten Projekten vorkommen; soweit diese untergeordneten Projekte nicht am Ende des übergeordneten Projekts stehen, bedeutet das, dass die Erweiterung ebenfalls in untergeordneter Position geschieht und noch nicht das Projektende, sondern nur das Ende des untergeordneten Projekts betrifft. (Ein Beispiel findet sich in Übung (2) am Ende des Kapitels.)

Prosodie der Expansion. Expansionen über syntaktische Abschlusspunkte hinaus haben also vielfältige Formen und Funktionen, die in diesem Kapitel besprochen werden. Schon an dieser Stelle wird deutlich, dass die prosodische Verpackung der Expansion eine wichtige Rolle spielt. Die Erweiterung kann mit prosodischen Mitteln exponiert oder camoufliert (versteckt) werden. **Camouflieren** kann der Sprecher sie

- durch vollständige prosodische **Integration** in die Intonationsphrase; der erste syntaktische Abschluss wird dann nicht durch eine Tonhöhenbewegung (einen **Grenzton**) markiert. Die Integration ist perfekt, wenn die Gesamtstruktur nur eine prosodische Hervorhebung enthält (so etwa in Z. 08 im obigen Ausschnitt), vor allem dann, wenn dieser Fokusakzent in der Erweiterung selbst liegt (wie in Z. 03);
- (weniger stark) durch unmittelbaren Anschluss der Erweiterung als eigene IP nach einem weiterweisenden Grenzton der vorherigen IP, wie in Z. 02, 04, 06 und 07.

Exponieren kann der Sprecher die Erweiterung, indem er das alte syntaktische Projekt mit einem fallenden oder steigenden Grenzton abschließt und die Erweiterung im Rahmen einer eigenen Intonationsphrase realisiert. Das bedeutet, dass die Expansion einen eigenen Fokusakzent erhält. Pausen oder Nachlaufelemente nach dem ersten möglichen Abschlusspunkt des Projekts wie zum Beispiel **Frageanhängsel**

wie *ne*? (*tags*) können die Distanz zwischen altem Projekt und Erweiterung vergrößern und diese dadurch weiter exponieren. Je stärker die Expansion exponiert ist, umso mehr bietet sie den anderen Gesprächsteilnehmerinnen die Möglichkeit (und lädt sie teils sogar dazu ein), das Rederecht zu übernehmen oder zumindest ein Rezeptionssignal zu produzieren. Erweiterungen können sich sogar so weit vom ursprünglichen Projekt entfernen, dass dazwischen ein Redebeitrag eines anderen Sprechers beginnt und evtl. sogar endet.

In diesem Kapitel werden die wichtigsten Typen von externen Expansionen vorgestellt und diskutiert. Ausführliche Darstellungen von Expansionen über einen möglichen Projektabschluss hinweg finden sich u. a. bei Auer (1996) und Couper-Kuhlen und Ono (2007).

6.2 Lineare Expansionen: Fortsetzungen und Nachträge

Mit linearer Erweiterung ist gemeint, dass sich das erweiternde Syntagma grammatisch an die bisherige Struktur des Projekts anschließt. Die Erweiterung kann eine nicht projizierte syntaktische Position nach dem potentiellen Abschluss sein. Es handelt sich dann um eine **Fortsetzung**. Solche Fortsetzungen sind zum Beispiel untergeordnete Projekte (adverbiale ‚Nebensätze' oder infinitivische Erweiterungen) im Nachfeld, die fast jedes Projekt linear erweitern können. Es gibt auch Fortsetzungen, bei denen das expandierende Element schon vor dem ersten potentiellen Abschluss hätte produziert werden können und manchmal sogar hätte produziert werden sollen. Die Erweiterung ist zwar syntaktisch möglich, das erweiternde Element wirkt aber **verspätet**. Viele Fortsetzungen werden prosodisch gar nicht oder nur wenig hervorgehoben. Inhaltlich tragen sie oft nur wenig zum Redebeitrag bei.

Strukturell ähnlich, funktional aber anders zu analysieren sind **Nachträge**. Der Begriff wird hier für Erweiterungen verwendet, die prosodisch exponiert und oft sogar durch eine Pause als neue Komponente innerhalb des emergierenden Projekts gekennzeichnet sind. Sie haben semantisch und pragmatisch vielfältige Funktionen, die von der Hervorhebung der Information im Nachtrag bis zur Bearbeitung interaktiver Probleme reichen.

Zwischen Fortsetzungen und Nachträgen gibt es fließende Übergänge, die der Tatsache geschuldet sind, dass die prosodische und pragmatische Selbständigkeit der Erweiterung graduell ist.

6.2.1 Phrasale lineare Expansionen

Phrasale Fortsetzungen und Nachträge. Expansionen sind manchmal syntaktisch völlig unauffällig, weil sie sich exakt dort in das entstehende Syntagma einbetten, wo sie syntaktisch erwartbar (wenn auch nicht notwendig) sind.

6.2 Lineare Expansionen: Fortsetzungen und Nachträge

```
(2)(BB)
((Josef behauptet spaßeshalber, in chinesischen Restaurants würden
alte Hunde und Katzen als Fleisch serviert.))
   01 JOS:   ja was mEinst du wie die das SONST mit dem preis
             machen.
   -----------
   02        (1.0)
   03        die beZAHLN nix für das flei:sch; (-)
   -----------
   04        die gehn in 'TIER^heim; (-)
   -----------
   05        un (.) so [ALte (-)
   06 VIO:             [((kichert))
   07 JOS:   ja die se EH nimmer quitt kriegen;
             die wern dann [MITgenommen.
   08 VIO:                 [((tiefes, verhaltesn Lachen))
```

Die Erweiterung *für das flei:sch* über das mögliche Projektende nach *nix* ist weder prosodisch noch syntaktisch markiert. Die Rezipientin kann zwar an dieser Stelle ein Projektende projizieren, der Sprecher wird aber die gesamte Äußerung vermutlich als eine Einheit geplant haben.

Die folgenden Expansionen durch Phrasen nach einem möglichen Projektende sind hingegen wegen ihrer exponierenden Prosodie als **Nachträge** zu analysieren:

```
(3)(DOM, Stiefvater)
   01 DOM:   e:r HINtergeh:t ja:? (.)?m ?m deine MUTter auch;
→  02        äh [auf] auf_s [Ü ]belste.
   03 ANN:      [ja,]       [ja,]
   04        mm,
```

Der Sprecher erweitert sein Projekt in Z. 01, das bereits nach *MUTter* abgeschlossen sein könnte, zunächst durch die Abtönungspartikel *auch*. Diese Expansion ist wie in Ausschnitt (2) syntaktisch unauffällig und vollständig in die Intonationsphrase integriert. Anders verhält es sich mit der Expansion in Z. 02. Der sinkende Intonationsverlauf auf *auch* unterstützt den syntaktischen Abschluss am Ende von Z. 01. Auch Anne, die Adressatin, versteht das so, denn sie produziert an dieser Stelle ein zustimmendes Signal (erstes *ja* in Z. 03). Die Erweiterung des Projekts in Z. 02 ist prosodisch exponiert: sie erfolgt nach einer IP-Grenze und hat einen eigenen Fokusakzent. Syntaktisch ist die Erweiterung aber lizenziert, denn die modale Angabe *auf_s Übelste* ist zwar nicht notwendig, allerdings nur an dieser Stelle möglich. Auf der Interaktionsebene trägt der Nachtrag wesentlich zur Formulierung des Vorwurfs bei, den der Sprecher hier dem Partner von Annes Mutter macht, nämlich diese (durch eine Affäre mit der Tochter) zu hintergehen.

```
(4)(ET 22-06)
  01 RIT:   ich will n_EIS; (---)
  02 MIR:   eis?
  03 RIT:   (.) <<pp>ich hätt jetzt gern n_EIS;> (--)
→ 04 MIR:   <<flüstert>mit so SCHOkosoße;>
```

Auch in Ausschnitt (4) ist die Expansion mit der PP *mit so SCHOkosoße* in Z. 04 syntaktisch betrachtet nur in dieser Position möglich: die PP erweitert die vorherige NP *n EIS* (am Ende von Z. 03). Die Erweiterung wird allerdings nicht von derselben Sprecherin (Rita), sondern im Rahmen einer syntaktischen **Ko-Konstruktion** von Miriam produziert, die damit deren Äußerung expandiert. Miriams *mit so SCHOkosoße* führt Ritas syntaktisches Projekt über den potentiellen Abschluss hinweg weiter. Die Erweiterung ist prosodisch vom vorherigen Äußerungsteil klar getrennt. Sie ist interaktiv motiviert und kann als Zustimmung zu Ritas Wunsch interpretiert werden, d. h. es handelt sich um einen Nachtrag.

Funktion der schließenden Klammer. Im Vergleich zu anderen Sprachen (wie dem Englischen, vgl. Couper-Kuhlen und Ono 2007, die hier von *glue-ons* sprechen) sind prosodisch und syntaktisch völlig unauffällige phrasale Erweiterungen, die genau an der Stelle stehen, die dafür vorgesehen ist (wie in den Ausschnitten (2)–(4)), im Deutschen seltener. Der Grund dafür ist, dass das Deutsche über relativ starke syntaktische Signale verfügt, um das potentielle syntaktische Ende eines Projekts zu markieren. Eine zentrale Rolle spielt dabei die **schließende (Verbal-) Klammer**, die in selbständigen Projekten durch die nicht-finiten Teile des Verbs gebildet wird:

```
(5)(DOM, Flucht)
  01 DOM:   bist du mit diesem: türkischen mann dann rIchtig
                                              → zuSAMMgekommen?
  02 CHR:   ja, wir warn NEUNundzwanzig jAhre → zusAmm,
```

Die schließende Klammer (hier *zuSAMMgekommen* bzw. *zusAmm*) markiert das Ende des Mittelfelds; Elemente nach dieser Klammer stehen im **Nachfeld**.

Erweiterungen des Projekts über die schließende Klammer hinaus ins Nachfeld werden oft **Ausklammerungen** genannt. Der Begriff suggeriert, dass die ‚eigentliche' Position der ausgeklammerten Elemente das Mittelfeld ist, aus dem sie in die Position nach der schließenden Klammer verschoben wurden. Diese Annahme ist jedoch stark von der im heutigen schriftlichen Standarddeutschen geltenden Präferenz geprägt, die Nachfeldposition nicht mit Phrasen zu besetzen. Angemessener ist es, (bestimmte) Besetzungen des Nachfelds als eigenes mündliches Konstruktionsschema zu betrachten. Die Nachfeldpositionierung ist in diesen Fällen eine Alternative zur Positionierung des betroffenen Elements im Mittelfeld.

Selten steht im Nachfeld eine für das Projekt notwendige Phrase, so wie in Ausschnitt (6) das Prädikativ *der sechste MÄRZ*:

```
(6) ich meine n GUtes dAtum kann natürlich sein,(-) →
                                              der sechste MÄRZ;
```

6.2 Lineare Expansionen: Fortsetzungen und Nachträge

In diesem Fall ist das Projekt mit der schließenden Klammer nicht (potentiell) zu Ende. Die Phrase im Nachfeld ist ein projizierter Bestandteil des Projekts.

Angaben als Fortsetzungen im Nachfeld. Adverbien und Präpositionalphrasen in der Funktion von **Angaben** werden besonders häufig ins Nachfeld gestellt. Wieder lassen sich verschiedene prosodische Markierungsstärken der Expansion unterscheiden. Beispiele für vollständige Integration in die laufende IP finden sich in den Ausschnitten (7)–(9). Die schließende Klammer ist *SEHN, geFROren is* (untergeordnetes Projekt) bzw. *geblieben*:

```
(7)(BB)
  01 ANT:   aber wenn die aufgabe hier vorBEI is,=
  02        =kann ich ma f kein feuer mehr `SEHN für ne weile;

(8)(ET 22-06)
  01 RIT:   so_n spaGHETti eis wo des ä:::-
  02        wo die SAHne so geFRORN is innen drin.
  -----------
  03        <<p>KENNT ihr des?>

(9)(DOM, Flucht)
  01 DOM:   bist du NACH der wende wieder in deine Alte HEImath
            äh viertl: gezogen
  -----------
                              od[er-
  02 CHR:                        [nee.=
  03 DOM:   =nee.
  04        du bist in westberLIN geblieben dann;
```

Es gibt an der Oberfläche der Sprachproduktion keine Verzögerungen oder Pausen, die auf eine emergente Prozessierung hindeuten.

Nachfeldbesetzungen können durch einen **eigenen Akzent** ein größeres prosodisches Gewicht erhalten, obwohl sie in die IP integriert sind. Im folgenden Ausschnitt (10), der sich ansonsten nicht von den Ausschnitten (6)–(9) unterscheidet, trägt zum Beispiel die Erweiterung *nach der GRENZöffnung* einen eigenen Fokusakzent auf *GRENZ-* (Z. 03); da es beim Übergang vom bisherigen Projekt (*wie_s verLAUfen is*) keine prosodische Zäsur gibt, handelt es sich nicht um eine eigene Intonationsphrase, sondern um einen zweiten Fokusakzent innerhalb der schon begonnenen Intonationsphrase:

```
(10)(HH)
  01 INT:   wie fInden sie (.) überhAupt jetz (.) so die
            situaTION;=
  02        =wie_s: die sAche;=
  03        =wie_s verLAUfen is nach der GRENZöffnung.
```

```
04  HH4:    [°hhh
05  INT:    [überHAUPT dass die grenze jetzt geÖFFnet wurde.
```

Im Beispiel ist die Interpretation naheliegend, dass der Interviewer während der Produktion der ursprünglichen Formulierung seiner Frage zu dem Schluss kommt, dass der Verweis auf ‚die Situation' bzw. ‚die Sache' für den Befragten nicht ausreichend sein wird, um eine Antwort zu geben. Die Erweiterung durch *nach der GRENZöffnung* liefert eine erste Spezifizierung der Frage, die dann in Z. 05 im Rahmen einer Retraktion zu Z. 01 weiter bearbeitet wird.

Angaben im Nachfeld als Nachträge. Bei **Nachträgen** erhält die Erweiterung nicht nur (mindestens) einen Akzent, sondern es liegt zwischen dem ersten potentiellen Projektende und der Expansion zusätzlich eine IP-Grenze. Die Erweiterung enthält in der Regel eine relevante Information, und sie ergibt sich oft aus der (mangelnden) Reaktion der Gesprächspartnerin. Der Sprecher ‚bessert nach':

```
(11)(BB)
((Mike erklärt Vladko, warum es Häuserleerstand gibt.))
   01 MIK:    die werden irgendwo ABgeschrieben die hütten,
   02 VLA:    aHA-
   03 MIK:    WEISSte? (-)
→  04         von der STADT her,
   -----------
   05         sind ja meist (.) also ist ja eim? immer
              STADTeigentum.
   06 VLA:    aHA-

(12)(BB)
   01 ANT:    wenn_s die pille für den MANN gäbe würd ich die
              SCHLUC[ken;
   02 VLA:          [ich AUCH.
→  03 ANT:    (0.5) zu meinem eigen=
   04 JOS:    =[isch AU::CH;]
→  05 ANT:     [eige        ]nen inteRESse; °hhh
→  06         meiner Eigenen SICherheit. (-)

(13)(LEGAG 7; Telefonat)
   01 TIN:    mhh °h (bi)s der einzig ruhende POL noch bei euch in
              der woh(h)nge(h)mein(h)schaft=oder? °h
   02 ROB:    (--) jjoa:: :[ h h
   03 TIN:                 [°hh he he [h
   04 ROB:                            [jo=jo[a
→  05 TIN:                                  [in bezug auf eXAmina;
   06 ROB:    bezuch (-) bezug auf eXAmen sicher(lich);
```

6.2 Lineare Expansionen: Fortsetzungen und Nachträge

```
(14)(S/H 7)
((Hilda berät Sara in Bezug auf eine bevorstehende
Auslandsreise.))
   01 HIL:   das kannse dir dir auch SELber anle[sen vorher.
→  02 SAR:                                       [mit (nem)
             STADTführer oder so.
   03 HIL:   jaa:;
```

In Ausschnitt (11) erläutert Mike Vladko, wie Häuserbesetzungen funktionieren. Er erklärt in Z. 01, dass Häuser aus Abschreibungsgründen leerstehen. Die Äußerung könnte nach dem Partizip in der schließenden Klammer beendet sein, wird jedoch, prosodisch camoufliert, durch eine NP (*die hütten*) erweitert (vgl. dazu Abschn. 6.3). Vladko quittiert diese Erklärung mit einem wenig überzeugt wirkenden *aHA* (ein ‚Erkenntnismarker', *change of state token*) mit flacher Intonation. Darauf reagiert Mike zunächst mit einem leicht verzögerten Frageanhängsel (*weisste?*). Da Frageanhängsel regelmäßig Rezeptionssignale elizitieren, wirkt die Produktion eines solchen Frageanhängsels nach einem Rezeptionssignal wie dessen Tilgung: Vladkos *aHA* wird übergangen, sein dadurch – verhalten – ausgedrücktes Verstehen reicht Mike nicht aus. Er erweitert daher nach einer kurzen Pause sein Projekt mit dem Nachtrag *von der STADT her*. Diese Expansion hat prosodisch das Format einer eigenen IP. Semantisch bringt sie ein neues Faktum ins Spiel, nämlich, dass seiner Meinung nach die Stadtverwaltungen für den Leerstand verantwortlich sind. Dies soll Vladkos Skepsis überwinden; er produziert tatsächlich ein weiteres *aHA*.

In Ausschnitt (12) findet Antons in Z. 01 transkribierte Stellungnahme zur ‚Pille für den Mann' zwar allseitige Zustimmung (vgl. Z. 02, 04), ihre eigentliche Brisanz wird aber erst aus dem nachgetragenen *zu meinem eigenen InteRESse/meiner Eigenen SICherheit* ersichtlich. Die Erweiterung ist prosodisch exponiert und syntaktisch durch die Positionierung nach der schließenden Klammer (*SCHLUCken*) klar gekennzeichnet. Sie erfolgt erst, nachdem die Gesprächspartner schon auf die Äußerung reagiert haben.

In Ausschnitt (13) hat Tina bei Robert angerufen, dessen Wohngemeinschaft sich im Prüfungsvorbereitungsstress befindet; nur er selbst macht gerade kein Examen. Nachdem Robert die Situation dargestellt hat, fasst Tina diesen Bericht lachend in der Form einer Zuschreibung zusammen (Z. 01): Robert sei der ‚einzige ruhende Pol'. Das Projekt ist am Ende von Z. 01 abgeschlossen, nachdem es vorher schon mehrfach durch Fortsetzungen erweitert wurde (*noch, bei euch, in der woh(h)nge(h)mein(h)schaft*). Robert akzeptiert diese Formulierung nur zögerlich (Z. 02, 04). Tina erweitert daraufhin ihr ursprüngliches Projekt erneut, indem sie die PP *in bezug auf eXAmina* anhängt. Mit dieser Einschränkung akzeptiert Robert schließlich die Zuschreibung.

In Ausschnitt (14) schlägt Hilda ihrer Freundin vor, sich bei einer Reise die notwendigen Informationen vor Ort nicht durch einen persönlichen Führer zu holen, sondern sie ‚sich selbst anzulesen'. Sara stimmt zu, indem sie Hildas Projekt erweitert (*mit (nem) STADTführer oder so*). Der Ausschnitt ist insofern interessant, als Saras Erweiterung noch vor Abschluss von Hildas Redebeitrag (und Projekt) während der Produktion des Worts *anlesen* beginnt. Hildas eigene Fortsetzung mit *vorher* im Nachfeld des Projekts wird auf diese Weise durch Simultansprechen überdeckt. Dies ist möglich, weil der Abschlusspunkt nach *anlesen* bereits projizierbar und der Sinn der Äußerung erkennbar ist (*terminal overlap*). Die Ko-Konstruktion dient der Zustimmung.

Erweiterungen im Nachfeld ohne schließende Klammer. Auch wenn die schließende Verbalklammer fehlt, ist es aufgrund der vergleichsweise rigiden Wortstellungsregeln des Deutschen oft möglich, das Ende eines Projekts vorherzusagen. Elemente, die sich dann jenseits des möglichen Endes anschließen, werden wie solche nach der schließenden Klammer als externe Expansionen interpretiert. Klar projektschließende Strukturen sind zum Beispiel **Prädikative** wie in Ausschnitt (15) *SCHÜler*, in (16) *unverZICHTbar*. Die ihnen folgenden externen Erweiterungen lassen sich wiederum auf der Skala von Fortsetzung bis Nachtrag einordnen, je nach prosodischer Verpackung:

```
(15)(DOM, minderjährig)
  01 DOM:   du bist öh (.) [SCHÜler noch?=
  02 CHR:                  [°hhh
  03 DOM:   =oder stuDENT?
  -----------
  04 CHR:   ich mach grad mein abiTUR.

(16)(BB)
((Diskussion über Kondome))
  01 JOS:   <<verärgert>n_oh heut in (.) in der HEUtigen zeit
            is_n kondom unverZICHTbar.
  (------------)
  02 VLA:   un du meinsch (.) [OHne GEHT_S nich.]
→ 03 JOS:                     [wegen AIDS.      ]
  04 VLA:   ja naTÜRlich.
```

In Ausschnitt (15) ist das projizierbare und erste mögliche Ende des Projekts nach *SCHÜler* erreicht. Der Sprecher schließt an dieser Stelle das Adverb *noch* an, das eher vor dem Prädikativ im Mittelfeld zu erwarten gewesen wäre. Die Expansion ist eine typische Fortsetzung (kein Akzent, keine intonatorische Phrasengrenze, kein wesentlicher Beitrag zum Inhalt des Projekts). In Ausschnitt (16) scheint Vladko zunächst Josefs Meinung widersprechen zu wollen, man solle heutzutage keinen Sex ohne Kondom haben (vgl. seinen indirekt formulierten Widerspruch in Z. 02), sodass Josef eine Begründung nachliefern muss, warum er dieser Meinung ist (*wegen AIDS*). Mit dieser Begründung findet seine Meinung dann Vladkos uneingeschränkte Zustimmung (Z. 04). Hier ist die Erweiterung klar prosodisch exponiert und entsteht dialogisch; es handelt sich also um einen typischen Nachtrag.

Die schließende Klammer ist also nur ein Verfahren, um ein syntaktisches Projekt als vollständig zu kennzeichnen. Auch in vielen anderen Fällen ist klar er-

6.2 Lineare Expansionen: Fortsetzungen und Nachträge

kennbar, dass ein Element eine Erweiterung ist. Es ist durchaus plausibel, den Begriff ‚Nachfeld' auf solche Fälle auszudehnen. Dazu kommt, dass nicht immer klar ist, was eigentlich zum Verbalkomplex (also der klassischen Verbalklammer) gehört. Im folgenden Ausschnitt kann zum Beispiel *RÜber* als Teil eines verbalen Kompositums *rüberdürfen* verstanden werden; man kann es aber auch als Adverb klassifizieren. Für die Prozessierung des emergenten Projekts spielt das keine Rolle. In jedem Fall ist nach *RÜber* ein Abschlusspunkt erreicht, und die sich anschließende, das Projekt erweiternde Angabe *immer bis nAchts um ZWÖLF* ist ein Nachtrag.

```
(17)(DOM, Flucht)
  01 DOM:    eh äh es gab in der de de er türkische eh eh MENschen?
  -----------
  02 CHR:    die dUrften RÜber;=ja,
  03 DOM:    die [durften RÜber;              ]
(------------)
→ 04 CHR:        [immer bis nAchts um ZWÖLF?]
  -----------
  05         dann mussten se wieder zuRÜCK,
```

Christa reagiert auf die Nachfrage des Gesprächspartners in Z. 01, ob es in der DDR denn ‚türkische Menschen' gegeben hätte, zunächst bejahend (Z. 02). Sie erweitert das Projekt dann durch eine Information über die Modalitäten dieser Westbesuche (Z. 04). Durch die prosodische Exponierung in einer eigenständigen IP wird die Information stärker hervorgehoben und als neu herausgestellt, als sie dies in der Position nach dem Finitum (im Mittelfeld) gewesen wäre. Der Nachtrag ist eine Reaktion auf die Wiederholung ihrer Antwort durch den Gesprächspartner in Z. 03, die weitere Erläuterungen einfordert.

> **Vagheits- oder Approximationsmarker im Nachfeld**
> Sprecher markieren in der gesprochenen Sprache oft, dass die Formulierung, die sie wählen, unpräzise ist (Vagheitsmarker) oder sich dem beschriebenen Sachverhalt lediglich annähert (Approximationsmarker). Die Vagheitsmarker *irgendwie* und *so* stehen im Projektverlauf meist vor dem Ausdruck, auf den sie sich beziehen. Oft stehen sie im Projektverlauf vor dem Beginn des Fokus der Äußerung, auf den sich die Vagheit/Approximation bezieht (vgl. Abschn. 4.2). *So* dient überdies der Redeanführung. In einer weiteren Verwendungsweise stehen *irgendwie* und *so* im Nachfeld. Sie tragen keinen Akzent. Die vagheitsindizierende Funktion bleibt teils erhalten, teils – besonders bei *so* – scheint sie aber zugunsten einer allgemeineren Funktion der Abschlussmarkierung im Projekt zu schwinden. *So* und *irgendwie* können am Projektende auch miteinander kombiniert werden (vgl. das zweite Beispiel unten). Bei *so* ist auffällig, dass es sowohl den Anfang des Fokus als auch das Projektende markieren kann; der Fokus wird dann quasi eingeklammert.

Im ersten Ausschnitt ist die approximationsmarkierende Verwendung sehr deutlich. Die Gesprächsteilnehmerinnen versuchen zu klären, was eine ‚Kalte Sophie' ist. Klaras Vergleich mit ‚Slush Ice' wird durch nachgestelltes *irgendwie* als Annäherung gekennzeichnet:

```
(ZK2)
((was ist eine „Kalte Sophie"?))
  01 INA:   des isch so
  02        des isch (.) [so mit EIS;=gej?  ]
  ------------
  03 KLA:                [geNAU; des isch so]
  04        isch so  (.) eigentlich ne SÜße WEISSweinschorle
            als SLUSH ice;
→ 05        [irgendwie;
  ------------
  06 UTA:   [oh LECker;
```

Syntax und Prosodie markieren *irgendwie* als Erweiterung über einen möglichen syntaktischen und prosodischen Abschlusspunkt hinaus. *Irgendwie* erhält zwar keinen Akzent, ist aber durch eine Tonhöhenbewegung auf *ice* abgesetzt (***minor intonational phrase***).

Auch im zweiten Beispiel bezieht sich die kombinierte Verwendung von *irgendwie* und *so* in Z. 13 auf eine approximierende Formulierung, nämlich auf die Zeitangabe *zwEieinhalb STUNden*:

```
(GüKa)
  01 MAR:   aber (-) wir ham vom: KYBfelsen;
  02        auf_n SCHAUinsland;
  03        und da ha- sin wir ECHT nich SCHNELL gelaufen,=
  04        =weil wir BEIde irgenwie-
  05        wir hattn zuwenig WASser dabei,=
  06        =und dann beide zuwenig BLUTzucker,
  07        ab[er
  08 BIN:     [und von [DORT dann zum [SCHAUinsland;
  09 MAR:              [ja-            [mHM,
  10 BIN:   oh.
  11        [ja:,
  12 MAR:   [un desWEgen sin wir da ECHT nich SCHNELL
            gelaufen;=
  13        =wir ham vom KYBfelsen auf_n SCHAUinsland (0.5)
            nOchma:l
            ich glaub (.) zwEieinhalb STUNden gebraucht?=
  14        =irgendwie so?
```

6.2 Lineare Expansionen: Fortsetzungen und Nachträge

```
15 BIN:    okey,=
16 MAR:    =oder DREI? maximal-
```

Z. 13 enthält mit *ich glaub* einen weiteren, die Zeitangabe epistemisch modalisierenden Ausdruck. Wieder fällt die syntaktische Grenze nach *gebraucht* mit der prosodischen Phrasengrenze zusammen.

Im folgenden Ausschnitt ist die Funktion der Abschlussmarkierung dominanter. Hier bezieht sich *irgendwie* auf die Ankündigung von Bea, dass sie noch eine Freundin erwarte.

```
(ZK4)
((Ema erzählt von einem Erlebnis mit ihrer Freundin Bea.))
   01 EMA:    i::ch ä:::hm (1.0) <<leicht lachend> war mit
              BEa?>
   02         hab ich mich um NEUN im u CEE getroffen?
   -----------
   03         (-) und sie meinte es kommt vielleicht noch ne
              FREUNdin irgendwie-
   -----------
   04         un dann STANden wir da:-=
   -----------
   05         =und dann war die auch noch nicht DA die
              FREUNdin?= ((etc.))
```

Die Ankündigung der Freundin wird als unbestimmt (,vielleicht') dargestellt. Möglicherweise möchte die Sprecherin mit *irgendwie* die Vagheit der Ankündigung ihrer Gesprächspartnerin markieren. Vor allem signalisiert es in der Stellung im Nachfeld aber den Projektabschluss.

Hier einige Beispiele für unbetontes *so* im Nachfeld:

```
(ET 27-4-1)
((Thema sind Kochbananen))
   01 DEN:    so_n bisschen MEHlig schmeckt die so;
   02         so wie so_n SPARgel;
   03         oder ne karTOFfel vielleic[ht
   04 ZAC:                              [ja;=
      DEN:    =[die nich ganz DURCH is.
   05 ZAC:     [wie ne karTOFfel eigentlich;
```

Die approximationsmarkierende Funktion von *so* ist hier deutlich (vgl. *n_bisschen*). Es geht um eine Annäherung an die Beschreibung des Geschmacks von Kochbananen. Im folgenden Ausschnitt fehlt sie jedoch; *so* markiert nur den Projektabschluss, und zwar hier den eines formal untergeordneten Projekts (*FALLS*). Das projektfinale *so* ist prosodisch vollständig in die IP integriert.

```
(THE, Nur)
  01 NUR:   meine mOm war RICHtige: AUFnahmeleiterin un so.
  ------------
  02        boa die hat ECHT äh: KRASse RAdio skills
            <<prustet>äh h;>
  ------------
  03        also FALLS ihr noch_n job FREI habt so,
  04        meine [MUM,]
  05 THE:          [ja, ]
  06 NUR:   kennt sich [RICHtig gUt] aus; hn hn
  07 THE:              [is gut?    ]
```

Es gibt keinen Grund für die Annahme, dass *so* den Hinweis der Sprecherin auf die Rundfunkqualifikation ihrer Mutter vage, unbestimmt oder approximativ machen soll. Diese Verwendung von *so* als reiner Abschlussmarker ist im heutigen Deutsch aber wohl (noch) ‚jugendsprachlich' konnotiert.

Schließlich folgt ein Beispiel für doppeltes (den Fokus einklammerndes) *so*. Es handelt sich um eine Erweiterung des Projekts in Z. 03. Das nachgestellte, appositive Adjektiv *schwarzweiß* beschreibt ‚Schokoröllchen' näher, die vorher mit dem indexikalitätsmarkierenden Demonstrativartikel *diese* als identifizierbar, aber unvollständig beschrieben (Auer 1981; Himmelmann 1996) eingeführt wurden. Klara drückt schon während der Einführung des Referenten durch Kopfnicken aus, dass sie weiß, wovon Ina spricht, während die dritte Gesprächsteilnehmerin weder verbal noch körperlich Erkennen signalisiert. Für sie wird die Erweiterung durchgeführt. Die Klammerung durch zweimaliges *so* bezieht sich auf die problematische Beschreibung. Allerdings wird nicht die Approximativität des eingeklammerten Ausdrucks (*schwarzWEISS*) markiert, sondern die Vagheit des gesamten referenziellen Prozesses:

```
(ZK2)
  01 INA:   [<<begleitende Handgeste> und dann gibt_s (.)
            diese SCHOkoröllchen?
  02 KLA:   [((mehrfaches Nicken))
  03 INA:   [(.) [so schwarzWEISS, [=so;>
  04 KLA:        [ja,              [ja,
  05        [((mehrfaches Nicken))
```

So bildet hier eine *minor intonational phrase*.

6.2 Lineare Expansionen: Fortsetzungen und Nachträge

So und *irgendwie* sind nicht die einzigen Erweiterungen, die auf Ausdrücke zurückgehen, die Vagheit markieren. Die beiden folgenden Ausschnitte belegen die Verwendung von *sowas* und *mehr oder weniger* in derselben Position und Funktion als Vagheits- und Abschlussmarkierung:

```
(VERTRETUNG)
   01 ALV:    als(o)=sie meinen er is in_ner halben stunde DA
              sowas;=
   02 LIN:    =ja,
```

```
(LEGAG)
   01 TIN:    ich glaub=du die katzen sind hier alle
              steriliSIERT mehr oder weniger;
```

Es gibt also eine allgemeine Tendenz, durch Vagheitsmarkierer als Expansionen im Nachfeld den Abschluss des Projekts zu kennzeichnen.

6.2.2 Lineare Expansionen durch untergeordnete Projekte

Komplementprojekte im Nachfeld. Fast alle Projekte können im gesprochenen (oder geschriebenen) Deutsch durch untergeordnete Projekte („Nebensätze") expandiert werden, insbesondere durch adverbiale Projekte oder Infinitivkonstruktionen (wie *um-zu*-Infinitive). Untergeordnete Projekte können zwar auch zu Beginn des Projekts stehen, in vielen Fällen ist die präferierte Position jedoch das Nachfeld (zu den Ausnahmen gehören *wenn*-Projekte, s. Abschn. 5.1.1).

Im Nachfeld stehen allerdings oft auch untergeordnete Projekte, ohne die das übergeordnete Projekt nicht ordnungsgemäß abgeschlossen wäre. Bei ihnen handelt es sich nicht um externe Erweiterungen, denn der Projektabschluss liegt definitorisch erst nach ihrer vollständigen Produktion. Im Gegensatz zu projizierten Phrasen sind solche projizierten untergeordneten Projekte im Nachfeld sehr häufig; meist haben sie die Funktion von **Argumenten**, d. h. es handelt sich um Komplementprojekte. Im folgenden Ausschnitt (18) fehlt zum Beispiel dem Verb *merken* nach Erreichen der schließenden Klammer (*gemerkt*) noch das zweite Argument (das Objekt). Es wird im Nachfeld in Form eines *dass*-Projekts realisiert. In Ausschnitt (19) fehlt das Objekt zu *sehen*; es wird im Nachfeld als indirekte Frage realisiert.

```
(18)(Bulimie)
((Gruppentherapie))
   01 MAR:    da hab=ich SCHON gemerkt,=
→ 02         =dass des an mir ganz schön BOHRT;
```

(19)(BB)
```
  01 MIK:    du hast ja gesehen was die letzten HUNdert jahre
                                passiert [is,] °h
  02 BIA:                       [m,  ]
```

Projizierte finale Projekte sind nicht auf verbale Komplemente zu Verben beschränkt; sie können auch Komplemente von Adjektiven oder Nomina sein, wie etwa im folgenden Beispiel zum Nomen *Gefühl*:

```
(20)(Bulimie)
((Gruppentherapie))
  01 MAR:    °h da is hm da hab ich_s gefühl ghabt
→            ich bin auf einmal zwei kilo LEICHter;
```

Das Komplement wird in diesem Beispiel nicht mit *dass* eingeleitet, sondern hat die Form eines selbständigen Verb-Zweitprojekts (vgl. Abschn. 6.6).

Dass-Projekte ohne regierendes Element

In Kap. 5 wurden untergeordnete Komplementprojekte aus dem Zusammenspiel von innerer (Verb-Letztstellung, Komplementierer) und äußerer Syntax (regierendes Verb, Nomen oder Adjektiv) beschrieben (vgl. Abschn. 5.1). Es wurde gezeigt, dass im mündlichen Deutsch die innere Syntax oft zugunsten der Verb-Zweitstellung verändert wird. Die Hypotaxe wird dann ausschließlich durch das projizierende Element, also die äußere Syntax, hergestellt.

Die Frage nach dem Zusammenspiel zwischen innerer und äußerer Syntax von Komplementprojekten lässt sich aber auch aus der umgekehrten Perspektive formulieren: Gibt es zu jedem untergeordneten Projekt mit Verb-Letztstellung und Komplementierer ein regierendes Element? Wenn sich kein regierendes Element identifizieren lässt, wird das untergeordnete Projekt nicht projiziert (denn es ist kein Argument). Dieser Fall wird von Günthner (2011) und Mertzlufft und Wide (2013) für das gesprochene Deutsch untersucht. Betrachten wir den folgenden Ausschnitt:

```
(DOM, Magersucht)
    01 DOM:   und vielleicht kam da auch noch die buLImische
                    phase m äh äh rein,
→ 02             dass du_s erBROChen hast,
   03             wenn du mit ihm was geGESsen hast,=
   04             =vielLEICHT?=
   05 STE:   =geNAU;
   06              [mHM,  ]
   07 DOM:    [geNAU;]
```

6.2 Lineare Expansionen: Fortsetzungen und Nachträge

Der Sprecher DOM interpretiert hier die vorherige Darstellung einer Anruferin. Er vermutet eine bulimische Komponente. Die Äußerung in Z. 01, in der diese Vermutung formuliert wird, ist als syntaktisches Projekt potentiell vollständig. Nach ihrem Ende ist keine Projektion offen. Trotzdem schließt er in Z. 02–04 ein *dass*-eingeleitetes, untergeordnetes Projekt an, das das Projekt insgesamt (und seinen Redebeitrag) erweitert. Das Projekt erläutert, warum er eine ‚bulimische Phase' vermutet und bezieht sich auf den Inhalt von Z. 01. Formal steht es im Nachfeld des übergeordneten Projekts; in diesem lässt sich jedoch kein regierendes Element identifizieren. Ähnlich im folgenden Ausschnitt:

```
(Schmerz)
   01 THR:    (sie ham) eher den VAter als vorbild,
   02         der so (-) des °h (.) was: so an SCHMERzen:
              und so da war eher (.) ähm (---) versucht
              hat (1.3) !NICHT! (-) also zu ignoRIEren.
   03         und [TROTZdem zu [Arbeiten;
   04 PAT:        [also?       [also EINfach damit zu LEben;=
   05         =[sagen wir=s ma [sO-
   06 THR:     [ja.?           [mHM?
   07                          [mHM,
   08 PAT:                     [AUCH;
→ 09         und dass er AUCH schon mal gesagt,=
   10         =↓jA: ich hab jetz (.) heut KOPFschmerzen;=
→ 11         =oder: dass ich MERK dass er schmErzen hat;=
   12         =aber NICH immer so <<gespielt leidend>ACH;=
   13         =ich bin ja so ARM;> [oder-
   14 THR:                         [mHM,
```

Auch hier fehlt dem *dass*-Projekt in Z. 09/11 ein regierendes Element im vorherigen Gesprächsverlauf. Die Sprecherin nimmt die Beschreibung der Schmerzen des Vaters auf und erweitert sie zunächst in Z. 04 um einen weiteren Aspekt, der die Zuschreibung der Therapeutin leicht verändert und vielleicht auch indirekt kritisiert. Dann wird die eigene Version weiterentwickelt und das Thema des ‚Mit-den-Schmerzen-Leben' erläutert. Die *dass*-Einleitung bindet die inhaltliche Elaborierung syntaktisch an die bisherige Gestaltung des Redebeitrags an, ohne aber den Status eines Komplements zu haben.

Auch das letzte Beispiel ist elaborierend:

```
(BB)
   01 MIK:    n_dorf wat ZEHN kilometer entfernt is;
   02         da heißt et nur ACH-
```

```
        03            die haja n_ZIMmerner ((Bewohner eines
                      Nachbardorfs));
        04            die haben sowieSO ne macke. °h
        ------------
        05            da fängt der kleene rassismus schon AN; (0.5)
    → 06              dass [man halt so EINjeschränkt ist auf seine]
        07 JOS:            [der fängt doch schon in der fam- h h h ]
        08            [und det is ja auch ANerzogen;
           MIK:       [(-) äh äh
```

Die Erweiterung in Z. 06 ist nicht projiziert, sondern erweitert das Projekt über einen möglichen Abschluss am Ende von Z. 05 hinaus. In der Erweiterung wird erläutert, was mit ‚kleiner Rassismus' gemeint ist; sie wird wegen der quasi-simultanen Turn-Übernahme Josefs nicht zu Ende geführt. (Vermutlich wollte der Sprecher sagen: ‚… auf seine kleine Gruppe' o. ä.)

Solche ‚freien' *dass*-Erweiterungen zeigen, dass die Beziehung zwischen Komplementstatus (Rektion) und innerer Syntax flexibler ist, als grammatische Beschreibungen des schriftlichen Standarddeutschen es nahelegen. Die Funktion dieser *dass*-Erweiterung ist die Elaborierung des vorher Gesagten (‚ich meine das in dem Sinn, dass…').

***Das/es* als projizierendes Korrelat.** Die Äußerungskomponente in der Position nach der schließenden Klammer kann auch von einem Pronomen oder Pronominaladverb im früheren Projektverlauf projiziert sein (vgl. zu solchen **Korrelaten** des projizierten Ausdrucks etwa Eisenberg 2020: 351–355). Die syntaktische Form des projizierten Elements ist vom gewählten korrelativen Pronomen/Pronominaladverb bestimmt.

In den folgenden Ausschnitten hat *das* bzw. *es* im Projekt die syntaktische Funktion eines Objekts (Ausschnitt 21) bzw. eines Subjekts (Ausschnitte 22–24). Die Variante *es* entspricht dem geschriebenen Deutsch, die Variante *das* ist (in der Verwendung als Korrelat) mündlich. Aus der Perspektive der Online-Syntax sind Korrelate Projektoren. Sie sind – im Gegensatz zu Inhaltswörtern (Verben, Nomen, Adjektive), die das projizierte Element regieren – rein formale Mittel, um ein Projekt als nicht abgeschlossen zu kennzeichnen:

```
(21)(BB)
  01 MIK:   also ick find det SCHO:N-=
  02        =wenn man so zurückblickt sehr UFFregend,
→ 03        dass äh von der ERSten cee dee;=
→ 04        =von=äh Acht leuten die jeSUNgen haben;=
→ 05        =jetzt einglich nur noch drei Übrig sind,
```

6.2 Lineare Expansionen: Fortsetzungen und Nachträge

```
(22)(KN)
((Erstkontakttelefonat für ein Interview))
  01 ANR:   ich habe den AUFruf heut im SÜDkurier [gesehn [dass sie
  02 DrM:                                         [ah;    [ja;
  03 ANR:   (.) echte KONschdanzer suchen.
-----------
  04 DrM:   schön;
-----------
→05        des freut mich dass sie ANrufen; ja,
-----------
  06       (0.5) sie SIN sozusagen einer;=
  07       =n_echter konschtanzer.

(23)(BB)
  01 BIA:   da hätte ich erstmal eine nachricht an (.) unsere FANS,=
-----------
  02       =ich mein es ist ja wIrklich SEHR sehr schön
→         dass wir (.) so VIEle und ZAHLreiche haben,=
→ 03      =und die uns auch immer beSUchen komm, °h
((etc.))

(24)(ZK1)
((Über Kindle-Lesegeräte und ihre Vorteile auf Reisen: man muss
keine Bücher mitschleppen.))
  01 ALD:   JA aber wenn das buch richtig GUT ist,=
  02       =dann will ich_s schon auch lieber beHALten;
-----------
  03 LIS:   dann beHÄLST du_s halt und
            [(             );
-----------
→ 04 PIA:  [aber es ist doch IMmer uncool
            auf so_m (0.5) [kindle so ne datei ANzuklicken;=oder,
-----------
  05 ALD:                  [es ist UNcool aber PRAKtisch;
```

Projizierendes Pronomen oder Projektorkonstruktion? Das Korrelat markiert im bisherigen Projekt die Position des Arguments (Objekt bzw. Subjekt), das dann im Nachfeld ausformuliert wird. Daher wird in der Grammatik auch von **Expositionen** gesprochen: das ‚wirkliche' Subjekt oder Objekt sei aus der Position, in der das Korrelat steht, in die Nachfeldposition ‚exponiert' (herausgestellt). Günthner (2008) zeigt, dass diese Sicht für die gesprochene Sprache irreführend ist. Von Expositionen zu sprechen suggeriert, dass die ursprüngliche Position des Komplementprojekts innerhalb des übergeordneten Projekts im Vor- oder Mittelfeld liegt, wofür es keine Evidenz gibt. Günthner analysiert Konstruktionen wie *es (das) freut mich* oder *ich finde es (das) aufregend* daher insgesamt als **Projektorkonstruktionen**. Dafür spricht, dass solche Konstruktionen weitgehend auf epistemische und evaluative Ausdrücke beschränkt sind und es deshalb naheliegend ist, das Prädikat (mit) für ihre projizierende Kraft verantwortlich zu machen. Überdies kann das Pronomen (*es/das*) in der gesprochenen Sprache auch fehlen, oft sogar zusammen mit der Kopula:

```
(25)(ZK1)
  01 LIS:    also ich find BUCH hat einfach irgendwie nochmal
             [MEHR charme;
  -----------
  02 SAN:    [<<f>ja naTÜRlich;>
  03 PIA:    [<<p>ja find ich AUCH;
  04         VIEL [MEHR;>
  -----------
→ 05 SAN:    [SCHÖN dass ALle so ticken;
```

Die verblose Form ist vor allem in responsiver sequenzieller Position sehr häufig. Sie zeigt, dass das korrelative *es* (*das*) nicht notwendig ist. Die Projektion geht bereits vom Adjektiv oder Verb aus, mittels dessen der Sprecher eine epistemische oder evaluative Position bezieht.

Pronominaladverbien als Projektoren. Nicht weglassbar und allein projizierend sind hingegen Pronominaladverbien wie in Beispiel (26) *deswegen*. Es projiziert ein Kausal-Projekt. In Ausschnitt (27) geht die Projektion vom Pronominaladverb *davon* aus; das projektionseinlösende Element ist syntaktisch gesehen eine indirekte Frage.

```
(26)(BB)
  01 MIK:    und von dAher ?? GEH ick mal einfach von AUS,
  02         der (-) °h die SPORtler die W:IR so KENN; (0.5)
  03         wo man immer sagt die verdien n haufen JELD,=
  04         =die verdienen einfach DESwegen soviel, °h
→ 05         weil: (.) die NACHfrage nach dem sportler natürlich
             ooch DA ist? ((etc.))

(27)(BB2)
  01 SOP:    hä machst du jetzt gerade fOtos davon wie ich mir
             spiNAT aus den zähnen (puhl);
  -----------
  02 PHI:    ungeFÄHR,
```

Wenn diese vorwärts gerichteten Verweise fehlen, ist das syntaktische Projekt potentiell abgeschlossen. Die Projektionskraft geht also vom Pronominaladverb aus.

6.2 Lineare Expansionen: Fortsetzungen und Nachträge

Untergeordnete Projekte als externe Erweiterungen. Bisher wurden Fälle besprochen, in denen das untergeordnete Projekt keine Erweiterung ist, sondern eine notwendige und deshalb projizierte Komponente des Projekts. Nicht projiziert sind hingegen die untergeordneten Projekte in den folgenden Ausschnitten, bei denen es sich daher um externe Erweiterungen handelt:

```
(28)(THE, Sel)
   01 SEL:    =und dAs war damals gerade die (.) ZEIT;
   02         neunundSECHzig muss das gewesen sein,=
   03         =als die NOTstandsgesetze erlassen worden sind.
→ 04         wenn ich mich richtig erINnere.

(29)(BB)
   01 JOS:    mir ist das Alles zu DRECkig.
   02         (0.5)
   03 ANT:    ja?=
→ 04 JOS:    =weil ich n_GANZ penibler TYP bin.

(30)(DOM, minderjährig)
((Thema ist die Beziehung des 19-jährigen Christoph zu einer
13-Jährigen.))
   01 DOM:    i? ich seh es AUCH kritisch und krass;=
   02         =eh: CHRIStoph.
   03 CHR:    j[a;
→ 04 DOM:     [Auch um (.) um DICH zu?
→ 05         auch (.) auch um DICH zu schützen.
```

Die Erweiterung ist in Ausschnitt (28) ein Konditionalprojekt (das untergeordnete *als*-Projekt in Z. 03 lässt sich sowohl als Erweiterung als auch als Projektion von Z. 01 oder 02 verstehen), die in (29) ein Kausalprojekt, die in (30) ein finales Infinitivprojekt. Zahlreiche andere adverbiale Komplemente und Infinitivkonstruktionen sind möglich.

Relativprojekte als externe Erweiterungen. Häufig werden **Relativprojekte** als externe Expansionen realisiert:

```
(31)(BB)
   01 JOS:    okay: wir entschuldigen uns bei den HÜRthern:; (--)
→ 02         die alle einen kleinen RUSSschaden davongetragen
              haben;
```

(32) (BB)
```
  01 JOS:    wir haben ja ALles so in der gruppe,
  02         aber_n richtig musiKAlischen haben wir NICH
             in der GRUPpe;=[ne?       ]
  03 VLA:                   =[ehm=äh-]
  04         (1.0)
→ 05 JOS:    der n_instruMENT spielt;=oder?
```

(33) (BB)
```
((Thema sind lange oder kurze Hosen bei einer
Freilandübernachtung.))
  01 MIK:    also ick hab SCHON ne LANge,
  02         °hhh aber damit könnt ick überhAUPT nich schlafen.=
→ 03         =weil die alle relativ ENG sin die ick habe.
```

In Ausschnitt (31) beginnt das Relativprojekt direkt nach dem Bezugsnomen (*Hürther*). Eine andere Platzierung wäre nicht möglich; es handelt sich also um eine unauffällige, ‚angeklebte' Erweiterung im Sinn von Couper-Kuhlen und Ono (2007). Das Relativprojekt dient nicht der Einschränkung des Referenzbereichs, der durch den Eigennamen bereits vollständig festgelegt ist, sondern bringt eine zusätzliche Information ins Spiel, die pragmatisch gesehen den Grund für die Entschuldigung darstellt (er ist **nicht-restriktiv**). In Ausschnitt (32) ist das Relativprojekt hingegen weit vom Bezugsnomen (*n richtig musiKAlischen*) entfernt; er steht nach dem ersten möglichen Projektabschluss nach *nicht* und einer prosodisch in die IP integrierten, aber akzentuierten phrasalen Erweiterung (*in der GRUPpe*). Die Position direkt nach dem Bezugsnomen wäre zwar syntaktisch lizenziert, aber sowohl schriftsprachlich als auch mündlich ungewöhnlich, denn umfangreiche Expansionen werden gern ans Äußerungsende gestellt (vgl. das **Gesetz der wachsenden Glieder**, Behaghel 1909). Die Erweiterung mag darauf zurückgehen, dass der Rezipient auf die ursprüngliche Äußerung nicht reagiert – allerdings fehlt auch nach der Expansion eine Erwiderung oder zumindest ein Rezeptionssignal. Im Ausschnitt (33) ist das Relativprojekt prosodisch camoufliert; es wird ohne intonatorische Grenze und ohne eigenen Akzent an das erste mögliche Projektende (die schließende Klammer, *sin*) angeschlossen. Es bezieht sich auf das Pronomen *die*, das wiederum anadeiktisch auf die vor Transkriptbeginn erwähnten *Hosen* zurückverweist. Interessanterweise erscheint diese Erweiterung semantisch völlig leer; dass Mike die Hosen besitzt, von denen vorher die Rede war, steht außer Frage (vgl. zu dieser Konstruktion Birkner 2006).

Untergeordnete Projekte als Fortsetzungen vs. als Nachträge. Die Unterscheidung zwischen Fortsetzungen und Nachträgen lässt sich auch auf untergeordnete Projekte anwenden, sie ist aber nicht so klar wie bei einfachen Erweiterungen. Der Grund ist, dass untergeordnete Projekte aufgrund ihrer Länge an sich schon dazu tendieren, in eigenen Intonationsphrasen realisiert zu werden. Von den diskutierten Beispielen für projektförmige Expansionen qualifizieren sich aber die Ausschnitte (29), (30) und (32) dadurch als Nachträge, dass sie erst nach einer minimalen Reaktion des Rezipienten erfolgen und auf diese reagieren. Ausschnitt (33) ist hingegen sicherlich als Fortsetzung einzustufen.

Übergang in die Verb-Zweitstellung. Wie schon in Kap. 5 besprochen, tendieren manche untergeordnete Projekte (gleichgültig, ob sie projiziert sind oder nicht) in der projektfinalen Position zum Übergang in die Verb-Zweitstellung, so etwa *weil*-Projekte wie in Ausschnitt (34):

```
(34)(Bulimie, Gruppentherapie)
   01 MAR:    °h da is hm da hab ich_s gefühl ghabt
              ich bin auf einmal zwei kilo LEICHter;
→ 02          weil ich ECHT=
   03         =ich hab SO en RIEsigen DRUCK mir gemacht;
```

Die Sprecherin beginnt in Erweiterung ihres Projekts aus Z. 01 zunächst ein untergeordnetes Projekt, das Verb-Letztstellung projiziert (Z. 02). Diese Projektion ergibt sich nicht aus dem initialen *weil*, das sowohl als Subjunktion als auch als Konnektor interpretiert werden kann, sondern daraus, dass nach dem Subjekt, dem Pronomen *ich*, nicht das finite Verb, sondern das Adverb *echt* folgt. Die Sprecherin bricht diese Konstruktion jedoch ab und wechselt nach einer Retraktion zum Subjektspronomen in die Verb-Zweitstellung über.

6.2.3 Janusköpfige lineare Expansionen

Janusköpfige Pronomen. Im Abschn. 6.2.2 wurde gezeigt, dass Pronomen und Pronominaladverbien ein untergeordnetes Projekt zum Beispiel in der Funktion eines Subjekts oder Objekts projizieren können. Dies scheint auch im folgenden Ausschnitt der Fall zu sein:

```
(35)(THE, Nur)
   01 THE:    du hast ja VIEle FRAgen gehabt als TEEnager
              dAmals.=ne?
   -----------
   02         WArum n [kOpftuch:.
   03 NUR:           [oh:      [JA.
   04 THE:                     [un: was weiss ICH,=
   -----------
   05         =aber du hast nIcht so viele ANTworten bekommen.
   -----------
   06 NUR:    n:ee;
   07 THE:    ↑WAS hat das mit dir geMACHT;
   08         <<p>DAmals;>
→ 09         dass (.) EINfach keine ANTworten (.) kamen.
```

```
-----------
10 NUR:   ja::,
11        des war so_n bisschen (.) NERvig ((etc.))
```

Betrachtet man lediglich die Z. 07–09, so scheint **Katadeixis** (Vorwärtsverweis) vorzuliegen: *Das* projiziert das untergeordnete Projekt im Nachfeld (Z. 09). Es ist für den Abschluss des Gesamtprojekts notwendig. Wenn man jedoch den Redebeitrag des Sprechers insgesamt betrachtet, ergibt sich eine andere Interpretation: *Das* kann nämlich auch rückverweisend verstanden werden, also **anadeiktisch**. Es bezieht sich aus dieser Sicht auf den vom Sprecher in den Z. 01–07 formulierten Sachverhalt. Für die Online-Analyse in der Zeit, die ja dem Verstehensprozess der Rezipientin entspricht, ist diese rückwärtsorientierte Interpretation des Pronomens primär. Die Rezipientin verarbeitet das produzierte Material inhaltlich und grammatisch, sobald das möglich ist, nicht erst nach Abschluss des Projekts im Nachhinein. Die erste mögliche Interpretation des Pronomens ist aber die rückverweisende. Sobald der Sprecher seinen Turn mit dem *dass*-Projekt in Z. 09 weiterführt, kommt die zweite, vorwärtsgewandte Interpretation ins Spiel. Nun ist allerdings das Pronomen nicht mehr darauf angewiesen, dass ihm ein *dass*-Projekt folgt; es ist ja bereits anadeiktisch interpretierbar. Das Pronomen *das* in Z. 07 und das untergeordnete Projekt in Z. 09 sind zwar weiter aufeinander bezogen und das Pronomen lässt sich als Korrelat verstehen; das *dass*-Projekt ist jedoch kein notwendiger Bestandteil des Projekts mehr, sondern eine externe Erweiterung. Das Pronomen ist also **janusköpfig**: es schaut zurück, aber auch nach vorn (vgl. Imo 2011a, 2011b; Deppermann und Proske 2020).

Ein weiteres Beispiel für dasselbe Phänomen:

```
(36)(THE, Sta)
  01 THE:   ALso du spIelst an der SEIte,
  02        von florian MARtens,
((ca. 10 Zeilen ausgelassen))
  12        den du auch schon KANNtest als du EINgestiegen bist
            in ein starkes TEAM.
  13        als du von ähm mAja MAranow im prinzip überNOMmen
            [hast,]=
  14 STA:   [^ja; ]=
  -----------
  15 THE:   =mAchte das nen UNterschied?
→ 16        dass du ihn schon KANNtest?
  -----------
  17 STA:   naja KLAR;
```

THE stellt in Z. 15 eine Frage, die in ihrem Zusammenhang nicht nur syntaktisch, sondern auch semantisch-pragmatisch abgeschlossen ist. Das Pronomen *das* bezieht sich anadeiktisch auf den vorherigen Gesprächsverlauf, inbesondere auf die Feststellung, dass die Interviewpartnerin ihren Schauspielerkollegen bei einer bestimmten TV-Serie schon von einem früheren Engagement kannte. Dann schließt der Sprecher an dieses syntaktisch und prosodisch abgeschlossene Projekt ein *dass*-Projekt an (Z. 16). Zu diesem erscheint nun das Pronomen als Korrelat.

Janusköpfige Konstruktionen. Janusköpfige, vor- und rückwärtsgewandte Bezüge findet man auch bei den Projektorkonstruktionen, die in Abschn. 5.2.2 besprochen wurden. Sie projizieren nicht (allein) aufgrund eines Pronomens, sondern als gesamte Konstruktion. In den Ausschnitten (37) und (38) wird zum Beispiel ein Infinitiv bzw. ein Komplementsatz zur Projekterweiterung eingesetzt. In beiden Beispielen ist die Erweiterung prosodisch klar von der Vorgängeräußerung abgetrennt, d. h. es handelt sich um Nachträge:

```
(37)(DOM, Vaterschaft)
  01 RIC:    ich mein ich HÄTte gern ne partnerin,
  -----------
  02         aber ähm (--) ich: (-) äh:m:
  03         (1.9)
  04         ja;
  05         es_is halt nich so LEICHT(h);
  06 DOM:    nee,
  07         das [is    ]
→ 08 RIC:        [jemand] zu FINden.
  09 DOM:    ja

(38)(DOM, erstes Mal)
  01 XEN:    ja und der hat dann halt gesagt ja ich soll mir kein
             ´STRESS machen-
  02         und ich (.) wir ´MÜSsten nichts machen-
  03         wenn ich das nicht [ⱽWOLlte-],
  -----------
  04 DOM:                       [AH       ] ja;
  05 XEN:    aber
  06 DOM:    (na) haste [ja GLÜCK gehabt;=ne?]
  07 XEN:               [(das ging ganz GUT.)]
→ 08 DOM:    (-) dass [du an SO jemanden äh       ] geKOMM bist;
  09 XEN:             [JA:ja; doch; ich denk SCHON;]
```

In (37) fordert das bewertende Verb *leicht sein* ein Komplement. Im Kontext lässt sich die Äußerung in Z. 01 (*ich HÄTte gern ne partnerin*) als Bezugspunkt der Bewertung interpretieren. Am Ende von Z. 05 ist das Projekt potentiell zu Ende. Der Sprecher trägt jedoch in Z. 08 eine infinitivische Erweiterung nach, die nun retrospektiv als Subjekt von *leicht sein* verstanden werden kann.

In Ausschnitt (38) fordert die nominale Hüllkonstruktion *Glück (haben)* ein Komplement. Die Bewertung lässt sich problemlos auf die davor liegende Erzählung Xenias beziehen. DOM erweitert sein Projekt aus Z. 06 aber durch das *dass*-Komplement in Z. 08, das nun als von *Glück haben* abhängig erscheint. In diesem Beispiel gibt es kein Pronomen, das vor- und rückwärtsgewandt interpretiert werden kann. Die Hüllkonstruktion allein ist für ihren janusköpfigen Charakter verantwortlich.

6.3 Sogenannte Rechtsversetzungen

In Abschn. 6.2.2 und 6.2.3 wurde der Status von Pronomen behandelt, die mit einem nachfolgenden untergeordneten Projekt korreliert sind. In Abschn. 6.2.3 wurde gezeigt, dass solche Pronomen sowohl rückwärts als auch vorwärts orientiert sein und im Lauf der Emergenz des Projekts ihren Status ändern können. In diesem Abschnitt geht es um Projekterweiterungen, für die im bisherigen Projektverlauf ebenfalls korrelierte Pronomina vorhanden sind. Die Erweiterung erfolgt jedoch in Form einer **Phrase**. Dieser Fall wird hier gesondert behandelt, weil vermutlich ein verfestigtes Konstruktionsschema vorliegt. Solche Erweiterungen werden oft **Rechtsversetzungen** genannt. Der Begriff ist analog zu den bereits behandelten **Linksversetzungen** gebildet (Abschn. 3.6.2) und stammt natürlich aus der Schriftlinguistik: In der mündlichen Sprache gibt es kein ‚Rechts' oder ‚Links', sondern nur ein Vorher oder Nachher. Analog zu Prolepse (Voranstellung) könnte man von **Epilepse** (Nachstellung) sprechen; dieser Begriff ist allerdings nicht etabliert.

Selting (1994) unterscheidet zwischen prosodisch selbständigen „Rechtsversetzungs-Nachträgen" und prosodisch integrierten NPs als den „eigentlichen Rechtsversetzungen". Altmann (1981) analysiert verzögerte NPs sogar als eigenständige, elliptische Äußerungen, während er die „eigentlichen Rechtsversetzungen" als „Adjunkte" zum Satz versteht.

Es zeigt sich, dass die korrelierten Pronomen auch bei sog. Rechtsversetzungen (anders als bei sog. Linksversetzungen) in vielen Fällen **janusköpfig** sind. Sie können im Gespräch zunächst anadeiktisch interpretiert werden und bekommen ihre korrelative Funktion erst im Nachhinein, nachdem die erweiternde Phrase produziert worden ist (vgl. Deppermann und Proske 2020).

Prosodie. In den Daten finden sich vor allem Fälle, in denen die NP, die das Projekt erweitert, ohne prosodischen Bruch, mindestens aber ohne Pause oder andere Verzögerungen in die laufende Intonationsphrase integriert wird. Dies deutet auf eine konstruktionelle Verfestigung hin. Der Sprecher scheint von Anfang an ein Konstruktionsschema zu wählen, zu dem die Phrase im Nachfeld gehört.

In den beiden ersten Ausschnitten ist die nachgestellte NP vollständig prosodisch integriert und erhält keine Hervorhebung:

```
(39)(BB)
  01 ANT:    (i_)wollt mal die kleineren (.) ziGÄRRchen hier mal
             (-) [dritteln;=
  02 JOS:        [was zi
  03         =deine zigaRILlos oder was?=
```

6.3 Sogenannte Rechtsversetzungen

```
   04 ANT:    =nee ziGARren;
   05 JOS:    RISCHtige zigarren;
   -----------
→ 06 ANT:    (1.0) die sin aus KUba die zigarren.

(40)(BB)
((Mike und Josef erklärt Vladko, warum es Häuserleerstand gibt.))
   01 JOS:    da is WOH:Nraum,=
   -----------
   02         =aber keiner darf da REIN.
   -----------
   03 MIK:    hm,
   04 VLA:    aber warum DARF keiner da rein?
   05 JOS:    ja-
   06         weil (.) weil_et MEIStens irgnwelche finanZIELlen
              gründe hat.=
   -----------
→ 07 MIK:    =die werden irgendwo ABgeschrieben die hütten,
   08 VLA:    aHA- (.)
```

Die Äußerungen in Ausschnitt (39), Z. 06 und Ausschnitt (40), Z. 07 enthalten ein Subjekts-Pronomen im Vorfeld. Die definite NP im Nachfeld des Projekts (*die zigarren, die hütten*) ist mit diesem Pronomen referenzidentisch und stimmt in Kasus und Numerus mit ihm überein. Im Kontext des Gesprächs ist eine rückverweisende Interpretation des Pronomens im Vorfeld möglich und wahrscheinlich, denn es war bereits vorher von Zigarren und leerstehenden Häusern die Rede.

Die folgenden Beispiele sind syntaktisch genauso organisiert, die finale NP wird prosodisch aber stärker abgesetzt:

```
(41)(DOM, Stiefvater)
((Das Gespräch dreht sich um den Stiefvater der Anruferin,
der der Anruferin zu nahe kommt. Sie fühlt sich dadurch
belästigt.))
   01 DOM:    e:r hinterGEHT ja:ʔ (.)ʔm ʔm deine MUTter auch;
   02         äh [auf] auf_s [Ü  ]belste.
   03 ANN:       [ja,]       [ja,]
   04         mm,
((160 Zeilen Auslassung zu anderen Unterthemen, in denen der
Stiefvater nicht erwähnt wird.))
→ 165 DOM:   (2.0) hat der denn auch schon mal was SCHLIMmeres
              gemacht,=der stIEfvater?
   166 ANN:   ʔMʔm.
```

(42)(THE, Sta)
((STA hat lange davon erzählt, wie Handwerker in ihrer Wohnung
Murks produziert haben.))
```
   01 STA:   die wollten mich einfach verÄPpeln;
   -----------
   02        n(h)[(h)n
   03 THE:        [geht ja nun GAR nich-
   -----------
   04 STA:   geht ja GAR nicht; Oder?
   -----------
   05 THE:   [des pas] passiert ja NUR in berLIN;
   06 STA:   [naJA;  ]
   -----------
   07        war-
   08        wer WEISS.
   09 THE:   [Oder?
   -----------
   10 STA:   [JAja.
→  11 THE:   det sind doch beSONdere schlitzohren.=
→  12        =die [hAndwerker in berLIN;  ]
   -----------
   13 STA:        [ich weiß es AUCH nicht.]
```

In den Ausschnitten (41) und (42) bildet die Erweiterung eine eigene IP, die durch den Grenzton am Ende von *gemacht* bzw. *schlitzohren* von der davorliegenden IP abgesetzt ist und einen eigenen Akzent auf *stIEf-* bzw. *berLIN* trägt. Sie wird allerdings direkt (ohne Pause) an die vorausgehende IP angeschlossen. In Ausschnitt (42) bildet die projekterweiternde finale Nominalphrase *die HANDwerker in berlIn* ebenfalls eine IP, die aber direkt an die Vorgängeräußerung angeschlossen wird. In diesem Fall ist das pronominale Element (*det*) nicht mit der nachgestellten Phrase kongruent. (Bei Kongruenz wäre das Pronomen *die* zu erwarten gewesen.)

Auch anaphorische anstelle von anadeiktischen Pronomen können der Bezugspunkt der nachgestellten NP sein, etwa im folgenden Ausschnitt (43):

(43)(ZK8)
((Filmnacherzählung))
```
   01 RAN:   was n bisschen COOL war,
   02        was ich aber AUCH n bissl beZWEIfel,
   03        da hat er na halt in seinem TURM da gelebt
             dieser MÖNCH?=
   04        =und hat die dann EINgeladen,
   05        und dann (.) sind natürlich die äh feindlichen
             arMEen gekommen-
   06        (-) und dann ist er RAUS;
   07        und hat irgendwe:lche BIbelverse aufgesagt;((etc.))
```

6.3 Sogenannte Rechtsversetzungen

Die koreferente NP am Projektende ist vollständig in die IP integriert. Die Beziehung zwischen Pronomen und NP ist nicht kataphorisch, denn die ‚schwachen' Pronomen (*er, sie* etc.) werden nur anaphorisch verwendet. Auffällig ist auch, dass in diesem Fall die NP durch die Artikelform *dieser* als möglicherweise referenziell problematisch markiert wird, während Rechtsversetzungen sonst den einfachen Artikel aufweisen.

Das Pronomen im ursprünglichen Projekt kann auch ganz fehlen:

```
(44)(ET3a)
((Reinhard berichtet von seinem Philosophie-Studium.))
  01 REI:   phIlo is quasi immer so_n aktualiSIERN;
  02        ich mein die FRAgen sind seit zweitausend fünfhundert
            jahren GLEICH;=
  03        =das heißt (--) °hh man versUcht es immer so
            irgendwie in: den: kulturEllen und zeitlichen KONtext
            einzu (.) bEtten;
  04        in dem man eben grade SELber ist.
  -----------
  05 GRE:   ´hm[`m
  06 REI:      [ja.
→ 07 GRE:   voll SPANnend auf jeden fall philosophie,
  08 REI:   ja;
```

Gregor verwendet in Z. 07 ein typisches responsives Konstruktionsformat für die Bewertung des Redebeitrags seines Gesprächspartners, das oft dafür eingesetzt wird, eine Sequenz und ein Thema abzuschließen. Statt der ‚Langform' *das ist voll spannend* genügt die ‚Kurzform', die lediglich aus der Fokuskonstituente besteht, hier der Adjektivphrase *voll spannend*. Diesem bewertenden Ausdruck schließt der Sprecher nach einem Adverbiale (*auf jeden Fall*) noch das Subjekt (*philosophie*) an, das das potentiell bereits abgeschlossene Projekt expandiert. Die gesamte Äußerung besteht nur aus einer Intonationsphrase.

Funktion des Rechtsversetzungen. Die Funktion der Rechtsversetzungen ist nicht leicht zu bestimmen. Man könnte vermuten, dass der Sprecher im Verlauf seiner Äußerung oder am ersten potentiellen Projektende realisiert, dass das Pronomen allein nicht ausreicht, eine eindeutige Referenz herzustellen. Allerdings sind die meisten Rechtsversetzungen prosodisch entweder in das bisherige Projekt integriert oder schließen sich ihm ohne Unterbrechung an. Es entsteht keine Pause, die als Evidenz dafür gedeutet werden könnte, dass die Rezipientin die Referenz nicht sofort verstanden hat und der Sprecher durch die nachgeschobene NP auf dieses mögliche Problem reagiert. Dies spricht gegen eine emergente, aus der Interaktion zwischen Sprecher und Referentin resultierende Funktion der Rechtsversetzung.

Ein Vergleich mit den in Abschn. 3.6.1 und 3.6.2 besprochenen vollen NPs im Vorfeld oder Vorvorfeld des Projekts zeigt wesentliche funktionale Unterschiede.

Die nachgestellten NPs haben anders als die am Projektbeginn keine topikalisierende oder retopikalisierende Funktion. Sie führen weder (bekannte) Referenten neu in das Gespräch ein, noch reaktivieren sie sie. In den Ausschnitten (39), (42) und (43) ist zum Beispiel die Identifizierung des Referenten im Kontext völlig unproblematisch; Antons Zigarren, die Berliner Handwerker und die Philosophie waren auch in den davorliegenden Äußerungen das Thema. Ausschnitt (41) könnte zwar als Beispiel für eine retopikalisierende Funktion der Rechtsversetzung gewertet werden, denn hier liegt der letzte Verweis auf den ‚Stiefvater' bereits lang zurück. Allerdings ist er der wichtigste Protagonist in Annes Klage-Erzählung, an deren Ende der Ausschnitt liegt, sodass kaum eine Interpretation des Pronomens *der* möglich ist, die sich nicht auf ihn bezieht.

Einen Hinweis gibt aber Ausschnitt (40), wo die Referenz des Plural-Pronomens *die* deshalb nicht ganz eindeutig ist, weil vorher auf die leerstehenden Häuser mit dem Singular-Nomen *Wohnraum* (in seiner Verwendung als Massenbegriff) verwiesen wurde. Hier dient die nachgestellte koreferente NP der **referenziellen Klärung**. Im Gegensatz zu den vorangestellten NPs, bei denen diese Position zu einer Relevanzhochstufung führt, ist es bei den nachgestellten NPs umgekehrt: ihre Relevanz für die Gesamtäußerung wird zurückgestuft (*downgraded topic*). Sie können die Referenz des initialen Pronomens eindeutig machen, werden aber vom Sprecher nicht so behandelt, als ob sie unbedingt nötig wären, um seine Äußerung zu verstehen. Und tatsächlich gibt es Fälle, in denen die Rezipientinnen kenntlich machen, dass sie auf diese nachträgliche Klärung der Referenz des Pronomens nicht angewiesen sind, indem sie schon in Überlappung mit der Projekterweiterung ihren nächsten Turn starten (siehe Ausschnitt (42)).

6.4 Endalignierte Retraktionen

Allgemeine Merkmale. Während lineare Erweiterungen (Fortsetzungen und Nachträge) sich an die schon produzierte Struktur anschließen, bearbeiten Retraktionen Komponenten (syntaktische *Slots*) im schon potentiell abgeschlossenen Projekt. In Abschn. 4.5 wurden bereits anfangsalignierte und weder end- noch anfangsalignierte Retraktionen behandelt. Im Gegensatz zu diesen beginnen die in diesem Abschnitt zu besprechenden Retraktionen erst, nachdem das Projekt potentiell zu Ende ist. Sie haben also **keinen Abbruchpunkt**, weil das Projektende ja die Einlösung aller noch offenen Projektionen impliziert. Aus der Definition von Erweiterungen ergibt sich außerdem, dass der Retraktionspunkt nicht weiter zurückgehen kann als bis zur öffnenden Klammer eines selbständigen Projekts; bei Retraktionen ins Vorfeld oder in eine noch frühere Position wäre die Retraktion ein eigenes Projekt und hätte nicht mehr den Status einer Expansion.

Der **Retraktionspunkt** kann sein:

- das Finitum in der Position der öffnenden Verbalklammer,
- der Beginn einer Phrase nach der öffnenden Verbalklammer im Mittelfeld oder im Nachfeld,

6.4 Endalignierte Retraktionen

- der Beginn eines untergeordneten Projekts (das am Ende des potentiell schon abgeschlossenen Projekts im Nachfeld steht)
- der Beginn der schließenden Klammer (falls vorhanden).

Die Vielfalt der möglichen Retraktionspunkte und die unterschiedlichen Retraktionsspannen, die sie implizieren, bedeutet allerdings nicht, dass alle formalen Varianten gleichermaßen oft genutzt oder alle Funktionen von Retraktionen von ihnen gleich häufig bedient werden. Grob generalisierend lässt sich sagen, dass längere Retraktionsspannen eher mit turnstrukturierenden Retraktionen verbunden sind, während kürzere Retraktionsspannen eher Reparaturen dienen. Grammatische Einschränkungen zu den Retraktionen wurden schon in Abschn. 4.5.3 diskutiert und gelten auch hier.

Bei endalignierten Retraktionen gibt es definitorisch nicht nur keine **Projektionsreparaturen**, denn diese implizieren ja, dass das Projekt noch nicht abgeschlossen ist, sondern es sind auch **Häsitationsretraktionen** auf Funktionswörter am Phrasenanfang (etwa auf Artikel oder Präpositionen) selten. Dies hängt damit zusammen, dass endalignierte Retraktionen in der Regel nicht mit Planungsaktivitäten verbunden sind; das Projekt ist ja schon in angemessener syntaktischer Form abgeschlossen worden.

Die Grundlage aller Retraktionen ist **paradigmatisch**: Der Sprecher führt die Rezipientin zurück zu einer oder mehreren syntaktischen Positionen innerhalb des bereits geäußerten (und von der Rezipientin grammatisch prozessierten) Projekts. In diesem/diesen Slot(s) wird eine grammatisch äquivalente Struktur eingefügt.

Wie schon in Kap. 4 werden im Folgenden Kästen verwendet, die die paradigmatische Beziehung kenntlich machen. Die untereinanderstehenden Elemente innerhalb eines Kastens sind paradigmatisch aufeinander bezogen.

6.4.1 Reparierende Retraktionen

Viele vom Projektende ausgehende Retraktionen funktionieren genauso wie die, die innerhalb des Projekts beginnen, weil sie wie diese reparierende (korrigierende oder elaborierende) Funktion haben. Wir betrachten lediglich einige illustrative Beispiele.

Im Ausschnitt (45) wird die Position der letzten NP im Projekt zur Retraktionsposition. Es handelt sich um die Objektphrase; in die Position von *MATTscheibe* wird die komplexere NP *ganz blöden KOPF* eingesetzt. (Die indefinite Artikelform *einen > n* ist hier getilgt.) Dass es sich um dieselbe syntaktische Position handelt, wird in der paradigmatischen Ersetzung durch die Kasusmarkierung am attributiven Adjektiv deutlich gemacht:

```
(45)(SEGLERINNEN, Telefongespräch)
   01 FrB:    i muß da EHRlich sage i [hab scho seit ZWEI stunden
   02 FrA:                            [((Räuspern))
   03 FrB:    MATTscheibe. (-)
```

```
→ 04              gAnz blöden [KOPF,
   05 FrA:                   [((Räuspern))
```

In schematischer Darstellung:

```
              ich hab scho seit ZWEI stunden │ MATTscheibe.
                                             │ gAnz blöden KOPF,
```

Die Retraktion hat die Funktion einer elaborierenden Reparatur.

Die Retraktion kann von einem **Operator** eingeleitet werden, der die Funktion der Retraktion deutlich macht. Im folgenden Ausschnitt ist das das Wort *also*:

```
(46)(ZK8)
  01 RIC:   na GUT;=
  -----------
  02        =das waren die FINNn die halt geREIST sind.=
  03        =aber auf_m (.) BOOT.
  04        (1.0)
→ 05        also (.) BÖTchen.
  -----------
  06        (-) ich WEISS nicht ob man damit bis nach aMErika kommt?
  07        he he-
```

Das Projekt in Z. 01 wird zunächst durch einen Nachtrag erweitert (Z. 03), der durch den Operator *aber* eingeführt wird. Dann retrahiert der Sprecher auf die Position der NP in der PP und ersetzt *BOOT* durch die Diminutivform *BÖTchen*. Der Operator *also* macht deutlich, dass es sich um eine Reparatur handelt:

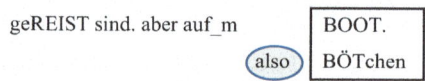

Die Liste der Operatoren zur Einleitung von Reparaturen ist lang und differenziert (vgl. Pfeiffer 2015: Abschn. 7.3). Es gehören dazu auch konventionalisierte Formen (Kaiser 2016), die eingeschränktere Funktionen als *also* haben. Im nächsten Ausschnitt ist der Operator der ursprüngliche Imperativ *sprich*, der sich etwa als ‚das bedeutet'/‚damit will ich sagen' paraphrasieren lässt:

```
(47)(B)
  01 B02:   aber sOnst äh: (.) sejln mir nur hier in der
            Oberhavel,
  02        °hhhhhhhh also sprich tegelerSEE,
```

```
03 INT:      [hm,
04 B02:      [hier bis hier nach niederNEUendorf,
-----------
05           (-) dit REICHT denn schon;
```

Anker. Wie anfangs- und nicht-alignierte Retraktionen werden auch endalignierte Retraktionen eingesetzt, um Elemente in das schon produzierte Projekt einzufügen oder aus ihm zu tilgen. In diesen beiden Fällen muss (mindestens) ein Anker verwendet werden. Bei **Insertionen** liegt er nach dem Slot, in dem das neue Element eingefügt wird, bei Tilgungen davor. Der folgende Ausschnitt zeigt eine Insertion (das intensivierende Adverb *wirklich*):

```
(48)(HH)
   01 IHH:    und? (-) da sach_ich mir was ham? we? was
              was ham denn die DEUtschen gemacht;=
   02         =als es [als es ihnen [SCHLECHT ging.
   03 INT:            [m,           [m-
   04         ᵛm,=
→ 05 IHH:     =also WIRKlich schlecht ging;
   06         ne, die haben AUCH versucht auszuwandern.
```

Eingesetzt wird hier das verstärkende Adverb *WIRKlich*. Der Anker ist *schlecht*.

6.4.2 Turnstrukturierende Retraktionen

In vielen Fällen dienen endalignierte Retraktionen jedoch anderen Zwecken als der Reparatur, nämlich dem strukturierenden Aufbau des Redebeitrags. Strukturierende Retraktionen implizieren oft größere Retraktionsspannen.

Im folgenden Ausschnitt geht der Sprecher am Ende eines Relativprojekts an dessen Anfang zurück. Das Relativpronomen fungiert als Anker, der den Beginn der Retraktion deutlich macht. Der Slot, zu dem retrahiert wird, ist das Relativprojekt selbst. Als Ergebnis der Retraktion folgt ein weiteres Relativprojekt:

```
(49)(HH)
   01 IHH:    GUT wir waren überwiegend hAmburger JUNGS;=
-----------
   02         =aber (.) äh es waren auch schon VIEle aus (-)
   03         die also NICHT aus hamburg kam,=
```

```
→ 04          =die also durch die FLÜCHTlich(-) FLÜCHTlingstreks
              °h nach hamburg geKOMM [sind;
   05 INT:                           [mHM, mHM,
```

```
es waren auch schon | VIEle | aus →
                    |       | die | also NICHT aus hamburg kam,
                    |       | die | also durch die FLÜCHTlich (-) FLÜCHTlingstreks
                                                     nach hamburg geKOMM sind;
```

Der Sprecher retrahiert zunächst nach dem Abbruch auf *aus* auf die Position des postnominalen Attributs zu *VIEle*, wo er statt der begonnenen Präpositionalphrase nun ein Relativprojekt formuliert. Diese Retraktion ist nicht endaligniert. Nach diesem Relativprojekt (am Ende von Z. 03) ist das Projekt potentiell abgeschlossen. Der Sprecher retrahiert nun erneut vom potentiellen Ende des Projekts aus und produziert ein weiteres Relativprojekt, das das erste inhaltlich erläutert. Die Retraktion strukturiert den Redebeitrag, der sich glatt und ohne hörbare Spuren der Online-Prozessierung entwickelt.

Kanonische Listen. Bei zweifacher Retraktion ergibt sich eine endalignierte Liste (vgl. Abschn. 4.5.1.3). Im kanonischen Format bestehen sie aus drei Elementen, von denen die letzten beiden durch *und* bzw. *oder* verbunden sind. Im Ausschnitt (50) ist diese Liste kleinräumig gestaltet. Es handelt sich um eine Retraktion auf den Slot des Infinitivs, der von *anfangen* in Z. 05 abhängig ist.

```
(50)(S/H)
   01 HIL:   DAS find ich ja °hh find ich ja wirklich n_HAMmer.
   02        weil ich? weil ich glaube dass das so (.) die LInie is,
   03        die: (.) die wir AUCH schon n? m? en? g? be[merkt haben,
   04 SAR:                                              [mHM,
   05 HIL:   dass nämlich die chinEsen anfangen an ALlen Ecken °h
→             [zu   redu      ]ZIEren und zu KÜRzen und zu SPAren;=
   06 SAR:   [<<p>zu kürzen;>]
   07 HIL:   =WO [sie nur] KÖNnen.
   08 SAR:       [mhm,    ]
```

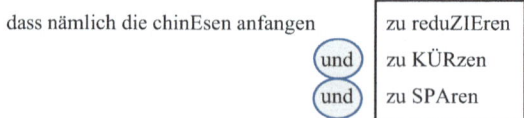

Die Liste ist syntaktisch und prosodisch parallel gebaut. Sie umfasst drei mit *zu* angeschlossene Infinitivstrukturen. Alle drei Verben erhalten einen Fokusakzent,

6.4 Endalignierte Retraktionen

sie sind aber in einer Intonationsphrase zusammengefasst. Die Retraktion mit dem Zweck der Listenbildung dient der Emphase: Die drei verwendeten Verben sind inhaltlich fast synonym. Die Sprecherin Hilda hat schon in Z. 01 zum Ausdruck gebracht, dass sie die Kürzungen der chinesischen staatlichen Stellen für *n_HAMmer* hält. Die Empörung entspricht der rhetorischen Gestaltung in Z. 05, in der die doppelte Retraktion und die Verwendung dreier bedeutungsähnlicher Verben im rhetorischen Sinn der *amplificatio* dient.

Im folgenden Ausschnitt ist die Liste größer angelegt, weil sie ein untergeordnetes (Relativ-) Projekt als Retraktionsposition verwendet:

```
(51)  (THE, Tez)
  01 TEZ:   aber DAS is natürlich was was ich dOrt auch
            beim prAktikum nochmal verSTÄRKT mitbekommen hab-
  02        °h dass diese FÄLle einem auch NAhe gehen;
  03 THE:   [mHM,    ]
  04 TEZ:   [und dass] es AUCH,
  05        dass man: tEilweise auch einfach PSYchisch;
  06        unglaublich beLAStet wird.=
  07        =von diesen (.) SCHLIMmen DINgen,
→ 08        die man dort SIEHT-
→ 09        °h die man dort erMITtel:t;
→ 10        die man dort herAUSfindet;=
   ----------
  11        =des ist einfach ECHT ne ganz schön [°h (-)] DUNkle WELT;
  12 THE:                                      [ja,    ]
  13 TEZ:   in die man da (.) EINsteigt;=
```

Nach dem Nachtrag zum untergeordneten Projekt in Z. 05–06, der sich in dessen Nachfeld in Z. 07 anschließt (*von diesen SCHLIMmen DINgen*), folgen drei parallel aufgebaute Relativprojekte, die die NP *diesen SCHLIMmen DINgen* erweitern. Die Sprecherin retrahiert jeweils bis zum Relativpronomen, tauscht aber lediglich das transitive Verb aus (*sieht > ermittelt > herausfindet*). *Man* und *dort* werden als Anker wiederholt. Die drei Verben sind (wie schon im vorherigen Ausschnitt) semantisch sehr ähnlich; ihre Aneinanderreihung in einer Liste verstärkt die Aussage der Sprecherin und verleiht ihr mehr Gewicht.

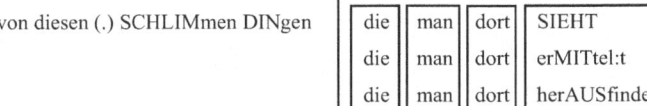

Loser strukturierte Listen. Während die Ausschnitte (50) und (51) sehr streng strukturierte (kanonische) Listen enthalten, gibt es auch zahlreiche Fälle, in denen die Listen loser strukturiert sind. Ihre Glieder sind weniger parallel gebaut und fassen semantisch teils sehr unterschiedliche Dinge zusammen. Im Ausschnitt (52) ist die Liste zum Beispiel Teil einer Erzählung. Ihre drei Elemente entsprechen drei Handlungen:

```
(52)(THE, Sel)
((über Vorlesungssprengungen durch die „Roten Zellen"))
  01 SEL:  die marschierten einfach REIN,
  02       m °hh verdrängten den proFESsor,=
  03       =oder den doZENten von seinem PLATZ,
  04       [und erZÄHLten uns was über vietNAM,=
  05 THE:  [<<gehaucht, p>hja,>
```

die	marschierten		einfach REIN,
	verdrängten	den proFESsor	
		(oder) den doZENten	von seinem PLATZ
	(und) erZÄHLten	uns was über vietNAM	

Die zweifache Retraktion in die Position des finiten Verbs, die dreifache Verwendung des Präteritums und der Operator *und* zu Beginn der zweiten Retraktion produzieren Listenförmigkeit (*marschierten* > *verdrängten* > *erzählten*). Es gibt aber keinen Anker, der die Parallelität der drei Listenelemente auf der lexikalischen Ebene erkennbar macht. Die drei Verben sind semantisch sehr verschieden und projizieren aufgrund ihrer unterschiedlichen Rektionseigenschaften unterschiedliche Weiterführungen.

Im Ausschnitt (53) sind zwei Dreierlisten dafür verantwortlich, dass die Frage des Interviewers komplex wird. Die vielfachen Expansionen der ursprünglich sehr einfachen Frage in Z. 01 sind darauf zurückzuführen, dass der Interviewte schon früh zu verstehen gibt, dass er die Migration nach Deutschland nicht als ‚Ausländerproblem' sieht; auf die initiale Frage des Interviewers antwortet er mit einem einfachen ‚nein' (Z. 02). Der Interviewer detailliert und spezifiziert seine Frage nun mehrfach, um eine differenziertere Antwort zu elizitieren. Die dabei verwendeten Listenstrukturen haben zur Folge, dass die Frage trotz ihrer inkrementellen Entstehung eine wohlgeformte Oberfläche erhält.

```
(53)(HH)
  01 INT:  gibt_s für sie eigentlich ein AUSländerproblem.
  02 IHH:  nein.
  03 INT:  nee.
  04       also jetzt dass jetzt zUviele ausländer nach
           DEUTSCHland [reinkommen,=
  05 IHH:              [nein. nein.
  06 INT:  =und dass die jetzt (-) unsere
           [soZIALhilfe auf(.)fressen-=
  07 IHH:  [NEE ich hab also
```

6.4 Endalignierte Retraktionen

```
08 INT:    =und (--) äh: dass sie den staat einfach viel KOSten:-
09         dass sie keine ARbeitserlaubnis bekomm,=
10         =nicht arbeiten DÜRfen,
11         äh: glEIchzeitig aber dann (.) die soZIALhilfe in
           [ANspruch nehmen,
12 IHH:    [nää ich
13         ich muss sagen ich beWUNdere die manchmal ((etc.))
```

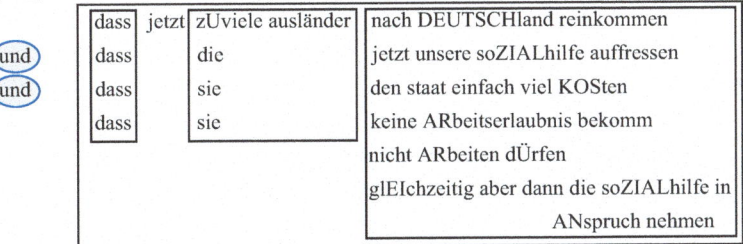

Die *dass*-Projekte erläutern das mögliche *AUSländerproblem*, nach dem der Interviewer gefragt hat. Sie werden nicht von diesem Nomen projiziert, obwohl sie von ihm abhängig sind. Vielmehr ist das Projekt in Z. 01 bereits potenziell abgeschlossen; es wird im Folgenden durch die *dass*-Projekte expandiert. In der Listenretraktion dient das Einleitungselement *dass* als Anker. Die Subjekt-NP *zUviele ausländer* wird nicht wiederholt, sondern durch ein Pronomen ersetzt. Dies zeigt, dass umfangreiche turnstrukturierende, listenbildende Retraktionen **kohäsionsstiftend** sind und während ihrer Emergenz die üblichen Verfahren der Kohäsionsbildung (wie anaphorische Referenzketten) angewendet werden können.

Das Beispiel ist insofern ungewöhnlich, als die Liste nach dem dritten Listenglied (dem erwartungsgemäß durch *und* eingeleiteten untergeordneten Projekt *dass sie den staat einfach viel KOSten*) noch nicht zu Ende ist. Der Sprecher retrahiert vielmehr ein viertes Mal zum Komplementierer in der Einleitungsposition des *dass*-Projekts. Dieses vierte untergeordnete Projekt wird nun zum Ausgangspunkt weiterer listenbildender Retraktionen, die allerdings kleinräumiger sind; retrahiert wird innerhalb der Verbalphrase, also innerhalb des Slots nach dem Subjekt *sie*. Die Verkürzung der Retraktionsspanne erzeugt innerhalb des Redebeitrags eine gewisse Steigerung, sodass eine zwar inkrementell entstandene, trotzdem aber fast kunstvoll erscheinende, **doppelte Listenstruktur** zustande kommt.

Solche weit ausgreifenden Retraktionsstrukturen, die lange Redebeiträge gliedern und zugleich zusammenhalten, sind bei reparierenden Retraktionen selten und bei Häsitationsretraktionen unmöglich.

Einfache turnstrukturierende Retraktionen. Listen erfordern definitionsgemäß mindestens eine doppelte Retraktion in dieselbe Position. Auch einfache Retraktionen können aber strukturierende Effekte für den Redebeitrag haben. Ein Beispiel ist Ausschnitt (54):

```
(54)(THE, Len)
  01 LEN:    zweitausendACHzehn war tatsächlich Eher das jahr
             wo ich äh (.) neue KRAFT schöpfen konnte;=
  02         =und wo ich äh den MUT und die enerGIE für nEue:
             SAChen hatte;=
  -----------
  03         =und des war ähm °h äh TOLL;
```

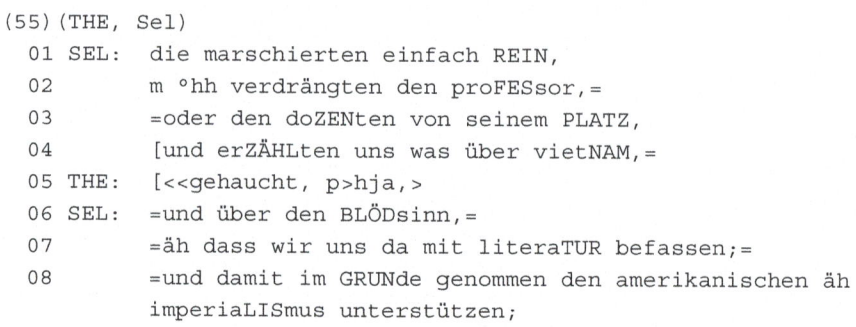

Wesentlich komplexer gestaltet sich der Beitrag des Sprechers in Ausschnitt (55), der mit dem schon bekannten Listenformat aus Ausschnitt (52) beginnt, dann aber mit zwei einfachen, turnstrukturierenden Retraktionen weitergeführt wird:

```
(55)(THE, Sel)
  01 SEL:  die marschierten einfach REIN,
  02       m °hh verdrängten den proFESsor,=
  03       =oder den doZENten von seinem PLATZ,
  04       [und erZÄHLten uns was über vietNAM,=
  05 THE:  [<<gehaucht, p>hja,>
  06 SEL:  =und über den BLÖDsinn,=
  07       =äh dass wir uns da mit literaTUR befassen;=
  08       =und damit im GRUNde genommen den amerikanischen äh
           imperiaLISmus unterstützen;
```

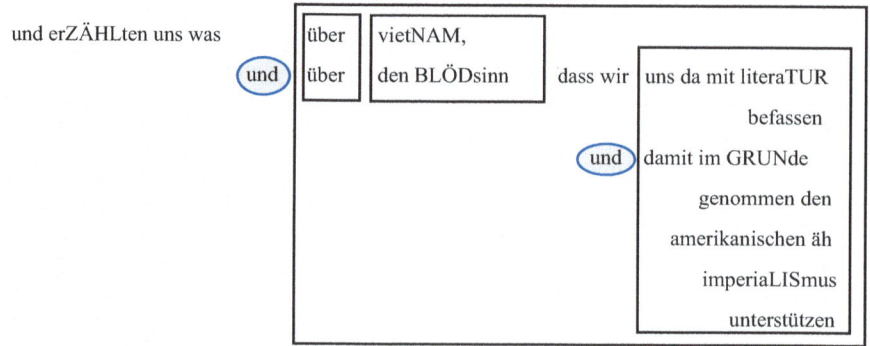

6.4 Endalignierte Retraktionen

Nach *Vietnam* in Z. 04 ist das Projekt potentiell abgeschlossen. Der Sprecher retrahiert zunächst zum Anfang der Präpositionalphrase (der letzten Phrase vor dem ersten potentiellen Projektabschluss), deren Kopf (die Präposition *über*) als Anker verwendet wird (davor steht *und* als Operator). Die PP, die jetzt in der syntaktischen Position von *Vietnam* produziert wird, ist allerdings wesentlich komplexer: *Blödsinn* fungiert als nominale Hülle, die ein *dass*-Komplement projiziert (vgl. Abschn. 5.2.2). Innerhalb dieses untergeordneten Projekts wird die Verbalphrase zunächst mit *uns da mit literaTUR befassen* gefüllt; der Sprecher retrahiert dann an ihren Beginn und füllt diesen Slot erneut (Z. 08).

Die Beispiele zeigen erneut, dass Retraktionen ein sehr effizientes Verfahren sein können, um inkrementell entstehende Beiträge in eine wohlgeformte mündliche Form zu gießen.

Und so und oder so.
Auf S. 255–259 (Vertiefungskasten) wurde bereits darauf hingewiesen, dass in der Nachfeldposition regelmäßig Adverbien wie *so* oder *irgendwie* stehen. Diese Adverbien drücken Vagheit/Approximation aus. Am Ende des Projekts übernehmen sie überdies die Funktion eines Operators, der den Abschluss des Projekts und oft auch des Redebeitrags markiert. Sie sind Teil des Projekts.

Häufig stehen am Ende eines Projekts aber auch die ebenfalls Vagheit/Approximation indizierenden Ausdrücke *oder so* bzw. *und so*. Sie werden in der angloamerikanischen Literatur oft als *generalized extenders* (Overstreet 1999) und in der deutschen als „et-cetera-Formeln" (Schwitalla 2003) bezeichnet. Die englische Bezeichnung zielt auf eine formale Beschreibung ab und impliziert, dass sie Teil (und Ende) des Projekts sind. Die deutsche Bezeichnung zielt auf die Beschreibung der spezifischen Form von Vagheit ab, die sie markieren. Einen Überblick über Formen und Funktionen geben König und Stoltenburg (2013).

Oder/und so sind mit *irgendwie* und *so* nicht funktionsgleich:

```
(Jugendzentrum)
   01  SIN:    ja:;=also ich sollte jetz (.) ähm: (--) deZEMber
               sollte ich mich bei: (--) beim chef MELden?
   -----------
   02  ETH:    mHM,
   03  SIN:    und dann stellt der mich EIN als
               geSCHENkeverpacker oder so-
   04  ETH:    ach SO;=
   05          =oKEY;
```

```
(GuKa)
   01 BIN:    und dessen Eltern haben son GEIlen,
   02         (.) richtig schÖn (.) ähm (-)
              <<lachend>SCHREbergarten,>=
   03         =bei UNS halt um die ECke wo::
   04 MAR:    [mHM-
      BIN:    [wir geWOHNT ham,
   05         <<leiser>(.) also wo ICH gewohnt hab;>
   ------------
   06         u::nd (.) da ham_wer halt dann (-)
              ähm (.) geGRI:LLT-
   07         (-) un [f LAgerfeuer gemacht und so;=
   08 MAR:           [mHM-
   ------------
   09 BIN:    =und s_warn auch ziemlich viele LEUte
              eigentlich da,
   10 PIA:    m,
```

Der Sprecher im ersten Ausschnitt weiß nicht genau, ob ihn der zukünftige Chef als ‚Geschenkeverpacker' oder etwas Ähnliches einsetzen wird und markiert dies durch das abschließende *oder so*. Der Ausdruck macht deutlich, dass auch andere, alternative Beschäftigungen denkbar sind. Die Abschlussmarkierung mit *irgendwie* würde hingegen das gesamte Versprechen des zukünftigen Chefs vage und vielleicht sogar unsicher machen.

Im zweiten Ausschnitt erweitert *und so* die Liste der beschriebenen Aktivitäten im Schrebergarten, die bisher ‚Grillen' und ‚Lagerfeuer-Machen' umfasst, um ein drittes, unspezifisches Element. Die Sprecherin macht klar, dass sie die Tätigkeiten nicht exhaustiv aufzählt, sondern verschiedene, ungenannte Aktivitäten zu den genannten hinzukommen. Auch hier geht es um einen anderen Typ von Unbestimmtheit als bei *irgendwie*, das in diesem Fall darauf hindeuten würde, dass die Beschreibung der Aktivitäten selbst ungenau ist.

Die Ausdrücke *und so/oder so* sind komplex, weil sie eine Konjunktion mit dem demonstrativen, hier rückverweisenden Adverb *so* verbinden. Die Konjunktion suggeriert, dass wir es mit einer **Koordinationsstruktur** (einem Konjunkt) zu tun haben. *Und* kann allerdings als Operator auch Weiterführung signalisieren, ohne Teil einer grammatischen Koordinationsstruktur zu sein (vgl. Abschn. 3.3).

Es stellen sich zwei Fragen: Zum einen, ob die linguistische Analyse in zwei Wörter auch aus der Sicht der Sprachbenutzer sinnvoll ist oder sich die beiden Ausdrücke nicht vielmehr zu nicht mehr segmentierbaren Operatoren entwickelt haben, zum anderen, ob die Ausdrücke das Projekt abschließen oder nach dem Projektende stehen, also selbst nicht mehr zum Projekt gehören.

In der Forschungsliteratur wird meist stillschweigend vorausgesetzt, dass *generalized extenders* Teil des Projekts sind. Das ist aber keine triviale Annahme, denn die formale Beziehung zwischen Projekt und et-cetera-Formeln ist (zumindest aus der Perspektive der Online-Syntax) alles andere als klar. Nicht alles, was an der Peripherie des Projekts steht, gehört notwendigerweise zu ihm. Zum Beispiel haben Frageanhängsel wie *nicht?, oder?* oder *gell?* im Deutschen keinen syntaktischen Bezug (mehr) zu der Äußerung, nach der sie stehen und sind deshalb nicht Teil des Projekts. Dasselbe gilt für vor- oder nachgestellte Anredeformen (etwa Eigennamen). Entscheidendes Kriterium ist, ob sich *und/oder so* strukturell in die bisherige Äußerung einfügen, also in irgendeiner Weise **auf deren Syntax Bezug nehmen**.

Ein solcher Bezug ist zum Beispiel noch bei den alternativen Ausdrücken *und so (et)was/oder so (et)was* zu beobachten. *Und/oder sowas* wird nämlich fast ausschließlich verwendet, wenn im bisherigen Projekt eine nominale Struktur vorhanden ist, mit der *sowas* in eine Retraktionsbeziehung treten kann:

```
(a) und (1.2) und dass du halt dann das gleich verwechselst
    mit (1.2) LIEbe oder so was ja
(b) na es ging ja um SCHWANgerschaft und so wat
```

Sie lassen sich als koordinierende Retraktionen analysieren:

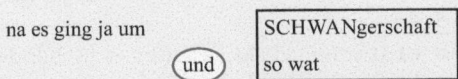

Das ist möglich, weil *so wat* ein nominales Syntagma ist und daher mit *SCHWANgerschaft* in einem paradigmatischen Slot stehen kann. Gilt das auch für *und/oder so*? Die folgenden, zufällig ausgewählten Beispiele können bei der Beantwortung der Frage helfen:

oder so

```
(1) (BB)
(a) und ich mein das hat überHAUPT nichts mit irgend äh
    welchen lEuten hier DRIN zu tun oder so,
(b) ich geNIEße es einfach wenn (-) wenn der anton mir den
    KOPF krault oder so?
(c) bei mir ist das GANZ VIEL dann °h einfach so äh
    naiviTÄT oder so ja,
```

(d) °hh meine SORge is halt; (-) dass dieser UNterschied
    äh (.) DRAUßen nicht is,=oder dass der halt nicht ANkommt
    oder so ja,
(e) jetz so für mein LEben in beZIEhungen oder so?
(f) eener von euch muss_n LIED spieln. aber NICH ne
    einfache giTARre oder so?
(g) WOLLTste noch irgendwat? n_KAFfee oder so? (0.6)
(h) ich könnt mir ja ECHT vorstellen ne, dass (.) dass
    die bei VIva was macht oder so;
(i) KANNSte das nich auch noch so_n bisschen vielleicht
    ABbinden oder so;

und so

(2) (BB)
(a) also (-) ähm SIE: lebte mit ihrer faMILje in so nem
    GANZ grOßen HAUS,=wo sie ihr eigenes ZIMmer hatte
    und so-
(b) und die haben den dann da mit AUFgenomm und so,=ne
(c) und ähm: es war auch wirklich SCHÖN und so;
(d) ich find ihn:: (-) n toTAL äh (3.0) nEtten TYpen und so,
(e) und der ist halt einfach (.) n exTRE:mer aufschneider
    und so;=weißt du also-
(f) oh GOTT der wird dich so rUnd um die UHR NUR aufzieh
    und NUR ärgern mit seiner rIesen KLAPpe und mit seinen
    SPRÜChen und so,
(g) aber NICH ne einfache giTARre oder so? sondern
    n_instruMENT wat uff KÖRpernähe reagiert und so.
(h) mit dEm war ich auch schonmal zuSAMM und so?
(i) war echt STIMmung und so-=

Zunächst ist auffällig, dass die beiden Ausdrücke nicht unbeschränkt gegeneinander austauschbar sind. Von den *oder so*-Belegen lassen sich nur diejenigen annähernd bedeutungsneutral in *und so* umformulieren, die keine Fragen sind (also nicht (1)(g) und (i)). Umgekehrt können viele *und so*-Belege – sicher (2) (c), (d), (e), (h), (i) – gar nicht gegen *oder so* ausgetauscht werden. Das deutet darauf hin, dass die unterschiedliche Bedeutung der Konjunktion (*und* vs. *oder*) noch eine Rolle spielt und wir es nicht mit univerbierten (zu einem Wort gewordenen) Operatoren zu tun haben. Dies beantwortet aber noch nicht die Frage, ob die Ausdrücke in das bisherige Projekt eingebunden sind.

Es gibt Beispiele, in denen es zumindest möglich ist, ein erstes Koordinationsglied innerhalb des Projekts zu identifizieren, etwa in (1)(c), (f), (g) und (2)(e). Dort findet sich eine nominale Struktur, die sinnvollerweise mit *so* verbunden werden kann, etwa: *NaiviTÄT oder so*. Die paradigmatische Darstellung zeigt aber, dass *NaiviTÄT* und *so* in keiner paradigmatischen Beziehung zueinander stehen und die Struktur deshalb nicht als Ergebnis einer Koordinationsretraktion verstanden werden kann:

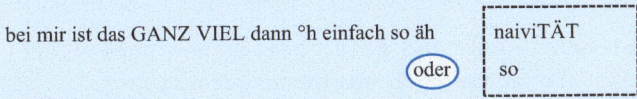

So als Adverb lässt sich nicht anstelle von *Naivität* in das Projekt einsetzen. Bei verbalen Kandidaten für Koordinationsstrukturen ist das genauso:

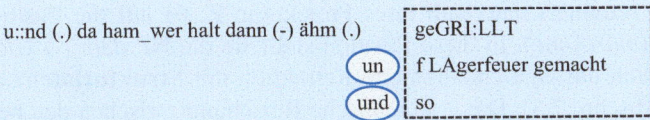

Als Adverb kann *so* nicht in derselben Position wie das Verb oder die Verbalphrase stehen. Dasselbe gilt für untergeordnete Projekte wie in (1)(d).

In vielen Fällen ist es aber gar nicht eindeutig möglich, ein erstes Koordinationsglied zu identifizieren. Ist dieses erste Koordinationsglied zum Beispiel in *und der ist halt einfach (.) n exTRE:mer aufschneider und so;=weißt du also-* lediglich die NP *ein extremer aufschneider* oder das gesamte Projekt? Oder in *ich könnt mir ja ECHT vorstellen ne, dass (.) dass die bei VIva was macht oder so* lediglich die PP *bei VIva* oder das gesamte untergeordnete Projekt (*dass die bei VIva was macht*)? *So* selbst gibt keinen Hinweis darauf, weil keiner der möglichen Slots im Projekt in eine paradigmatische Beziehung zu ihm gebracht werden kann.

Dies legt den Schluss nahe, dass *und so* und *oder so* Operatoren sind, die nach dem abgeschlossenen Projekt stehen und nicht sein Teil sind. *So* instruiert die Hörerin zwar, den Inhalt des bisherigen Projekts oder eines Teils daraus (etwa einer Phrase) als unvollständig und ergänzungsbedürftig zu verstehen. *Und/oder so* hat jedoch keine Syntax, die der Hörerin helfen würde, einen paradigmatischen Vorgänger von *so* zu identifizieren.

6.5 Erweiterung oder neues Projekt?

Am Projektbeginn gibt es Phrasen, deren grammatische Bindung an das Projekt nur sehr schwach ist (vorangestellte sog. Freie Themen mit anaphorischer oder ganz fehlender Wiederaufnahme im Mittelfeld; vgl. Abschn. 3.5). Auch am Projektende kommen nur noch lose an das Projekt gebundene phrasale Erweiterungen vor (Couper-Kuhlen und Ono 2007 sprechen von **Freien Konstituenten**). Nicht immer ist klar, ob sie noch Teil des Projekts sind oder bereits ein neues, eigenes Projekt bilden.

In der traditionellen Grammatik werden manche von ihnen unter dem Sammelbegriff **Apposition** behandelt. Eindeutig Teil des Projekts sind Appositionen wie im folgenden Ausschnitt, die online-grammatisch als Retraktionen zu beschreiben sind:

```
(56)(Urenkelchen)  (aus: Imo 2012, Zeilen neu nummeriert)
   01 E.:   GEstern wurde doch mariAnne getauft.
→ 02        dein (-) URenkelchen. (--)
   03 O.:   GEstern in FÜ[RTH,]
   04 E.:              [ich ] mein SCHON;
```

Sprecher E. retrahiert innerhalb ihres Projekts in Z. 01 auf die Position des Eigennamens (*mariAnne*). In diese Position stellt sie die NP *dein (-) URenkelchen*. Es handelt sich um eine endalignierte Retraktion mit **Strukturlatenz** auf *getauft* (vgl. dazu Abschn. 7.3). Die grammatische Beziehung zwischen den beiden Phrasen ist durch grammatische Kongruenz markiert. (Das zeigt sich, wenn man einen anderen Kasus wählt: *gestern wurde doch der Marianne das Weihwasser drübergekippt > deinem Urenkelchen*.)

Bei solchen Appositionen gibt es keinen Grund, auf den Sonderfall der ‚Freien Erweiterungen' zurückzugreifen (Imo 2012). Schon schwieriger einzustufen sind **nachgestellte, unflektierte Adjektive** (und Partizipien) zu einem Nomen, die ebenfalls als Appositionen bezeichnet werden. In den folgenden Ausschnitten sind die fraglichen Erweiterungen *KLEIN geschnitten* (57), *SCHMÄler, RASsiger* (58), *ABsolut NEU* (59) und *schwarzWEISS* (60).

```
(57)(BB)
((Sybille und Bianca stehen in der Küche an der Arbeitsfläche und
schauen auf die Lebensmittel. Bianca möchte das Abendessen
vorbereiten.))
   01 BIA:  weil ich dacht vielleicht haste lUst mir was zu
            HELfen;
   02       du kannst wenn de mag[st n_bisschen den saLAT putzen;
   03 SYB:                       [ja.
   04 BIA:  °h und MÖHRchen brauch ich;=
→ 05        =KLEIN geschnitten; °h
   06       <<all>ich brauch ALles was hier steht eigentlich KLEIN.>

(58) (MERCEDES, Telefongespräch)
((Frida und Manfred tauschen sich über einen neuen Wagen aus.))
   01 FRI:  aber ganz andere FORM hat doch der;
→ 02        SCHMÄler;
→ 03        RASsiger;
   04 MAN:  jja? (-)
   05 FRI:  oder net;
```

6.5 Erweiterung oder neues Projekt?

```
(59)(MERCEDES)
  01 MAN:   dann zahl_i nomal zehndausend mark DRAUF,=
  -----------
  02        =(na) hab_i n_fantastischn h gä tä I:;=gell,
  03 FRI:   m:,=
→ 04 MAN:   =ABsolut NEU,


(60)(ZK2)
  01 INA:   [<<begleitende Handgeste> und dann gibt_s (.)
            diese SCHOkoröllchen?
  02 KLA:   [((mehrfaches Nicken))
→ 03 INA:   [(.) [so schwarzWEISS,  [=so;>
  04 KLA:         [ja,               [ja,
            [((mehrfaches Nicken))
```

Diese nachgestellten Adjektive sind nicht flektiert. (Eine Flexion wäre nur möglich, wenn im Rahmen einer Retraktion die NP repariert oder elaboriert wird, also etwa in (60): *so (diese) schwarzWEISSe(n)*.) Ihre Beziehung zum vorausgehenden Projekt ist also morphologisch nicht markiert. Sie lassen sich deshalb nicht als Nachtrag einstufen, der alternativ auch in einer früheren Position im Projekt untergebracht werden könnte. Vielmehr ist die post-nominale Position für unflektierte Adjektive Teil der kanonischen Grammatik der NP. Das zeigt sich daran, dass diese Position auch im früheren Projektverlauf besetzt werden kann (*Möhrchen, klein geschnitten, bräucht ich noch*), also unabhängig von der Position der NP im Projekt ist.

Aufgrund ihrer mangelnden Flexion ist nicht immer klar, auf welches Nomen im vorherigen Projektverlauf sich solche Adjektive beziehen. In Ausschnitt (58) ist zum Beispiel sowohl der Bezug auf das Nomen *Form* aus Z. 01 möglich als auch der Bezug auf das Pronomen *der*, das seinerseits auf ein vorher erwähntes Mercedes-Modell zurückverweist. Vor dem Adjektiv ist ohne Zweifel ein möglicher Projektabschluss erreicht (vgl. dazu auch das Frageanhängsel *gell* in (61), Z. 02).

Ein weiterer Zweifelsfall sind Nomina bzw. NPs nach möglichem Projektende, wie im folgenden Ausschnitt:

```
(61)(VERTRETUNG)
((Telefongespräch; Linus erklärt Alvin die Fahrstrecke von Aastadt
nach Beestadt.))
  01 LIN:   und dann von EFstadt einfach am RHEIN lang,
  -----------?
→ 02        (?m) EFsta:dt eh G GEEstadt- (-) °h
→ 03 ALV:   e_EFstadt GEEstadt;=[glaub_i gei?
→ 04 LIN:                       [EFstadt GEEstadt und dann CEEstadt;
```

Die Städtenamen werden nach dem potentiellen Abschluss des Projekts am Ende von Z. 01 ohne grammatische Markierung angefügt. Die Städte werden in der Reihenfolge genannt, in der Alvin sie passieren muss, um zu Linus nach ‚Beestadt' zu kommen. Sie können deshalb als Elaborierung der Äußerung in Z. 01 gesehen werden. Allerdings ist keiner der Städtenamen durch eine Präposition markiert. Insbesondere wird die PP *von Efstadt* aus dem Projekt in Z. 01 offenbar nicht als Retraktionspunkt genutzt; dies ergäbe – abgesehen von der unsinnigen Wiederholung von *Efstadt* am Beginn von Z. 02, 03 und 04 – auch keinen Sinn, denn offenbar ist gemeint, dass der Weg von ‚Efstadt' über ‚Geestadt' nach ‚Ceestadt' führt. Der Mangel an grammatischer Bindung der Städtenamen an das Projekt legt nahe, die Ortsnamen nicht als Erweiterungen des Projekts in Z. 01 zu sehen, sondern als neues, unabhängiges Projekt im Format einer **freistehenden Liste**.

Diese Analyse bietet sich auch im folgenden Beispiel an, das nicht zufällig ebenfalls Ortsnamen im Sinn von Richtungsangaben enthält:

```
(62)(HH)
   01 INT:   wo fahren sie da HIN?
   02 IHH:   °h also???DAhin,
   03        wo wir: von HAMburg aus: (--) an Eim tach hin un
             zuRÜCK komm.
   -----------?
   04 INT:   ja;
   05 IHH:   nech?
→ 06        (-) also: sAchsen ANha:lt- (--)
→ 07        BRANdenburch;
→ 08        MEcklenburg;=
   09 INT:   =mHM,
```

Das Projekt in Z. 02/03 enthält eine strukturelle Position, an die der Sprecher seine Erläuterung, wohin er von Hamburg aus in den Urlaub fährt, durch Retraktion hätte anschließen können, nämlich das Richtungsadverb *DA hin* (& Relativsatz). Eine retraktive Erweiterung müsste mit diesem Adverb grammatisch kongruieren und entsprechend mit der Präposition *nach* versehen werden (also *nach Sachsen-Anhalt, (nach) Brandenburg, (nach) Mecklenburg*). Tatsächlich produziert der Sprecher jedoch im Anschluss an das Projekt in Z. 02 eine Liste von drei Ländernamen, die grammatisch nicht mit dem vorherigen Projekt verbunden werden.

Unklaren Status hat auch die Turn-Komponente in Z. 03 im folgenden Redebeitrag von Herrn B.:

```
(63)(BÖRSIANER)
   01 HrB:   wir werden das seminar STARten,
   02        (1.5) äh: (-) mit (-) (äh) doktor SCHNEIder,
   -----------?
   03 HrA:   aJA.
   04 HrB:   und daNACH (-) herr NIEdermüller.=
   -----------
   05 HrA:   =GUT ja.
```

Die NP *herr NIEdermüller* in Z. 03 ist grammatisch nicht mit *doktor SCHNEIder* in Z. 01 kongruent; bei Retraktion in die Position nach der Präposition *mit* wäre Dativmarkierung (*herrn NIEdermüller*) zu erwarten. Neben Wegfall der Dativmarkierung durch Kasusabbau bei den schwachen Nomina, also einer sprachwandelbedingten Erklärung, ist auch eine Analyse möglich, die Z. 03 als selbständiges Projekt sieht, in dem auf das Verb *kommen* verzichtet wird.

Es gibt viele andere Beispiele, in denen die syntaktische Anbindung an das Projekt nicht eindeutig ist. Sowohl Gesprächsteilnehmer als auch Linguistinnen müssen hier mit einem Graubereich leben, der zwischen Projektexpansion und Neubeginn liegt.

6.6 Expansion durch Verben des Sagens und Meinens

Hypotaxen. In Kap. 5 wurde gezeigt, dass hypotaktisch aufgebaute Projekte, die in der geschriebenen Sprache sowohl in der inneren Syntax des untergeordneten Satzes als auch in der äußeren Syntax im übergeordneten Satz markiert werden, in der gesprochenen Sprache zu Markierungslosigkeit im nachgestellten Teil tendieren, unabhängig davon, ob dieser das übergeordnete oder das untergeordnete Projekt enthält. Der erste Teil des Projekts projiziert also den zweiten, aber dieser wird formal nicht mehr als projiziert gekennzeichnet. Diese Markierungslosigkeit hat verschiedene interaktive und prozessierungsbezogene Vorteile. Untergeordnete Nebensätze, die nicht projiziert werden, sind nicht betroffen; deshalb kommen ‚adverbiale Nebensätze' als Projektexpansionen im Nachfeld unbeschränkt vor und behalten ihre inneren Merkmale der Unterordnung, nämlich Verb-Letztsyntax sowie einleitende Subjunktion.

Es gibt von dieser Tendenz zur Projektionsmarkierung im ersten und zum Markierungsverlust im projizierten zweiten Teil eine Ausnahme, nämlich die Erweiterung schon abgeschlossener Projekte durch **Konstruktionen mit Verben des Sagens und Meinens** (*verba dicendi et sentiendi*). Sie können selbständigen Projekten folgen und sie (zumindest aus schriftgrammatischer Sicht) retrospektiv zu regierten Komplementprojekten machen. In der Konstruktion folgt das Subjekt dem Verb. Das bisher geäußerte selbständige Projekt mit Verb-Zweitsyntax bekommt dann im Rückblick seinen Platz im Vorfeld dieser **Matrixkonstruktion**. In diesem Fall erfolgt die Markierung der Hypotaxe ausschließlich im nachgestellten Teil des komplexen Projekts, also in der äußeren Syntax.

Betrachten wir dazu das folgende Beispiel:

```
(64)(BB)
((Sybille hat verschiedene Kuchen gebacken, die sie und Josef
probieren.))
    01 SYB:   ich hab das mal mit QUARK probiert;=
    -----------
    02        =°h has den ANdern probiert;
    -----------
```

```
     03  JOS:   der Is doch noch gar nich GU:::T.
→    04         (-) MEIN ich.
     05         oder?
```

Josef hat in Z. 03 eine syntaktisch abgeschlossene Äußerung produziert. Dieses potentiell abgeschlossene Projekt erweitert er in Z. 04 mit *MEIN ich*. Die Erweiterung ist in diesem Fall prosodisch deutlich vom bisherigen Projekt abgetrennt und wird als eigene Intonationsphrase formuliert. Sie ist also vermutlich nicht von Anfang an geplant gewesen, sondern ergab sich inkrementell. Ihre Funktion ist es, die vorher sehr apodiktisch und mit emphatischer Dehnung auf dem Adjektiv *GU:::T* produzierte Kritik an Sybille abzuschwächen.

Durch diese Erweiterung entsteht ein hypotaktisches Projekt mit *meinen* als regierendem Matrixverb. Das Projekt am Beginn der Äußerung ist jetzt Objekt zu diesem Verb, das neben dem Subjekt (hier: *ich*) ein Objekt erfordert und mit diesen beiden Argumenten zusammen das übergeordnete Projekt bildet:

_{untergeordnetes Projekt}[der IS doch noch gar nich GU:::T] MEIN ich.

Die Gesamtkonstruktion scheint sich lediglich durch die Stellung von der schon in Abschn. 5.2.3 besprochenen Projektstruktur zu unterscheiden, die mit dem *verbum sentiendi* beginnt:

ich mein _{untergeordnetes Projekt}[der IS doch noch gar nich GU:::T].

Dass diese Annahme einer Äquivalenz zwischen voraus- und nachgestellten *verba sentiendi* aber nicht korrekt sein kann, zeigt sich auf der funktionalen Ebene. Dazu noch einmal ein Blick auf einen schon in Kap. 5 besprochenen Ausschnitt, in dem die Voranstellung mehrfach vorkommt:

```
(65)(Calling home)
   01  FNY:   ich mein ich bin extra deswegen nach DEUTSCHland
              °h gefahren,=
   02         =und dann nach KASsel
   -----------
              und °h äh:: war n riesiger AUFwand,
   03         ich mein::  [auch finanZIELL,
   04  MAR:              [ah_JA,
   05         ah_JA,
   -----------
   06  FNY:   und_ich_mein wenn ma des geWUSST hätte vorher,
   07         hätt ma des GAR nich geMACHT.
   08  MAR:   hm.
```

In keinem der drei Fälle wird *ich mein* zur Abschwächung der eigenen Meinung verwendet; vielmehr dient es dazu, eine Rechtfertigung für die eigene Position einzuleiten.

6.6 Expansion durch Verben des Sagens und Meinens

Das Beispiel des Verbs *meinen* zeigt, dass Anfangsstellung eines Verbs des Sagens oder Meinens im Projekt und Projekterweiterung durch solche Verben (also Schlussstellung) nicht äquivalent sind, sondern pragmatisch-funktionale Unterschiede implizieren können. Nicht bei allen *verba sentiendi* sind die Unterschiede so stark wie bei *meinen*, sie müssen aber grundsätzlich in Betracht gezogen werden.

Bei der Diskussion projektinitialer Konstruktionen mit *verba sentiendi et dicendi* in Kap. 5 wurde auch auf eine alternative Analyse dieser Konstruktionen hingewiesen, die nicht dem grammatischen Muster der Matrixkonstruktion mit eingebettetem Objekt in Form eines untergeordneten Projekts folgt, sondern die Konstruktion mit dem Verb und einem Personalpronomen der ersten oder dritten Person als **Operator** (oder wenigstens auf dem Weg dazu) versteht. Diese Analyse ist auch bei nachgestellten Verben des Sagens und Meinens in Betracht zu ziehen. Sie verändert die syntaktische Hierarchie zwischen Projekt und Projekterweiterung und bringt sie mit der pragmatischen Hierarchie zur Deckung: Wichtigster Teil der Gesamtäußerung ist ja zweifelsohne das initiale Projekt, das schon allein vollständig ist und eine sprachliche Handlung realisiert. Die Analyse der Matrixkonstruktion als nachgestellter Operator wird diesem Umstand gerecht. Allerdings zeigt die Syntax (Subjekt-Nachstellung), dass die Erweiterung formal an das initiale Projekt gebunden ist und (noch) nicht die Selbständigkeit aufweist, die für einen Operator gefordert ist.

Redeanführung. Nachgestellte *verba dicendi* werden – auch schriftsprachlich – für die Redeanführung genutzt. Sie sind allerdings viel seltener als vorangestellte Verben des Sagens. Meist kommen sie in Erzählungen vor und stehen deshalb im gesprochenen Deutsch vor allem im Perfekt. Die folgenden Beispiele zeigen das Muster:

```
(66)(Jugendzentrum)
  01 IGR:   und dann irgendwie keine AHNung kam_s zu streiteREI;=
  -----------
  02        =und dann irgendwie so JA.
  03        (.) verPISS dich und so hab ich gesagt.

(67)(Jugendzentrum)
  01 MOH:   ich sag SO.
  02        wenn du im BUS fährst dann äh::-
  03        MERK dir meine WORte hab ich gesagt-
  04        dann wird der bus so WACkeln und du wirst KOTzen.

(68)(Jugendzentrum)
  01 SIN:   der hat zu mir geSAGT-
  02        also;
  03        du kAnnst zum beispiel hier als (.) äh sozusagen
            TEILzeitarbeiter-
  04        erstmal v [geSCHENke verpacken [hat er gesagt-
  05 ETH:            [mHM,                 [mHM-
```

Auffällig ist, dass das nachgestellte Verb des Sagens oft nicht allein die Redewiedergabe markiert, sondern von einer vorangestellten Redeanführung begleitet wird. Das nachgestellte Verb schließt die Redewiedergabe nur ab. Die Präferenz für vorangestellte Redeanführungen entspricht der allgemeinen Präferenz, Äußerungen mit Elementen zu beginnen, die das Folgende rahmen und die Interpretation steuern. Die Rezipientin soll schon vorher wissen, wie sie das Folgende zu verstehen hat.

Epistemische Verwendungen von *verba dicendi*. Neben Redeanführungen in Erzählungen gibt es ein weiteres rekurrentes Muster der Verwendung eines Verbs des Sagens als Projekterweiterung, nämlich zur **Authentifizierung** einer eigenen Äußerung. Der Sprecher macht zunächst eine Behauptung, die er dann durch Verweis auf eine Autorität, die ‚dies gesagt hat', absichert:

```
(69)(Friedhof 03) (Daten von Anh Nhi Dao)
((Daniel und Ricarda sind in der Stadt unterwegs und suchen einen
Friedhof.))
  01 DAN:   mussten wir nicht jetzt (0.6) [<<pp>(LINKS-)>
  02 RIC:                                 [die ERste;
  03           (0.5)
→ 04           hat sie geSAGT-

(70)(Friedhof 03) (Daten von Anh Nhi Dao)
((aus demselben Gespräch beim Gehen durch die Stadt))
  01 DAN:   bei an der MAUer müssen wir irgendwo kucken;
  -----------
  02 RIC:   (0.9)
  03           ja;=
  04           =richtung OSten oder so hat sie gesagt ne,

(71)(ET, Zu dritt)
  01 NAN:   wo wo zieht er DANN hin?
  -----------
  02        (-) ACH er will ins AUSland hat er gesagt;=gell?=
  -----------
  03 HAN:   =ja:;
  04           der will ja praktisches JA:HR jetzt;
```

In den ersten beiden Ausschnitten suchen Ricarda und Daniel einen bestimmten Ort, für den sie eine Wegbeschreibung erhalten haben. In beiden Beispielen drückt zunächst Daniel seine Unsicherheit aus, ob die richtige Straße gewählt wurde (Ausschnitt (69)) bzw. wie es ‚an der Mauer' weitergeht (Ausschnitt (71)). Ricarda nimmt dazu jeweils Stellung. Diese Stellungnahme scheint zunächst sicheres eigenes Wissen zur Grundlage zu haben (die ‚erste Straße', ‚Richtung Osten'). Wenn die

6.6 Expansion durch Verben des Sagens und Meinens

Formulierung so stehen bliebe, würde Ricarda ein starkes epistemisches Ungleichgewicht zwischen sich selbst und dem offensichtlich unsicheren Daniel herstellen. Sie erweitert ihren Redebeitrag (und ihr Projekt) aber in beiden Fällen, einmal prosodisch exponiert und einmal prosodisch camoufliert. Die angehängte Konstruktion mit dem Verb *sagen* schreibt das Wissen jemand anderem zu, nämlich der Person, die die Wegbeschreibung gegeben hat. Damit wird die Aussage als **Wissen zweiter Hand** dargestellt.

Im Ausschnitt (71) fragt Nanni in Z. 01 Hanni, wohin ein gemeinsamer Freund ziehen möchte. Sie beantwortet die Frage sofort selbst mit *er will ins AUSland* (*ach* signalisiert, dass sich ihr epistemischer Stand plötzlich geändert hat, d. h. dass sie sich plötzlich erinnert). Auch hier wird die epistemische Grundlage dieser Antwort in einer Expansion des Projekts angefügt: die Authentifizierung geht auf das zurück, was der Freund ihr selbst gesagt hat.

Verba dicendi als verba sentiendi. *Verba dicendi* in der 1. Ps.Sg. Präsens dienen oft gar nicht der Redewiedergabe, sondern sind eigentlich *verba sentiendi*, mit denen der Sprecher eine Meinung kundtut. Die konventionalisierte Formel dazu ist die Verwendung im Konjunktiv:

```
(72)(DOM, Vergewaltigung)
   01 DOM:   ich d ich mein das ist ja vl is ja vielleicht gAr nicht
             so_n so_ne dumme iDEE;=
   02        =dass du in eine KLInik äh geh:st.
 → 03        öh wü würde Ich so sponTAN irgendwie SAgen,
```

Auf die Formel *sag ich mal* wurde bereits in Abschn. 4.4 hingewiesen (vgl. die Diskussion von Beispiel (51) und (52) dort). Sie wird als Vagheits-/Approximationsmarker verwendet:

```
(73)(DOM, Callboy)
((Anrufer Detlef arbeitet als Callboy.))
   01 DOM:   wie kannst du dann eine erekTION bekomm.
   02        (1.0)
   03 DET:   also (-) da is bei mir so ein HEbel,
   04        (-) sajichmal im KOPF,
   05 DOM:   mHM,
   06 DET:   den: (.) krieg ich UM,
```

Funktionsgleich wäre *irgendwie* (*da is bei mir irgendwie son Hebel im Kopf*).

Verba sentiendi. Die abschwächende Funktion des *verbum sentiendi mein ich* kennen wir bereits aus Ausschnitt (64). Projekterweiterndes *denk ich* funktioniert ganz ähnlich:

```
(74)(FR03)
  01 INT:    welcher beruf isch so wie ma sich_s gern WÜNSCHT;
  02         des [GIBT_s eigentlich gar net;
  03 F03:        [ᵛm,
→ 04 INT:    denk ICH.
  05 F04:    jo MEIner ´SCHO;
  06         ich hAb mei ideALberuf;
```

Wie Ausschnitt (64) belegt auch dieses Beispiel den inkrementellen Charakter vieler projekterweiternder *verba sentiendi*. Die Interviewerin hat in Z. 01 eine Plattitüde geäußert, auf die nur Interviewpartner F03 etwas verzögert mit einem unverbindlichen Rezeptionssignal reagiert, das noch keine Zustimmung ausdrückt. Die Interviewerin expandiert darauf ihren Redebeitrag in Z. 02; die neue Turnkonstruktionskomponente insistiert auf der ursprünglichen Meinung und verstärkt sie noch. Nachdem zustimmende Reaktionen weiterhin ausbleiben, erweitert die Sprecherin das Projekt in Z. 02 erneut mit *denk ICH*, das nun deutlich abschwächend ist. Der Kontrastivakzent auf *ich* nimmt die apodiktische Formulierung in Z. 01/02 zurück und stellt sie lediglich als die eigene, individuelle Meinung der Sprecherin dar. Darauf reagiert die Interviewpartnerin F04 mit einem offenen Widerspruch, indem sie von sich selbst behauptet, ihren Idealberuf gefunden zu haben.

Während es bei *denken* und *meinen* um **Subjektivierung** geht, schwächt *glaub ich* Tatsachenbehauptungen ab. Im folgenden Ausschnitt macht THE eine Aussage über ein Detail aus dem Leben seiner Gesprächspartnerin, über das er nur sekundäre epistemische Rechte hat: NUR hat privilegierten Zugang zu Dingen aus ihrem Leben, die ein Fremder nur aus zweiter Hand wissen kann.

```
(75)(THE, Nur)
((Thema: Kontakte zur Heimat in der Migrationssituation in
Zeiten vor Mobiltelefon und Internet.))
  01 THE:    weil das ja Unglaublich TEUer war,
  -----------
  02         [deswegen] HABT ihr immer kasSETten [aufgenommen;]=
  03 NUR:    [hm,     ]                          [<<f> ja::,> ]
(-----------)
  04         [wir ham TAPES aufgenommen;
→ 05 THE:    =[glaub ich.
```

Das Beispiel wurde bereits in Kap. 5 besprochen. Die Aussage, die THE über seine Gesprächspartnerin in Z. 01-02 macht, wird zwar von dieser schon während ihrer Produktion bestätigt (Z. 03); dennoch schwächt THE sie in Z. 05 ab und signalisiert, dass er hier nur unsicheres Wissen aus zweiter Hand reportiert: Privilegierten epistemischen Zugang zu diesem Wissen hat die Gesprächspartnerin.

6.7 Links und rechts kann man nicht verwechseln – oder doch?

Wir können nun die Strukturen am Ende eines Projekts mit denen am Beginn vergleichen, die in Kap. 3 beschrieben wurden. Es scheint zunächst viel dafür zu sprechen, dass Anfang und Ende eines syntaktischen Projekts **spiegelbildlich organisiert** sind. Das suggeriert auch die traditionelle Terminologie, die Links- und Rechtsversetzungen unterscheidet. Die Unterscheidung zwischen Vor- und Nachfeld deutet ebenfalls in diese Richtung. Manche syntaktischen Analysen des Deutschen unterscheiden außerdem zwischen Nachfeld und Nachnachfeld (vgl. Duden 2022: 53–55, 101–102; dort „rechtes Außenfeld" genannt) und stellen so eine weitere Parallele zum Projektbeginn mit seinem Vorvorfeld („linkes Außenfeld") und Vorfeld her. Das Nachnachfeld nimmt in diesem Modell – analog zum Vorvorfeld – unter anderem die Rechtsversetzungen auf. Dann ergäbe sich das folgende Gesamtbild für die topologischen Felder des (mündlichen) Deutsch:

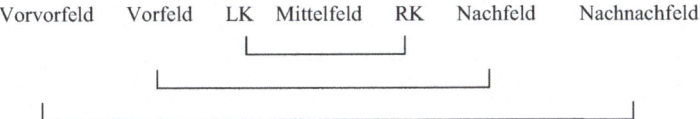

Das Mittelfeld würde demnach die Achse bilden, an der sich die anderen Elemente spiegeln.

Aus der Sichtweise der Online-Syntax kann dieses symmetrische Modell aber nicht angemessen sein, denn es bildet die Zeitlichkeit der Entwicklung syntaktischer Projekte nicht ab. Dafür, dass es **keine Symmetrie** zwischen ‚links' und ‚rechts' gibt, sprechen viele empirische Gründe, von denen einige übrigens auch für die geschriebene Sprache gelten:

- Der Anfang eines Projekts ist deutlich stärker strukturiert. Das lässt sich einerseits daran erkennen, dass alle Strukturelemente des Projekts nach der öffnenden Klammer fakultativ sind, während am Anfang des Projekts zumindest die Verbklammer und das Vorfeld nur unter sehr genau definierten Bedingungen weggelassen werden können. Argumente im Vorfeld sind sehr frequent, Argumente im Nachfeld sehr selten. Das Umgekehrte gilt für untergeordnete Projekte, die am Projektanfang deutlich seltener sind als am Projektende. Die stärkere Strukturierung des Projektanfangs wird auch durch die dort geltenden, rigideren **Reihenfolgebeschränkungen** belegt. Sie haben dazu geführt, dass wir am Projektanfang zusätzlich ein Eröffnungsfeld unterschieden haben. Am Projektende ist selbst die Unterscheidung zwischen Nachfeld und Nachnachfeld nur schwer zu rechtfertigen, weil Elemente, die üblicherweise als nachfeldbesetzend eingestuft werden, sowohl nach als auch vor einer ‚Rechtsversetzung' stehen (untergeordnete Projekte stehen danach, adverbiale ‚Ausklammerungen' davor). Entscheidend ist offenbar die ‚Schwere' der Konstituente.
- **Alle Anfänge projizieren**, und sei es auch nur, dass ein syntaktisches Projekt beginnt. Alle potentiellen Projektabschlüsse sind expandierbar.

- Den strukturellen entsprechen **funktionale Unterschiede**: Initiale Elemente haben dominant die Funktion, einen Rahmen für das Verständnis des nachfolgenden Äußerungsteils zu bilden oder das Topik zu formulieren, oft in Anknüpfung an eine vorherige Äußerung. Finale Elemente nach der schließenden Klammer, die das Projekt expandieren, bearbeiten seine Semantik meist nachträglich, indem sie Informationen nachtragen oder Elemente reparieren und elaborieren.
- Das spiegelt sich in den **Eingriffsmöglichkeiten** der Rezipientinnen wider: Dialogische Aushandlungen finden am Ende, nicht am Anfang, statt.

Es gibt also keine Symmetrie zwischen ‚links' und ‚rechts'. Vorher und Nachher sind nicht spiegelbildlich (vgl. Auer und Lindström 2016).

6.8 Übungsaufgaben

1) Identifizieren Sie die Expansionen in dem folgenden Transkriptausschnitt und ordnen Sie sie den in diesem Kapitel besprochenen Typen zu.

```
(THE, Sel)
((über Golo Mann))
01 SEL:    °h er hatte kein LEICHtes LEben gehabt,
           -----------
02         das ähm ähm (.)
03         also (.) eigentlich hat er ein (.)
           be<<lachend>VOR>zugtes leben gehabt;=
04         =in einer promiNENten,
05         °h WOHLhabenden faMIlie;
06         em HALBjude;
           -----------
07         °h er kOnnte rechtzeitig emiGRIEren;=
           -----------
08         =er hat ja dann ähm <<schluckt>auch> gegen (.)
           deutschland (.) geKÄMPFT,=
09         =sehr FRÜH:,=
10         =in der (.)
11         erst in der TSCHEChischen armee;=
12         =dann bei den BRIten und bei den ameriKAnern,
           -----------
13         °hh und TROTZdem ist e:r: (.) den SCHATten seines
           VAters nicht losgeworden,=
14         =und Auch nicht den (.) SCHATten de:r älteren
           geSCHWISter,
15         also besonders: KLAUS mann,
16         und Erika mann,
           -----------
```

6.8 Übungsaufgaben

```
17         °hh und äh: er hat glaub ich ne GANZ schwierige (.)
           JUgendzeit auch gehabt;
```

2) Im folgenden Ausschnitt wird ein untergeordnetes Projekt, nämlich das temporale *als*-Projekt, das in Z. 02 beginnt, expandiert. Analysieren Sie die Projektentwicklung von Z. 02 bis Z. 06.

```
(DOM, Stiefvater)
01 ANN:    ähm weil mein vater ist vor sIeben jahren geSTORben,=
02         =°hh (.) un:d als sie ihn dann kEnnengelernt hat den
           MIChael,=
03         =also MIChael heißt der?
04         [°h   ]
05 DOM:    [mHM,]
06 ANN:    als sie ihn dann kEnnengelernt hat MEINte sie äh:-
           ((etc.))
```

3) Bestimmen Sie den syntaktischen Status der unterstrichenen Elemente im Rahmen der emergierenden syntaktischen Projekte der beiden Sprecherinnen!

```
(ZK2)
((über eine Weinstube))
01 KLA:    da [wArn wir ja_s      ] LETZte mal;=
02 UTA:       [aber die HAM au:ch-]
03 KLA:    =zu DRITT;
04 UTA:    geNAU;
05 KLA:    ((nickt))
06         des [ERSte mal;]
07 UTA:        [und_die   ] HAM halt noch n richtiges:-
08 KLA:    ja_ja;
09 UTA:    (-) ein_n WEINhandel oder irgend sowas,
```

4) Pragmatisch und prosodisch selbständige Phrasen, die ein Projekt linear zu erweitern scheinen, können online zu Vorfeldbesetzungen uminterpretiert werden (eine Form von *apo-koinu*-Emergenz). Beschreiben Sie, wie dies im folgenden Ausschnitt geschieht. Warum würde eine ‚offline'-Analyse diesem Phänomen nicht gerecht werden?

```
(THE, Sel)
((über das Theater))
01 SEL:    also es ist schon:: also eine ganz wesentliche
           erSATZ(.)handlung;
02         [das IST es ja auch- (-)
03 THE:    [mHM:,
04 SEL:    das würde ich Überhaupt sagen,=
```

```
05        =is es auch innerhalb der geSELLschaft; °h
06        das ist es Immer geWEsen;=
07        =auch schon bei den GRIEchen;
08        (--) ist das theater im grunde genommen der °h
          demokratische TRUPpenübungsplatz für die LEUte gewesen;
```

5) Den folgenden Ausschnitt kennen Sie bereits aus Kap. 2, wo nur die möglichen und faktischen Projektenden identifiziert werden sollten. Mit dem in Kap. 6 gewonnenen Wissen können Sie nun genauer analysieren, wie die möglichen Projektenden teils durch Expansionen verschoben werden:

```
(ET 22.06.16 )
01 RIT:   <<p>ich will n_↓EIS.>
02 MIR:   (--) ^eis?
03 RIT:   (.) <<pp>ich hätt jetzt gern> <<pp>n_EIS;> (--)
04 MIR:   <<flüstert>mit so SCHOkosoße;>
05 RIT:   <<lachend, p>hehe? °h>=
06        =<<pp>n_ZUCkersüsses [EIS.     ]
07 MIR:                       [`SCHLAG]sahne? oder-
08        <<lachend, f> ehe [hehe[he  ]>
09 LAR:         <<lachend, f>[eheh[e   ]>
10 RIT:                          <<p>[woa]>
11        [so_n       spaGHET]tieis wo des ä:::
12 MIR:   [<<lachend>SCHOko;>]
13 RIT:   wo die SAHne so geFRORN is innen drin.
14        [<<p>KENNT ihr des?>]
15 MIR:   [hm ich bin nIch    ] so_n [spaGHETtieisfan;=]
16 LAR:                              [´ah:: `NEE.      ]
17        =[des mag ich NICH so; ]
18 MIR:   =[weil_s aus vaNILleeis] is;=
```

6) Der folgende Ausschnitt enthält ein syntaktisches Projekt (ab Z. 02), das sich besonders komplex entwickelt, weil die Sprecherin mehrfach repariert und dabei die Konstruktion zweimal *apo koinu* verändert. Analysieren Sie die Projektemergenz im Detail!

```
(S/H)
01 SAR:   mich WUNdert des,=
02        =weil SONST die ute beí zum beispiel bei E:VS vortrag hat
          se proBLEMlos (1.0)(ähm) also hat_se den MITgekriegt,
03        MITdiskutiert und alles.=
```

Literatur

Altmann, Hans. 1981. *Formen der „Herausstellung" im Deutschen. Rechtsversetzung, Linksversetzung, Freies Thema und verwandte Konstruktionen*. Tübingen: Niemeyer.
Auer, Peter. 1981. Zur indexikalitätsmarkierenden Funktion der demonstrativen Artikelform in deutschen Konversationen. In *Sprache: Verstehen und Handeln*, Hrsg. Götz Hindelang und Werner Zillig, 301–311. Tübingen: Niemeyer.
Auer, Peter. 1992. The neverending sentence: On rightward expansion in spoken syntax. In *Studies in Spoken Languages: English, German, Finno-Ugric*, Hrsg. Miklós Kontra und Tamas Váradi, 41–60. Budapest: Hungarian Academy of Sciences.
Auer, Peter. 1996. On the prosody and syntax of turn-continuations. In *Prosody in Conversation*, Hrsg. Elisabeth Couper-Kuhlen und Margret Selting, 57–100. Cambridge: University Press.
Auer, Peter und Jan Lindström. 2016. Left/right asymmetries and the grammar of pre- vs. postpositioning in German and Swedish talk-in-interaction. *Language Sciences* 56: 68–92.
Behaghel, Otto. 1909. Beziehungen zwischen Umfang und Reihenfolge von Satzgliedern. *Indogermanische Forschungen* 25: 110–142.
Birkner, Karin. 2006. Objektrelativsätze mit *haben*. In *Grammatik und Interaktion: Untersuchungen zum Zusammenhang zwischen grammatischen Strukturen und Interaktionsprozessen*, Hrsg. Arnulf Deppermann, Thomas Spranz-Fogasy, und Reinhard Fiehler, 147–177. Radolfzell: Verlag für Gesprächsforschung.
Brenning, Jana. 2015. *Syntaktische Ko-Konstruktionen im gesprochenen Deutsch*. Heidelberg: Universitätsverlag Winter.
Couper-Kuhlen, Elizabeth und Joshi Ono. 2007. 'Incrementing' in conversation. A comparison of practices in English, German and Japanese. *Pragmatics* 17(4): 513–552.
Duden – Die Grammatik. 2022. Hrsg. Angelika Wöllstein und Dudenredaktion. Berlin: Dudenverlag (10. Auflage).
Deppermann, Arnulf und Nadine Proske. 2020. Right-dislocated complement clauses in German talk-in-interaction: (Re-)specifying propositional referents of the demonstrative pronoun *das*. In *Emergent Syntax for Conversation: Clausal Patterns and the Organization of Action*, Hrsg. Yael Maschler, Simona Pekarek Doehler, Jan Lindström, und Leelo Keevallik, 275–302. Amsterdam: Benjamins.
Eisenberg, Peter. 2020. *Grundriss der deutschen Grammatik. Der Satz*. 5. Aufl. Stuttgart: Metzler.
Günthner, Susanne. 2008. Projektorkonstruktionen im Gespräch: Pseudoclefts, *die Sache ist*-Konstruktionen und Extrapositionen mit *es*. *Gesprächsforschung - Online-Zeitschrift zur verbalen Interaktion* 9: 86–114.
Günthner, Susanne. 2011. Dass-Konstruktionen im alltäglichen Sprachgebrauch – Facetten ihrer 'interaktionalen Realität'. *Gidi Arbeitspapierreihe* 35 (12). http://noam.uni-muenster.de/gidi/arbeitspapiere/arbeitspapier35.pdf.
Himmelmann, Nikolaus. 1996. Demonstratives in narrative discourse: A taxonomy of universal uses. In *Studies in Anaphora*, Hrsg. Barbara Fox, 205–255. Amsterdam: Benjamins.
Imo, Wolfgang. 2011a. Cognitions are not observable – but their consequences are: Mögliche Aposiopese-Konstruktionen in der gesprochenen Alltagssprache. *Gesprächsforschung – Online-Zeitschrift zur verbalen Interaktion* 12: 265–300.
Imo, Wolfgang. 2011b. Online changes in syntactic gestalts in spoken German. Or: do garden path sentences exist in everyday conversation? In *Constructions: Emerging and Emergent*, Hrsg. Peter Auer und Stefan Pfänder, 127–155. Berlin: de Gruyter.
Imo, Wolfgang. 2012. Zwischen Construction Grammar und Interaktionaler Linguistik: Appositionen und appositionsähnliche Konstruktionen in der gesprochenen Sprache. *Gidi Arbeitspapierreihe* 22. https://arbeitspapiere.sprache-interaktion.de/category/wolfgang-imo/page/2/
Kaiser, Julia. 2016. Reformulierungsindikatoren im gesprochenen Deutsch: Die Benutzung der Ressourcen DGD und FOLK für gesprächsanalytische Zwecke. *Gesprächsforschung – Online-Zeitschrift zur verbalen Interaktion* 17: 196–230.

König, Katharina und Benjamin Stoltenburg. 2013. *Oder so, und so, und so was, und so weiter* etc. Eine interaktionale Perspektive auf Etcetera-Formeln. *Gidi-Arbeitspapier* 48. https://arbeitspapiere.sprache-interaktion.de/arbeitspapiere/arbeitspapier48.pdf.
Mertzlufft, Christine und Camilla Wide. 2013. The on-line emergence of postmodifying *att-* and *dass-*clauses in spoken Swedish and German. In *Comparing and Constrasting Syntactic Structures. From Dependency to Quasi-Subordination*, Hrsg. Eva Havu und Irma Hyvärinen, 199–229. Helsinki: Société Néophilologique.
Overstreet, Maryann. 1999. *Whales, Candlelight, and Stuff Like That. General Extenders in English Discourse*. New York: Oxford University Press.
Pfeiffer, Martin. 2015. *Selbstreparaturen im Deutschen. Syntaktische und interaktionale Analysen*. Berlin: de Gruyter.
Schwitalla, Johannes. 2003. *Gesprochenes Deutsch. Eine Einführung*. Berlin: Erich Schmidt Verlag.
Selting, Margret. 1994. Konstruktionen am Satzrand als interaktive Ressource in natürlichen Gesprächen. In *Was determiniert Wortstellungsvariation? Studien zu einem Interaktionsfeld von Grammatik, Pragmatik und Sprachtypologie*, Hrsg. Brigitta Haftka, 299–818. Opladen: Westdeutscher Verlag.

Parasitäre Projekte 7

7.1 Ellipsen, Analepsen, Strukturlatenzen

Probleme des Ellipsenbegriffs. In der Linguistik gibt es eine lange Tradition, Sätze, denen in irgendeiner Weise etwas zu fehlen scheint, sodass sie nur aufgrund des Kontexts (des sprachlichen Kontexts, des situativen Kontexts oder des *common ground* der Gesprächsteilnehmer) verstanden werden können, als **elliptisch** zu bezeichnen. Dem Wortsinn nach wird bei einer Ellipse etwas weggelassen (griech. *elleipsis*, Auslassung), d. h. umgekehrt, dass eine elliptische Äußerung durch Hinzufügung zu einer ‚vollständig(er)en' gemacht werden kann.

Es ist naheliegend zu postulieren, dass das Weggelassene Teil der Hintergrundinformation sein muss, während der Fokus der Äußerung verbalisiert wird. Es besteht aber keine Einigkeit darüber, welche Strukturen nach dieser Definition als Ellipsen zu gelten haben. Der Grund ist, dass das, was den Einen als vollständig gilt, von Anderen als unvollständig eingestuft wird. In vielen Fällen, in denen Linguistinnen von Ellipsen sprechen, ist für die Sprachbenutzer kein Mangel zu erkennen, der durch Ergänzung bestimmter Strukturelemente zu beseitigen wäre. Zum Beispiel gilt eine Antwort wie *ich* auf die Frage *wer möchte noch was?* vielen Linguisten als klassisches Beispiel einer Ellipse, obwohl die ‚reduzierte' Form der Antwort für die Gesprächsteilnehmerinnen, also aus interaktiver Sicht, weder unvollständig noch in irgendeiner Weise **ergänzungsbedürftig** ist. Sie ist im Gegenteil sogar die ‚normale' Antwort, während die ‚vollständigere' Form (*ich hätte gern noch was*) eher ungewöhnlich ist und zu Inferenzen einlädt, warum der Sprecher überflüssigerweise Teile der Frage wiederholt. Für andere Linguisten ist auch schon die Formulierung *was* anstelle von (etwa) *was von der Pizza* aus semantischen Gründen elliptisch, einfach weil diese Formulierung nicht explizit, sondern nur im Zusammenhang der Sprechsituation verständlich ist. Hier wird Ellipse mit allgemeiner Kontextabhängigkeit gleichgesetzt und es erscheint alles elliptisch, was spezifische

---

Ergänzende Information Die elektronische Version dieses Kapitels enthält Zusatzmaterial, auf das über folgenden Link zugegriffen werden kann https://doi.org/10.1007/978-3-662-68611-9_7.

Wissensbestände der Gesprächsteilnehmer benötigt, um verstanden werden zu können.

Es bedarf aber kaum des Hinweises, dass das dahintersteckende **Explizitheitsideal** typischerweise an die Schriftsprache gebunden ist und deshalb eine solche Herangehensweise kaum der Gefahr entgehen kann, die elliptische mündliche Sprache als degenerierte, weil unvollständige Form der explizite(re)n Schriftsprache zu verstehen. Tatsächlich ist aber die geschriebene Sprache ein Derivat der gesprochenen, nicht umgekehrt.

In der Interaktionalen Linguistik herrscht dem Ellipsenbegriff gegenüber Skepsis vor. Selting kommt zum Beispiel nach einer umfangreichen Diskussion der Forschungsliteratur zu dem Schluss: „Es bleibt also keine Rechtfertigung für die gesonderte Behandlung sogenannter ‚Ellipsen' übrig" (1997: 150). Tatsächlich löst sich der Ellipsenbegriff bei genauerer Analyse in eine Reihe von unterschiedlichen Phänomenen auf. In keinem Fall benötigt man die Annahme, dass bei Ellipsen ursprünglich vorhandene Strukturelemente des Projekts in irgendeiner Weise gestrichen worden sind und für das Verständnis ergänzt werden müssen.

Zu unterscheiden sind besonders die folgenden Phänomene:

Verkürzung durch Sprachwandel. Einige vermeintliche Ellipsenphänomene beruhen einfach auf Sprachwandel; dieser Wandel der Sprache hat dazu geführt, dass sich kürzere (reduzierte) Formen als funktionale Äquivalente von längeren etabliert haben, ohne dass diese für ihre Interpretation herangezogen werden müssten. Ein Beispiel ist die Reduktion von *lass uns* zu *lass*, etwa in *lass (uns) treffen* statt älter bzw. schriftsprachlich *lass uns uns treffen*. Ein anderes Beispiel ist die Weglassung von Vollverben nach Modalverben wie in *kann ich noch ein Eis?* statt älter/schriftsprachlich *kann ich noch ein Eis haben?* In solchen Fällen kann man zwar sprachgeschichtlich von einer Verkürzung sprechen, und auch für Rezipientinnen, die die neue Form noch nicht übernommen haben, wird diese im Vergleich zu ihrer eigenen, längeren, als Weglassung erscheinen. Da aber das Merkmal der Kontextabhängigkeit fehlt, handelt es sich nicht um Ellipsen.

Reduktionsstile. In manchen Gattungen und Stilen kommen Konstruktionen vor, die als reduziert erscheinen. Auch ihre Interpretation ist aber nicht auf einen spezifischen Kontext angewiesen. Sie sind deshalb keine Ellipsen. Die dafür prototypische Gattung des **Telegramms** mit seiner spezifischen Syntax (*ankomme Freitag den 3.*) ist inzwischen untergegangen, ebenso der Stil, der preußischen Offizieren des 19. und frühen 20. Jahrhunderts zugeschrieben wird („Viele in den Tod geschickt, Orla. Aber aus Pflicht! Verdammte Pflicht und Schuldigkeit... mich nicht geschont ... wußte jeder draußen"; Wiechert, 1939 [1950: 116]). Strukturell reduzierte, aber eigenständige und kontextfrei verständliche Konstruktionen sind jedoch auch heute noch in mündlichen Erzählungen anzutreffen, wo sie der „**Verdichtung**" dienen. Günthner (2006) gibt etwa das folgende Beispiel:

7.1 Ellipsen, Analepsen, Strukturlatenzen

```
(1) BESUCH IM ZOO (aus: Günthner 2006, Transkription unverändert)
    88 Lili:    dann ist der ↑RAUSgeklettert,
    89          denk- (.)
    90          ich kriech nen ↑HERZinfarkt;
    91 Eva:     [↑↑BOA:H]
→   92 Lili:    [um    ] die ↑ECKe gerast,
→   93          nach=m ↑WÄRter gebrüllt,
→   94          ins nächste ↑KLO[häuschen  ] rein-
    95 Eva:                    [hihihihihi]
```

Typisch ist hier der **Verzicht auf finite Verben**, aber auch auf die Nennung des Agens der Handlung, in diesem Fall der Erzählerin. (Im Beispiel könnte Z. 92 auch als Retraktion zu Z. 88 verstanden werden, und zwar in die Position der VP *RAUSgeklettert*, die durch *um die ECKe gerast* ersetzt wird. Allerdings entzieht sich die folgende Äußerung in Z. 93 einer solchen Interpretation, weil das finite Verb hier nicht mehr aus Z. 88 übernommen werden kann.)

Situationsellipsen. Ebenfalls unter Ellipsenverdacht stehen Äußerungen, die in non-verbale Handlungszusammenhänge eingebettet sind. Sie sind sicherlich situationsabhängig. Oft wird nur das verbalisiert, was notwendig ist, um die Handlung zu verstehen. Solche handlungseingebetteten Ausdrücke sind zum Beispiel *von dem da!* (geäußert von einem Kunden zur Verkäuferin an der Käsetheke), *einen Espresso* (als Order im Café), *Tupfer!* (geäußert von der operierenden Ärztin) oder *Hilfe!* (geäußert von einem Schwimmer im Meer). Für das Verständnis solcher Situationsellipsen ist die Aktivierung eines mentalen **Skripts** (Schank 1983) für die Situation (,Einkaufen', ,Bestellen', ,Operieren', ,Baden') notwendig. Aber die Analyse als Ellipse ist schon deshalb unplausibel, weil nicht klar ist, wie genau die vollständige Version lauten sollte: *ich hätte gern einen Espresso? Ich möchte einen Espresso? Ich nehm einen Espresso?* Schon Karl Bühler hat in seiner *Sprachtheorie* (1934: 154–168; vgl. Klein 1984) deshalb anhand solcher Beispiele gegen die Vervollständigungsannahme der Ellipsenforschung argumentiert: „Manchmal kommt man sich dabei wie ein dummer Schulbub oder (vielleicht richtiger gesagt) wie ein pedantischer Schulmeister vor, wenn man, wo die native Praxis völlig unzweideutig ist, mit Satzergänzungen zu theoretisieren beginnt" (Bühler 1934: 157). Das „symphysische Umfeld" liefere den notwendigen Hintergrund für das Verständnis, die Annahme einer fehlenden sprachlichen Struktur sei nicht notwendig und irreführend.

Kontextabhängige Konstruktionen. Eine weitere, große Gruppe von Äußerungen, die oft als elliptisch bezeichnet werden, repräsentieren Konstruktionsschemata, die syntaktisch vollständig sind und keinerlei formale ,Auffüllung' erfordern, aber zu denen ausgebautere Alternativkonstruktionen zur Verfügung stehen. Ihre Form ist **konventionalisiert**. Das konstruktionsspezifische Wissen enthält Angaben darüber, in welchen Kontexten sie verwendet werden können. Viele sind auf responsive Positionen im Gespräch eingeschränkt oder setzen voraus, dass es ein Objekt oder eine Szene im situativen Umfeld gibt, das/die im gemeinsamen Aufmerksamkeitsfokus der Gesprächsteilnehmer liegt und somit den Hintergrund der Äußerung bildet. Formuliert wird dann lediglich der Fokus.

Zum Beispiel sind Äußerungen wie *keine Ahnung, nicht dass ich wüsste, bestimmt, richtig, kaum zu glauben* etc. darauf angewiesen, dass es eine Bezugsäußerung gibt, die meist die unmittelbar davor liegende sequenzielle Position im Gespräch besetzt und eine Proposition enthält. Sie beziehen sich semantisch auf diese Proposition. Äußerungen wie *wunderbar, wie bescheuert!, super, ganz schön frech, gut gemacht, was für ein Schlamassel* können sich sowohl auf Objekte (oder Szenen) im gemeinsamen Aufmerksamkeitsfokus als auch auf vorausgehende sprachliche Handlungen beziehen. Äußerungen wie *was für ein Nebel!* oder *lecker* sind eher auf den gemeinsamen Wahrnehmungsbereich bezogen.

Eng verwandt sind schriftliche Konstruktionsformate, die auf Objekten im Raum fixiert sind und ihre Bedeutung aus diesem Objekt beziehen, etwa **deontische Infinitive** wie zum Beispiel *nicht berühren, bitte vor Gebrauch schütteln, Rasen betreten verboten* etc. (vgl. Deppermann 2007).

Zu den kontexteingebetteten, aber syntaktisch selbständigen Konstruktionen gehören auch die in Abschn. 3.5 ausführlich besprochenen verbinitialen Projekte wie *glaub ich nicht, ist schon richtig, kommt schon noch, weiß ich, is aber so*, die auf ein anadeiktisches Pronomen in der präverbalen Position verzichten (irreführenderweise oft *topic drop* genannt). Sowohl *das glaub ich nicht* als auch *glaub ich nicht* sind kontexteingebettete Konstruktionen, wobei der Kontextbezug einmal vom deiktischen Pronomen ausgeht, das andere Mal von der Konstruktion selbst. Es ist nicht notwendig und auch nicht sinnvoll, die Tilgung (*drop*) eines Pronomens zu unterstellen. In vielen Sprachen ist in dieser syntaktischen Umgebung kein Pronomen möglich oder wird nur verwendet, wenn Emphase oder Kontrast ausgedrückt werden sollen. Genauso wenig, wie man in diesen Sprachen von einer Ellipse ausgehen würde, ist das für die Analyse des Deutschen notwendig, auch wenn hier der Verzicht auf das anadeiktische Pronomen der mündlichen Sprache vorbehalten bleibt.

Adjazenz- und Koordinationsellipsen. Was bleibt, ist eine große Gruppe von Äußerungen, die – anders als die bisher genannten – auf den **syntaktischen Vorgängerkontext** angewiesen sind, um vollständig zu sein. Ein Beispiel sind phrasenförmige Antworten auf w-Fragen, die ohne deren Syntax nicht prozessiert werden können (sog. Adjazenzellipsen), ein anderes Beispiel sind sog. Koordinationsellipsen (vgl. Klein 1995; etwa: *Josef liebt Maria und Anton Frieda*). Blatz (1896, Bd. 2, S. 138–154) nennt sie **Analepsen** (aus griech. *analepsis*, ‚Wiederaufnahme'), womit er den Verzicht auf Wiederholung von gemeinsamen Satzteilen meint, die „in Gedanken ergänzt" werden müssen (Blatz 1896: 139). Dieser Analepsenbegriff wurde von Hoffmann (1998) erneut aufgegriffen.

Das große Interesse, das diesem Typ von ‚Ellipsen' v. a. in den 1970er bis 1990er Jahren entgegengebracht wurde, erklärt sich aus den Versuchen der frühen generativen Grammatik, sie durch Tilgungsoperationen aus vollständigen Sätzen abzuleiten. Diese Versuche erwiesen sich allerdings als psycholinguistisch nicht haltbar: weder Sprecher noch Hörerinnen verarbeiten Analepsen auf diese Weise (vgl. den Überblick bei Kindt 2013).

In diesem Kapitel wird eine Behandlung von Analepsen im Rahmen der Online-Syntax vorgeschlagen. Die grundsätzliche Annahme ist, dass Analepsen nicht einen aktiven Prozess der Wiederaufnahme erfordern, sondern auf schon verfügbaren und aktivierten syntaktischen Strukturen aufbauen, die weiterhin gültig sind. Meistens werden sie durch das unmittelbar vorausgehende syntaktische Projekt zur Verfügung gestellt. Dieses Weiter-Gültig-Sein wird durch den Begriff der **Strukturlatenz** (Auer 2014) verdeutlicht: die Sprecher und Hörerinnen verlassen sich darauf, dass die syntaktische Struktur einer vorherigen Äußerung nicht sofort nach deren Prozessierung aus dem Kurzzeitgedächtnis verschwindet, sondern auch für die Prozessierung von Folgeäußerungen verwendet werden kann, wenn dies strukturell möglich ist (Rath 1979: 143 spricht von „Konstruktionsübernahme"). Im Vergleich zu einer neuerlichen, aktiven Verwendung derselben syntaktischen Struktur in der phonologisch realisierten Form ist dies die ökonomischere und in diesem Sinn ‚einfachere' Alternative. Dies erklärt, warum Analepsen nicht etwa die markierte und seltenere, sondern die unmarkierte und häufigere Formulierungsvariante sind. Es fehlt also nichts, sondern es wird etwas Überflüssiges nicht wiederholt.

Metaphorisch kann man sich solche Strukturlatenzen als **parasitäre Projekte** vorstellen, die nur im Kontext eines anderen Projekts ‚lebensfähig' sind. Sie benötigen diesen Kontext, um prozessierbar zu sein.

Strukturlatenzen sind ihrer Natur nach retrospektiv: Das parasitäre Projekt greift auf Strukturen des Vorgängerprojekts zurück. Sie haben damit eine große Ähnlichkeit zu Retraktionen, die ja ebenfalls retrospektiv operieren und innerhalb eines Projekts zu einem oder mehreren Punkten innerhalb der schon entstandenen Struktur zurückgehen, um von diesen ausgehend das Projekt in identischer oder veränderter Form weiter und zu Ende zu formulieren. Es wird sich also die Frage stellen, wie Strukturlatenzen von Retraktionen abgegrenzt werden können. Tatsächlich wird sich zeigen, dass viel von dem, was zum Beispiel bei Hoffmann (1998) unter dem Begriff Analepse behandelt wird, bereits durch den Begriff der Retraktion abgedeckt ist.

7.2 Strukturlatenzen in Frage/Antwort-Sequenzen

In vielen Frage/Antwort-Sequenzen wird die Antwort durch ein parasitäres Projekt realisiert. Dieses Projekt formuliert eine neue Handlung. Aus diesem Grund erscheint das parasitäre Projekt pragmatisch gesehen als selbständig, auch wenn es syntaktisch auf der Syntax der Vorgängeräußerung aufbaut.

7.2.1 Einfache w-Fragen

Der prototypische Fall eines analeptischen, parasitären Projekts sind vielleicht Antworten auf w-Fragen. Ausschnitte (02)–(04) enthalten solche w-Fragen, die von der Rezipientin beantwortet werden, in Ausschnitt (05) schlägt dagegen der Fragende selbst eine Antwort vor (Z. 04), noch bevor die Angesprochene antworten kann:

(02)(DOM, Prostituiertenfreund)
```
  01 DOM:   was MÖCHtest_du_denn von ehr;
  02        von IHR;
  03        (1.1)
  04 UDO:   hh° ja; des_is (.) schwer zu SAgen;=
(------------)
→ 05        =also vielleicht (.) ne beZIEhunk; hh°;
  06        wenn das MÖGlich wär;=
```

(03)(GüKa)
```
  01 PIA:   wer isst_n des stück PIZza noch?
------------
  02 BIN:   ess;
------------
→ 03 RUD:   du;=
```

(04)(Friedhof 3) (Daten von Anh Nhi Dao)
```
  01 RAC:   ist dir mal Aufgefallen wieviele brIllenträger
            in mediZIN sitzen?
  02        (0.6)
→ 03 DAN:   VIEle; (.)
```

(05)(THE, Sta)
```
  01 THE:   in berLIN,
  02        wo fährste RAUS,
  03        wenn du RICHtig frische luft haben willst;
→ 04        drAussen an die MÜritz.
```

In allen Beispielen besteht die Antwort aus einer Phrase. Diese Phrase entspricht grammatisch dem Fragewort: die Antwort *ne beZIEhunk* ist eine nicht-belebte Objekt-NP, die syntaktisch dem Fragewort *was* entspricht; die Antwort *du* ist ein Personalpronomen im Nominativ Singular, das dem Fragewort *wer* entspricht; die Antwort *VIEle* ist ein adjektivisch verwendeter Quantor, der dem Fragewort *wieviele* entspricht; die Antwort *draussen an die MÜritz* ist eine Richtungsangabe, die dem Fragewort *wo* (das hier im Sinne von ‚wohin' gebraucht wird) entspricht. Semantisch gesehen definiert das Fragewort die Art der fehlenden Information, die dann in der Antwort gegeben wird. Die Phrase, die die Antwort darstellt, lässt sich als Fokuskonstituente in einem hypothetischen Projekt analysieren, das Frage und Antwort umfasst. Anders ausgedrückt: Die Frage bestimmt eine syntaktische Projektstruktur, in der ein Element durch das Fragewort als offene Struktur definiert wird. Die Antwort verwendet diesen definierten syntaktischen Rahmen, um die offene Struktur zu füllen. Die Antwort muss deshalb syntaktisch möglichst gut in den Slot passen, den die Frage vorgegeben hat.

7.2 Strukturlatenzen in Frage/Antwort-Sequenzen

Das Vorgängerprojekt, auf dem die Antwort parasitär ‚aufsitzt', darf nicht weit von ihr entfernt sein. In den meisten Fällen handelt es sich um das unmittelbar vorhergehende Projekt. Allerdings ist das nicht immer der Fall. In Ausschnitt (2) wird zum Beispiel vor der Antwort ein anderes Projekt eingeschoben, nämlich die metakommunikative Äußerung *des is schwer zu SAgen;* sie wird von der Antwort quasi übersprungen. In Ausschnitt (3) bekommt Bine noch vor dem Antwortenden (Rudi) das Wort und fordert die Fragende auf, die Pizza selbst zu essen (Z. 02). Damit die Rezipientinnen erkennen können, dass sich das parasitäre Projekt auf eine bestimmte – nicht unbedingt immer die direkte – Vorgängeräußerung bezieht, muss zwischen dem Bezugsprojekt (der Frage) und der Antwort sowohl eine semantische als auch eine syntaktische Passung bestehen.

Ein genauerer Blick auf die Beispiele macht deutlich, dass der syntaktische Rahmen, der im Bezugsprojekt aufgebaut wurde und der latent weiter gültig ist, **nicht** (exakt) **der vollständig ausformulierten Variante der Antwort** entspricht. Wollte man die Antwort syntaktisch maximal ausformulieren, wären oft Veränderungen gegenüber der Struktur der Frage notwendig. Sie beträfen besonders (a) die Personalpronomina und Personalendungen der 1./2. Person (was sich bereits aus dem Sprecherwechsel ergibt), (b) Modalpartikeln und Operatoren und (c) die Satzgliedstellung. So wäre in Ausschnitt (2) die maximal ausformulierte Antwort nicht die Äußerung, die sich aus der Ersetzung von *was* durch *ne beziehunk* ergibt, also:

ne beZIEhunk MÖCHtest_du_denn von ehr.

Um eine grammatisch akzeptable Antwort zu erhalten, müsste vielmehr zumindest das Pronomen der 2. durch das der 1. Person ersetzt, die Flexionsform des Verbs angepasst und die Fragepartikel *denn* getilgt werden:

ne beZIEhunk MÖCHte ich_von ehr

In dieser Variante steht die Fokuskonstituente im Vorfeld, also an der Stelle, an der in der Frage das Fragewort stand. Der antwortende Sprecher führt allerdings überdies das Satzadverb *vielleicht* ein, mit dem er seine Antwort epistemisch modalisiert. Dieses Adverb steht präferentiell im Vorfeld, kommt aber auch im Vorvorfeld vor (vgl. Abschn. 3.4). Im Beispiel steht es im Vorfeld; diese Position ist also bereits besetzt, und die Fokuskonstituente *ne beZIEhunk* rückt in das Mittelfeld. Die maximal ausformulierte Version wäre dann:

also vielleicht (.) möchte ich ne beZIEhunk von ehr

Anders als bei Retraktionen ist also die Bezugnahme des parasitären Projekts auf das Bezugsprojekt bei Strukturlatenzen nicht immer und nicht notwendigerweise präzise und vollständig; es gibt vielmehr gewisse Spielräume (**Lizenzen**), worauf schon Blatz (1896: 147) hinweist. Aus diesem Grund ist es auch schwierig, Strukturlatenzen im Kästchen-Schema darzustellen, wie wir es aus der Analyse von Retraktionen kennen:

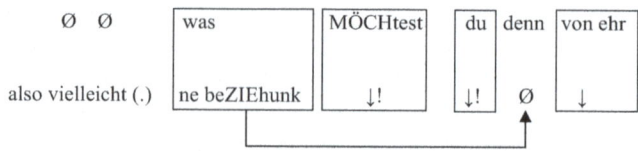

In dieser Darstellung sollen die Pfeile nach unten markieren, dass ein Strukturelement aus der Bezugsäußerung weiterhin gültig bleibt. Ausrufezeichen bedeuten, dass das Strukturelement grammatisch an die Pragmatik der neuen Handlung (der Antwort) angepasst werden muss. Der Pfeil unter dem System bedeutet, dass eine Umstellung in der angegebenen Richtung vorgenommen werden muss.

Noch massivere Anpassungen wären notwendig, wenn im Ausschnitt (5) die Antwort in einer maximal expliziten syntaktischen Form gegeben werden sollte. Hier müsste die komplexe, hypotaktische Projektstruktur zunächst in eine einfache überführt werden, die das eingebettete Projekt der indirekten Frage zu einem selbständigen Projekt macht. Zudem ist eine Umstellung der Satzgliedstellung notwendig. So ergäbe sich zur Frage

ist dir mal Aufgefallen wieviele brIllenträger in mediZIN sitzen?

die maximal ausformulierte Antwort

VIEle brIllenträger sitzen in mediZIN.

Oder schematisch:

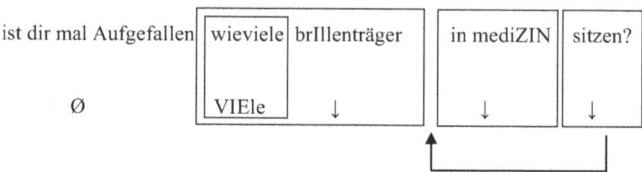

Diese grammatischen Verschiebungen zwischen Frage und Antwort belegen erneut die Beschränkungen und Probleme des Vervollständigungsansatzes. Sie zeigen, dass die aus dem Bezugsprojekt latent weitergeführte Struktur, auf der die Antwort parasitär aufbaut, diese zwar lexikalisch und syntaktisch nutzt, sich dabei aber viele Freiheiten erlaubt. Notwendig ist trotz dieser Freiheiten aber, dass die Antwort ihren syntaktischen Bezug zur Vorgängeräußerung erkennen lässt.

7.2.2 Antworten auf Ja/Nein-Fragen

Fragen, die man mit *ja* oder *nein* beantworten könnte, nennt man **Ja/Nein-Fragen** oder **polare Fragen**. Im sequenziellen Kontext ist es allerdings oft nicht damit getan, die Frage zu bejahen oder zu verneinen. Das gilt vor allem für negative

7.2 Strukturlatenzen in Frage/Antwort-Sequenzen

Antworten. In manchen Kontexten erfordern sie eine Korrektur der Proposition, die durch die Frage zur Bestätigung vorgelegt wurde. Meist genügt es, die Fokuskonstituente aus der Frage zu korrigieren. Dann wird lediglich ihr Slot in der Bezugsäußerung neu gefüllt, während der Rest des Projekts latent weitergilt.

```
(06)(ET3a)
((Thema ist die Vorbereitung auf das erste juristische
Staatsexamen. ‚Ex-o-Rep' ist ein universitätseigenes, ‚Hemmer'
ein privates Repetitorium.))
   01 REI:   hast du dann äh:: ex o REP gemacht;
   02 MAR:   nee;
→ 03         HEMmer.
   -----------
   04 REI:   ACHso;
   05        oKE.

(07)(ET3a)
   01 GRE:   und dann hast du deinen MASter oder WAS,
→ 02 MAR:   eXAmen.
   03 GRE:   ah;
   04        eXAmen;
   -----------
   05        (.) oKE-

(08)(ZK4)
((Daniel wollte mit einem Freund auf eine Party gehen, der ihm
kurzfristig abgesagt hat.))
   01 DAN:   und dEr hat mir dann heute für die NEUNzigerparty
             ABgesagt;
   -----------
   02        <<Kopfbewegung seitwärts>°mpf>
   03        [<<pp>ja.>
   04 EMA:   [<<pp>SCHEIße;>
   -----------
   05 LEO:   und wollt(et) nur ihr BEIde gehn oder was?
   06 DAN:   (-) nee.=
→ 07        =mit mit (-) also Alex und (.) und RANni noch,
```

Auch diese Beispiele belegen, dass bei Strukturlatenzen zwar die Elemente der Bezugsäußerung in dem Maß weitergelten, das notwendig ist, um einen syntaktischen Rahmen für das parasitäre Projekt zu liefern, dass dabei aber ein erhebliches Maß an struktureller Unschärfe im Spiel ist. Bei Ja/Nein-Fragen ergibt sich das schon daraus, dass die Verbersstellung in der Frage nicht in die Antwort übernommen werden kann.

Ein einfaches Beispiel ist Ausschnitt (6). Hier verneint die antwortende Sprecherin Maria die Vermutung ihres juristischen Kommilitonen Reinhard zunächst (*nee*); anschließend ersetzt sie die Fokuskonstituente aus seiner Frage (*ex o REP*) durch die korrekte Information (*HEMmer*):

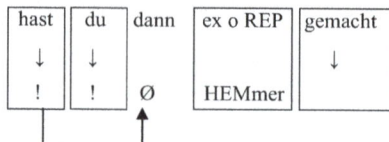

Diese völlig triviale Frage-Antwort-Sequenz würde syntaktisch gesehen eine komplexe Umformung erfordern, wenn man die Antwort so ausformulieren wollte, dass sie nicht von der Frage abhängig ist. Dazu müssten Pronomen und Hilfsverb an die veränderte Sprecherrolle angepasst werden. Aufgrund der Verb-Erststellung in deutschen Ja/Nein-Fragen müsste außerdem in der Antwort eine Umstellung vorgenommen werden. Das eine Inferenz ausdrückende *dann* (vgl. Abschn. 3.2.2) könnte in der Antwort nicht verwendet werden. Wenn die Antwort analeptisch formuliert wird, muss hingegen lediglich die neue, korrigierende Fokuskonstituente in den syntaktischen Slot der alten treten. Dass die Analepse trotz der syntaktischen Unschärfebeziehung zwischen Vorgängeräußerung und parasitärer Äußerung ohne Aufwand und in großer Geschwindigkeit möglich ist, wirft Fragen zur Verarbeitung auf. Möglicherweise wird die Vorgängerstruktur nicht insgesamt latent aktiv gehalten, sondern in einer abstrakteren Form, die zum Beispiel Personenmarkierung und Satzgliedstellung unspezifiziert lässt.

Ausschnitt (7) ist sehr ähnlich. Hier verzichtet die antwortende Sprecherin auf die explizite Verneinung und formuliert stattdessen unmittelbar die korrekte Bezeichnung *eXAmen,* die an die Stelle von *MASter* in der Frage tritt.

Das dritte Beispiel ist komplexer, weil es sich um eine Insertion handelt. Die latent für die Analepse weitergeltende Struktur umfasst neben dem finiten Verb (*wollt(et)*) und dem davon abhängigen Infinitiv (*gehen*) auch die Fokuskonstituente, deren Beginn durch *nur* gekennzeichnet ist, hier in der Funktion des Subjekts (*nur ihr BEIde*). In einer voll ausformulierten Antwort müssten das finite Verb (*wollten*) und das Subjektspronomen an die neue Sprecherrolle angepasst werden (*wir beide*). Geäußert wird lediglich die Erweiterung der Subjekt-NP durch die PP *mit Alex und RANni*.

7.2.3 Rück- und Nachfragen

Während in den Ausschnitten (2)–(8) die Antwort die Struktur der Frage übernimmt, ist es in den Beispielen in diesem Abschnitt umgekehrt: Die Frage ist von der syntaktischen Struktur der vorausgehenden Äußerung abhängig.

7.2 Strukturlatenzen in Frage/Antwort-Sequenzen

Reparaturinitiierungen. Das ist der Fall bei Rück- oder Nachfragen, die der Sicherung des Verständnisses dienen. Aus konversationsanalytischer Perspektive werden sie als **spezifische Fremdinitiierungen** von Reparaturen eingestuft (vgl. Birkner et al. 2020: 356–363, 384–389); sie kontrastieren mit **generalisierten Fremdreparaturinitiierungen**, die pauschal Nicht-Verstehen signalisieren (etwa: *wie bitte?* oder *was?*). Spezifische Reparaturinitiierungen können die Form von w-Fragen oder von Wiederholungen von Phrasen aus der Vorgängeräußerung haben:

```
(09)(ET3a)
  01 REI:     ich WILL auch morgen;
  02          (-) auch nochmal bei den PSYchos vorbeischauen-
  03 GRE:     bei [eh:::    [HINten;
→ 04 MAR:         [bei WAS?
  05 REI:                   [im psychoLOgischen instiTUT;=
  06 MAR:     =ah;

(10)(ZK4)
((Ema berichtet von ihrem Referendariat, wo sie Konflikte mit
ihrer Ausbildungslehrerin hat.))
  01 EMA:     ich hab das denen auch verSPROChen dass wir in der
              letzten stunde noch das SPIEL machen,=<<p>also->
     -----------
  02          (--)
  03 DAN:     mhm,
  04 EMA:     <<pp>kann mich mal KREUZweise.>
(------------)
→ 05 DAN:     n_^SPIEL;
  06 EMA:     [<<p>ja.>
  07 LEO:     [hashtag (-) hashtag DUSCHlampe;
```

Die Reparaturinitiierung identifiziert ein Element in der Vorgängeräußerung des anderen Gesprächspartners als Problem. Bei Initiierungen mit *was* (wie im ersten Ausschnitt) setzt der Sprecher dieses Fragewort in den Slot des Problem-Items. Um als Reparaturinitiierung wirksam zu sein, muss das Fragewort so eingebettet werden, dass die Rezipientin erkennen kann, welches Element in ihrer ursprünglichen Äußerung reparaturbedürftig ist. Dies wäre dadurch zu erreichen, dass die gesamte Äußerung wiederholt und lediglich das Problem-Item durch *was* ersetzt wird (*du willst morgen bei den WAS vorbeischauen?*). Solche vollständigen Wiederholungen kommen vor, signalisieren jedoch weniger mangelndes Verständnis als Erstaunen über die Äußerung des Gesprächspartners. Bei Verständnisproblemen werden hingegen Analepsen bevorzugt. Zur Identifizierung des Problem-Items ist ein **Anker** hilfreich. Im Ausschnitt (9) ist das die Präposition *bei*.

Wenn die Reparaturinitiierung durch Wiederholung des Problem-Items erfolgt, kann – anders als bei *was*-Initiierungen – kein Problem des akustischen Verstehens vorliegen: die Rezipientin hat das Item ja verstanden, sie kann sich lediglich keinen Reim darauf machen. Das ist im Ausschnitt (10) der Fall: Daniel hat die NP *n_SPIEL* akustisch verstehen können, weiß aber nicht, was damit gemeint ist. Er fordert durch die Wiederholung eine Elaborierung an.

Im folgenden Ausschnitt dient die Rückfrage dazu, das Verständnis des Gesagten zu überprüfen. Dazu greift die Rezipientin eine Komponente dessen, was sie verstanden hat, heraus und legt es dem vorherigen Sprecher zur Bestätigung oder Ablehnung vor. Solche verständnissichernden Rückfragen sind zwar nicht obligatorisch an das Format der Analepse gebunden, Analepsen kommen in ihnen aber häufig vor:

```
(11)(ET3a)
((Thema ist das juristische Referendariat.))
  01 GRE:    °h und am ende kommt halt die WAHLstation;
  -----------
  02         und da hAb ich;
  03         das weiß ich noch weil man sich da anscheinend äh
             schon dirEkt nachm examen drauf beWERben soll;
  04         um was zu bekOmm;
(-----------)
  05         sonst (.) weiß ich AUCH nich [was da
→ 06 MAR:                                 [für die äh WAHLstation?
  07 GRE:    ja.
```

Gregor erläutert die Stationen des juristischen Referendariats, das ihm noch bevorsteht. Er erinnert sich allerdings nur noch an die abschließende ‚Wahlstation' (Z. 01), während ihm die Stationen dazwischen nicht mehr geläufig sind (Z. 05). Die Wahlstation ist ihm in Erinnerung geblieben, weil ihm empfohlen worden ist, sich *da* bzw. *drauf* schon jetzt zu bewerben (Z. 03). Noch in Überlappung mit seinem Turn beginnt seine juristische Kommilitonin Maria in Z. 06 eine Rückfrage. Sie verwendet dazu eine Präpositionalphrase, die syntaktisch nur sinnvoll ist, wenn sie als Präpositionalobjekt zu *bewerben* verstanden wird. Sie tritt dann in die Position der anadeiktischen Adverbien *da* und *drauf* im Vorgängerturn. In diesem Sinn ist sie parasitär. Eine nicht-parasitäre, voll ausformulierte Rückfrage (*man soll sich schon direkt nachm Examen für die Wahlstation bewerben?*) wäre markiert und würde die zusätzliche Bedeutungskomponente einer ungläubigen Nachfrage tragen.

7.2.4 Folgefragen

Auf Fragen, die bereits beantwortet worden sind, können weitere Fragen folgen, die auf der Syntax der ersten Frage aufbauen. Eine solche analeptische Folgefrage stellt Pia im folgenden Beispiel (die Fortsetzung von Ausschnitt (03) oben):

7.2 Strukturlatenzen in Frage/Antwort-Sequenzen

```
(12)(GüKa)
  04 PIA:    =wer möcht des mit mir TEIlen;=
  -----------
  05 BIN:    =also ich bin SATT.
  -----------
→ 06 PIA:    du?
  -----------
  07 MAR:    ich BEISS mal;
```

Die Frage in Z. 04 richtet sich zunächst an Bine, die das Angebot aber ablehnt. Pia formuliert dann eine Folgefrage, die das Angebot an Mara weitergibt. Diese nimmt es mit Einschränkungen an (Z. 07).

Folgefragen bauen – wenn möglich – auf der Syntax der ersten Frage auf. Im Beispiel (12) wird die Struktur der ersten Frage mit den üblichen Anpassungen der Person und der Wortstellung implizit übernommen; das Fragewort (*wer*) wird durch ein Personalpronomen ersetzt und die w-Frage dadurch zu einer polaren Frage.

Fragesequenzen mit Folgefragen kommen oft in medizinischen (und anderen institutionellen) Kontexten vor, in denen der Institutionsvertreter eine Reihe von Informationen von der Klientin abfragen muss. Ein Beispiel ist Ausschnitt (13):

```
(13)(SCHMERZEN)
((Therapeutin und Patientin))
  01 THE:    was NEHmen sie im moMENT für schmerz[mittel?
  02 PAT:                                        [ähm: mydoCALM,
  03 THE:    (-) mydoCALM;=
→ 04        =anSONSten (.) welche?
  05 PAT:    (--) äh VIoxx;
  06 THE:    (-) VIoxx-
  07        (2.35)
→ 08        wieVIEL mydocalm?
(------------)
  09 PAT:    (--) ähm- (--) des isch DREI mal DREI,=
  10        =also weil des fünfzig MILligramm isch;=
  11 THE:    =[mHM,
  12 PAT:    [also hundertfünfzig mal [DREI,
  13 THE:                              [mHM,
  14        (2.55)
→ 15        und VIoxx?
  16 PAT:    (-) äh EINmal-
  17 THE:    (--) einma [EINS;
  18 PAT:              [äh fünfundZWANzig milligramm-
```

Die initiale Frage (*was NEHmen sie im moMENT für schmerzmittel?*), die voll ausformuliert ist und ein neues Projekt beginnt, wird im weiteren Gesprächsverlauf dreimal parasitär genutzt, um Folgefragen zu stellen. Im Zentrum der Strukturlatenz steht das finite Verb *nehmen*, in Z. 04 außerdem das Nomen *Schmerzmittel* (*welche* tritt anstelle von *was ... für*) und in Z. 15 zusätzlich das Fragewort *wieviel*. Lediglich Z. 09–12 ist ein eigenes Projekt.

Natürlich sind auch die Antworten der Patientin und die bestätigenden Wiederholungen der Antworten durch die Therapeutin Teil des Projekts.

7.3 Retraktionen mit Strukturlatenzen

In den Frage/Antwort-Sequenzen, die in Abschn. 7.2 besprochen wurden, ist das parasitäre Projekt Teil einer neuen Handlung. Dies unterstreicht seinen unabhängigen Status. In der zweiten großen Gruppe von ‚Ellipsen', den sog. **Koordinationsellipsen**, haben wir es hingegen mit Strukturen zu tun, die meist innerhalb der Formulierungsarbeit an einer sprachlichen Handlung vom selben Sprecher produziert werden. Ein Beispiel ist (14):

```
(14)(BB)
   01 CLA:    also ich darf nIcht das geFÜHL haben äh:-
   02         das_n nEtter pArtner für_n LEbensabschnitt;=ja? (-)
→ 03          für DREI jahre,=
→ 04          =oder für FÜNF jahre;=
→ 05          =vielleicht auch für ZEHN,=
   -----------
   06         =sondern ((etc.))
```

Diese Strukturen haben große Ähnlichkeit mit **Retraktionen**, wie sie bereits in Abschn. 4.5 und 6.4 besprochen wurden. Tatsächlich wird viel von dem, was in der Literatur unter Koordinationsellipsen behandelt wurde und was bei Hoffmann (1998) (und auch Blatz 1897) unter Analepsen fällt, dadurch bereits abgedeckt.

Nehmen wir zum Beispiel die in der Ellipsenforschung oft behandelten sog. **Rückwärtsellipsen** (linksreduzierte Koordinationsstrukturen) wie in *vor einem kargen und nach einem reichen Mahl* (Klein 1984: 134). Im Gegensatz zu der dort vertretenen Auffassung gehen wir nicht davon aus, dass dabei ein „identisches Endstück [...] beim ersten Vorkommen weggelassen" wird (Klein 1984: 134). (Dieses „identische Endstück" wäre im Beispiel *Mahl*.) Vielmehr handelt es sich aus der Sicht der Online-Syntax um eine Retraktion, die nach dem Beginn der PP *vor einem kargen* beginnt, zum Anfang des Projekts zurückgeht, in die Position der initialen Präposition *vor* eine andere Präposition (*nach*) einfügt, den Artikel unverändert beibehält und anstelle von *kargen* in der Position des Adjektivs *reichen* einsetzt; dann wird das Projekt in der projizierten Weise durch das Nomen *Mahl* weitergeführt:

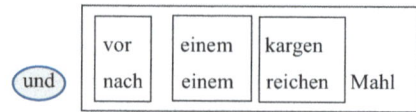

7.3 Retraktionen mit Strukturlatenzen

Dann ist es nicht nötig zu postulieren, dass die vollständige Struktur der NP (also *nach einem reichen Mahl*) im Nachhinein auf die vorherige, unvollständige übertragen wird. In der Online-Prozessierung ist *Mahl* noch nicht verfügbar, wenn die Retraktion einsetzt; es gibt lediglich die Projektion eines Nomens. Nur diese Projektion besteht nach der Retraktion weiter, denn sie ist in dem Augenblick, in dem der Operator *und* produziert wird, noch nicht eingelöst. Fälle wie in dem genannten Beispiel, in denen in zwei nicht aufeinander folgenden Slots (mit einem Anker dazwischen) Ersetzungen vorgenommen werden (*vor > nach, kargen > reichen*), sind übrigens in der Spontansprache äußerst selten.

Die Äußerung in Ausschnitt (14), Z. 02–05, hat allerdings eine andere Struktur, nämlich (nach Klein 1984) die einer rechtsreduzierten Koordination oder **Vorwärtsellipse**:

Die Sprecherin retrahiert nach dem ersten möglichen Ende des Projekts in Z. 01/02 zurück zum Kopf der Präpositionalphrase *für_n LEbensabschnitt*, um in der Position von *n Lebensabschnitt* zunächst die syntaktisch äquivalente NP *DREI jahre* einzusetzen, sodass erneut ein möglicher Projektabschluss erreicht wird. Die Position der Präpositionalphrase wird dann bei identischem Anker (*für*) noch zwei weitere Male genutzt; es entsteht eine Liste mit einer aufsteigenden Zahl von Jahren (die Sprecherin nennt sie ‚Lebensabschnitte'). Beim letzten Listenglied (*für ZEHN*) fehlt aber das Nomen, obwohl es für den wohlgeformten Abschluss des Projekts notwendig und von *für ZEHN* projiziert ist. Es ist klar, dass auch hier ‚Jahre' gemeint sind; die Sprecherin verzichtet jedoch darauf, diesen End-Anker noch einmal zu formulieren. Die letzte Retraktion wird also nicht bis zum Abbruchpunkt gebracht. Das ist unproblematisch, denn die Hörerin kennt das fehlende Element bereits. Das projizierte Nomen ist im syntaktischen Kontext noch latent vorhanden.

Die nachträgliche Bearbeitung des ursprünglichen Projekts baut in diesem Fall also nicht nur – wie alle Retraktionen – darauf auf, dass die Rezipientin die Syntax der Retraktionsposition(en) noch rekonstruieren kann, sondern auch darauf, dass sie die für das Projekt notwendigen Teile von der Retraktionposition bis einschließlich des Abbruchpunkts ergänzen kann. Dabei handelt es sich also um eine **Strukturlatenz**. Retraktionen, bei denen das Projekt nicht erneut bis zum Retraktionspunkt formuliert wird, sondern ein Teil davon aus der Vorgängeräußerung übernommen wird, kombinieren also Eigenschaften von Retraktionen und Analepsen. Sie werden daher hier als **Retraktionen mit Strukturlatenzen (analeptische Retraktionen)** bezeichnet.

Hier einige weitere Beispiele für die Rolle, die Strukturlatenzen im Zusammenhang von endalignierten Retraktionen spielen können. In Ausschnitt (15) handelt es sich zunächst in Z. 02 um eine einfache Koordinationsretraktion (*WASser spa-*

ren > STROM sparen). In Überlappung mit der Zustimmung Josefs repariert Diana dann allerdings ihre Äußerung, indem sie ihre Aussage auf ‚Wasser sparen' einschränkt. Es handelt sich also um eine Reparaturretraktion:

```
(15)(BB)
  01 DIA:   also Ich find man kann auch GANZ schön;
  02        GANZ extrem WASser sparen und STROM [sparen;    ]=
  03 JOS:                                      [das STIMMT.]
→ 04 DIA:   =also vor al[lem ] WASser.
  05 CLA:               [hm, ]
```

ich find man kann auch	GANZ schön		WASser	sparen
	GANZ extrem		STROM	sparen
		und	WASser	↓
		also vor allem		

Die erste Retraktion ist endaligniert (*WASser sparen > STROM sparen*) und baut auf keiner latenten Struktur auf, denn das abschließende Verb im Infinitiv (*sparen*) wird wiederholt; alle Positionen zwischen Retraktionspunkt und Projektabschluss sind also besetzt. Erst die Reparaturretraktion (*Strom sparen > Wasser*) erfordert den Rückgriff auf eine nur latent vorhandene Struktur (*sparen*), damit das Projekt nach *WASser* vollständig ist. Auch in diesem Fall werden also Retraktion und Strukturlatenz miteinander verbunden.

In den Ausschnitten (14) und (15) war jeweils lediglich ein Wort von der Analepse betroffen. Im folgenden Ausschnitt wird hingegen der gesamte nicht-finite Teil des Verbalkomplexes aus der Vorgängerstruktur übernommen:

```
(16)(GüKa)
  01 PIA:   nee;= hab ich ^NICH;
  02        ich hab nur mit dem: DINGS geredet gehabt;
  03        mi_m THOmas;
```

ich hab nur	mit	dem: DINGS	geredet	gehabt
	mi_	m THOmas	↓	↓

Dings ist ein **Platzhalterwort** für einen Ausdruck, der dem Sprecher kurzfristig nicht zugänglich ist. Im Beispiel folgt ihm eine Selbstreparatur im Format einer ersetzenden Retraktion. Die Retraktion ist durch die Präposition und den definiten Artikel vor dem Eigennamen im Projekt verankert; die Sprecherin verzichtet aber auf einen Endanker (also die Wiederholung von *geredet gehabt*). Vielmehr baut sie

7.3 Retraktionen mit Strukturlatenzen

darauf, dass die latent vorhandene Struktur aus der Vorgängeräußerung weiter für die Prozessierung des Projekts verfügbar ist.

Im Ausschnitt (17) geht die Retraktion, die hier eine korrigierende Funktion hat, an den Beginn des Mittelfelds zum Adverb *heut morgen* zurück und korrigiert es in *heut MITtag*. Der folgende Teil des Projekts bis zu seinem Abschluss (*noch n_ARZT geholt*) wird nicht mehr verbalisiert:

```
(17) (SEGLERINNEN, Telefongespräch)
  01 ANN:   und ich hab dann heut morgen noch n_ARZT geholt
            oder heut MITtag=ne,
```

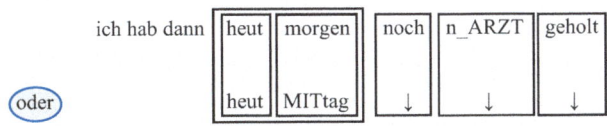

Die bisher vorgestellten Beispiele für Retraktionen mit Strukturlatenzen waren Korrekturen oder Elaborierungen, also Reparaturretraktionen. Strukturlatenzen kommen aber auch im Zusammenhang von **turnstrukturierenden Retraktionen** vor. Ein Beispiel ist Ausschnitt (18):

```
(18)(BB)
((Es geht um die Benennung von Hühnern.))
  01 MAX:   ich WÜRde sagen-=
  02        =die WEISsen nennen wir chickendale und CRISpy;=
  03        =weil das sich noch_n bisschen MÄNNlich anhört;
→ 04        °h und LUder kuniGUNde BERta und FRIEda die ANdern.
  05 CLA:   ja,
```

Die Turn-Konstruktionskomponente in Z. 04 nimmt strukturell Bezug auf Z. 02 (die Turn-Konstruktionskomponente in Z. 03 wird übersprungen) und enthält eine Retraktion auf die syntaktische Position von *chickendale*. Die Sprecherin führt von diesem Retraktionspunkt aus das Projekt aber nicht mehr zu Ende, denn *Luder kuniGUNde BERta und FRIEda die ANdern* ist keine wohlgeformte Fortführung des Projekts *ich würde sagen die weißen nennen wir* →. Vielmehr ist es notwendig, zur Prozessierung der Turn-Fortsetzung in Z. 04 das finite Verb *nennen* aus der Bezugsäußerung in Z. 02 latent weiterzuführen. Die parasitäre Äußerung verbalisiert also die beiden Topik-Komponenten (die Liste der Namen und die NP *die anderen*), während der Rest des parasitären Projekts latent weitergilt.

Retraktionen mit Strukturlatenzen zeigen (anders als Strukturlatenzen in Frage/Antwort-Sequenzen) in den meisten Fällen eine recht genaue formale Passung. Das hat natürlich seinen Grund darin, dass kein Turn-Taking stattfindet. Der folgende Ausschnitt belegt allerdings, dass auch in ihrem Fall grammatische Unschärfen möglich sind. Im Beispiel (19) betreffen sie die Numerusmarkierung. Das latent weitergeführte Nomen *praktikum* (im Singular) würde in der maximal ausformulierten Variante eine Neuanpassung an die Zahlwörter *drei vier* erfordern und müsste dann im Plural stehen. Die Plural/Singular-Unschärfe wird aber bei einer Analepse toleriert:

```
(19)(ET3a)
((Z. 01 bezieht sich auf Praktika.))
  01 REI:    und äh: (.) glaub bei der PE ha (.) gibt_s (.)
             viele verSCHIEdene.=oder?
  02 GRE:    [äh:
→ 03 REI:    [die machen nicht nur EIN praktikum sondern die
             machen drei VIER,
```

```
┌─────────┐ ┌────┐┌──────┐            ┌────┐┌─────────┐
│         │ │die ││machen│  nicht nur │EIN ││praktikum│
│ sondern │ ├────┤├──────┤            ├────┤├─────────┤
│         │ │die ││machen│            │drei││   ↓!    │
└─────────┘ └────┘└──────┘            ├────┤├─────────┤
                                      │VIER││   ↓!    │
                                      └────┘└─────────┘
```

Eine solche Unschärfe besteht auch in Ausschnitt (18), wo sie sich allerdings nicht auf die grammatische Kongruenz, sondern auf die Wortstellung bezieht:

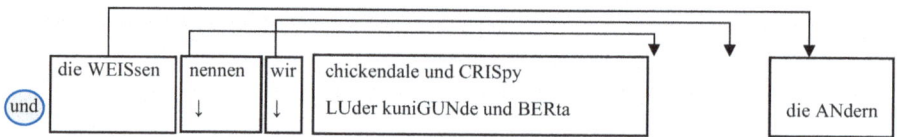

Ein komplexes Beispiel für die Kombination von Retraktionen und Strukturlatenzen zur rhetorischen Gestaltung eines Redebeitrags ist Ausschnitt (20):

```
(20)(THE, Len)
  01 LEN:    ALso es war ähm,
  02         es ist (.) generELL nicht (.) natürlich nIcht LEICHT,
  03         SAChen zu beSINgen,=
  04         =und zu verARbeiten;=
  05         =die äh: nicht (.) nicht so SCHÖN warn,
  06         oder sAchen die pasSIERT sind-
  07         die man nicht geNOSsen hat?
```

Hier retrahiert die Sprecherin am Ende von Z. 05 auf die NP *SAChen* (erstmals produziert in Z. 03 als Objekt zu *singen und verarbeiten*). Das Nomen, das lediglich eine nominale Hülle ist und eine attributive Erweiterung projiziert, wird dann durch zwei Relativprojekte in Z. 06 und 07 weiter spezifiziert:

7.3 Retraktionen mit Strukturlatenzen

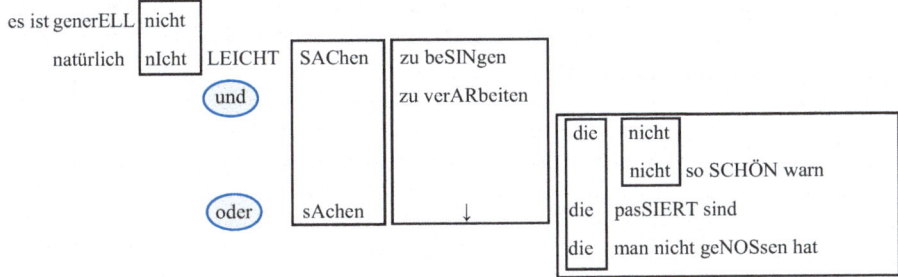

Nach der Retraktion, für die das Nomen *Sachen* als Anfangsanker dient, wird der Slot des Relativprojekts weiter bearbeitet und zweifach neu besetzt. Zwischen Anker und bearbeitetem Slot liegt allerdings eine weitere syntaktische Position, die für das Projekt notwendig ist, nämlich die des Infinitivanschlusses, die nicht wiederholt wird. Die Sprecherin verzichtet auf einen Endanker (*oder sAchen zu beSINgen/und zu verARbeiten, die...*). Das ist auch nicht notwendig, weil die ursprüngliche Besetzung latent verfügbar ist und bei der Verarbeitung in das Gesamtprojekt integriert werden kann.

Neben reparierenden und den Redebeitrag strukturierenden analeptischen Retraktionen sind auch **emphatische Retraktionen** in Kombination mit Analepsen möglich:

```
(21) (ET3a)
  01 MAR:   aber es ging SCHNELL vorbei;=
  02 GRE:   =[ach JA?
→ 03 MAR:   =[wirklich (.) GANZ ganz schnell;
  04 GRE:   oKE;
```

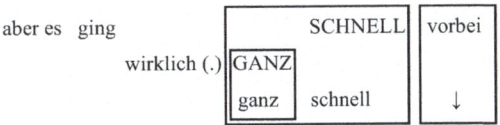

Verdichtete *wenn*-Konstruktionen.

Die subordinierende Konjunktion *wenn* leitet untergeordnete Konditionalprojekte ein. Wie ist *wenn* aber zu analysieren, wenn das gleiche Wort allein vorkommt, wie in den folgenden beiden Beispielen (vgl. Auer 2002)?

```
(Bewerbungen)
((Ende eines Bewerbungsgesprächs; es geht um die zukünftige
Kontaktaufnahme.))
  01 INT:   in der STELlenausssschreibung war ne teleFONnummer
```

```
                    [drin. ]
     02 BEW:        [WAR se] drin;=ne?=
     03 INT:        =mHM,
     04             [mHM,]
     05 BEW:        [gut.]
     06             (-) dann is=es oKAY.
     07 INT:        oder sOll ich sie ihnen lieber noch mal
                    AUFschreiben.
     08 BEW:        nee:-
→    09             (-) und WENN, dann find ich sie auch im
                    teleFONbuch.
     10 INT:        (-) ja.
     11             (-) h h geNAU.


     (BB)
     ((Mike erzählt von seinen Erlebnissen als Hausbesetzer.))
     01 MIK:        zum beispiel unten im schwArzwald hab ick SO
                    krass erlebt,
     02             °h dass LEUte,
     03             (-) die mit hausbesetzern in beRÜHrung gekommen=
                    <<acc>also die nur so jeSEHN haben oder so?>
     04             °h immer von °h äh äh em bUnthaarijen (.)
                    NA(h)zis jesprochen ha(h)ben.
     -----------
     05             <<p>fand ick (.) äh WAHNsinn;>
     06             °h weil (.) normalerweise hat ja n_hAusbesetzer
                    ne völlig Andere ideoloGIE;
     07             (-)ja,
     08             vom DENken her. °h
     -----------
     09 JOS:        mHM,
     10 MIK:        und (.) und die konnten det überhaupt nich
                    [(unterSCHEIden)]
     -----------
→    11 JOS:        [wEnn dann    ] sind das meistens LINke;
     12 MIK:        ha[ja KLAR;]
     13 JOS:           [und   ni]cht REChte;
```

In solchen Fällen wird trotz des Fehlens einer ausformulierten Protasis mit *wenn (dann)* eine Konditionalbeziehung ausgedrückt. In beiden Ausschnitten könnte nach *wenn* das Adverb *überhaupt* eingefügt werden, und *wenn* ist mehr oder weniger stark akzentuiert (wodurch der Sprecher zeigt, dass der Fokus auf der Konditionalität liegt, nicht auf dem Inhalt der Protasis, der be-

7.3 Retraktionen mit Strukturlatenzen

kannte Information ist und daher auch nicht formuliert wird). Das resumptive *dann* kann (wie auch bei vollständigen, untergeordneten Konditionalprojekten) fehlen.

Handelt es sich dabei aber um eine Analepse? Würde es sich um eine Strukturlatenz handeln, müsste es möglich sein, eine syntaktische Vorgängerkonstruktion zu finden, die für die syntaktische Prozessierung der *wenn*-Struktur notwendig ist. Das ist allerdings nicht der Fall. Im ersten Beispiel will der Bewerber wohl sagen, dass er im Fall, dass die Telefonnummer der Firma, bei der er sich beworben hat, nicht in den Unterlagen zu finden sein sollte, diese im Telefonbuch finden könnte. (Das Beispiel stammt aus den 1990er Jahren, einer Zeit, in der noch Telefonbücher genutzt wurden.) Eine entsprechende Vorgängerstruktur findet sich nicht. Die ‚Protasis' kann nur durch Inferenzen erschlossen werden. Dasselbe gilt für das zweite Beispiel, wo es noch schwieriger ist, die Protasis aus dem Gesprächsverlauf zu rekonstruieren. Josef möchte in Z. 11 sagen, dass Hausbesetzer eher Linke als Rechte sind, wenn man sie überhaupt einer politischen Richtung zuordnen kann. Eine dieser Protasis entsprechende syntaktische Struktur im bisherigen Gesprächsverlauf sucht man aber vergeblich. Wir haben es also mit einer Verdichtung der Konditionalstruktur zu tun, deren Interpretation auf Weltwissen angewiesen ist. Es handelt sich um keine Strukturlatenz.

Eine weitere Variante. Allerdings gibt es noch eine weitere, noch stärker verdichtete Variante der alleinstehenden konditionalen Konjunktion:

```
(MU)
((bairischer Dialekt))
   01 IMU:    da is a BRANDbombm nei?
   -----------
   02         es wår aber koaner [då zum LÖSChen,=
   03 INT:                       [mHM-
   -----------
→ 04 IMU:    =weil WENN dann ham_s (-) ANdere d_WOHnungen;
   05         WOHNhäuser gelöscht.
   -----------
   06         nå håb i GSENG;
   07         (-) wia des AUFgflackert hat ((etc.))
```

Hier ergibt sich die Protasis nicht über Inferenzen aus dem allgemeinen Weltwissen, sondern aus der Apodosis, also dem *dann*-Teil des Projekts: die Bedeutung ist ‚wenn sie (überhaupt irgendetwas) gelöscht haben, dann haben sie Wohnungen gelöscht' (das Gebäude, von dem die Rede ist, war ein Theater). Der Inhalt der Apodosis ist also ein Sonderfall des Inhalts der (nicht ausformulierten) Protasis. Diese Bedeutung lässt sich aus der Konstruktion selbst erschließen. Syntaktisch wäre eine Ellipsen-Interpretation möglich. Es würde sich dann um einen seltenen Fall von **Katalepse** handeln: Die Prozessierung des *wenn*-Projekts kann erst erfolgen, sobald das *dann*-Projekt produziert worden ist. Aus diesem Projektteil können dann das finite Verb und das Subjekt entnommen werden, die auch im *wenn*-Teil des Projekts gültig sind:

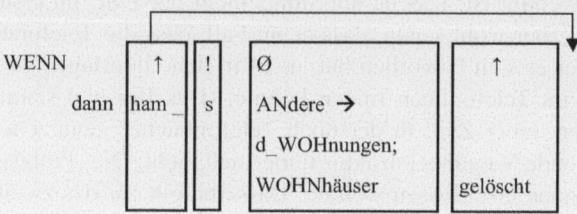

Da das *wenn*-eingeleitete Projekt als untergeordnetes Projekt Verb-Letzt-Stellung fordert, muss beim Import der notwendigen syntaktischen Elemente aus dem folgenden Projektteil die Verbstellung verändert werden.

Eine Katalepse ist keine Strukturlatenz, denn die für die syntaktische Prozessierung notwendige Bezugsäußerung folgt ja erst später.

Betrachten wir zunächst noch einige Varianten dieses Konstruktionstyps, bevor wir zur Frage zurückkommen, ob die Katalepseninterpretation die einzig mögliche ist. Zunächst lässt sich beobachten, dass auch die Nachstellung der Konjunktion *wenn* vorkommt:

```
(BB)
   01 JOS:   darfst kein LEberfleck rausreißen-=
   ------------
→  02        =das musst du operaTIV machen lassen;=<<f>WENN.>
(------------)
   03 VLA:   wieSO,=
   ------------
   04        =wächst er dann wieder NACH?
```

Es handelt sich bei diesem nachgestellten *wenn* nicht um eine Mikroaposiopese (*trail-off conjunction*, vgl. Abschn. 4.6.4). Der Unterschied ist schon an der Prosodie zu erkennen: das turn-erweiternde *wenn* hat einen klaren prosodischen Abschluss (tiefer finaler Grenzton), keinen schwebenden Intonationsverlauf wie (teils) bei Mikroaposiopesen. Es ist außerdem stark hervorgehoben (Mikroaposiopesen sind prosodisch schwach). Aber auch syntaktisch und semantisch gibt es klare Unterschiede. Mikroaposiopesen überlassen es der Rezipientin, eine mögliche Fortsetzung zu denken. Sie sind syntaktisch nicht abgeschlossen. Nachgestelltes *wenn* ist hingegen semantisch und syntaktisch vollständig.

7.3 Retraktionen mit Strukturlatenzen

Bei Nachstellung von *wenn* lässt sich die Konstruktion als Strukturlatenz bzw. Analepse analysieren, denn anders als bei der Voranstellung (Katalepse) erfordert die syntaktische Prozessierung des *wenn* den Rückgriff auf das vorangegangene, bereits abgeschlossene Projekt:

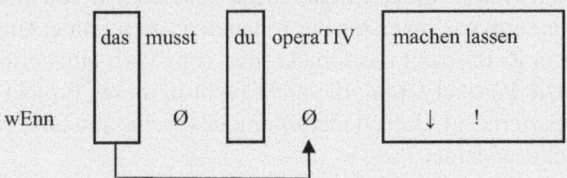

Man kann das nachgestellte *wenn* – außer mit *trail-off conjunctions* – auch mit **nachgestellten Fragewörtern** (*wann, wieso, wie* etc.) ohne Fortführung vergleichen. Auch dieser Vergleich zeigt, dass nachgestelltes konditionales *wenn* sich anders verhält und eine eigene Konstruktion darstellt:

```
(ET3a)
((Thema: wie bekommt man einen Referendariatsplatz in
seiner präferierten Stadt?))
  01 GRE:    wenn du verHEIratet bist dann hast du eigentlich
             schon deinen platz SICher hier;=
  ------------
  02 MAR:    =ja,
  03         ₁[FREUnde von mir HEIraten deswegen;
  04 GRE:    ₁[wenn dein lEbenspartner
  05 MAR:    ₂[jetz;
  06 REI:    ₂[ja
  07         ₃[von mir AUCH;
  08 MAR:    ₃[nächsten monat <<lacht>hn;>
  ------------
  09 GRE:    <<Lachstimme>krass;> h h h [hn,
  10 MAR:                               [ja;
→ 11        aber: sie verraten nicht WANN;=
  12        =weil: sie das ja nur so (.) forMAL machen?
  13 GRE:    [mHM <<pp>(    )>
  14 MAR:    [und nich wOllen dass es irgendjemand (.)
             MITkriegt,
  15         ((lacht))
```

Das temporale *wann* am Ende des Projekts in Z. 11 leitet eine subordinierte Projektstruktur (**indirekte Frage**) ein. Deren Form kann analeptisch aus der Vorgängeräußerung übernommen werden, in diesem Fall aus dem Projekt in

Z. 03/05/08 (*WANN* → *sie heiraten*). Die nicht ausformulierte, indirekte Frage ist vom Verb *verraten* abhängig; sie ist projiziert, was bei nachgestelltem, konditionalem *wenn* nicht der Fall ist.

Eine weitere Verdichtung findet statt, wenn *wenn dann* vor einer Phrase (statt am Beginn eines Projekts) steht. Diese Phrase kann Teil eines emergierenden Projekts sein, wie im ersten der folgenden Ausschnitte. Hier ist die NP *baROCKoper* in Z. 05 wohl das Objekt, das vom Verb *mögen* in Z. 04 projiziert wird. (Die Partikel *schon*, die nicht recht in dieses Projekt passt, wird vermutlich repariert, vgl. die Wiederholung des *wenn*, die eine Neuorientierung des Projekts andeutet.)

```
(ET 28-6)
((über die Musik von Mozart))
   01 NOR:    das ist kEine (.) musIk wo man (0.66) irgendwie
              sich damit so viel beSCHÄFtigt.
   ------------
   02 THO:    ja. °h
   03 LIN:    m,
   04 NOR:    also ich mag schon (.)
 → 05         wenn (.) wenn, dann (.) baROCKoper,
   ------------
   06         oder (0.33) also (0.45) BARtok fand ich SO TOLL;
```

Die Phrase kann aber auch selbst eine Analepse sein, d. h. parasitär auf einer früheren Äußerung ‚aufsitzen', wie in den folgenden beiden Ausschnitten:

```
(FR)
((Freiburger Dialekt; Weil ist eine Kleinstadt in der Nähe
von Freiburg))
   01 IFR:    un mei FRAU,
   02         die ja NICHT aus freiburg war;=
   03         =die het immer gmeint in WEIL;
   04         also DO will_i aber nIt sterbe.
 → 05         wenn, dann in FREIburg;
   ------------
   06 INT:    het_s ihre do net GFALle oder-

(Schmerzen)
((therapeutisches Gespräch))
   01 THE:    gab_s auch mal eben SCHLÄge oder so
              wenn_s mal NICH so funktioniert hat oder- (-)
 → 02 PAT:    WENN dann von meim VATter.
```

7.3 Retraktionen mit Strukturlatenzen

```
03   THE:   WENN vom VAter.
04          ja.
```

Die Analepsen/Katalepsen-Analyse wird in diesem Fällen recht kompliziert. Die Äußerung in Z. 05 des Beispiels (FR) lässt sich binär analysieren und zerfällt dann in zwei Teile (*wenn* und *dann in Freiburg*), die beide syntaktisch parasitär sind. Ganz offensichtlich wird die Präpositionalphrase *in Freiburg* in die Position von *DO* in der Vorgängeräußerung in Z. 04 eingefügt. Der Rest der *wenn*- wie auch der *dann*-Komponente muss aus der latent verfügbaren Struktur dieser Äußerung gewonnen werden. Aber wie genau funktioniert das? Eine mögliche Analyse ist, dass schon die Protasis (,wenn ich (irgendwo) sterben will') analeptisch zu interpretieren ist und auf *DO will_i aber nIt sterbe* aufbaut. Die neuerliche Analepse in *dann in FREIburg* würde dann ihrerseits diese Struktur übernehmen. Diese Analysemöglichkeit wird deshalb möglich, weil ja in einer Konditionalstruktur die Analepse regelmäßig auch in der Apodosis auftreten kann (*wenn ich irgendwo sterben will, dann in Freiburg*). Eine andere mögliche Analyse würde davon ausgehen, dass *wenn dann* grundsätzlich Signal für eine kataleptische Interpretation ist. Die Rezipientin wartet also bis zur Apodosis (*dann in Freiburg*), um diese selbst parasitäre Struktur auf dem Hintergrund der latent vorhandenen Syntax der Vorgängeräußerung *DO will_i aber nIt sterbe* zu interpretieren. Auf der Basis dieser Analyse wird dann die Protasis mit demselben syntaktischen Muster ,versorgt'. In diesem Fall wären eine Analepse und eine Katalepse beteiligt.

Wenn dann kann schließlich auch im Inneren eines Projekts stehen (so wie auch *wenn*-Projekte in die übergeordneten Projekte parenthetisch eingefügt werden können). Die Integration der beiden Wörter in das übergeordnete Projekt wirkt dann noch kompakter. Das Projekt wäre auch ohne *wenn dann* vollständig:

```
(Schmerzen)
((Therapiegespräch))
   01   THE:   und äh (.) soll ich sie mal ANrufen morgen;=
   02          =wann sie KOMMT;
   03          dass wir des (.) äh koordiNIEren;
   ------------
→ 04   PAT:   (--) ah die kommt wEnn dann spät Abends
               wahrscheinlich.
   05   THE:   wieviel UHR? (---)
   06   PAT:   ha GUT;
   07          so wie GESCHtern.
```

```
(ET, Da_Ju_Al)
  01 AND:   wenn ich (dann) hier FESTangestellt bin;
  02        (0.5) oder noch NEbenher nen master mache;=
→ 03        =den würd ich dann WENN dann in (.) BAsel
            machen-=
  04        =NICH hier-
  05 MEL:   o[KE,
  06 AND:    [dann bin ich da SCHNELL;
```

Semantisch ist der Mehrwert des eingefügten *wenn dann* eher gering. Auch die Äußerungen *die kommt spät Abends wahrscheinlich* oder *den würd ich dann in BAsel machen* sind durch das epistemische Adverb im ersten und den Konjunktiv im zweiten Ausschnitt bereits als hypothetisch gekennzeichnet. *Wenn dann* macht diesen hypothetischen Fall lediglich noch unwahrscheinlicher.

Analepse und Katalepse sind sicherlich der Ausgangspunkt für die Entstehung der ‚elliptischen' Konstruktionen mit *wenn dann*, die hier besprochen wurden. Allerdings gibt es dazu eine alternative Analyse. Ihr zufolge ist *wenn dann* auf dem Weg zu einer gefrorenen, **univerbierten** Struktur, die nicht mehr in den Bereich der Syntax fällt. Vielmehr wird sie syntaktisch wie ein einzelnes Wort behandelt, etwa vergleichbar (und semantisch ähnlich) dem Adverb *höchstens*. Nach dieser Analyse ist keine kataleptische oder analeptische Prozessierung notwendig. Sie lässt sich auch auf die beiden ersten Beispiele anwenden. Die Lexikalisierung der Konstruktion wird auch an der Prosodie deutlich; oft liegt zwischen *wenn* und *dann* schon keine IP-Grenze mehr. Der Prozess der Univerbierung ist aber sicherlich noch nicht abgeschlossen.

7.4 *Nicht-*, *auch-* und *schon*-Analepsen

Ein häufiger Fall von Analepse (Strukturlatenz) ist mit den Adverbien *nicht*, *auch* und *schon* verbunden. *Auch* greift einen Phrasen-Slot aus der syntaktischen Vorgängerstruktur heraus, der dann mit einer anderen Phrase gefüllt und kontrastiert wird. Es steht in der Regel nach der Phrase und trägt immer den Fokusakzent. Die beiden Phrasen werden dann miteinander kontrastiert. *Nicht* und *schon* können ganz genauso verwendet werden, allerdings gehen ihre Verwendungsweisen über die von *auch* hinaus, denn sie können auch mit Adverbien verbunden werden, die sich auf die gesamte Proposition beziehen (sog. Satzadverbien wie *hoffentlich* oder *eigentlich*). Diese beiden Verwendungsmöglichkeiten in Analepsen entsprechen den beiden Verwendungsmöglichkeiten in nicht-analeptischen Projekten: Außer Phrasen können *nicht* und *schon* auch die gesamte Proposition in ihrem Fokus haben.

7.4 Nicht-, auch- und schon-Analepsen

Analepsen dieses Typs können in Handlungssequenzen über zwei Redebeiträge hinweg gehen und Zustimmung oder Ablehnung ausdrücken. Sie dienen deshalb oft der **Affiliation** (*affiliation*) oder Nicht-Affiliation (*disaffiliation*) der zweiten Sprecherin mit der ersten, d. h. es werden Meinungen, Einstellungen, Absichten etc. geteilt oder nicht geteilt (vgl. Lindström und Sorjonen 2012). Sie kommen aber auch innerhalb von Redebeiträgen vor und haben dort verschiedene Funktionen.

Analepsen mit *nicht*. Beginnen wir mit einigen Beispielen für *nicht* als Phrasennegation. In Ausschnitt (19) handelt es sich um eine Disaffiliation. Rachel teilt die Klage Daniels über seine schmerzenden Augen nicht. Sie verwendet dazu eine Analepse mit dem negierenden Adverb *nicht*. Das Negationsadverb bezieht sich auf die ihm vorausgehende NP *mir*.

```
(22)(Friedhof) (Daten von Anh Nhi Dao)
   01 DAN:   (mir tun)_n bisschen die AUgen weh;
   02 RAC:   (-) echt?
   03 DAN:   (-) ja,
→ 04 RAC:   <<p>nee; mir NICH.>
```

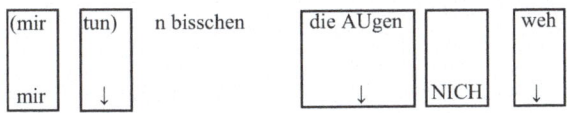

Indem die Sprecherin das Pronomen der 1. Person Dativ *mir* aus dem Redebeitrag von Daniel in Z. 01 herausgreift und mit dem Pronomen der 1. Person Dativ in ihrem eigenen Redebeitrag kontrastiert, stellt sie zwei Referenten gegenüber: Daniel und sich selbst.

Affiliierende nächste Redebeiträge sind nach negierten Äußerungen nur möglich, wenn *nicht* zusammen mit *auch* verwendet wird und nach einer negierten Aussage steht:

```
(23)(ET 2-6-16)
((Es geht um die Mitgliedschaft in einem Sportverein.))
   01 MIR:   ich KÜNdige des [auf jeden fall wieder;
   02 LAR:                   [ich hab mir des AUCH schon überlegt;
             =ja,
   03 MIR:   weil ICH hab von?
   04        ich hab tommi mEier die ganze saison nicht
             [EINmal geSEHN? ]
→ 05 LAR:   [ich AUCH nicht;]
   06 RIT:   nee.
   07        der war NIE da-
```

Hier schließt sich Larissa der Aussage von Miranda in Z. 03–04 an. Die Affiliation erfolgt durch die Wiederholung des Negationsadverbs aus Mirandas Redebeitrag und das Adverb *auch*. Die Phrase, auf die sich die Negation bezieht, ist jeweils *ich* (mit unterschiedlichen Referenten).

In den Ausschnitten (22) und (23) ist die Analepse Teil einer Erwiderung durch den nächsten Gesprächsteilnehmer; *nicht*-Analepsen sind aber keineswegs auf diese turn-übergreifende Verwendung beschränkt. In Ausschnitt (24) wird innerhalb eines Redebeitrags ein Kontrast aufgebaut: Der Sprecher stellt die Handwerker, die die Alarmanlage aufbauen, den Dieben, die in das Haus einbrechen, gegenüber:

```
(24)(VERSICHERUNG)
((Frau M. hat nach einer Reihe von Einbrüchen in ihr Haus einen
Versicherungsmakler angerufen, weil ihre Versicherung nur noch
verlängert werden soll, wenn sie eine Alarmanlage einbauen lässt.
Sie beklagt sich, dass deren Einbau sehr viel Schmutz verursachen
würde. Der Makler gibt zu bedenken, dass Einbrecher das auch
tun.))
  01 VeM:   ((...)) und die (-) die ne aLARManlage einbauen,
  02        die saugen das dann auch WEG;
  03 FrM:   ja; ja; NAja;
→ 04 VeM:   die diebe ja NICHT;
```

Das syntaktische Projekt des Versicherungsmaklers beginnt mit einem Demonstrativpronomen, das durch ein Relativprojekt erweitert wird (*die, die ne aLARManlage einbauen*). Ein weiteres anadeiktisches Pronomen (*die*) sichert im Vorfeld den Übergang in das übergeordnete Projekt: ...*die saugen das dann auch WEG* (Prolepse). Damit ist das Projekt potentiell abgeschlossen. In Z. 04 baut der Sprecher nun einen Kontrast auf, indem er die schon existierende syntaktische Struktur ausnutzt und in ihr einerseits die NP *die die ne aLARManlage einbauen/die* durch die NP *die diebe* ersetzt und andererseits *nicht* einfügt:

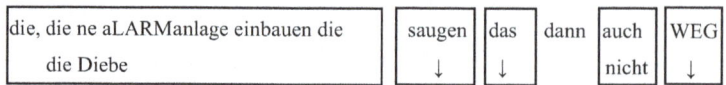

Auch im folgenden Ausschnitt (25) dient die Analepse der Kontrastierung:

```
(25)(ET5a)
  01 ANA:   jetzt MACH <<lachend>ich dEs schon fünf jAhre lang;>
  -----------
  02        °h (0.7) [es:] (-) MACHT manchmal auch spAss;
  03 MAN:            [ah ]
  04        (0.4)
→ 05 ANA:   mAnchmal NICHT;
```

7.4 Nicht-, auch- und schon-Analepsen

Die analeptische Äußerung in Z. 05 sitzt parasitär auf der Äußerung derselben Sprecherin in Z. 01 auf. Das Element vor dem Negationsadverb ist hier ein Adverb (*manchmal*), das bereits in Z. 02 Teil des Projekts war und in der Analepse wiederholt wird. Zugleich negiert die Sprecherin die Äußerung durch Einschub des Negationsadverbs *nicht*. Kontrastiert werden verschiedene Zeitpunkte.

Im Ausschnitt (26) findet die *nicht*-Analepse ihren Platz innerhalb eines komplexen Redebeitrags, in dem Sybille das (vermutete) Verhalten von Josef dem von Mike und Anton gegenüberstellt:

```
(26)(BB)
  01 SYB:   (aber) der jOsef würde nich GEHN.=
  02        =außer seine sch seine tochter wär °h (0.5) am
            KRANkenbett.
  03        oder WAS;
  04        <<p>(sonst würd der josef) NICH gehn.
  05        NIEmals.>
  06        MIKE JA; (--)
  07        MIKE JA,=
  08        =hat_er ja grad geSACHT. (-)
  09        ANton und MIKE JA.
→ 10        aber JOsef (-) NICHT.
  11 VIO:   meinste NICHT,
```

Die Analepse in Z. 10 bezieht sich syntaktisch zurück auf Z. 01/04, also auf *der jOsef würd nich GEHN* bzw. *sonst würd der josef NICH gehn*. Die Struktur des Redebeitrags ist komplex, denn die Sprecherin entwickelt ihre Meinung in mehreren Schritten. Zunächst wird in Z. 01–05 eine Aussage über Josef gemacht, die durch die Wiederholung in Z. 04 und die Analepse in Z. 05 (Retraktion zu *nicht* und Ersetzung durch *niemals*) sehr apodiktisch wirkt. In Z. 06 und erneut durch die Wiederholung in Z. 07 kontrastiert die Sprecherin dann Josefs (vermutetes) Verhalten mit dem (ebenfalls hypothetischen) Verhalten von Mike. Die Syntax der Turn-Konstruktionskomponenten in Z. 06 und 07 (*MIKE JA*) ist allerdings nicht analeptisch, denn das Gesprächswort *ja* lässt sich nicht in die latent weitergeführte Struktur aus Z. 01/04/05 einpassen: *der jOsef würde JA gehen* ist keine syntaktisch wohlgeformte Äußerung. Es gäbe zwar eine funktional äquivalente, analeptische Konstruktion mit *schon* – also *der jOsef würde SCHON gehen* (vgl. unten); sie wird aber von der Sprecherin nicht gewählt. So ergibt sich nur oberflächlich eine syntaktische Parallelstruktur:

MIKE	JA
MIKE	JA
ANton und MIKE	JA
JOsef	NICHT

Tatsächlich verbergen sich dahinter unterschiedliche syntaktische Konstruktionen. Die Analepse betrifft nur den letzten Teil. Sie wiederholt syntaktisch gesehen einen

Teil der Struktur aus Z. 01; der semantische Kontrast entsteht jedoch zwischen Z. 09 und Z. 10:

In den bisherigen Beispielen für *nicht*-Analepsen stand eine Phrase im Skopus von *nicht*. In einer anderen, ebenfalls häufigen Analepse mit *nicht* steht das Negationsadverb nach einem sog. **Satzadverb**.

```
(27)(THE, Len)
   01 LEN:    und du bist dir SICher
              dass dU [das richtig] [AUSsprichst?]
   02 THE:             [nein,      ] [naTÜRlich   ]
 → 03         naTÜRlich NICHT;
```

Der Sprecher THE antwortet auf Sprecherin LEN, deren Frage er negiert. Das Negationsadverb wird dabei mit dem Adverb *natTÜRlich* kombiniert. Anders als in den vorherigen Ausschnitten steht das Adverb in keinem paradigmatischen Kontrast zu einem Element aus der Vorgängeräußerung. Vielmehr hat *naTÜRlich* genauso wie auch *NICHT* die gesamte Proposition in ihrem Skopus. Dennoch baut die Antwort syntaktisch auf dem Vorgängerprojekt auf, in das *natürlich nicht* eingefügt wird:

Auch diese Form der *nicht*-Analepse wird für die Formulierung komplexer Turns verwendet:

```
(28)(DOM, Prostitution)
((Die Anruferin arbeitet als Prostituierte; der Moderator hat sie
gefragt, ob sie ihre Tätigkeit beenden würde, wenn sie einen
Partner hätte.))
   01 XEN:    °h dann sag ich dir GANZ ehrlich,
   02         wenn der mich finanziell ABstützen könnte,
   03         DANN würde ich tun,
 → 04         und ansonsten NICHT;
```

Analepsen mit *auch*. In den folgenden Beispielen steht *auch* in der Position von *nicht*. Diese Form der Analepse kommt sehr häufig in einfachen, affiliierenden Redebeiträgen vor. Die Sprecherin schließt sich einer Meinung oder Aussage an, die

7.4 Nicht-, auch- und schon-Analepsen

unmittelbar davor von einem anderen Gesprächsteilnehmer in der 1. oder 2. Person gemacht wurde. Meist ist das Pronomen in den beiden Redebeiträgen formal identisch (*ich*), referiert aber aufgrund des Sprecherwechsels auf verschiedene Personen (vgl. Ausschnitt (29)). Das Pronomen kann auch wechseln (Ausschnitt (30)):

```
(29)(BB)
   01 MIK:    also ick hätt SCHON bock ma voll aufs JANze zu jehn.
→ 02 MAX:    <<p>ja, ich AUCH;>
→ 03 CLA:    <<p>ich AUCH.>

(30)(LEGAG, Daten von Susanne Uhmann)
   01 TIN:    °h WAS (.) gibt es denn SONST neues bei euch;
   02 RIC:    (och) eigentlich nix NEUes;=ne,=
   03         =eXAM machen wer alle (so).
→ 04 TIN:    ihr AUCH;
```

Wenn die Gesprächsteilnehmer keine Aussagen über sich selbst oder das Gegenüber machen, können durch *auch*-Analepsen Ähnlichkeiten formuliert werden, etwa turn-intern in Ausschnitt (31) zwischen dem Zustand des Bauchs und des Kopfs der Patientin:

```
(31)(Schmerzen)
((Die Patientin hat ausgeführt, dass bei ihr Kopf und Bauch
miteinander kommunizieren.))
   01 PAT:    [((lacht))              ]
   02 THE:    [<<lachend>oh:::::;
   03         (und) was sagt der BAUCH?>] ((lacht))
   04 PAT:    ja DER regt sich im moment ebe AUF;
   05 THE:    ja;?
   06 PAT:    schon;
   07 THE:    [also DER hat das gefühl-
→ 08 PAT:    [(.) aber der KOPF ebe AUCH;
```

> **Oder nicht als Frageanhängsel**
> Turn-finales *oder* mit schwebendem Intonationsverlauf wurde in Abschn. 4.6.4 als Mikroaposiopese beschrieben, die nicht zum Projekt gehört, sondern ein neues Projekt einleitet. Dieses Projekt wird aber nicht weitergeführt. Die Mikroaposiopese bleibt als Turn-Beendigungssignal stehen und überlässt es der Rezipientin, den Turn in Gedanken zu ergänzen. Daneben gibt es auch *oder?* mit steigender Intonation, das ein deklaratives Projekt zu einem Frageprojekt macht. Dazu existiert eine negierte Variante (*oder nicht?*):

```
(ET, zwei auf der Bank)
((Thema ist ein Dozent, auf den Julia mit seinem
Vornamen referiert hat.))
  01   JUL:   also ich WEISS dass er HANS BERGmann heißt,=
  02          =aber-
  03          für MICH is dis irgndWIE so: bIsschen:: sein
               NACHname fa? also (.)
               [<<Lachstimme>keine Ahnung;>]=
  04   TON:   [<<f, Lachstimme>ja FAST;>     ]
  05          =[he he he he he he he he ha ha ha ha ha ha
               ha ha         ]
  06   JUL:   [<<Lachstimme>man SACHT halt zu ihm HANS;=
               oder nIch,]
  07          [also des machen doch auch> <<lachend> alle
               ANderen?>]
  08   TON:   [ha ha ha h h h h h h h
               h h h°     ]
```

Bei diesem *oder nicht* handelt es sich um eine analeptische Konstruktion:

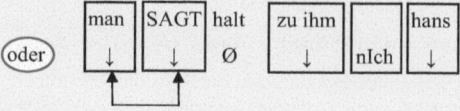

Die gesamte Aussage wird durch das Negationsadverb negiert und dadurch nachträglich zu einer (polaren) Frage gemacht.

Das einfache *oder*, das dieselbe Funktion der Transformation eines deklarativen in ein interrogatives Projekt hat, ist wohl eine Verkürzung aus dieser Analepse, die sich konventionalisiert hat. Die Konventionalisierung ist mit einer pragmatischen Verschiebung verbunden: mehr als *oder* suggeriert *oder nicht*, dass der Sprecher davon ausgeht, dass seine Aussage zutrifft und die Rezipientin ihr zustimmen wird.

In manchen (alemannischen) Dialekten ist die Konventionalisierung noch weiter fortgeschritten. Dort wird *oder* mit steigender Intonation als Frageanhängsel verwendet, ohne die so markierte Äußerung zu einer Frage zu machen. Vielmehr wird lediglich ein Rezeptionssignal der Rezipientin eingefordert, wie etwa in anderen Varietäten mit *ne?* oder *nich?*, die ebenfalls auf die Verkürzung und Konventionalisierung einer Analepse zurückgehen.

Analepsen mit *schon*. Analepsen mit *schon* unterscheiden sich von solchen mit *auch* deshalb, weil *schon* im Kontext nach Fragehandlungen allein als Antwort verwendet werden kann. Meist steht es aber wie *auch* nach der Phrase, die mit der

7.4 Nicht-, auch- und schon-Analepsen

entsprechenden Phrase in der Vorgängeräußerung syntaktisch äquivalent ist. Wenn es sich nicht um eine Frage handelt, muss die Vorgängeräußerung selbst negiert sein. Bei Sprecherwechsel sind solche Analepsen nicht-alignierend, wie in Ausschnitt (32). Das Pronomen ist in beiden Redebeiträgen dasselbe (*ich*), die Referenz ändert sich: Die zweite Sprecherin drückt eine Meinung aus, die der der ersten Sprecherin widerspricht.

```
(32) (Friedhof, Daten von Anh Nhi Dao)
   01 HEL:   aber ich STEH gar nicht so auf fEigen;
   02 SUS:   ach SO;
→ 03         <<lachend>ich SCHON;> °he he °h
   04 HEL:   musst du SELber essen;
```

In der Verbindung mit Personalpronomen, die sich auf die Gesprächsrollen beziehen, sind *auch (nicht)/nicht/schon* also die Standardformen der Affiliation und Disaffiliation, wobei die Wahl zwischen den letzten beiden ebenso wie die Wahl zwischen *auch nicht* und *nicht* von der Negation in der Vorgängeräußerung abhängt.

		Affiliation in der Folgehandlung	
		+	−
Polarität der Vorgängerhandlung	+	*ich auch*	*ich nicht*
	−	*ich auch nicht*	*ich schon*

Wie *nicht*-Analepsen kommen auch *schon*-Analepsen häufig zusammen mit sog. Satzadverbien vor. In dieser Variante ist es nicht notwendig, dass die Bezugsäußerung negiert ist:

```
(33) (Schmerzen)
((Nach einer ausführlichen Darstellung der Krankengeschichte
durch die Patientin.))
   01 THE:   und des warn jEweils sehr beDROHliche ZUstände;=
   02        =(also) sowohl [beim KAIserschnitt als auch bei der (-)
→ 03 PAT:                   [eigentlich SCHON;
   04 THE:   geBÄRmutterentfernung,=
```

Die Analepse greift hier auf die syntaktische Struktur des Projekts *des warn jEweils sehr beDROHliche ZUstände* zurück. Dabei handelt es sich um eine **Vergewisserungsfrage**. Die Patientin stimmt der Interpretation zu, die der Therapeut in Z. 01–02/04 vorlegt, allerdings in einer durch *eigentlich* abgeschwächten Form.

Wie bereits erwähnt, kann *schon* – anders als *nicht* und *auch* – als Antwort auf eine Frage allein stehen:

```
(34) (DOM, Vergewaltigung)
   01 DOM:   hast du zu dieser HAUSärztin n gutes
             verTRAUensverHÄLtnis?
```

```
→ 02  JUL:    ähm (.) schon.
  03          ja.
```

Bei dieser alleinstehenden Verwendung gibt es keinen Grund mehr, von einer Analepse zu sprechen. *Schon* ist hier **Gesprächswort.** Für seine (syntaktische) Prozessierung ist kein Bezug auf eine Vorgängeräußerung notwendig. *Schon* hat also keine Syntax, sondern ist einfach ein Mittel der Zustimmung, syntaktisch äquivalent zu *ja* oder *nein*.

7.5 Analepsen und Retraktionen im Überblick

Analepsen und Retraktionen ähneln sich, weil sie beide rückwärtsgewandte Operationen der Online-Syntax sind, die sich auf vergangene sprachliche Ereignisse beziehen. Diese retrospektive Orientierung stellt sie in einen Gegensatz zu den prospektiv orientierten, projizierenden Operationen und den Erweiterungen.

Der Unterschied zwischen den beiden retrospektiven Operationen liegt im **Bezugspunkt**. Bei Retraktionen geht der Sprecher in eine bestimmte syntaktische Position im vergangenen oder ablaufenden Projekt zurück, besetzt diese Position erneut und führt dann das Projekt in der einen oder anderen Weise zu Ende. Bei Analepsen nutzt der Sprecher ebenfalls die vorhandene syntaktische Struktur aus, greift aber lediglich eine oder mehrere Positionen aus ihr heraus, um sie neu zu besetzen. Der Rest des Projekts wird als latente Struktur weitergenutzt.

Die Unterscheidung zwischen den beiden Operationen ist besonders bei endalignierten Retraktionen nicht einfach. Im Grenzfall einer Retraktion auf die letzte Position im Projekt fallen sie offensichtlich zusammen. Analepsen operieren meist auf schon abgeschlossenen Projekten, Retraktionen sind hingegen auch innerhalb des Projektverlaufs sehr häufig.

Auf der pragmatischen Ebene korrespondiert mit der grammatischen Unterscheidung zwischen Retraktionen als Teil der Formulierung eines Projekts und der parasitären Nutzung der Struktur eines Projekts die Unterscheidung zwischen der Formulierungsarbeit an einer Handlung und der Produktion einer nächsten Handlung, oft durch einen anderen Gesprächsteilnehmer. Auf dieser Grundlage wurde in diesem Kapitel der hybride Begriff von **Retraktionen mit Analepsen** eingeführt, der syntaktische Bearbeitungen eines Projekts innerhalb eines Redebeitrags erfasst. Dem stehen parasitäre Bezugnahmen auf das syntaktische Projekt gegenüber, die sich auf eine frühere Handlung (meist der Gesprächspartnerin) beziehen. Sowohl Retraktionen als auch Analepsen sind Teil des syntaktischen Projekts.

7.6 Übungsaufgaben

1) Analysieren Sie die Äußerung in Z. 07 (eine Antwort auf Z. 04) als Strukturlatenz!

```
(DOM 9-11-26)
((Jürgen hat sich vorher als Freund und Beschützer von
Prostituierten inszeniert.))
01 JÜR:    <<Lachstimme>ja ich komm natürlich aus nem soZIAlen
           beruf;=
02         =is ja KLAR;> <<lachend>ne(h)?>
03         [hehe     ]
04 DOM:    [EHRlich?]
05 JÜR:    eh he ja naTÜRlich;=
06 DOM:    =was MACHST [du;
07 JÜR:                [ursprünglich SCHON.
08         °h ich bin ausgebildeter LEHrer.
09 DOM:    ACH so.
```

2) Im folgenden Ausschnitt wird Utas Mitteilung in Z. 01 von ihr selbst, aber auch von ihren Freundinnen vielfach bearbeitet. Dabei kommen Retraktionen mit Strukturlatenzen, aber auch andere Projekterweiterungen vor. Beschreiben Sie den Gesprächsausschnitt syntaktisch, indem Sie die Online-Bearbeitungen der initialen Projektstruktur nach Strukturlatenzen, Retraktionen und linearen Erweiterungen analysieren.

```
(ZK2)
01 UTA:    ich hatte letschdns roSEE glühwein;
02         also (.) GESCHtern-
03 KLA:    [<<lachend>GEStern;>]
04 INA:    [<<erstaunt>roSEE;  ]
05 UTA:    ja:,
06 KLA:    <<lachend>h h h h
07         isch [schon SO: lange her,>]
08 INA:         [aus SEKT;             ]
09         oder aus WAS,
10 UTA:    nee:,=
11         =aus roSEEwein;
12         (-) da: bei der Alten [WAChe, am MÜNsterplatz,]
13 INA:                          <<lachend>[hm was ISCH rosEE    ]wein, h>
14 UTA:    [der ISCH;]
15 KLA:    [mHM,     ]
16 UTA:    (.) ähm (.) sO HELLrot-
```

3) In den folgenden beiden Transkriptausschnitten kommt der formelhafte Ausdruck *wenn nicht dann nicht* vor. Lässt er sich als Strukturlatenz beschreiben?

```
(Jugendzentrum)
((Drei Mädchen sprechen über ihre Schulleistungen in Sport.))
01 MAJ→NAS: in sport geh ich SCHON ab;
02           sei ehrlich;
03           wenn [ich `WILL.]
04 NAS:           [mja,     ]
05           aber wenn du ^WILLST.
06           (1.6)
07           wenn du [↓WILLSCHT;             ]=
08 ILA:              [ich war letzte woche vor ]
                [(FAtima);                ]
09 NAS:      =[wenn ´NICHT dann `NICHT.]

(Jugendzentrum)
01 INT: aber ihr geht dann SCHONmal irgendwo anders hin.=
02      =oder?
03      oder: [(           )]
04 VAS:       [(           )]
05 LOR: wenn wir_s NÖtig ham.
06      wenn ´NICHT dann (-) [^NICHT.]
07 INT:             <<lachend, p>[ wenn ] ihr_s NÖtig habt;>
```

Literatur

Auer, Peter. 2002. Die Verdichtung der konditionalen Hypotaxe im gesprochenen Deutsch. *Jahrbuch der ungarischen Germanistik*, 189–204.

Auer, Peter. 2014. Sentences and their symbiotic guests. Notes on analepsis from the perspective of online syntax. *Pragmatics* 24(3), 533–560. [Special Issue: *Approaches to Grammar for Interactional Linguistics*, Hrsg. Ritva Laury, Marja Etelämäki, und Elizabeth Couper-Kuhlen.]

Birkner, Karin, Peter Auer, Angelika Bauer, und Helga Kotthoff. 2020. *Einführung in die Konversationsanalyse*. Berlin: de Gruyter.

Blatz, Friedrich. 1879 [1896]. *Neuhochdeutsche Grammatik*. Karlsruhe: J. Lang.

Bühler, Karl. 1934. *Sprachtheorie. Die Darstellungsfunktion der Sprache*. Jena: Gustav Fischer Verlag.

Deppermann, Arnulf. 2007. *Grammatik und Semantik aus gesprächsanalytischer Sicht*. Berlin, New York: de Gruyter.

Günthner, Susanne. 2006. Grammatische Strukturen in mündlichen Erzählungen: ‚Dichte Konstruktionen'. In *Grammatik und Interaktion – Untersuchungen zum Zusammenhang von grammatischen Strukturen und Gesprächsprozessen*, Hrsg. Arnulf Deppermann, Reinhard Fiehler, und Thomas Spranz-Fogasy, 95–122. Radolfzell: Verlag für Gesprächsforschung.

Hoffmann, Ludger. 1998. Ellipse und Analepse. In *Grammatik und mentale Prozesse*, Hrsg. Angelika Redder und Jochen Rehbein, 69–90. Tübingen: Narr.

Kindt, Walther. 2013. Theoretische und methodische Grundlagen der Ellipsenmodellierung. In *Die Ellipse. Neue Perspektiven auf ein altes Phänomen*, Hrsg. Mathilde Henning, 39–106. Berlin, Boston: de Gruyter.

Klein, Wolfgang. 1984. Bühler Ellipse. In *Karl Bühlers Axiomatik. Fünfzig Jahre Axiomatik der Sprachwissenschaften*, Hrsg. Carl. F. Graumann und Theo Hermann, 117–141. Frankfurt am Main: Klostermann.

Klein, Wolfgang. 1995. Ellipse. In *Syntax. Ein internationales Handbuch zeitgenössischer Forschung*, Hrsg. Joachim Jacobs, Arnim von Stechow, Wolfgang Sternefeld, und Theo Vennemann, 763–779. Berlin: de Gruyter.

Lindström, Anna und Marja-Lena Sorjonen. 2012. Affiliation in Conversation. In *The Handbook of Conversation Analysis*, Hrsg. Jack Sidnell und Tanja Stivers, 350–369. Malden: Blackwell.

Rath, Rainer. 1979. *Kommunikationspraxis. Analyse zur Textbildung und Textgliederung im gesprochenen Deutsch*. Göttingen: Kümmerle.

Schank, Roger C. 1983. *Dynamic Memory: A Theory of Reminding and Learning in Computers and People*. Cambridge (GB): Cambridge University Press.

Selting, Margret. 1997. Sogenannte ‚Ellipsen' als interaktiv relevante Konstruktionen? Ein neuer Versuch über die Reichweite und Grenzen des Ellipsenbegriffs für die Analyse gesprochener Sprache in der konversationellen Interaktion. In *Syntax des gesprochenen Deutsch*, Hrsg. Peter Schlobinski, 117–156. Opladen: Westdeutscher Verlag.

Wiechert, Ernst. 1939 [1950]. *Das einfache Leben*. München: Langen & Mueller.

Register

A
Abbruch, *siehe* Fragment
Abbruchpunkt, 140, 143
Abschlusspunkt, syntaktischer, 25, 29
Abtönungspartikel, 108
ach so, 166
Adjazenzellipse, 306
Adjektiv, nachgestellt, 288
Adressierung und Parenthese, 129
Adverbien, 96
    epistemische, 108
    Gruppe 1, 53
    Gruppe 2, 63
    Gruppe 3, 64
also, 70–74
    als Mikroaposiopese, 179, 180
    als Reparaturoperator, 276
Alternativfrage, 181
anadeiktisch, 51
Anakoluth, 164
Analepse, 30, 80, 160, 303, 306, 307, 314, 320, 321, 328
    mit *auch*, 332
    mit *nicht*, 329
    mit *schon*, 334
anaphorisch, 51
Angabe im Nachfeld, 251, 252
animierte Rede, 218
Anker, 143, 144, 146, 313
    bei endalignierten Retraktionen, 277
apo koinu, 115–120, 164, 214
Apodosis, 192
Aposiopese, 169, 171, 172
Apposition, 288
Appositionsretraktion, 139

Approximationsmarker, 126, 127, 180
    im Nachfeld, 255
asyndetisch, *siehe* gespaltenes Projekt, nicht-integriert
auch-Analepse, 332
Ausklammerung, 250
äußere Syntax, 260
Authentifizierung durch verbum dicendi, 294

B
Bekanntes vor Neuem, 106

D
da, 53, 54, 56, 57
dann, 53
das Ding/die Sache ist..., 212, 215, 216
davon, projizierend, 264
Deixis, 57
denk ich, 295
deontischer Infinitiv, 306
deshalb als Mikroaposiopese, 177
deswegen, 64
    als Mikroaposiopese, 178
    projizierend, 264
diese(r), indexikalitätsmarkierend, 258
Dings, 318
direkte Rede ohne Redewiedergabe, 235
Distanzprojektion, 103

E
Einwortäußerungen, 22
elektronische Medien, 8
Ellipse, 30, 303, *siehe auch* Analepse

Emphaseretraktion, 279, 321
Erkenntnismarker, 166, 253
Eröffnungsfeld, 60, 61, 66, 70, 75, 150
Erweiterung, *siehe* Expansion
Erzählen, 30, 83, 104, *siehe auch* Narrativ
es gibt, 208
et-cetera-Formel, 283
Existenz-Attribut-Konstruktion, 208, 209
    nicht-integriert, 209
Exklamativkonditional, 170
Expansion, 23, 246, 274
    durch untergeordnetes Projekt, 259
    durch Verben des Sagens und Meinens, 291
    interne, 102, 120, 121
    linear phrasale, 248
    Prosodie, 247
    verspätete, 248
Exposition, 263
externe Expansion, 245
    als Relativprojekt, 265
    durch untergeordnetes Projekt, 265

F
Familienmitgliederbezeichnungen, 85
Feldermodell, 49
Fernprojektion, 28
find ich, 124
finite Verben, Verzicht auf, 305
Flüchtigkeit, 7, 8
Fokus, 87, 106, 108, 112
    am Projektbeginn, 109
    und Parentheseposition, 129
Fokusakzent, 31, 106–109
Fokussierung des Topiks, 114
Folgefrage, 314
    Analepse in, 312
Formulierungsaufwand, 91
Fortsetzung, 248, 251, 253, 254, 266
Frage/Antwort-Sequenz, 307, 316
Frageanhängsel, 130, 247, 253
Fragment, 25, 156, 164, 165, 171, 172, 245
    als Aposiopese, 169
    bei Reparatur, 167
Freies Thema, 95, 287
Fremdinitiierungen von Reparatur, spezifische, 313

G
Gesetz der wachsenden Glieder, 266
gespaltenes Projekt, 171, 203
    nicht-integriert, 201, 206

Gesprächswörter, 22
glaub, 128
glaub ich/ich glaub, 127
Glottalverschluss, 143, 156
Grenzton, 31, 172

H
Häsitation, 205
Häsitationsmarker, 127
Häsitationsretraktion, 139, 146, 275
    anfangsalignierte, 152
Hauptsatzphänomen, 218, 221, 223, 236, 237
hedge, *siehe* Approximationsmarker
Hilfsverb, 103
Hintergrund, 106, 109
Hypotaxe, 192, 207, 220, 238

I
ich mein, 232, 234, 292
ich sag mal, 127
ich weiß, 125
Indefinitausdruck, 210
Indirekte Rede im Konjunktiv, 221
Informationsgewichtung, 226
Informationsverteilung, 106
inkrementell, 6
innere Syntax, 260
Insertionsretraktion, 277
insofern, 176
Interaktionale Linguistik, 1
Intonationsphrase, 31
    nebengeordnete, 174
irgendwie, 255, 257
Irreversibilität, 8

J
ja, 153
Ja/Nein-Fragen, Antwort auf, 310
jetzt, 58

K
Katalepse, 324
koinon, 116–120
Ko-Konstruktion, 33, 75, 250
Kommentar, 87, 111
kommunikativ vs. darstellend, 14
Komplementierer, 194
Komplementprojekt, 211, 217
    ohne regierendes Element, 260

komplexe Projekte, 238
Komplexität, 231
    des Redebeitrags, 158
    einer Phrase, 91
    syntaktische, 167
konditionale Konjunktion, alleinstehend, 323
Konditionalprojekt, *siehe* wenn-Projekt
Konjunktion, 62
Konjunktionaladverbien, 58
Konjunktiv, 198, 223
Konstruktion
    janusköpfige, 269
    kontextabhängige, 305
kontrafaktisch, 198
Kontrast, 330
Kontrastakzent, 107
Kontrastierung, 86, 87
Konventionalisierung, 173, 176, 180
Konversationsanalyse,
    ethnomethodologische, 1
konzeptionelle Mündlichkeit, 9, 10
konzeptionelle Schriftlichkeit, 9, 10
Koordinationsellipse, 306, 316
Kopulakonstruktion, 103
Korrelat *das/es*, 262, 263

L
Lesen, 6, 7
Linksversetzung, *siehe* Prolepse
Liste, 149
    freistehende, 290
    kanonische, 278
    lose strukturierte, 279
literat, 13

M
Matrixkonstruktion, 291
Matrixverb, 292
mehr oder weniger als Approximationsmarker, 259
mein ich, 292, 295
Meronym, 84
metakommunikativ, 74, 202, 203, 240
Mikroaposiopese, 172, 176, 179, 181
minor intonational phrase, 256, 258
Mittelfeld, 102, 104, 108, 151
    untergeordnetes Projekt im, 124
Modalverb, 104
multimodal, 12

N
Nachfeld, 105, 250, 251, 255
    Komplementprojekt im, 259
    ohne schließende Klammer, 254
Nachfrage, Analepse in, 312
Nachtrag, 248, 250, 254, 255
    als Angabe, 252
    als untergeordnetes Projekt, 266
    linear phrasaler, 249
naja dann, 181
Narrativ, *siehe* Erzählen
ne, 130
Nebensatz, *siehe* untergeordnetes Projekt
Negation des Matrixverbs, 229
nicht-Analepse, 329, 332
nominale Hülle, 211, 212, 283, 320
nur, 66, 67

O
obwohl, 74
oder, 63, 334
    als Mikroaposiopese, 181
    als Operator, 137
oder?, 176
oder nicht, 333
oder so, 283, 287
offline, 6, 7
öffnende Klammer, 77, 101, 193
    Retraktion zur, 142
online, 6
Online-Syntax, 1
Operator, 62–64, 66, 70, 71, 74–76, 235, 240, 284
    bei Reparaturen, 276
    Matrixsatz als, 235
    verbum dicendi/sentiendi als, 293
orat, 13

P
parasitäres Projekt, 303, 307, 316
Parataxe, 192
Parenthese, 92, 120, 122–124, 129, 132, 156, 164
    bei *wenn*-Projekten, 200, 201
    nach Retraktion, 154
    Rückkehr aus der, 131
    und semantische Komplexität, 125
    Verben des Sagens und Meinens, 125
Parentheseausdrücke, formale Reduktion, 127
Parenthesenische, 122
Partikelverb, 103

pivot, *siehe* apo koinu
Planung, 146
Präpositionalphrase, Retraktion in der, 141
präsupponiert, 227, 229
Projekt, 21
　Definition, 35
　komplexes, 31
Projektanfang, 45
　adverbial, 53
　pronominal, 51
　volle Phrasen, 81
Projektion, 21, 25
　Eigenschaften, 35
　Sprachabhängigkeit, 29
Projektionsreparatur, 141, 142, 151, 157, 275
Projektorkonstruktion, 171, 207, 220, 239, 264
Projektverlauf, einfacher, 101
Prolepse, 76, 88, 90, 93, 94, 115, 122, 154, 200
Pronomen, 51
　janusköpfiges, 267
Pronominaladverb, 172
　projizierendes, 264
Prosodie, 3, 31, 172
　camouflierend, 247
　exponierend, 247
Protasis, 123, *siehe auch wenn*-Projekt
Prozessierungsunsicherheit, 164
pseudo-cleft, *siehe* gespaltenes Projekt
Pseudo-Redewiedergabe, 235, 238

Q
question tags, *siehe* Frageanhängsel
Quotativmarker, 223

R
Rechtsversetzung, 270
　Funktion, 273
　Prosodie, 270
Redeanführung, 217, 219, 221, 223, 293
Redeanführungsformel, 220
Redeanimation, 237
Rederecht, 215
Rederechtturbulenz, 153
Redewiedergabe, 223
Reduktionsstil, 304
referenzielle Kontinuität, 82
Rektion, 104
Relativprojekt, 208, 211
　als externe Erweiterung, 265
　freies, 204
Relevanzabstufung, 239

Relevanzhochstufung, 211, 227, 231, 235
Relevanzrückstufung, 240
Reparandum, 140
Reparatur, 137
Reparaturretraktion, 138
resumptives Element, *siehe*
　wiederaufnehmendes Element
Retopikalisierung, 84, 87, 89
Retraktion, 91, 131, 164, 316
　analeptische, 317
　anfangsalignierte, 140, 150
　endalignierte, 140, 274
　Inkongruenz, 157
　inserierende, 144
　mit Strukturlatenz, 316, 317, 319
　reparierende, 275
　syntaktische Einschränkungen, 159
　tilgende, 145
　turnstrukturierende, 137, 277, 282, 319
　weder anfangs- noch endalignierte, 140
Retraktionsposition, 143
　Einschänkungen, 160
Retraktionsspanne, 144, 152, 277
Rückfrage, 314
Rückwärtsellipse, 316

S
sag ich, 220
sag ich mal, 127, 295
Satz, 14, 23
Satzadverb, 59, 332
schließende (Verbal-)Klammer, 103, 105, 250
schon-Analepse, 335
Schreiben, 6, 7
selbständiger Nebensatz, 170
Selbstdialog, 237
semantische Typisierung, 211
shell noun, *siehe* nominale Hülle
Simultansprechen, 153, 165
Situationsellipse, 305
situationsgebunden, 12, 14
Skopus, 207, 215, 218
so, 58
　als Abschlussmarker, 258
　als Fokusmarker, 109
　als Vagheitsmarker, 255
　im Nachfeld, 257
sowas als Approximationsmarker, 259
soziale Stile, 37
Spiegelkonstruktionen, 116
Sprache der Distanz, 10
Sprache der Nähe, 10, 12

Sprachwandel, Verkürzung durch, 304
Sprecherwechsel, 33, 51, 165
Strukturlatenz, 160, 303, 307, 317, *siehe auch* Analepse
    bei Retraktion, 316
    grammatische Lizenzen, 309
Subjekt, 101, 112
Subjektivierung, 296
Subjunktion, 74
Synchronisierung, 1, 6–8, 15
syntaktischer Abschlusspunkt, 25

T

thetische Sätze, 113
Tilgungsretraktion, 277
topic drop, 78, *siehe auch* Verbspitzenstellung, uneigentliche
Topik, 86, 111, 112
Topikalisierung, 86, 113, 115, 116, 196
topologisches Satzmodell, 49
trail-off, *siehe* Turnabschlusssignal
Transkription, 3, 5
Turnabschlusssignal, 172
Turn-Taking, *siehe* Sprecherwechsel
Turn-Taking-Turbulenz, 165

U

Überlappung, *siehe* Simultansprechen
und, 60–62, 71
und so, 283, 284, 287
und zwar, 67–69
und/oder sowas, 285
untergeordnetes Projekt, 191
    als Expansion, 259
    als Parenthese, 124
    äußere Syntax, 193, 208
    innere Syntax, 193, 208

V

Vagheit, 283
Vagheitsmarker, 180, 255, 295
Verb, 30
verba dicendi, 124, 217–219, 223, 293
    als *verba sentiendi*, 295
    am Projektende, 293
    epistemische Verwendung, 294

verba dicendi et sentiendi, 291
verba sentiendi, 124, 217, 224, 226, 295
    als Operatoren, 232
Verben des Meinens, *siehe verba sentiendi*
Verben des Sagens, *siehe verba dicendi*
verbinitiales Projekt, 306
Verbklammer, 91
Verb-Letztstellung, 194
verblose Konstruktionen, 30
Verbspitzenstellung, 77, 80, 94
    eigentliche, 77
    uneigentliche, 78
Verb-Zweitstellung, Übergang in die, 132, 194, 214, 226, 232, 267
Versprecher, 140
von daher, 173
Vorfeld, 50, 64, 66, 70, 82, 150
Vorvorfeld, 64, 96, 150
    volle NPs im, 88
Vorwärtsellipse, 317

W

während, 76
weil, 74
weil-Projekt, 267
weiß (ich) nicht, 126
weiß ich, 125
weißte, 130
wenn (dann), 322
wenn-Projekt, 34, 123, 159, 169, 172, 192, 197, 321
    äußere Syntax, 200
    nicht-integriertes, 201
    Semantik, 198
    temporales, 199
    und Parenthese, 200
w-Frage, Antwort auf, 307
wiederaufnehmendes Element, 89, 94, 95
wo(hin)gegen, 76
wobei, 74, 75
Wortfindungsprobleme, 129

Z

zerdehnte Kommunikation, 7
Zugänglichkeit, 81, 86
Zusammenrückung, 237
zwar, 67, 68

SPRINGER NATURE

GPSR Compliance

The European Union's (EU) General Product Safety Regulation (GPSR) is a set of rules that requires consumer products to be safe and our obligations to ensure this.

If you have any concerns about our products, you can contact us on ProductSafety@springernature.com

In case Publisher is established outside the EU, the EU authorized representative is:

Springer Nature Customer Service Center GmbH
Europaplatz 3
69115 Heidelberg, Germany

The manufacturer's authorised representative in the EU is Springer Nature Customer Service Centre GmbH, Europaplatz 3, 69115 Heidelberg, Germany. If you have any concerns regarding our products, please contact ProductSafety@springernature.com

Printed and bound by CPI Group (UK) Ltd, Croydon, CR0 4YY

23/03/2026

02076466-0016